研究生教育论坛

2017

张亚斌 主编

湖南大学出版社

·长沙·

内 容 简 介

　　本书是2017年湖南学位与研究生教育学会学术年会入选论文汇编，包括教育创新与比较教育、招生与培养、专业学位教育、质量监控与评价、思想政治与心理健康教育、研究生专栏六个板块共69篇论文。全书较为全面地展现了我省学位与研究生教育的理论研究和创新实践成果，对促进研究生教育研究、提升研究生培养质量、推进科教协同发展等有一定参考价值。

图书在版编目（CIP）数据

研究生教育论坛.2017/ 张亚斌主编.—长沙：湖南大学出版社，2020.6
ISBN 978-7-5667-1944-7

Ⅰ.①研... Ⅱ.①张... Ⅲ.①研究生教育—文集　Ⅳ.①G643-53

中国版本图书馆CIP数据核字（2020）第016772号

研究生教育论坛（2017）
YANJIUSHENG JIAOYU LUNTAN（2017）

主　　编：张亚斌

责任编辑：全　健　　　　　　　　责任校对：申飞燕

印　　装：北京虎彩文化传播有限公司

开　　本：710 mm×1000 mm　1/16　　印张：25.75　　字数：519千

版　　次：2020年6月第1版　　　　　印次：2020年6月第1次印刷

书　　号：ISBN 978-7-5667-1944-7

定　　价：68.00 元

出 版 人：李文邦

出版发行：湖南大学出版社

社　　址：湖南·长沙·岳麓山　　　　邮编：410082

电　　话：0731-88821691（发行部）　88820008（编辑部）　88821006（出版部）

传　　真：0731-88649312（发行部）　88822264（总编室）

网　　址：http://www.hnupress.com

研究生教育论坛（2017）

编　辑　委　员　会

序

Preface

湖南学位与研究生教育学会自 2000 年经省民政厅批准成立以来，在省政府学位委员会、省教育厅和省民政厅的领导下，在各会员单位和全省广大研究生教育工作者的共同努力下，大力推进我省学位与研究生教育的理论研究、学术交流和创新实践，为省域研究生培养、科教协同发展做出了应有的贡献。

《研究生教育论坛（2017）》是 2017 年湖南学位与研究生教育学会学术年会入选论文的汇编。论文作者既有研究生教育方面的专家、研究生导师，也有长期从事研究生教育工作的行政人员、在校学习的研究生。他们从研究生招生、培养、学位及教育管理等方面进行全方位、多维度研究，为我省构建高质量研究生教育长效机制、创新教育教学方法、深化人才培养改革等提供了许多新观点、新见解、新思路，具有较高的参考和实践价值。

2017 年湖南学位与研究生教育学会学术年会，共收到会议论文 101 篇，经各理事会单位、秘书处审稿和查重，最终确定 69 篇论文入选。经学会常务理事会全体成员评审，12 篇论文被评为优秀论文。

本书设有教育创新与比较教育、招生与培养、专业学位教育、质量监控与评价、思想政治与心理健康教育及研究生专栏等 6 个专题，展示了"双一流"建设背景下我省学位与研究生教育领域取得的新成果、新经验和新体会。

2017 年研究生报名人数大幅增长，全国在校研究生较 2016 年增加近 66 万人。位于人才培养体系金字塔顶端的研究生教育，是知识生产和科技创新体系的重要组成部分，是培养高层次创新型人才的关键载体，担负着为国家和区域经济建设输送高精尖人才的重任，同时也是我国由高等教育大国向高等教育强国转变与社会经济转型的结合点，对我国当前及未来的发展有着深远影响。因此，必须不断深化研究生教育改革，紧跟学科前沿趋势，对接国家重大战略，满足社会实践需求，才能真正构建卓越而有灵魂的研究生教育体系，培养出德、智、体、美、劳全面发展的社会主义建设者和接班人。而及时总结学位与研究生教育的优秀经验及创新成果，并提供学术讨论、经验交流的平台，对促进研究生教育质量提升和内涵发展，推进中国特色研究生教育体系建设和新时代学科建设等都具有重要意义——这正是我们编辑出版《研究生教育论坛（2017）》的初衷和目的。

借此机会，我代表湖南学位与研究生教育学会常务理事会，向《研究生教育论坛（2017）》各位编委、各会员单位的领导和同仁表示衷心感谢！

蒋健晖

2019 年 12 月

目 录
Contents

PART 6   研究生专栏

PART 1

教育创新与
比较教育

POSTGRADUATE
EDUCATION

高校众创空间服务研究生创新创业
实效评价指标体系构建 *

唐业喜　　吴吉林

（吉首大学）

摘　要　根据科学可行性、系统全面性、代表性、动态性和可操作性原则，设计出高校众创空间服务研究生创新创业实效评估的设备资源、服务管理、氛围环境和成果产出4项一级指标；基础设施与资源配置、办公设备、网络平台、众创辅导、资金投入、制度构建、第三方服务、协同互助、宣传推广、品牌打造、氛围营造、申请入驻、双创效果等13项二级指标；场地面积配备合理度等40项三级指标体系。

关 键 词　众创空间；创新创业；实效评价；指标体系

作者简介　唐业喜，男，1989年出生，吉首大学土木工程与建筑学院，助教。联系电话：15174481235；电子邮箱：351928065@qq.com。

众创空间作为新的创新创业平台，是高校研究生创新创业教育的重要阵地和有力补充，对研究生创新创业意识的培养有着重要的作用。当前，研究生创新创业的主要问题有：研究生对创新创业的具体含义认识不足；对创新创业兴趣不浓厚，参与创新创业活动积极性不高；主持（参与）创新课题少，发表创新学术作品不丰富；等等。[1]

一、众创空间服务创新创业研究进展

国内外众创空间服务研究生创新创业的相关研究较少，且集中在2015年后。余文博（2015）基于创业型大学视角对大学建立众创空间进行了研究；王涛（2015）提出要将众创空间打造成为集成化、跨学科的创新教育、创新实践与创新孵化平台；王丽平（2016）研究了众创空间创客文化的发展模式及培育路径；孙昀（2016）探究了高校众创空间的建设目标；杨伟鸽（2016）指出众创空间创业项目存在持续性不强、科技含量低、财务风险大、扶持政策不够健全、缺乏科学系统的管理机制等问题，并

* 本文受吉首大学2017年学位与研究生教育教改研究项目"众创空间视阈下的研究生创新创业意识培养与实证研究"，吉首大学2017年校级教学改革研究项目"众创空间支持大学生创新创业有效性评价与路径研究——以吉首大学张家界大学生众创空间为例"，吉首大学教改项目"面向新型城镇化建设的'生态环境与城乡规划'硕士点创新与创业人才培养模式改革研究（JG201504）"基金资助。

提出应对措施；雷海栋（2016）提出高校建设"互联网＋众创空间"是落实"大众创业、万众创新"政策，促进大学创业教育转型升级的重要手段之一，也是探索创业教育新模式的有效方式；舒蕾等（2016）提出高校众创空间的"互联网＋"时代"跨界融合""创新驱动""重塑结构""尊重人性""开放生态"和"连接一切"的六大特征，构建出"互联网＋"众创空间的策略；王迷迷（2016）对高校众创空间服务机制做出探讨，提出创建扁平开放、社交化的创新空间；薛婷（2016）构建绩效评价指标体系，选用数学模型，加以综合计算，提出了众创空间绩效评价体系设计；王占仁等（2016）认为众创空间的核心要素是创新型人才；王峰（2017）将高校众创空间的创业生态系统分为金融融资子系统、市场服务子系统、教育培训子系统、制度政策子系统、文化环境子系统，采用模糊综合评价法对其运行绩效进行可量化的评价；薛婷（2017）结合众创空间的认定标准，遵循科学性、系统性、可比性和可行性原则，提出学生创新创业者情况、开展创新创业教育情况、提供创新创业指导服务情况、助力创新创业工作师资队伍建设情况、强化可持续发展能力建设情况、总结服务特色打造精品情况六个维度的高校众创空间绩效评价指标。

综合上述文献，目前对于高校众创空间的研究主要有众创空间的理论、内涵界定、方法、模型、类型、功能、发展脉络、发展模式、生态系统等方面，且集中在"高校众创空间特征""建设目标""发展问题及策略""绩效评价"等方面，但笔者认为未来的研究可以从以下几方面展开：其一，高校众创空间作用下的研究生创新创业想法与实践转化机制研究；其二，众创空间服务研究生的创新创业实效研究与建议；其三，高校众创空间服务研究生创新创业的长效机制与可持续发展研究。本文为高校众创空间服务研究生的创新创业的实效研究。

二、指标体系构建原则

与其他性质众创空间不同，高校众创空间性质特别，其根本目的是促进高校大学生、研究生的创新创业意识培养与教育，提升大学生、研究生的创新创业能力，旨在让更多的高校大学生、研究生走上创新创业的道路。而在相关研究中，朱文华认为众创空间作为创新创业公共服务平台和学校创新创业人才培养基地，要忠于用户、面对大众，用开放、协同的理念，构建创新创业教育、创业能力训练、创业项目遴选帮扶等方面的创业孵化生态链。[2]薛婷指出：评价体系的构建应把握住发展的核心和本质，突出"育人"功能，指标强调"质"和"量"的结合，并提出科学性、系统性、可比性和可行性原则。[3]刘小龙指出所有指标都要在公平、客观的立场上进行选择，构建全方位、多角度的评估指标，除了评估功能以外还应该具有导向功能，所以其提出客观性、多角度、可操作性和弹性、目标导向性、动态适应五大原则。[4]张晓雨认为构建指标体系是一个综合复杂的过程，影响因素有很多，只有科学、全面的指标体系才能正确评估众创空间服务创新创业的实效，故要遵循综合全面性、代表性、定性与定量相结合和可操作四大原则。[5]

因此，结合国内外众多学者指标体系的构建方法和原则，围绕众创空间服务高校研究生创新创业实效评价这一目标，充分考虑众创空间相关理论、概念、内涵、特点、功能定位、目的、发展脉络、发展模式等要素，并突出高校研究生创新创业实效的特点、目的等因素，将高校众创空间服务研究生创新创业实效评价指标体系的原则总结如下：

（一）科学可行性

针对高校众创空间服务创新创业所需解决的问题，在选择指标时，要确保指标体系的科学性和可行性，指标应体现众创空间的相关理论、特点、功能定位和目的等要素，使得选取的指标科学性和可行性较强。

（二）系统全面性

影响高校众创空间服务创新创业实效的因素较多，并且很复杂，应在公平客观的立场上选择指标，不能以个人主观的判断和好恶来选择指标，这就要求指标体系要能够客观、系统和全面地反映众创空间的实效水平，综合各类影响的因素，使得指标体系能客观评价众创空间的实效。

（三）可操作性

众创空间服务创新创业的实效评价过程所涉及的指标体系是依靠可靠的数据来支撑的，这些指标的数据要和评价对象相适应，即评价指标所需的数据可以通过测量、统计和整理得到。这就要求众创空间服务研究生创新创业实效评价的指标体系具有可操作性。

（四）代表性

众创空间实效评价的指标体系要包含评价目标等基础信息，以便能够做出准确的判断和评价。这就意味着评价指标数量不是越多越好，而是所选择的指标体系能够真实反映众创空间服务研究生创新创业的实效和作用的大小，所以在众创空间指标确定的过程中要选择能够很好地反映研究对象某方面特征、具有代表性的指标。

（五）动态性

当前是创新创业的时代，不论是创新创业文化、人员的构成还是众创空间的发展都在不断调整和变化，这表明众创空间服务研究生创新创业实效评价的指标不能一成不变，而是需要根据时代的客观条件及众创空间实际发展情况做出及时的动态调整和更新。

三、指标体系的构建与说明

（一）指标体系构建

一级指标	二级指标	三级指标
设备资源 A_1	基础设施与资源配置 B_{11}	硬件配备 C_{111}
		场地面积配备合理度 C_{112}
		创新创业师资配备 C_{113}
		基础建设投入额 C_{114}
	办公设备 B_{12}	公用设备配备情况 C_{121}
		公用设备价值总额 C_{122}
	网络平台 B_{13}	网络信息通达度 C_{131}
		无线网覆盖率 C_{132}
		有线网端口数 C_{133}
服务管理 A_2	众创辅导 B_{21}	组织创新创业公益讲堂、投资路演、训练营、论坛与沙龙的数量 C_{211}
		开展创新创业辅导服务的次数 C_{212}
		组织与参加创新创业大赛的项目及赛事的数量 C_{213}
	资金投入 B_{22}	学校的鼓励措施 C_{221}
		政府的支持政策 C_{222}
		争取的天使投资、风险投资等融资机构的金额 C_{223}
	制度构建 B_{23}	管理制度完善度 C_{231}
		管理制度执行情况 C_{232}
	第三方服务 B_{24}	第三方服务机构数量 C_{241}
		第三方服务质量 C_{242}
氛围环境 A_3	协同互助 B_{31}	团队成员之间互动程度 C_{311}
		团队间互助程度 C_{312}
		与政府协同情况 C_{313}
		与企业协同情况 C_{314}
		与社会组织协同情况 C_{315}
		与其他高校众创空间联系协同情况 C_{316}
	宣传推广 B_{32}	线下传统宣传力度 C_{321}
		线上新媒体宣传力度 C_{322}
	品牌打造 B_{33}	品牌显著度 C_{331}
		品牌形象 C_{332}
		品牌影响共鸣度 C_{333}
	氛围营造 B_{34}	前期创新创业知识宣讲次数 C_{341}
		参加过创新创业的研究生人数 C_{342}
		对于创新创业的认知度 C_{343}

续表

一级指标	二级指标	三级指标
成果产出 A_4	申请入驻 B_{41}	申请入驻众创空间的团队数量 C_{411}
		现有创新创业人数和企业数量 C_{412}
	双创效果 B_{42}	已入驻的项目和企业数量 C_{421}
		入驻企业的就业人数 C_{422}
		入驻企业的产值 C_{423}
		创新创业实践成果数量 C_{424}
		获得各级政府部门支持的项目数量 C_{425}

（二）指标体系说明

1. 设备资源

该指标体现的是众创空间在创新创业活动中提供的硬件支撑能力。分别从资源、设备和网络平台三方面设定基础设施与资源配置、办公设备、网络平台三个二级指标。其中基础设施与资源配置包括硬件配备、场地面积配备合理度、创新创业师资配备、基础建设投入额四项三级指标。场地面积配备合理度以空间总面积、团队平均面积和公共面积分配情况来表示。办公设备包括公用设备配备情况和公用设备价值总额两项三级指标。其中公用设备配备情况的计算为公用设备套数在众创空间孵化项目总数中的占比。网络平台指标又设定有网络信息通达度、无线网覆盖率和有线网端口数三项三级指标。

2. 服务管理

该指标体现的是众创空间的管理服务能力，众创空间的代办工商注册、纳税申报等辅助服务能力以及在创新创业活动中所提供的制度管理、物业、商务等基础服务能力。分别从员工、资金、制度、中介四个方面设定众创辅导、资金投入、制度构建、第三方服务四个二级指标。其中，众创辅导包含组织创新创业公益讲堂、投资路演、训练营、论坛与沙龙的数量，开展创新创业辅导服务的次数，组织与参加创新创业大赛的项目及赛事的数量三项三级指标。资金投入包含学校的鼓励措施、政府的支持政策和争取的天使投资、风险投资等融资机构的金额三项三级指标。制度构建包含管理制度完善度、管理制度执行情况两项三级指标。第三方服务包含第三方服务机构数量、第三方服务质量两项三级指标。第三方服务机构指工商局、税务局、质量监督局等单位。

3. 氛围环境

该指标体系客观反映出众创空间对服务研究生创新创业，加深其对创新创业的理解以及提升其创新创业素养的支持力度，从众创空间管理团队之间的互助互动、宣传、品牌以及氛围营造等四个方面设定了协同互助、宣传推广、品牌打造、氛围营造四个二级指标。其中协同互助包含团队成员之间互动程度、团队间互助程度、与政府协同情况、与企业协同情况、与社会组织协同情况、与其他高校众创空间联系协同情况六项三级指标。宣传推广包括线下传统宣传力度、线上新媒体宣传力度两项三级指标。其中线下传统宣传包括板报宣传、报刊新闻宣传等;线上新媒体宣传包括数字杂志、数字报纸、数字广播、微信公众号等宣传。品牌打造针对众创空间的细化分层包括品牌显著度、品牌形象、品牌影响共鸣度三项三级指标。氛围营造包括前期创新创业知识宣讲次数、参加过创新创业的研究生人数、对于创新创业的认知度三项三级指标。

4. 成果产出

该指标体系从创新创业申请到批准通过入驻的全过程展现了众创空间在创新创业过程中所承担的入驻支持和产出效果。设定了申请入驻、双创效果两个二级指标。其中,申请入驻包括申请入驻众创空间的团队数量、现有创新创业人数和企业数量两项三级指标。双创效果包括已入驻的项目和企业数量、入驻企业的就业人数、入驻企业的产值、创新创业实践成果数量(竞赛获奖、论文、专利等)、获得各级政府部门支持的项目数量五项三级指标。

四、结论

高校众创空间服务研究生创新创业的实效是高校众创空间发展的生命线,也是高校众创空间的使命。建设高校众创空间的目的是为广大创业青年学生提供一个工作、网络、社交和资源共享的载体,最终让广大青年学生实现创新创业。而高校众创空间服务研究生创新创业的实效评估指标应该科学、全面地体现众创空间的发展特征与使命,同时坚持动态性、代表性和可操作性。故将指标体系设计为设备资源、服务管理、氛围环境和成果产出四大部分为一级指标,里面包含基础设施与资源配置、办公设备、网络平台、众创辅导、资金投入、制度构建、第三方服务、协同互助、宣传推广、品牌打造、氛围营造、申请入驻、双创效果等13个二级指标,硬件配备、场地面积配备合理度、创新创业师资配备、基础建设投入额等40项三级指标,供各高校众创空间评估服务研究生创新创业的实效。接下来可在评估指标权重确定、评估模型设计、评估方法选择、具体评估实例分析、评估对策等领域展开后续的定量研究。

参考文献

[1]唐业喜,吴吉林.众创空间视阈下的研究生创新创业意识培养及实证研究——以张家界大学生众创空间为例[J].旅游纵览(下半月),2017(04):249-251.

[2]朱文华.基于大学科技园为载体的高校"创客空间"发展模式探究——以燕山大学"创客学院"为例[J].高教学刊,2016(24):16-17.

[3]薛婷.高校众创空间绩效评价体系设计研究[J].现代经济信息,2016(17):157.

[4]刘小龙.天津市众创空间运行绩效评估体系构建及实证研究[D].天津理工大学,2017.

[5]张晓雨.石家庄市众创空间运行绩效评价研究[D].河北科技大学,2016.

"双一流"背景下高校危机教育模式创新研究

向立文　刘　茜

（湘潭大学）

摘　要　"双一流"建设是我国高等教育发展的重要战略政策。高校危机教育是高校危机管理工作的基础。随着现代社会的不断进步，各类公共危机形式也变得多样化、复杂化，越来越多的高校对危机教育的重视程度日趋增高，但许多高校相关的教育模式和教学方法还未能打破传统。本文对高校危机教育的现有模式进行分析，总结高校危机教育模式创新的必要性，并探讨如何创新高校危机教育模式，推进实现国家"双一流"建设的战略目标。

关键词　高校危机；危机教育；教育模式

作者简介　向立文，男，1976 年出生，湘潭大学公共管理学院，博士、教授，电子政务系主任。

在当前突发事件出现频率较高的社会背景下，尽管近年来大多数高校对危机教育的重视度有所提高，但高校危机教育的现状仍然不容乐观。根据对川、渝、滇等地区高校的调查，14.1% 的学生表示在面对突发事件时有充分的心理准备，11.8% 的学生表示没有准备，74.1% 的学生表示心理准备不足。[1]可见，高校学生的危机意识和危机应对能力十分低下，也体现了高校现有模式下的危机教育在内容和形式方面还存在不足。在"双一流"建设背景下，以打破常规的方式构建高校危机教育新模式，对于推进高等教育改革，培养应用型、复合型高级人才具有重要的理论价值与现实意义。

一、我国高校危机教育模式的基本现状

高校危机教育的效果不尽如人意与我国高校危机教育的模式有关。大部分高校危机教育采取以课堂授学为主的单一教育模式，这种教育模式因缺少互动性而难以满足学生的需求。加之，国外的经验成果在我国因地域和体制的局限而难以推广，我国高校危机教育的发展一直停滞不前。归纳起来，我国高校危机教育模式的问题主要表现在以下方面：

（一）危机教育体系不健全

在美国，联邦应急管理署制定了高等教育应急培训规划，将危机教育纳入高等教育体系。[2]但在我国，危机教育并没有完整、独立的教学体系，教学规划也处在探

索阶段，大多数高校没有开设专门的危机教育课程，而是将危机教育融入思政课堂。由此造成教学定位与培养目标不明确，专业师资力量匮乏，教材与设备不均衡等问题。尽管清华大学、北京大学和南京大学等部分处在教育改革发展进程较快城市的高校，都陆续开设了与应急方向相近的专业课程，但大多数高校危机教育体系有待进一步科学规划。

（二）危机教育内容不全面

据调查，浙江省 12 所高校有 68% 的学生没有系统地参加过危机应对培训，教学效果较差。[3] 目前，大部分高校的危机教育内容多围绕自然灾害与消防安全展开，缺少现代社会危机应对教学。大学生网络借贷无力偿还、网络谣言、网络邪教毒害大学生价值观念等新型危机，随互联网的发展而不断壮大，传统的危机教育内容已无法满足危机处理的需要。

（三）危机教育渠道单一化

在我国，危机教育的主要场所是课堂，而心理健康咨询辅导室的教育职能被忽视。针对全校师生心理动态的普查次数并不多，主动对高校师生进行心理危机教育的更为少见。以某大学为例，学生心理健康动态的评价以入学时新生心理普查情况为标准。大学期间除专业课程的要求之外，全校性的心理普查工作匮乏。

据调查，北京地区只有 12% 的学生通过书本了解有关危机的常识，39% 的学生是通过电视和网络学习相关知识。[4] 但我国高校危机教育的宣传形式主要包括安全教育讲座与发放安全知识手册等传统方式，已不适应当前"互联网+"的大环境。新型宣传教育手段不足以及内容渗透不够，使得宣传教育受众面积狭小，宣传教育的目的难以达到。

（四）实践演练开展不均衡

目前，我国高校学生绝大多数是通过网络和电视获取科普知识。某种程度而言，我国大学生欠缺危机实践演练经验。地处北京、上海、广州等较为发达城市的高校经常开展逃生演习活动。如广州大学 2017 级新生举行火口逃生演练；2015 年北京大学开展学生消防演习；等等。而地处经济不发达城市的多数高校虽制定了应急预案，但鲜少组织全校性的危机模拟实践活动。实践演练在全国各高校开展情况不均衡，导致绝大多数学生空有危机应对基础知识而难以付诸实践。

二、高校危机教育模式创新的必要性

（一）响应国家战略政策的号召

国务院发布的《国家教育事业发展"十三五"规划》里，不仅提出建设世界一流大学和世界一流学科，也提出建设高水平应用型高等学校。从目前的情况来看，不仅仅是"双一流"建设，高水平应用型高校建设也已提上日程。

通过危机教育引导学生正视不同环境下的多类型危机，提高学生的风险意识与应对能力是建设高水平应用型高校的需要。应帮助学生建立良好的心理素质，战胜危机，以培育现代社会复合型高级人才，满足"世界一流大学"建设的智力需求。另外，危机教育模式的创新能给其他学科教育教学改革提供经验成果，是推动"世界一流学科"建设的重要步骤。

（二）提升危机教育的成效性

目前，我国高校时常发生事故，而高校学生的危机意识淡薄。2013 年 6 月 20 日，著名球星贝克汉姆到上海同济大学操场参加活动。操场早已被危机意识淡薄的学生球迷团团围住，仅剩一道门通往场内，使得试图通过关门以维持操场内秩序的安保人员难以进入门后。而球迷们突然蜂拥而上，冲破了安保人员的防护，踩踏事故就此发生。虽然此次受伤人员主要是负责安保的工作人员，但在场的部分学生也有不同程度的擦伤。[5]

另外，在高校中各种危机层出不穷，最为常见的种类之一是消防安全危机。2008年上海商学院一学生宿舍因使用"热得快"引发电器故障而造成火灾。四名女生在消防员到达之前欲从六楼阳台跳楼逃生，最终不幸全部遇难。2014 年贵州黔南民族师范学院学生寝室起火，怀疑是由于学生违规使用大功率电器所致。虽然没造成人员伤亡，但出动了 3 台消防车，16 名官兵到达现场，足见火势之大。同样在 2014 年，陕西榆林学院一学生因未将手机充电器插头扯下，导致电路短路造成火灾。

除此之外，校园借贷近年来成为了一种新型高校危机。如，2016 年 3 月河南某大学生郑某因身负 60 多万"校园贷"无力偿还而终结了自己的生命；豫西山区的女大学生王某通过网络借贷平台，以裸贷的方式借款，最终无力偿还而受到威胁。

种种高校危机的发生，折射出高校学生的危机意识淡薄。造成事故的原因主要有两个：一是学生危机教育的成效不足，学生没有意识到危机存在的可能性，在危机到来时没有足够的应对能力；二是校方应急预案和措施存在漏洞。也就是说，高校不仅在危机管理与应对方面存在着不足，在危机教育模式方面也存在着一定的弊端。所以，为了提升危机教育的成效性，高校危机教育模式的改革创新迫在眉睫。

总而言之，高校危机教育模式的创新具有必要性。一方面，创新高校危机教育模式不仅可帮助学生对安全教育、危机管理有全新的认识，使学生树立正确的世界观、人生观、价值观，也可在一定程度上避免某些危机的发生，提升危机教育的成效；另一方面，创新高校危机教育模式能推动国家"双一流"建设的战略目标实现，是培养中国特色社会主义接班人的有效方式。

三、创新高校危机教育模式的基本对策

有效的危机教育离不开科学的教育模式。目前我国高校普遍实施的危机教育模式在效果上是事倍功半。笔者认为，对于高校公共危机教育模式的探索，应该结合当前"双一流"建设的时代背景，构建多种教育方式协同融合、共同影响的互动型高校危机教育新模式，充分发挥危机教育的导向作用、实用性、针对性和有效性。具体有以下四个方面：

（一）重视危机教育体系的建设

为了适应现代高风险社会，加快高等教育改革，需要将危机教育纳入高等教育课程体系。开设专门的危机教育课程，制定危机教育的教学规划，组建专业的师资队伍，保障教育经费的充足。具体需要做好两方面工作：第一，保证危机教育课程设置与教学规划的科学性。在我国已有部分高校开设了应急方面的相关课程，可借鉴他们在课程设置上的成果。同时也可参考高等教育课程体系的设置，依照学生的知识结构与专业需求区分必修课与选修课。第二，构建相应的考核评价标准为危机教育提供制度保障。将考核制度融入危机教育，防止形式主义与消极应对的出现，切实规范危机教育流程，稳步提升危机教育成效。

（二）扩展危机教育的内容

要适应形式多元化的现代危机，扩充危机教育内容是拓展学生知识面的前提。除传统危机（包括自然灾害、政治性危机、社会性危机、公共卫生安全危机等）外，面对新型危机（如网络危机）时的防范意识、自救意识、社会责任意识与应对能力等教学内容需要深入扩展。

危机意识培养的长期性决定了，危机教育教学要贯穿学生大学四年及研究生在校期间。另外，为了保证学生良好吸收，危机教育在教学方面要有所侧重。如，在教学方法上可倡导讨论式、案例式教学，以此调动学生的学习积极性。

（三）拓宽危机教育的方式

在高风险的社会背景下，高校要拓宽危机教育的方式，以适应时代的要求，提高危机教育的质量。一方面，高校应加强教育主体之间的协同。教师、家长、社会是高校危机教育的主要教育主体。高校的危机教育不能仅仅依靠教师们的教育工作和管理工作，教育主体间应加强衔接配合。首先，高校应积极组织学生参与公共危机宣传教育活动；其次，校方与家长应定期联系沟通，了解学生心理动态，以提升危机教育的针对性。

另一方面，高校要提升宣传教育载体的多样性。宣传教育应采取多种形式并存且共同影响的方式，渗透融入高校师生日常学习与生活中，积极营造安全文化氛围。除

了传统宣传教育方式外，高校还应将危机教育融入校园文化活动，如开展安全竞赛、安全漫画展、校园安全节等，以提高学生参与危机教育的主动性。另外，高校可透过不同的载体形式进行宣传教育，如校园广播、宣传手册、海报、黑板报等。此外，高校还可利用多媒体光盘、软件、手机短信平台、官网专栏等新型传播方式，以增强危机教育的效果。总而言之，宣传教育不能局限于次数，更不能局限于时间；而且宣传方式之间没有主次，即各种渠道各种类别的宣传教育应协同进行。

此外，高校应加大危机教育网络平台的应用。在"互联网＋"时代背景下，"双一流"建设离不开互联网的应用。以"去其糟粕，取其精华"为高校危机教育模式创新理念，将传统危机教育方式与网络平台教学相融合，促进教学模式的多元化发展。这主要体现在：（1）开设危机教育网校课程，延伸教学场所，使危机教育不受空间地点的限制。如学生能在任何时间、任何地点利用 QQ、微信等网络平台进行网课学习、课堂讨论。（2）开通危机教育微博、微信公众号，扩大危机教育宣传面，加强师生交流活跃度，以提升危机教育的互动性与普及度。（3）通过问卷调查 App 实现全校性心理健康情况普查，增加对学生心理健康状况的检测，提升危机教育的针对性。同时，网络的虚拟性在一定程度上给师生提供了解决心理问题的便捷途径。此外，必要的信息公开也能对其他广大师生起到针对性的辅导作用。

（四）强化实践演练的融合

实践是检验真理的唯一标准。我国许多高校虽开展了应急消防演习，但缺少系统化、制度化的操作流程，模拟演练次数也受到限制，危机教育实践训练的途径有待进一步强化。首先，高校要实现实践演练制度化。将实践训练纳入危机教育教学规划，有计划地开展不同类型的模拟演习，针对不同危机制定实践方案，保证实践教学的有效开展。其次，高校要建立"危机模拟实验室"。在实验室教学中进行模拟演练，让危机教育的理论教学与实践教学相融合，提升学生对于危机的认知度和感受程度。

四、结语

高校危机教育模式的创新需要一定的时间，创新的效果也需要时间来检验。而全国各地高校人文和自然的实际情况不同，实施起来也会呈现出各种问题。高校危机教育模式的创新也会遇到经费投入和实践教学缺乏机制保障等问题，但仍需以冲破常规的方式创新高校危机教育模式。因为改革创新不仅是推进"双一流"建设的重要前提，也是培养中国特色社会主义事业接班人的需求，更是顺应中国特色社会主义发展的时代要求。因此，高校危机教育模式的创新要构建协同融合的危机教育体系以培育危机管理新型人才，从而推动"双一流"建设的前进步伐。

参考文献

［1］王才领，徐骏，王绍让.论大学生公共危机教育"四位一体"模式［J］.商场现代化，2010（17）：170-171.

［2］向立文.中美高校危机教育比较研究//湖湘公共管理研究（第六卷）［C］.湘潭：湘潭大学出版社，2015.

［3］徐骏，王才领，王绍让.大学生公共危机教育现状及对策研究——基于浙江省12所高校的调查［J］.公安学刊（浙江警察学院学报），2011（02）：47-49+63.

［4］张小明，任晶萍.我国大学生公共危机教育存在的问题与对策研究——基于北京市五所高校调查的实证分析［J］.中国应急管理，2010（08）：21-25.

［5］四川在线.小贝亮相同济大学发生踩踏事件［EB/OL］.（2013-06-21）.http：//sports.163.com/13/0621/08/91SNC79F00051C89.html.

"双一流"建设视野下民族地区高校工科研究生
创新能力培养的思考 *

田春莲

（吉首大学）

摘 要 在"双一流"建设中，民族地区高校以创新人才培养为核心，以学科为基础，以科学研究和社会服务为依托，为地方经济发展服务。工科研究生创新能力培养受研究生入学选拔机制不合理、导师指导力量薄弱、培养体制和环境不完善等诸多因素制约，结合我校实际，从产学研协同培养、改革培养机制、实行学科融合交叉指导、加强学术交流等诸多层面提出了对策。

关键词 双一流；工科研究生；创新能力

作者简介 田春莲，女，1970 年出生，吉首大学林产化工工程湖南省重点实验室，教授。联系电话：13707440826；电子邮箱：tianchunlian1970@163.com。

一流大学和一流学科，是知识发现和科技创新的重要力量，是先进思想和优秀文化的重要源泉，是培养各类高素质优秀人才的重要基地，是服务经济社会发展的重要支撑。[1]一流本科教育是"双一流"建设的重要基础，一流研究生教育是"双一流"建设的突出特征，建设世界一流大学和一流学科，离不开建设一流的研究生教育体系。[2]党的十九大报告指出：在实现"两个一百年"奋斗目标的第一阶段，我国经济实力、科技实力将大幅跃升，挤进创新型国家前列。这更加说明国家创新驱动发展战略实施的紧迫感和危机感。2016 年教育部的《中国高等教育质量报告》指出：面对经济转型发展、世界科技竞争、高等教育国际化的挑战，中国高等教育仍需把人才资源开发放在科技创新最优先的位置，提高科研创新水平和科技成果转化效率。[3]所以，国富民强关键在于创新人才的培养，研究生作为国家创新体系的重要组成部分，创新能力的培养及提升已成为社会关注的焦点。

吉首大学立足湖南西部民族地区，是武陵山片区唯一的省属综合性大学和《武陵山片区区域发展与扶贫攻坚规划》重点建设高校，担负着为武陵山区经济社会发展提供科技咨询服务，为企业发展、产业转型升级和技术创新解决实际问题，为区域经济发展培养科技创新人才和转化科学研究成果的职能。工科研究生培育是学校研究生教

* 本文受吉首大学学位与研究生教育教学教改研究项目（JG201503）资助。

育的重要组成部分，是对接国家和湖南省一流大学、一流学科建设，产出一流的科技创新成果的重要支撑。近年来虽为地方经济建设做出了显著贡献，但创新人才培养体制尤其是研究生培养机制改革仍有待深化。本文以吉首大学为例阐述民族地区高校工科研究生创新能力培养的探索和实践。

一、民族地区高校工科研究生创新能力培养现状

目前，我国工程技术领域原创性成果少，知识产权核心技术数量与发达国家相距甚远。一方面，我国工科研究生普遍存在书本知识丰富、创新实践能力较弱的突出问题；另一方面，高校因扩招而带来的教学资源相对匮乏、培养体制不健全与社会对创新型高级技术人才需求的矛盾日益凸显。高校工科研究生的创新能力培养现状令人担忧。第一，工科研究生自身创新意识弱，发现新问题和独立解决问题的能力差，不敢进行学术怀疑和批判，学习风气浮躁，学术功底薄弱。第二，研究生参与导师课题研究的机会少。虽然大多数工科类导师科研创新能力较强，但是学生认为导师的"学术与教育水平"最重要，渴望通过导师讲授就能得到充实的学识，缺少参与科学研究的主动性，从不参加或只是偶尔参加导师的课题研究。第三，研究生课程设置欠合理，教学内容缺乏新颖性。教师传授内容以书本知识居多，而对学科前沿信息及技术很少涉及或从未涉及，严重制约了工科研究生创新能力的培养。第四，科研条件较差。民族地区高校科研平台建设相对滞后，无充足的科研场地，部分导师研究经费缺乏，学术交流机会有限，研究生很难走出去拓宽科学视野。贫乏的科研条件削弱了研究生科研创新的积极性。

二、影响民族地区高校工科研究生创新能力培养的外界因素

（一）不合理的研究生入学选拔机制

我国工科研究生主要有推荐免试和全国硕士研究生入学统一考试两种招生方式，考试科目均为外国语、政治、数学、专业基础和专业课，有统一的考试大纲及要求，主考基础知识，考查创新能力的内容相对匮乏，学生停留在为考研而进行填鸭式或技巧性训练层面。[4]另外，民族地区高校因地域和学校名气等处于劣势而生源不佳，部分工科专业靠调剂才有生源，有的专业甚至不能完成招生指标，因此，复试只走形式，无针对学生创新能力的测试，更无法筛选出具有创新潜力的学生。

（二）指导力量薄弱的导师队伍

研究生指导教师的综合能力直接影响学生创新能力的培养。师资力量薄弱主要表现在：（1）研究生扩招导致地方高校师生比失调。"一师带多生""无证上岗"现象时有发生，导师不能悉心指导每个学生，导师能力不足以指导学生。（2）导师对研究生指导投入精力不够。工科研究生培养在制订培养计划、确定研究方向和开展

科学研究等方面均需要导师的指导，但民族地区高校的导师或担任行政职务，或忙于申请课题，或穿梭于其他社会事务而松懈了科研活动的参与，甚至直接"老板化"。（3）导师指导研究生开展科学研究的经费无保障。国家对民族地区高校科研经费资助少，地方财政实力弱，导师研究经费短缺导致研究进展缓慢。

（三）不完善的培养体制

首先，单一的培养模式暴露出高校学科专业背景下的研究生知识结构单一、知识综合运用能力差，难以适应经济高速发展的社会对复合型人才的需求；"填鸭式"的课堂理论教学造成学生重理论轻实践，创新能力得不到培养。再者，有效淘汰机制的缺乏、"严进宽出"的研究生教育策略，促使过程控制淘汰率低，学生入学前拼命学，入学后随便学，尤其是创新能力的最关键培养环节——学位论文，从开题报告、中期检查到论文答辩均缺少良性竞争的淘汰和筛选机制，导致研究生缺乏学习动力，创新能力培养形同虚设。第三，教学内容和教学模式缺乏创新。实践性很强的工科类课程，需要在实验中领会和消化理论知识，但培养体系和教学计划设置无法满足科研及工程技术发展的需要。

（四）不成熟的培养环境

民族地区高校地理位置偏僻，受人力、物力和财力等条件的制约，一方面存在培养条件艰苦、学术氛围不浓的实际情况，教育经费投入不足，科研平台建设滞后，聘请知名专家学者难等问题，研究生对外校及社会上学术活动关注较少，通常只与本专业、本方向学生交流，视野不开阔，创新思路受限制。另一方面，社会以学历为重的用人机制使地方高校本科毕业生考研进入"待就业"状态，而欠发达民族地区的高校，学校知名度不高，研究生毕业得不到用人单位的垂青，逼迫多数毕业生花大量时间进行就业资本积累；再加上现今社会人心浮躁，急功近利的不良现象蔓延高校，研究生很难潜心科学研究，创新能力的提高成为一纸空谈。

三、民族地区高校工科研究生创新能力提高对策

培养高素质、复合型、创新型的工科研究生是我国国民经济发展对高层次技术人才的要求，作为工科研究生教育出发点和归宿的创新实践能力的培养是一项综合性、系统性的工程。因此，笔者结合我校林业工程等专业工科研究生来源广、质量参差不齐的特点，提出以下提高工科研究生创新能力的对策。

（一）实行产学研协同培养新模式

挖掘和拓展教育资源已成为解决当前因研究生扩招而凸显的教育资源供需矛盾的关键，产学研协同作为研究生创新能力培养的有效途径被广为推崇。产学研协同培养研究生创新能力新模式，即高校和企业共同培养研究生，集研究生课程教学、科学研究、就业创业于一体，根据工科研究生的个体差异，从高校和企业不同角度培养学生

创新能力。当前，关于工业技术研究攻关、科技项目的申报，各级政府科技部门引导转移为以企业为主体，鼓励企业建立技术中心，增强自主创新能力，以自主创新促发展；提供了便利的产学研协同培养研究生创新能力的条件，研究生的创新成果在企业转化为生产力后产生显著的经济效益的同时，又可以运用所学知识解决实际生产中发现的科学问题，激发创新热情和意识，创新方法得到改进，创新技术大幅提高，创新能力迅速提升。因此，产学研结合已成为现行体制下培养工科研究生的最佳途径。

（二）改革工科研究生培养机制

目前，研究生培养管理体系过于量化，修满课程学习学分、研究生期间必须发表学术论文的硬性要求对学生创造性的培养产生了一定影响，应对现有的培养机制进行改革。首先，应优化课程教学内容和体系。当前科技的快速发展要求授课教师必须紧跟学科前沿，迅速更新知识，丰富教学内容，提高教育质量。目前工科研究生的专业课程设置必修课多、选修面窄、极难跨学科选修，导致研究生科研选题视野不宽阔，科研能力受限。课程设置上，应对教学内容进行重组和更新，加强实践环节教学，加大实践环节的学分比例，规范实践内容和管理，极力培养研究生的创新意识，通过设计新实验、课程专题分析实验方案及集中讨论实验结果培养学生创新能力。其次，资助研究生搭建各级创新性课题研究平台，引导其参与工程实践，申请发明专利，总结科研成果。再次，多样化创新教学方法。不定期举办专题讲座或讨论班，网络远程教学，聘请知名专家开设研究生选修课或讲座，介绍学科前沿动态与科研进展。最后，教学环节考核方式的改革。工科研究生主要考核动手能力、工程实践能力、解决实际问题能力、团队合作和沟通表达能力等，因此，应加强实验技术类课程的考核，完善和建立能反映研究生创新能力的考核体系。

（三）实行多学科融合交叉指导模式

工科研究生只有提高创新能力，明确科研竞争，加强学科合作，参与到多学科交叉的导师团队指导中，通过思维拓展、学术碰撞才能创造性地开展科学研究，获得创造性的研究成果。首先，为顺应工科研究生学科交叉培养的要求，须改传统"单一导师制"为多学科交叉融合的导师团队指导模式，导师团队创新研究生教学内容、增强教学内容的互通性，在教学方法上寻求最大公约数，实现教学科研同步。其次，积极开展跨学科研讨会，既开展工科与理科间的研究，又开展工科与文科的跨学科研讨，拓宽思维方式，扩大知识结构，实现学科间纵横结合，将学科交叉落到实处。如，开展学术讲座、研究报告等跨学科研讨活动，既可以验收研究生的科研成果，又能提高工科研究生的创新能力。第三，通过不同学科的工科研究生学术交流与沟通来协同创新共享导师资源，避免资源浪费，尤其是科研实验的指导和不同学科的导师综合指导，研究生在本专业研究的扎实基础上广泛吸纳多学科导师指导，发现自身问题，弥补科研不足，促进不同学科研究创新，收获原创性科研成果。

（四）加强创新型学术交流

"立足国内、面向世界"的方针是教育国际化趋势下研究生创新能力培养的指导思想。作为民族地区高校的吉首大学目前已构建多层次的研究生学术交流平台，如跨校级的联合培养、暑期学校与创新论坛，校内的专家论坛、名人讲堂、国际会议，学院层次的学术论坛、学术讲座、学术报告，各专业内部交流的课题组讨论会、创新团队研讨、专业学术沙龙。通过这些形式的学术交流，我校工科研究生的创新能力得到一定的提升。尤其近几年来，通过从国内外著名院校中选拔一些知名学者作为客座教授，选派导师或科研骨干进行国内外访学，研究生交换学习等形式，学习国内外知名工科院校和学科专业的创新思想和创新方法，提升研究生创新能力，校园学术氛围得到显著改善。我校相关工科院系的研究生从参加各种学术交流、创新技术竞赛或挑战杯等学生课外学术作品比赛等活动中也培养了自身的科研创新能力。

四、结语

工科研究生创新能力培养是一项系统工程，需要地方政府加大投入改善培养的平台条件，需要学校完善培养体制提升学生的培养质量，需要研究生增强创新意识和创新水平。有了各部门、各领域的支持，地方高校工科研究生创新能力才能得到提高，今后才能为地方经济的发展提供可持续的服务。

参考文献

[1] 裴倩敏.加快建成一批世界一流大学和一流学科——教育部有关负责人就《统筹推进世界一流大学和一流学科建设总体方案》答记者问[J].中国大学生就业，2016（2）：4-7.

[2] 汪玲，包江波，钱序.探索一流研究生教育助力支撑"双一流"建设——以复旦大学妇幼健康学科为例[J].研究生教育研究，2017（1）：26-30.

[3] 赵婀娜.高教质量"国家报告"首次发布[N].人民日报，2016-4-8.

[4] 周玉林，张希晨，李仕友，等.地方高校工科研究生创新能力外在影响因素分析[J].教育现代化，2016（21）：77-79.

新常态下多维度加强研究生实践创新能力培养探究

谢富强

（南华大学）

摘　要　在经济新常态的背景下，从学校、用人单位和学生三个维度分析加强地方高校研究生实践和创新能力培养模式。基于系统论、信息论和多元智能理论，以校企互融人才培养模式为引领，深入了解时间、空间、人和媒介多维度特点，建立信息网络连通教师、学生和专业设备节点，将课程教学、项目实践和学生综合素质培养所需资源集成一体，形成校企合作、理实一体的多维度创新培养模式，是对加强研究生实践和创新能力培养的一种有益探索。

关 键 词　研究生培养；多维度；实践创新；多元智能

作者简介　谢富强，男，1971年出生，南华大学电气工程学院自动化系，副教授。联系电话：13973467893；电子邮箱：albertxfq@163.com。

一、引言

经济全球化的快速发展和知识经济时代的到来，使国际竞争变得越来越激烈，竞争焦点也从科技竞争转向了人才竞争，尤其是创新型实用人才的竞争。在我国创新驱动发展战略和高校"双一流"建设中，深入推进高等教育综合改革，提高创新创业人才培养能力和水平，促进研究生教育持续健康发展，是当前"双一流"建设新常态下需要改革、完善的重要研究课题。我国经济新常态下，经济转型升级必然要求研究生教育转型。在创新实践中培养研究生的创新精神和创新能力，是研究生教育的本质特征和生命力所在。长期以来，传统教学模式往往束缚和阻碍了学生创新能力的发展。目前我国研究生存在科研实践参与度低，原创能力不足，创新能力有限的问题。这种高等院校研究生科研创新能力滞后的现象与现今科技、经济发展极不协调，无法满足当前社会的需求。

美国著名教育心理学家霍华德·加德纳提出的多元智能理论为培养研究生实践和创新能力提供了新思路。加德纳归纳总结，人至少有七种与生俱来的智能：文字语言智能、逻辑数学智能、视觉空间智能、身体动觉智能、音乐节奏智能、自知自省智能、人际交往智能。后来，加德纳又补充了两种智能：自然观察智能和生存智能。没有哪种智能比其他智能更优越，只是个体差异以及社会需求不同而已。运用多元智能理论进行研究生教学改革已在国内教育界广为关注、大力研究并逐步推行。许多高校、科学研究系统的教师、学者从课程体系、教学内容、教学模式和测试评估体系等多方位研究和分析多元智能理论与研究生综合能力提高的关系，通过一系列教学改革，调动学生学习积极性，促进学生个性发展，激发学生创新活力。

二、研究生实践与创新能力培养研究现状分析

随着研究生招生体制的改革及规模的扩大，研究生培养的质量、素质引起各界的关注。目前，各高校研究生教育普遍存在着硬件资源紧缺、创新能力不足、学位论文质量下降等一系列亟待解决的问题。研究生教育中的科研能力培养是其区别于本科教育的最本质特征。因此，研究生教育必须抓好培养环节，突出"实践＋科研训练"的特点，通过开展多种形式的学术活动培养研究生的创新意识和创新能力。

目前研究生培养模式分为"课程模式""学徒模式"和"课程＋论文结合模式"三种。课程模式以美国的马里兰大学等高校为代表，学生在学完规定课程，通过考试后即可获得学位，而不必做硕士论文，在博士生阶段才重点培养科研能力。学徒模式以西欧某些高校为代表，要求研究生在读期间当导师的助手，从事相关课题实验、数据分析等工作，最终在导师的指导下完成研究论文，通过答辩才可获得学位。我国高校在借鉴国外高校办学经验的前提下提出"课程＋论文结合模式"。硕士研究生在读期间，既要学习若干门基础与专业主干课程，又要做科研项目和毕业论文，通过论文答辩后获取学位。这种方式存在学生课程学习处于被动地位，科研训练不够，难出成果，毕业论文准备时间不足，难以保证质量，课程、科研与毕业论文三者不能有机结合等问题。

三、从学校、用人单位和学生三个维度分析研究生实践创新能力培养模式

学校、用人单位和学生构成研究生实践创新能力培养的三个维度，下面分别从各自视角分析如何加强研究生实践创新能力培养，构建新型的创新培养机制。

（一）从学校视角出发

信息化环境下多维度创新培养模式，是在我国硕士研究生人才培养的主要模式的基础上推陈出新。基于信息化和多元智能理论，以校企互融人才培养模式为引领，以网络为通道，以教师、学生和专业设备为节点，将课程教学、项目实践和学生综合素质培养过程所需软硬件资源最大限度地集成一体，形成校企合作、理实一体的信息化网络多维度创新培养模式。特别重视研究生实践创新平台的建设。信息化环境下多维度创新型研究生实践和创新能力培养模式，相较于传统研究生实践和创新能力培养最大的优势在于可实现时间、空间、师生和媒介设备多维度的突破。

（二）从学生视角出发

加强研究生实践创新能力培养体现在研究生阶段应从提高生源质量、尊重研究生的课程权利、构建和谐导学关系、优化育人环境等方面着手，基于系统论、信息论和多元智能理论，将实践创新能力培养融入研究生整个学习阶段和生活中。刚入学时重视创新意识和方法的培养，学生可以很快加入创新团队，培养创新意识；在课程教学和实践环节，研究生能快速获取学校和企业提供的各种整合好的资源，实现创新学习主动性、有序性和高效性，提高创新能力。基于信息化和多元智能理论，学生在毕业时创新能力自我评价会更加客观、更加及时、更加合理，能找到理想的用人单位，进一步发挥和提高创新能力。

（三）从用人单位视角出发

基于全国性的校企合作、理实一体的信息化网络，可实现招聘时对学生信息了解的全面性和客观性。用人单位人才需求能得到及时发布和有效反馈。利用互联网、虚拟现实等新型信息化手段实现校企联合培养方式的突破，降低用人单位人才培养的风险和成本。

四、多维度加强研究生实践创新能力培养措施

（一）通过课程教学改革，基于多元智能理论多维度强化科研能力训练

了解多元智能理论中个体差异性的特点，尊重学生的多元性和个体差异，了解学生学习需求，展开多元化教学模式研究，以加强知识教学，锻炼专业知识运用能力，发挥创新能力；专业教学结合情景教学、任务教学，为学生提高实践能力、拓展创新能力提供良好机会；展开课程教学内容的多维度分析研究，以校企互融人才培养模式为引领，突破时间、空间、人和媒介多维度的局限，将教师、学生和专业设备等节点连通起来，将课程教学、项目实践和学生综合素质培养所需软硬件资源最大限度地集成一体，形成校企合作、理实一体的信息化网络多维度课堂教学模式。

（二）通过实践性环节的建设，多维度加强研究生的工程实践能力培养

工程实践能力是在实践活动中培养出来的，研究生的实践教学环节在培养工程研究的创新能力方面，有着举足轻重的作用。多角度分析实践环节教育维度，可将研究生实践环节教育维度分为目标维度、功能维度、体系维度、时空维度和路径维度。从这五个维度探讨和拓展研究生实践教育改革思路，加强研究生的工程实践能力培养，并以产、研、教三结合联合培养基地为载体，广泛吸纳社会各类教育资源，以加快研究生工程实践与创新能力的培养。

（三）加强综合素质的培养，多维度提升研究生的综合实力

研究生应具有怎样的素质也是研究生人才教育与培养的核心问题。针对研究生

综合素质培养中存在的问题，如重智轻德，缺乏社会责任感和奉献精神，团队协作能力、表达能力、组织管理能力和社交能力欠缺等，基于多元智能理论，根据研究生个体成长的差异性、多元性和自主性的特点，加强综合素质的培养，尊重研究生的课程权利，构建和谐导学关系，优化育人环境，多维度提升研究生的综合实力。

五、结论

在机械制图中，只有结合多个剖面分析，才能了解物件的真实结构。与之类似，结合学校、用人单位和学生三维透视有助于深入了解和完善研究生实践和创新能力培养模式。基于信息论和多元智能理论，结合学校的具体情况，以校企互融人才培养模式为引领，从时间、空间、人和媒介多维度整合资源，建立信息网络，以教师、学生和专业设备为节点，将课程教学、项目实践和学生综合素质培养所需软硬件资源最大限度地集成一体，尊重研究生的课程权利，构建和谐导学关系，优化育人环境，形成校企合作、理实一体的信息化网络多维度创新培养模式。

参考文献

［1］沈瑛.多元智能理论指导下的研究生创新能力培养［J］.教育与职业，2012，730（18）：167-168.

［2］哈聪颖，付路，冯蓉.国内外高等教育信息化发展战略综述及比较研究［J］.赤峰学院学报（自然科学版），2015，31（2）：264-266.

［3］李录平，张拥华，周健，傅湘玲.高等学校实践教育多维度理念探析［J］.中国大学教学，2011（11）：83-86.

［4］梁传杰，毕姗姗.研究生培养模式研究之反思［J］.研究生教育研究，2015，25（1）：11-15.

［5］季卫兵.高校研究生创新能力培养的价值误区及其重塑［J］.黑龙江高教研究，2015，249（1）：154-157.

［6］黄宝印.适应发展新常态　全面深化研究生教育改革　全面提高研究生教育质量［J］.学位与研究生教育，2015，29（12）：1-6.

基于协同创新平台的特殊需求博士人才培养模式探索

——以吉首大学"生态扶贫博士"项目为例 *

丁建军　冷志明　彭　耿

（吉首大学）

摘　要　"特殊需求博士人才项目"和"协同创新中心计划"是我国高等教育在服务于国家特殊或急切需求方面的重要创新，发挥二者的协同效应，利用协同创新平台培养特殊需求博士人才是一种有益的探索。在剖析特殊需求博士人才培养的特点、协同创新中心在特殊需求博士人才培养中的重要作用的基础上，文章分享了吉首大学基于协同创新平台的特殊需求博士人才培养模式，即"一大需求统筹、五类主体培养、五大学科支撑、三个平台协同、一个中心调度"的"生态扶贫博士"培养"15531"模式。

关 键 词　协同创新中心；特殊需求博士；生态扶贫博士

作者简介　丁建军，男，1980 年出生，吉首大学商学院，教授。联系电话：13974360434。

2012 年 7 月，根据国务院学位委员会第二十八次会议审议通过的《关于开展"服务国家特殊需求人才培养项目"试点工作的意见》精神，全国 35 所高校开始了服务国家特殊需求博士人才培养试点工作。[1] 与此同时，国家启动了《高等学校创新能力提升计划》，简称"2011 计划"。"2011 计划"以协同创新中心建设为载体，是一个改革性、引导性和支持性计划，要求以国家急需为根本出发点，以选题培育为工作前提，以协同创新模式为合作纽带，以体制机制改革为突破重点。[2] 2013 年以北京大学等高校牵头的首批 14 家国家协同创新中心通过"2011 计划"认定，成为首批"2011 计划"建设体，各省则根据自身实际也认定了一批省级 2011 协同创新中心。然而，不论是国家特殊需求博士人才培养试点还是"2011 计划"，都是国家高等教育改革创新的重要举措，并且都以国家"特殊"或"紧急"需求为根本出发点。那么，在实践中这两项创新举措能否以及如何有机结合呢？本文在探讨特殊需求博士人才培养的特点、协同创新中心在特殊需求博士人才培养中的重要作用的基础上，以吉首大

---

* 本文受湖南省学位与研究生教育教学改革研究项目"跨学科复合型研究生培养模式创新研究"、湖南省教育科学"十三五"规划重大委托项目"湖南教育精准扶贫长效机制研究"（XJK17ZDWT02）资助。

学"生态扶贫博士"项目为例，分享基于协同创新平台的特殊需求博士人才培养模式的探索实践。

一、特殊需求博士人才培养的特点

与一般博士人才培养不同，服务特殊需求博士人才培养项目自试点之日起就肩负着特殊的使命。国务院学位办《关于开展"服务国家特殊需求人才培养项目"试点工作的意见》明确指出，试点工作以"服务需求、突出特色、创新模式、严格标准"为指导思想，选择关系国家安全和国家重大利益、亟须满足的人才培养需求，安排少数办学水平较高、学科特色鲜明、培养模式符合特殊需要、现有培养单位不可替代的高等学校，开展有关人才培养项目试点工作。[3]通过人才培养项目试点工作，探索建立学位授权、学科建设与国家急需高层次人才培养紧密结合，以国家需求为目标、以国家有关部门积极参与为纽带、"学政研产用"紧密结合的人才培养新机制，引导高校办出特色、办出水平。结合文件精神与特殊需求博士人才培养实践，可发现特殊需求博士人才培养具有以下特点。

（一）急需或特殊需求服务导向

为谁培养人才方面，特殊需求博士人才项目定位为服务国家特殊或急需需求，这些需求或者关系国家安全、国家重大利益，或者关系特定时期特定战略目标的实现。[4]如重庆工商大学的"三峡库区百万移民安稳致富国家战略人才培养项目"，吉首大学的"国家连片特困地区（武陵山区）生态扶贫人才培养项目"，黑龙江科技学院的"煤矿事故应急救援与影响控制人才培养项目"等，都有明确的服务指向，并且都以满足当前国家特殊、急需的战略需求为目标。这些需求是传统的以学科为基础的一般博士人才培养无法满足，但又很迫切的需求。特殊需求博士人才培养项目是国家高等教育的重要创新，其定位和目标就是弥补一般博士人才培养体系的不足，使学科建设、人才培养更好地对接和服务于国家经济社会发展的现实需要和紧急需求。

（二）高层次复合型应用人才导向

培养什么样的人才方面，特殊需求博士人才项目的培养规格为三个关键词，即高层次、复合型、应用性。首先，培养层次上是高层次人才，即处于我国人才培养体系金字塔的"顶层"，因而必须是对少数人的精英教育，培养的将是特定领域、服务特定需求的精英人才。其次，培养的必须是复合型人才。由于特殊需求博士人才培养项目以满足国家特殊或急需需求，解决重大或重要现实问题为目标，通常这些现实问题是极其复杂的，是单一学科的知识和能力无法胜任的。[5]如"煤矿事故应急救援与影响控制"要求管理者既懂煤矿工程技术，还需掌握安全管理、应急管理、危机处理和媒体公关等方面的知识和能力。因而，特殊需求博士人才必然是跨学科的复合型人才。最后，培养注重人才的应用性。与主要培养学术型、研究型高层次人才的传统博士人才不同，特殊需求博士人才培养与专业博士培养相似，突出应用能力特别是解决复杂现实问题能力的培养。

（三）"学政研产用"联合培养导向

怎样培养人才方面，特殊需求博士人才培养项目注重"学政研产用"紧密结合，强调培养模式创新。这与特殊需求博士人才项目的急需或特殊需求服务导向、高层次复合型人才导向一脉相承，并且服务于上述两个导向。首先，特殊需求博士人才培养项目申报须由相关部门推荐并在人才培养过程中接受其指导。如"国家连片特困地区（武陵山区）生态扶贫人才培养项目""煤矿事故应急救援与影响控制人才培养项目"分别由国务院扶贫开发领导小组办公室、国家安全生产监督管理总局推荐。其次，特殊需求博士人才培养方案中要求"政""产""学""研""用"五大培养主体不能缺位，对应不同的培养主体，有相应的培养环节和培养任务要求。如"国家连片特困地区（武陵山区）生态扶贫人才培养项目"培养方案中有一年的社会实践培养环节，要求博士研究生深入连片特困区基层解决生态扶贫实践中的特定问题，包括设计方案、参与实践、形成报告，同时由"学政研产用"等培养主体进行综合考核，考核合格，方能完成社会实践培养环节。

二、协同创新中心在特殊需求博士人才培养中的重要作用

《高等学校创新能力提升计划》（简称"2011计划"）提出由高校牵头，以"人才、学科、科研"三位一体创新能力提升为核心任务，整合社会力量共建协同创新中心。[2]"2011计划"主要建立面向科学前沿、文化传承创新、行业产业发展、区域发展四种类型的协同创新中心，期望以协同创新中心为载体，以协同创新模式为纽带，以体制机制改革为突破点，整合社会力量，提升创新能力，解决国家上述四个领域的急切需求。显然，无论哪种类型的协同创新中心，都以高校为牵头单位，通过校校、校企、校政、校研等机构的合作开展科学研究、学科建设和人才培养，这在客观上为特殊需求博士人才的培养提供了便利的条件和有力的支撑。

（一）为博士研究生遴选提供依据

现有博士研究生选拔方式主要为考试和推免两种形式。这两种方式的共同点是依据候选人在硕士研究生阶段所学专业、考试成绩以及研究成果作出判断，虽然在面试阶段和对本校推免生源方面会有一些了解，但总体上仍是选拔部分学习能力较强、综合素质较好的生源，而这些学生是否具有创新能力、研究能力、应用能力则存在较大的不确定性，可见，当前博士研究生遴选的依据和导向实际上不够明确。[6]特别地，特殊需求博士人才项目由于其特殊性，如服务于特殊需求、复合型、应用性等，使得遴选到优秀生源的难度更大。

协同创新中心以项目为引领，"学政研产用"等多家单位共同致力于解决某一重

要问题、难题，任务明确，对人才的能力需求也十分明确。作为协同创新的牵头单位以及特殊需求博士人才的培养单位，高校可以将协同创新中心正在从事的项目作为依据之一，考核应试生源是否具备特殊需求博士人才所需具备的能力、潜质和兴趣。这样，就为特殊需求博士人才项目研究生遴选提供了重要的参考依据。

（二）为"学政研产用"联合培养提供平台

人才培养不是高校的"专利"，高校以外的各类社会组织同样在人才培养的特定环节、特定能力方面具有比较优势，理应参与人才培养。特殊需求博士人才项目在"为谁培养人""培养怎样的人"和"怎样培养人"方面的特点，决定了更加需要发挥高校以外的社会组织、社会力量的优势，培养真正能胜任服务于国家急需或特殊需求的人才。

协同创新中心作为校校、校企、校政、校研合作创新的载体，客观上为特殊需求博士人才的"学政研产用"联合培养提供了现成的平台。首先，提供了跨组织的培养平台。[7] 协同创新中心是通过政、产、学、研等多部门合作建立起来的，每个部门都是协同创新中心的协同单位，是协同创新体的重要组成部分，可以分别承担特殊需求博士人才培养的特定环节、特定能力的培养工作。如高校重点负责理论教学，政府、产业部门、研究机构等重点承担实践环节培养等。其次，提供了跨学科的培养平台。与特殊需求博士人才项目以服务国家特殊或急需需求类似，协同创新中心也以国家急需为根本出发点，而要解决这些需求需要多部门、多学科的共同努力。协同创新中心通常集中了不同部门、机构的多学科人才开展合作，这为特殊需求博士人才的多学科培养提供了契机，为跨学科复合型人才培养创造了条件。最后，提供了跨地区的培养平台。在面向某些行业的特殊需求博士人才培养中，跨地区的培养平台格外重要，而协同创新中心以项目为纽带，突破地域限制，实现跨区域联合，则为特殊需求博士人才培养提供了跨地区的学习空间。

（三）为博士研究生就业提供空间

特殊需求博士人才项目是为国家特殊需求或急需需求提供人才培养服务的重要举措，毕业生就业前景广阔。不过，由于信息不对称以及特殊需求博士人才培养规格的特殊性，用人单位与毕业生之间需要较长的"认知期""磨合期"。为了缩短"认知期"和"磨合期"，用人单位往往希望能"前期介入"，参与人才培养。

协同创新中心以服务国家急需的创新项目为纽带，将"学政研产用"等多元主体整合起来，开展科学研究、学科建设和人才培养。这些项目在前期为特殊需求博士研究生培养提供了平台，随着项目的推进，博士研究生渐渐成为项目组不可或缺的成员。同时，这些项目多数又是政府部门、企事业单位十分关切或急需解决的重要问题和难题。一方面，博士研究生通过参与创新项目熟悉了相关政府部门、企事业单位等的核心工作，能很快成为各单位不可或缺的重要成员；另一方面，这些协同单位通常也是用人单位，在项目合作过程中对博士研究生的能力、潜质等有较全面的了解，可以在很大程度上消除信息不对称，进而为博士研究生及时有效就业提供空间。此外，即便博士研究生未直接进入相关协同单位就业，参与协同创新项目也能使其明确就业方向和提升就业竞争力，进而拓展就业空间。

三、吉首大学"生态扶贫博士"培养模式探索

吉首大学是集中连片特困区武陵山片区腹地办学层次最高、学科门类最全、办学实力最强的省属综合性大学，长期以来，立足大湘西，服务大武陵，为武陵山片区经济社会发展做出了重要贡献，得到了党和国家领导人的高度肯定。如朱镕基总理称赞吉首大学是湖南的骄傲，贾庆林主席称看到吉首大学就看到了武陵山区脱贫致富的希望，等等。学校 2012 年获得"服务国家连片特困地区（武陵山区）生态扶贫特殊需求博士人才培养项目"立项，2013、2014 和 2015 年先后获批"武陵山区民族生态文化研究""武陵山片区扶贫与发展""锰锌钒产业技术"三个湖南省高校"2011 协同创新中心"，2017 年首届生态扶贫博士毕业。经过四年多的探索，学校初步建立了基于协同创新中心的"15531"特殊需求博士人才培养模式。（见图 1）

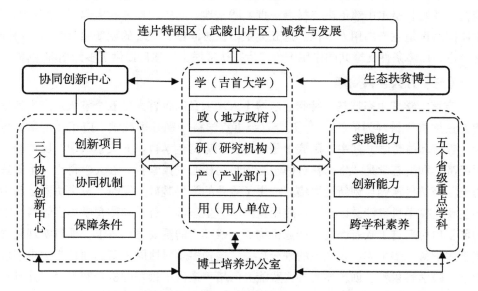

图 1　吉首大学基于协同创新平台的特殊需求博士人才培养"15531"模式

（一）一大需求统筹

连片特困区（武陵山片区）的减贫与发展是国家全面建成小康社会亟须解决的重大社会需求，更是连片特困区（武陵山片区）地方政府、经济部门、普通民众的迫切需求和殷切期望，也是地方高等院校、研究机构的社会使命。连片特困区（武陵山片区）的减贫与发展不仅需要解决扶贫攻坚与区域发展中的发展战略、重大决策、产

业技术、文化建设等实践难题，更需要具备跨学科素养、创新能力强、实践经验丰富的高层次复合型应用人才。为了对接这一重大社会需求，吉首大学先后申报并立项了"生态扶贫"特殊需求博士人才培养项目与"武陵山片区扶贫与发展""武陵山区民族生态文化研究""锰锌钒产业技术"三个协同创新中心，在该需求的统筹下，进行人才培养、科学研究和社会服务等。显然，服务连片特困区（武陵山片区）减贫与发展既是"生态扶贫"特殊需求博士人才培养项目、三个协同创新中心立项的依据，也是统筹特殊需求博士人才培养项目和协同创新中心相互支持的基本纽带。

（二）五类主体培养

无论是协同创新中心还是特殊需求博士人才培养项目，客观上都要求协同不同类型的主体，发挥各主体在科学研究、人才培养和社会服务方面的比较优势，产生协同效应。吉首大学三个协同创新中心协同了"学政研产用"五类主体，高等院校涉及吉首大学、中南民族大学、中山大学、中南大学、广西师范大学等，地方政府或相关部门有湘西自治州人民政府、张家界市扶贫办等，研究机构有湖南省社会科学院、湘西自治州矿产与新材料技术创新服务中心等，产业部门有湖南汇锋高新能源有限公司、湖南众鑫新材料科技有限公司以及花垣县十八洞村、吉首市联团村、花垣县石栏镇子腊村、凤凰县腊尔山镇追高鲁村等一批实践基地。其中，地方政府部门、产业部门的主体同时也是主要的用人单位。这五类主体在协同创新中心的创新项目引领、协同机制推进、保障条件支撑共同作用下为"生态扶贫博士"项目提供了多元培养主体。

（三）五大学科支撑

吉首大学"生态扶贫"特殊需求博士人才项目以吉首大学五个省级重点学科形成的特色优势学科群为依托。[8]五个省级重点学科分别是民族学、应用经济学、生态学、哲学和体育学。其中，民族学是湖南省优势特色学科。五大学科中，民族学、应用经济学和生态学是"生态扶贫博士"项目的核心支撑学科。五大学科为"生态扶贫博士"跨学科素养与创新能力培养提供了重要的学科基础。同时，三个协同创新中心的主要支撑学科也涉及民族学、应用经济学、生态学、哲学和体育学等多学科，中心的创新项目来自于政府部门、产业机构等实践部门的重要急切需求，项目实现突破依赖于多学科、多主体、多区域的联合攻关。这种多学科协同创新的项目为"生态扶贫博士"跨学科素养、创新能力和实践能力的培养提供了很好的机会和平台，并且在协同机制的支持下保障了多学科的有机融合。

（四）三个平台协同

与单一协同创新中心支撑的特殊需求博士人才培养不同，吉首大学"生态扶贫博士"人才培养基于三个协同创新中心的协同，是一种"双层"协同平台支撑的培养模式。首先，每个协同创新中心内部的协同是第一层次协同，该层面协同的多元主体之间跨度相对较小，解决的问题相对集中。如"武陵山区民族生态文化研究"主要面向文化传承创新，"武陵山片区扶贫与发展"主要面向区域发展，而"锰锌钒产业技术"则主要针对行业产业发展。其次，三个协同创新中心之间的协同则是第二层次的协同，该层次的协同以实现特殊需求博士人才"高层次""复合型""应用性"培养目标为出发点，使"生态扶贫博士"具备在文化传承创新中促进行业产业的发展服务于区域发展的能力，更好地适应国家连片特困区（武陵山片区）减贫与发展的需求。

（五）一个中心调度

基于"双层"协同创新平台的"生态扶贫博士"人才培养相对于依托学科的传统博士人才培养难度更大、要求更高。一是培养定位特殊，对综合能力、解决特殊问题能力的要求更高。二是培养主体多元，要求"学政研产用"多类主体参与。三是跨学科培养要求高，多学科须在培养环节上实现有机融合。四是培养形式灵活，以创新项目为引领，结合项目特点、进展，培养环节和流程差异化、个性化程度高。为了适应这种特殊的培养要求，吉首大学研究生院成立了专门的博士培养办公室，作为调度中心，协调和统筹"生态扶贫博士"的培养。其主要工作除了负责博士培养的日常性、事务性工作以外，重点协调和统筹协同创新平台与"生态扶贫博士"项目、协同创新平台之间、"生态扶贫博士"各培养主体之间、五个支撑学科之间的关系，实现协同创新平台支撑下的特殊需求博士人才培养的顺利开展，充分发挥人才培养、科学研究、社会服务的协同效应。

参考文献

[1] 国务院学位委员会 . 关于做好服务国家特殊需求博士人才培养项目实施工作的通知 [Z]. 2013.

[2] 教育部，财政部 ."高等学校创新能力提升计划"实施方案 [Z].2012.

[3] 国务院学位委员会 . 关于开展"服务国家特殊需求人才培养项目"试点工作的意见 [Z]. 2011.

[4] 李安萍，陈若愚，胡秀英 . 从"学位授权审核"到"人才培养项目"——兼对"服务国家特殊需求博士人才培养项目"招生简章的内容分析 [J]. 高等农业教育，2015（7）：80-84.

[5] 熊勇清，胡娟 . 研究生创新创业素质与学科交叉培养模式——基于在校研究生的调查与分析 [J]. 研究生教育研究，2017（2）：40-46.

[6] 李红星，梁楠 . 基于协同创新中心的财税专业研究生培养模式研究 [J]. 研究生教育研究，2015（2）：39-42.

[7] 黄涛 . 协同创新环境下的研究生培养模式初探——以两岸关系和平发展协同创新中心为例 [J]. 研究生教育研究，2016（6）：44-48.

[8] 李坚，钟海平 . 服务国家特殊需求博士人才培养模式的创新与实践——以吉首大学为例 [J]. 高等教育研究，2014，35（10）：52-55.

地方高校校政联合培养研究生创新
实践能力新模式探索与实践
——以湖南工业大学为例

蒋　伟　李长云

（湖南工业大学）

摘　要　新时代背景下，提升研究生创新实践能力既是时代发展所需也是研究生教育内在发展需求。传统校企联合培养研究生创新实践能力存在短板。湖南工业大学在实践的基础上提出构建一种校政联合培养、提升研究生创新实践能力的新模式。此种模式主张从校政平台搭建制度化、创新实践能力提升精细化、培养专业能力行业化、考核评价体系系统化四个方面进行实践。

关键词　校政联合培养；创新实践能力；新模式

作者简介　蒋伟，男，1979 年生，湖南工业大学研究生院副院长。联系电话：13467733237；电子邮箱：814864382@qq.com。

一、新时代背景下，提升研究生创新实践能力尤为时代所需

（一）创新型国家发展战略的客观需求

党的十九大报告指出："创新是引领发展的第一动力，是建设现代化经济体系的战略支撑。""要瞄准世界科技前沿，强化基础研究，实现前瞻性基础研究、引领性原创成果重大突破。""要加强国家创新体系建设，强化战略科技力量。"特别提出："培养造就一大批具有国际水平的战略科技人才、科技领军人才、青年科技人才和高水平创新团队。"建设创新型国家已经成为一种发展战略。研究生教育作为国家创新体系的重要组成部分和高等教育的最高端，承担着为国家培养高尖端创新型人才的重任。而创新实践能力培养是研究生教育的根本目标，是提高研究生教育质量的核心，培养和提高研究生的创新实践能力在高校教育体系中具有举足轻重的地位。这是新时代所需，是国家战略所需。

（二）提升培养质量、丰富内涵发展的内在需求

我国研究生教育已经迈入新的历史阶段，"服务需求、提升质量"已经成为学位与研究生教育改革发展的主线。研究生教育需要主动服务国家和社会发展需求，人才培养质量也最终集中呈现于研究生对这种需求的满足的程度上。从当前我国整体研

究生培养来看，虽然在体量上取得了巨大的进展，在诸多尖端领域也取得了不菲的成绩，但整体质量还远不能满足国家社会发展需求，研究生高层次人才的突出作用发挥尚需加强。研究生教育的目的就是要为国家提供高端的科技人才，要满足国家创新战略发展所需。在体量上取得优势的同时，更为关键的是要从内涵发展、质量上获得更大的进步。这既是国家发展客观所需，也是研究生教育本身发展的内在需求，是研究生教育发展的题中之义。而创新实践能力的培养是体现质量发展的重要环节。

二、地方高校研究生创新实践能力培养的困境

（一）传统校企联合培养模式的短板

在如何加强研究创新实践能力培养方面，近些年来，高校从多方面进行了许多较有成效的推进工作。尤其是在加强与企业之间的联合培养方面取得了显著的成绩，也形成了一些行之有效的模式。但从整体来看，传统校企联合培养模式尚存在着一些短板，主要体现在以下几个方面：

1. 高校研究生实践切入企业深度不够

在目前的校企联合实践方面，大多数高校一般与企业签订了相关协议，实践内容也大多与企业生产或发展的一般层面相关联。从高校管理层面来说，大多数高校给予研究生的实践时间是有限的，过多的实践时间会影响研究生整个培养进程和环节。基于此方面的考虑，企业一般也不会将核心的重要的实践岗位与环节交给研究生。这一方面是因为研究生本身熟悉适应实践岗位需要一定的时间和技能方面的锻炼，需要一个过程。另一方面，企业的效率管理、安全生产、质量控制等方面的要求也使得企业必须慎重考虑此方面工作的实际开展。从这些方面来说，研究生切入企业的创新发展方面就显得举步维艰，难以深入。

2. 校企实践开展存在诸多管理方面难题

研究生加入企业进行实践，一方面既是在校学生，另一方面又是企业实习生，这种双重身份使其在现实的企业管理中有可能出现错位、遗漏的情况。从企业的角度来说，由于研究生实践时间较短，往往不能对项目需求进行整体的把握和处理，有些研究生刚刚熟悉项目就可能离开实践岗位，人员流动性大。这就使得企业对于这类实习生的管理一般来说趋于宽松，不会严格要求。在实践岗位上进行实习，尚存在着一些亟须解决的法律问题，比如在实习期间学生的权益怎么才能很好地维护。由于未签订正式的劳动合同，一旦学生各方面的权益受到损害，法律维权就有可能出现空白。企业出于多方面的考虑，一般也不愿意接受过多的实习生，不愿意付出过多的管理成本和营运成本。从学校的角度来说，学生实习管理有可能出现漏洞，学生相关权益可能得不到很好的维护。校企实践合作也有可能出现知识产权方面的重要法律问题，在政策不完备、制度不完善、运行机制不科学的情况下，企业和高校都很难深入到科技创

新活动当中去。

3. 地方高校实践资源匮乏

由于所处的地理位置和当地经济发展水平等原因，地方高校能够合作的企业类型和企业数量相对大城市来说都不能满足其实践发展需要。一方面，企业类型的单一使得很多专业的研究生难以找到相应的实践机会；另一方面，企业发展程度也会影响对高校提供的实践机会。经济不强的地方，相对来说企业发展水平也较低，行业态势把握不充分，创新机会更少。一个综合性的地方高校，少数发展水平不高的企业远不能提供足够的高质量的创新实践机会，这是大多数地方高校校企联合培养的现实困难。

（二）创新实践长效机制的不完备

校企之间建立的研究生创新实践活动在机制上尚存在不完备的地方，重点体现在以下几个方面：

1. 校企单方面的行为，公共服务平台与机制不完备

一般而言，学校与企业之间研究生创新实践活动的开展，一方面要看学校相关学科切入企业发展需要的广度和深度。如果学校学科人才培养与企业的发展所需能较好地契合，那么这种实践在很大程度上是能促进研究生的创新实践能力提升的。另一方面也要看企业与高校之间合作的意愿和工作推进落实的程度。常规校企之间的合作往往具有随机性、不连续性、不规范性，缺乏整体规划与推进，难以形成一种稳固的长效机制。企业与高校之间这种单方面的行为大大限制了校企之间的合作。此种背景下，急需一种中间平台来推进校企之间的合作事项，免去很多中间环节，直接对接产业需求和人才培养。这种公共服务平台的建设工程还有很长一段路要走。据了解，在沿海发达城市，这种公共服务平台建设相对来说要好一些，而内地地方性院校与城市这种服务对接平台建设还很不完善。

2. 政策贯彻尚需强化落实

近些年来，国家大力推进创新型战略，建设创新型国家，出台了一系列相关政策，比如说人才推进政策、创新扶持政策、创业驱动政策，等等。国家的上层设计和初衷是很好的，但在具体的执行过程中，存在着一定程度上的偏离初衷现象，很多政策都得不到实际有效的执行。政策不能落实，就给创新实践带来了很多现实中的困难。面对这种困难，高校和企业在联合培养研究生方面出现很多力不从心的现实窘况。政策细化落实不够是影响创新实践长效机制形成的重要原因。

三、校政联合培养新模式的探索与实践

（一）校政产业实践培养的新探索

针对以上传统校企联合培养模式的弊端，为了开拓研究生的创新视野，强化创新思维，我们首先从强化研究生有关行业产业科技前沿知识和能力提升方面着手。不

同于以往的单向度的同某一具体的公司对接模式，我们直接打造产业知识能力提升平台，与株洲市国家高新区招商局进行直接对接，安排学生参与产业招商。株洲高新区于 2016 年 12 月开始实施产业招商新体制，并针对轨道交通与航空、电子信息、汽车及新能源汽车、新材料、新能源、现代服务业六个产业分别成立了投资促进工作组，从事专业化招商引资工作。招商局为进一步加强产业研究，推动产业发展，也急需高素质人才的加入。我校于 2017 年 6 月与高新区管委会签订了研究生创新创业实践基地合作协议，开启了校政合作的新模式，并于 2017 年 7 月首次选派了 12 名相应专业的优秀研究生，进入各产业促进工作组和"中国动力谷"创新中心进行工作实践。这些研究生根据不同专业背景直接参与各招商小组的产业招商实践。在近四个月的实践中，招商局产业小组直接引导研究生参与行业产业招商系列工作，熟悉招商流程，熟悉产业项目。通过这种实践，研究生都认为很快把握了自己所学专业所对接的产业发展需求和最新的科研技术进展，一方面开阔了视野，强化了专业知识；另一方面也可以找到许多新的兴趣点，提升了创新能力。有学生感言：在这短短的几个月当中，真正了解到了行业需求，了解到了专业前沿，熟悉了发展趋势，可以更好地把握专业学习，也提升了专业创新能力。这种行业产业对接平台实践对研究生创新实践能力的提升是一般的具体的公司实践所无法达到的。这是一种新的较好的产业实践模式，依托于国家高新区下属高科园和天易集团，我们下一步计划扩大实践学生规模和领域，全面探索这种校政产业实践的新模式，走精准化产业实践能力提升的新路。

（二）校政平台对接、创新实践能力项目化精准化培养的新尝试

大力推进与政府产业转化平台的有效对接，真正利用平台优势强化研究生创新实践能力是我们大力推进的另一种新模式。近年来，我们先后与广东顺德创新设计研究院、长沙智能制造研究院、广东东莞科技发展研究中心进行了紧密的联系与合作。广东顺德创新设计研究院是顺德区政府直属事业单位，是以科技与设计融合为诉求，以科学研究、产业孵化和研究生联合培养"三位一体"为宗旨的协同创新平台，也是实现顺德产业转型升级和经济可持续增长的重要科学技术支撑平台。这项工作的开展对企业而言，能解决许多技术问题，带来经济效益。顺德政府大力支持此项工作，地域范围也将扩充至珠三角地区，发展前景广阔。对我校而言，有利于通过具体项目提升研究生创新实践能力。顺德创新设计研究院负责具体对接企业现实需求，发布需攻关项目。我校则根据具体项目需求选派相关专业的研究生进驻顺德进行项目实践。这种合作模式一方面免去了高校直接对接企业的繁杂前期工作，另一方面也有利于项目的精准化服务对接。通过具体的项目实践一方面解决了企业发展难题和技术所需，促进了经济发展，另一方面也为研究生真正熟悉产业所需、企业所需，通过专业知识解决现实问题提供了实践锻炼。在这种合作模式中，研究生创新能力得到了极大的提升。这种模式既解决了地方高校实践资源不足的问题，也使学生的创新实践能力得到了精准化锻炼。

（三）校政联合培养机制的新完备

构建校政联合培养的长效机制是我校近年来一直努力的方向。为了消除常规校企联合培养模式的弊端，我们重点拟从以下几个方面开展工作，逐步构建一整套完备的新的联合培养体系。

1. 校政平台搭建制度化

近几年来，我校重点在这种校政联合培养研究生方面做了大量工作。目前已经和株洲国家高新区、广东顺德创新设计研究院、长沙智能制造研究院等政府事业单位性质的平台签署了合作协议，并开展了实质性的研究生培养工作。在实践中，我们认为这种校政之间的联合比单纯的校企之间的联合更具有广泛性、深入性和前瞻性，也符合建设创新型国家发展战略要求。可以免去常规模式的学校与企业之间合作的单一性、不深入性、不稳定性等不利因素，较好地适应研究生创新实践能力锻炼。在工作中，我们将此种合作模式逐步制度化，扩大对接范围，紧跟社会需求，服务社会发展。这将成为我校研究生创新实践能力锻炼的一种常态。

2. 创新实践能力提升精细化

在近几年的创新实践中，根据这种校政模式，研究生整体的行业发展实践能力、职业参与能力、专业知识转化能力、社交能力、谈判能力等获得了较好的锻炼。可以说每一种实践都集中针对某种特别的能力进行了锻炼，这种能力的锻炼逐渐呈现出一种精细化的特征。研究生需要哪方面特定能力的锻炼，我们就能提供这方面特定能力锻炼的机会。通过专业化的平台发布企业的项目，学生在从事这些项目的同时，也开阔了视野、活跃了思维、提升了能力。精细化能力提升是新模式的优势与亮点。

3. 专业能力培养行业化

研究生创新能力的体现是依托于所学专业的。目前研究生培养中存在的主要瓶颈在于如何将专业知识应用于行业发展，如何能快速把握行业所需和行业发展现状。只有充分了解行业发展所需，才能更好地找准专业学习的着力点，才能发现专业的创新点。只有将专业学习与行业发展紧密联系起来，才能在创新实践能力方面取得可能的突破与提升。目前我们采取的这种校政模式若能良性运转，必将在研究生专业能力行业化、行业知识专业化方面获得较大进展。专业的就是行业的，行业的也必然就是专业的，这种培养理念必须得到强化，这种工作也必须得到落实。

4. 考核评价体系系统化

新的校政模式的推行在研究生创新实践能力提升方面已经取得了较好的成效，此种成效的评价体系完备自然成为机制完善的另一重要方面。传统研究生能力评价多从科研论文、课题项目和毕业论文等方面进行衡量，这是常规考核的必备指标。不可否认，这些常规指标对于提高研究生培养质量起到了较大的促进作用。但新时代背景下，研究生能力评价有重要的变化，集中体现在创新性地解决实际问题，突出创新型科技成果，服务社会需求，满足建设创新型国家战略要求等方面。这就要求研究生考核评价体系在原有基础上必须加大创新实践能力的考核，完备考核体系。在此方面，我们积极倡导研究生结合专业完成实践，提升综合能力。在培养目标上不再以单一标准衡量，论文不再是唯一的标准。我们准备在培养方案上进行大幅度的改革，倡导一种"分专业、分类别、分层次"的培养目标考核原则，主张要根据专业特点和产业发展所需来确定人才评价标准，构建一种系统化的评价体系，助推研究生创新实践能力的发展。这种改革将在下一届新生当中正式实施。

参考文献

［1］习近平.决胜全面建成小康社会夺取新时代中国特色社会主义伟大胜利——在中国共产党第十九次全国代表大会上的报告［EB/OL］.http://cpc.people.com.cn/n1/2017/1028/c64094-29613660.html.

［2］冯斌，王怡，等.研究生创新实践能力培育复合平台的构建研究——以重庆大学为例［J］.学位与研究生教育，2013（1）：22-26.

［3］邹铁方.教学研究型大学初期研究生创新实践能力培养模式研究［J］.中国电力教育，2013（22）：29-30.

［4］蒋瑜，陶俊勇，等.基于三学期制的研究生创新实践能力培养探讨［J］.高等教育研究学报，2010（3）：116-118.

［5］万卫，王现彬.研究生创新实践能力培养的主要模式探析［J］.中国高校科技，2009（9）：60-61.

民族地区高校精细化研究生培养模式的创新与实践

——以吉首大学物理学硕士培养为例 *

黄勇刚　杨　红　邓　科

（吉首大学）

摘　要　创新人才培养模式、提升研究生教育质量是学位与研究生教育的核心要素。考虑到地域、培养历史等因素，以及各研究生培养单位在培养规模、培养能力和培养条件方面存在的较大差异，为适应时代发展和满足社会需求，探讨适于各自特色的培养模式对提升研究生教育质量至关重要。本文以吉首大学物理学硕士培养为例，针对本学位点的办学实际，较为系统地阐述了一种"精细化"的特色研究生培养模式。

关 键 词　精细化培养模式；民族地区高校；研究生教育

作者简介　黄勇刚，男，1982 年出生，吉首大学物理与机电工程学院，院长助理、副教授。联系电话：13762124680。

一、引言

吉首大学是一所地处湘鄂渝黔四省市边区即武陵山片区的湖南省属综合性大学。该区域属"老、少、边、山、穷"地区，交通不便，经济条件落后，地方社会经济发展迫切需要高层次的专门人才。但是在 2004 年以前，该区域内高校一直无法承担研究生教育，区域内高学历、高层次人才奇缺。作为该区域唯一的综合性大学，吉首大学克服重重困难，以服务区域经济社会发展为使命，经过多年努力，于 2003 年获得硕士学位授予权，2004 年开始招收首批硕士研究生。

物理与机电工程学院于 2005 年获得凝聚态物理硕士学位授予权，2010 年获得物理学一级学科硕士学位授予权，自 2012 年起，培养理论物理、凝聚态物理、光学以及无线电物理四个二级学科硕士研究生。学院现有实验仪器设备总价值 2200 余万元，实验室面积 4000 平方米，建有科研专用的高性能计算机集群工作站、省级虚拟仿真实验室、量子信息实验室、波功能材料实验室、微能源材料与器件实验室、金属纳米材料实验室和材料模拟与表征实验室。现有硕士生导师 26 人，其中教授 14 人，副教

---

* 本文受湖南省学位与研究生教育教改课题"加强物理学研究生实践和创新能力培养研究——多物理计算机仿真模拟的运用"（JG2016B097），吉首大学学位与研究生教育教改研究项目"运用计算机仿真教学加强物理学研究生实践创新能力培养的探索与研究"资助。

授 9 人，具有博士学位的导师占 81%，形成了以教授、副教授为核心骨干，老中青相结合并以中青年为主，学历、职称、年龄结构合理的导师队伍。近五年来，导师及授课老师主持国家自然科学基金项目 27 项、省厅级项目 47 项，科研经费近 2000 万元，科研能力较强。

然而，由于区位劣势以及办学历史短等原因，研究生数量少。目前在读研究生仅有 34 人，师生比为 1 ∶ 1.31。生源自身条件较欠缺，西部生、"双少生"和调剂生较多，非应届生所占比例不小，学生基础（英语能力、编程能力以及数理基础）普遍不扎实。为贯彻落实《学位与研究生教育发展"十三五"规划》，需要全面深化研究生教育综合改革，更加突出培养模式转变，更加突出体制机制创新，更加突出结构调整优化，更加突出调动各方资源参与研究生教育的积极性，更加突出对外开放。因此，如何创新研究生培养方式，提高研究生培养质量，将本学位点做大做强是我们必须思考的问题。

近年来，学院领导高度重视研究生工作，为研究生工作配备了完整的管理队伍，各司其职，凝炼学科特色，进一步加强学科团队建设，有针对性地引进相关人才，聘任了 7 名校外具有影响力的兼职导师，夯实了导师队伍；制定更加严格的导师考核细则，建立了导师招生资格考核标准，强化导师培养责任和能力，加强导师队伍管理；加大应届生第一志愿报考我院研究生的奖励额度和招生宣传力度，努力提高生源质量；进一步优化了奖惩制度，提高管理服务精细化水平，制定了更加灵活的培养方案，加大了导师在培养计划制订中的自由度；将精细化培养融入到研究生培养的整个过程中，取得了较好的效果，譬如，近四年来，获湖南省优秀硕士学位论文 3 人次。

二、将精细化培养融入到研究生培养的整个过程中

（一）制定精细化的培养方案

研究生培养方案制定的好坏是决定研究生培养质量高低的最重要一环。培养方案的内容包括培养目标、研究方向、课程设置（包括学位课、专业选修课和跨学科或同等学力学生的补修课）、实践环节和学术报告、考核方式以及学位论文。培养方案决定了研究生培养的目标以及如何培养的问题。一个合理的培养方案能让研究生明确自己的目标，起到事半功倍的效果。针对学生英语基础薄弱的实际情况，我院除了开设研究生学位英语以外，还开设了专业英语、科技论文写作、文献选读等英语课程；另外，有些课程，如高等电动力学、表面等离激元光学等也选用的是英语教材，要求教师采用英语授课。通过多管齐下，学生英语应用能力得到极大的提升。选修课方面，我们提供了 31 门课程供学生选择，基本上能做到"因材施教"；学生根据自己的特点和研究方向基本上能选择到所需要的课程；导师通过制订合理的培养计划，基本上能将每一名研究生的潜力都挖掘出来，向着其适合的职业发展方向前进。例如：对

于有志向继续深造的研究生，就着重培养其研究性思维，以及坚实宽广的专业基础知识。同时为服务区域经济建设和紧跟本学科国际研究的前沿，每年都会对相应的专业课程进行适当的调整，以满足时代发展的需要。

（二）实行精细化的专业课程教学

在研究生专业课程的教学上，学院鼓励多名教师合上同一门课程。这样教学的好处是：每位教师只需要将自己研究的专门领域中的精华部分教授给学生。譬如，数值计算方法这门课程，每位教师只需要将自己科研用到的计算方法讲解给学生，与只有一位教师上这门课相比较，多人上一门课程就可以让研究生掌握到多种数值计算方法的精华，提高了效率和教学效果。现阶段，采用多人授课的课程达到了所开课程的33%，这是学院探索精细化培养模式所取得的成果。针对研究生数量较少的情况，授课教师基本上能照顾到每个学生，专业课教学质量能得到有效的保障。同时，学院教师多采用多媒体教学来取代传统的教学模式，通过小课题型作业的形式来代替课程考试以培养学生的开放性思维能力、动手能力和科研能力，在教学中加强对网络资源的利用，拓展学生知识面，培养学生自主搜索信息解决问题的兴趣并提高学生文献检索的能力。另外一个很重要的方面是大力推进科教融合。授课教师将自己的科研课题与研究生课程教育相结合，能让学生快速地融入到最前沿的研究领域，提高学生的学习兴趣。例如，笔者在表面等离激元光学教学过程中，曾尝试采用案例教学，提出模型中的一些值得研究的方向，学生通过深入仔细研究，已发表一篇 SCI 论文和一篇 EI 论文。

（三）精细化的管理政策和实施方法

经过近些年研究生培养从无到有的发展过程，建立了科学完善的内部质量体系。对入学录取、学生与导师的双向选择、培养计划的制订、开题报告、中期检查、论文评阅、奖惩制度、学位申请、社会实践等每一个环节都制定了相应的标准。针对导师多学生少的局面，制定更加严格的导师考核细则，建立了导师招生资格考核标准，强化导师培养责任和能力，加强导师队伍管理。另外，导师团队指导是我院的特色，导师团队中具有不同知识背景与学术专长的导师，能力互补，优势互补，有效地避免了单一导师带来的知识面不宽、专业领域过窄的缺陷，极大地开阔了学生的眼界，极大地促进了创新思维、创新能力的培养，同时也构建了一个很好的交流平台，促进了导师相互间的了解与合作，极大地增强了团队的凝聚力，进一步提升了导师自身的研究和指导水平。为克服地域的局限，举全院之力搭建各类交流平台，极大地活跃了学术气氛，开阔了学生的视野。譬如，每年都会举行青年博士论坛、研究生专场报告会，并积极开展对外学术交流与合作，与省内外著名高等院校保持良好的合作交流关系。近三年来，先后邀请国内外著名专家学者 100 余人次来校讲学，组织研究生参加国内外学术会议，选派研究生到 985/211 大学、中国科学院等单位访问学习，积极承办各类学术会议和研究生暑期培训。

三、结语

吉首大学立足湖南西部民族地区，艰苦奋斗，励精图治，积极探索边远民族地区高等教育的办学规律与科学途径，致力于知识扶贫、科技扶贫、教育扶贫、人才扶贫，为边远民族地区培养了大量优秀人才，为当地经济社会发展、人民群众脱贫致富提供了大量知识文化、科学技术与社会服务。

为提高吉首大学物理学研究生教育质量，学院高度重视研究生教育，凝炼学科特色，进一步加强学科团队建设和导师队伍建设，制定更加严格的导师考核细则，建立了导师招生资格考核标准，强化导师培养责任和能力，加强导师队伍管理；进一步完善了研究生的质量保障与评估体系，着眼提升创新与实践能力，深化研究生培养模式改革，立足于自身的特点，将精细化培养融入到研究生培养的整个过程中，取得了较好的效果。

参考文献

[1] 佐辰，蒋才芳，等.民族地区高校集成式、精细化、开放性研究生培养模式的创新与实践——以吉首大学为例［G］//刘少军.研究生教育论坛（2011）.长沙：中南大学出版社，2012：25-33.

[2] 王红霞，陈波，等.高性能计算技术的发展与计算数学专业研究生课程体系改革［G］.//刘少军.研究生教育论坛（2011）.长沙：中南大学出版社，2012：52-59.

人文地理学专业硕士研究生创新能力的构成及培养对策

彭　鹏　周国华　刘春腊

（湖南师范大学）

摘　　要 现代人文地理学在国民经济建设和社会发展过程中正发挥着日益广泛的作用，因此如何培养具有创新能力的人文地理学专业人才值得研究。根据人文地理的学科特性及发展前沿，结合我院人文地理学位点建设情况，本文认为，人文地理学专业硕士研究生的创新能力特征除体现在综合性、独创性和探究性等一般特征外，还表现为创新能力主体的特殊性、创新能力价值的社会性以及创新能力开发的技术性等三个方面；人文地理学专业硕士研究生创新能力由面向社会服务能力、应用数学方法能力、运用信息技术能力构成；需要从深化课程教学改革、强化实践实习环节、改进导师指导方式、优化考核评价机制等方面培养人文地理学专业硕士研究生的创新能力。

关 键 词 创新能力；人文地理学专业；硕士研究生

作者简介 彭鹏，男，1968 年出生，湖南师范大学资源与环境科学学院副教授。联系电话：15974290610；电子邮箱：pengheli@sina.com。

目前，世界上的许多国家政府都在选择走创新型发展之路。人才是创新发展的基础，教育是人才培养的基石。研究生教育作为我国高等教育最高阶段和最高层次，具有创新、研究与培养高层次人才的多重属性，是国家创新体系的主要执行体，更是培养拔尖创新人才的基础平台。当前我国正式启动建设"双一流"，培养大批具有创新能力的硕士研究生尤为重要。

当代人类社会发展面临着严峻的人口、资源、环境等问题，作为一个研究人与地球关系的综合性学科，地理科学已成为 21 世纪人们最关注的学科之一。人文地理学作为地理科学的重要分支，实用性非常强，与区域经济的发展、资源的开发利用、环境保护、城市建设与规划、土地评估等紧密相关。现代人文地理学教育的推进，充分体现了当前我国高等教育面向社会经济建设培养实用型人才的主要方向。与此同时，现代人文地理学基于对人类社会与地理环境协调发展的关注，对学生们形成可持续发展的文化意识起着决定性的作用，并能培养他们解决区域可持续发展问题的实力，是高校素质教育的重要内容。因此，人文地理学教育在我国高等教育中发挥着积极作用。

但在目前的人文地理学专业硕士研究生教育过程中，依然存在培养目标过于单

一、人才培养特色缺乏、缺乏国际化视野、理论培养与实践需求脱节、强调验证而忽略创造、强调教师主体作用而忽略学生主观能动性等众多问题，因此，高校人文地理学的社会服务功能与素质教育功能并未得到充分发挥，所培养的人才与国外相比，在创新意识、创新精神和创新能力方面还存在很大差距。因此，在高校深化教育改革中，应十分重视现代人文地理学创新人才培养的教学改革与实践，以顺应我国现代化建设的需要和世界教育发展的趋势，培养出具有创新能力和实践能力的高素质人才，为我国人口、资源、环境问题的解决做出重大贡献。

近年来，我国许多地理科学工作者特别是教育工作者在创新人才培养方面开展了诸多探索。[1-7]这些探索对人文地理学专业硕士研究生创新能力的培养具有重要的参考意义。但总体来看，关于人文地理学硕士研究生创新能力培养的针对性研究非常缺乏。因此，面对国际上人文地理学的蓬勃发展，面对我国人文地理学的相对薄弱和迫切的社会需求，在高校课程改革中，应当重视人文地理学硕士研究生教学体系的改革与实践，从而培养出有利于国家经济社会建设的高层次创新人才。

人文地理学学科是我院的传统优势学科，于2003年获得硕士学位授予权。学位点一直紧密追踪学科发展前沿，密切服务地方社会经济建设，理论与实践相结合，在理论与实践的融合发展中形成学科的比较优势和竞争优势；依托学校地理信息系统研究中心，重视"3S"（GIS、GPS、RS）技术的应用及研究手段与方法的创新，注重培养学生的创新能力；已形成城市与区域规划、区域经济与区域发展、房地产开发与策划、文化和自然遗产研究与旅游规划等四个相对稳定的研究方向。经过十余年的建设，培养了一大批人文地理学专业人才，学科综合实力显著增强，在国内产生了较大反响。

一、人文地理学专业硕士研究生创新能力的内涵及特征

创新能力是指人们运用已积累的知识与经验，经过思维加工再造，不断产生新知识、新思想、新方法和新成果的能力，它属于一种综合能力。研究生的创新能力既不能等同于本科生的创新能力，也不能等同于科技工作者的创新能力。硕士研究生通过本科阶段的学习，已经掌握了比较丰富的基础知识和专业技能，并且初步具备了一定的创新意识和创新技能，至少都配备一名导师。因此，硕士研究生创新能力是指在导师的指导下以及外部环境的影响下，应用自己所掌握的专业基础知识和借助相应的外部条件，创造新价值、新成果的能力。[8]结合人文地理学专业及人文地理学专业硕士研究生的特点，本文认为：人文地理学专业硕士研究生的创新能力是指人文地理学专业硕士研究生在学习和科研过程中，利用已有的人文地理专业知识和实践经验，通过自身的努力和导师的指点，洞悉社会热点，开辟新视角、提出新观点，运用新方法解决新问题、获得新成果的能力。

人文地理学的研究特点可概括为综合性、地域性、动态性三点，这些也是地理学

各分支学科研究的共同特点。人文地理学是以人文事象作为研究对象，虽与社会科学有相同之处，但其关注的重点是人文事象的地域分布特征及与地理环境的相互关系，所以又不同于社会科学，是一门跨学科的边缘性科学，有其特有的理论和方法。在研究方法上既采用地理学中传统的方法，如实地调查、野外考察、地图应用等，又使用现代方法，如地理信息系统、遥感、全球定位系统、地理模型等，也引进大量的社会科学方法，如问卷调查、统计技术、心理学和行为学等。[9]因而人文地理学专业硕士研究生的创新能力除了具有综合性、独创性和探究性等创新能力的一般特点外，还具有其独特性。

（一）创新能力主体的特殊性

人文地理学是探讨各种人文现象的地理分布、扩散和变化，以及人类社会活动的地域结构的形成和发展规律的一门学科。[9]它兼有自然科学和社会科学双重学科特点。人文地理学在国外属人文社会科学，英美学者认为，人文地理学是社会科学的一个分支，它主要研究人类与社群、文化、经济和环境之间的相互作用，强调以上要素与空间、地方之间的相互关系和区域性。在这种认识论的指导下，西方发达国家的人文地理学更偏向于社会、文化、政治和经济领域的理论和意识形态研究。[10]而在我国，人文地理学的研究主要以人类发展与自然环境之间的相互作用为核心，表现出重实证分析、重实践应用和偏地图统计方法的学科特征，[11]隶属于自然科学大类。在高校科研部门，人文地理学归属地理学范畴。基于该学科的这种特殊性，人文地理学学者所具有的工作特点、知识结构和研究方法与纯自然科学学者不同，也与社会科学学者不同，应该是兼而有之。因而，作为创新主体的人文地理学专业硕士生一方面要加强实践操作与理论学习，另一方面要注重文献阅读和社会调研。

（二）创新能力价值的社会性

进入21世纪，人类面临一系列全球性重大问题，诸如全球变暖、海平面上升，资源短缺、人口骤增，水土流失与荒漠化、环境污染与恶化，社会经济发展和贫富差距不断扩大，文化的对抗与冲突加剧，地缘政治和地缘经济格局不断变化，地区政治、经济、文化、宗教、民族、领土纠纷和冲突等热点问题层出不穷，这些问题均涉及人文地理学的研究领域。[12]因此，人文地理学是一门社会性很强的学科，研究内容涉及人类生产、生活的各个方面。[13]人文地理学专业硕士研究生的创新应该紧紧围绕这些现实问题展开，深入探讨人类生存与发展所面临的环境问题，深刻了解国家发展的战略需求，使人文地理学更好地为社会服务。[14]

（三）创新能力开发的技术性

随着生产发展和科学技术的进步，学者们不断地将计算机与遥感技术、信息与网络技术、地图学与测量技术和计量模型技术引入到人文地理学领域，尤其是"3S"新技术为人文地理研究的数据资料采集、数据处理与分析、研究结果的表达与评估等各个环节提供了有效手段，在研究复杂的人地系统的空间过程、结构特征、分布规律、发展趋势等方面显示出较大优势，使人文地理学研究视野扩大、周期缩短、精度提高，服务更适合现代社会需要，[15]极大地提高了人文地理学研究的科学性和预测性。[16]人文地理学专业硕士生应该继续发挥地理学传统的野外考察、社会调查、实地监测和实验研究等手段的优势，同时注重与新技术结合，定性与定量相结合，提高研究的科学性。

二、人文地理学专业硕士研究生创新能力的构成

高等学校要培养硕士研究生的创新能力，必须分析研究生创新能力的构成，才能找到创新教育的入手点。[17]创新能力是由多种能力构成的，包括学习能力、分析能力、综合能力、想象能力、批判能力、创造能力等。[18]而人文地理学专业硕士研究生创新能力的构成除了这些能力以外，还包括如下能力：

（一）面向社会服务的能力

社会服务和参与能力是学科生命力所在，人文地理学一直秉承"面向国家和地方发展的重大现实需求，为国民经济和社会发展服务"的学科发展方向，[19]人文地理学专业本身就具有解决社会问题、服务社会的能力。长期以来，实地考察和社会调研一直是人文地理学主要的研究方法。通过社会实践和社会服务，不仅要把分析、研究人文现象的方法传授给人文地理学专业硕士研究生，更要让他们提升分析问题的能力，开阔解决问题的视野，得到高情感、高智能的满足和享受，从而促进创新能力的提升。[20]

（二）应用数学方法的能力

现代科学技术的发展为人文地理学的研究提供了新的研究方法和手段，特别是计量方法和数学模型在人文地理学中的应用，使人文地理学的研究由定性分析走向了定量分析。人文地理学数学模型是用精练的数学语言和符号来描述人文事象各要素之间关系和本质特征，从更高、更深层次上揭示人文事象的内在关联性和结构特点，简化研究进行分析和抽象的过程。人文地理学研究的主要数学模型可分为三大类：统计分析模型、规划与管理模型、系统分析模型。许多人文地理学专业硕士研究生在面对理论和实际问题时，常常感到不知如何下手，一个重要的原因是缺乏建立数学模型的能力。建立数学模型的能力，既是理论创新的重要能力又是解决未知实际问题的能力，[16]因此，培养人文地理学专业硕士研究生应用数学方法的能力显得尤为重要。

（三）运用信息技术的能力

20世纪90年代以来，随着信息技术进步与应用领域的拓展，人类社会进入了信

息时代，重点表现在信息技术的广泛运用、知识经济的诞生、传统时空观念的改变等方面。由"3S"技术构成的地理信息技术在定性与定量方法结合、研究的效率与效果、复杂问题解决等方面给人文地理学带来了重要的影响。[21] RS用来获取地理信息，GPS主要用于定位、导航及测速，GIS对地理信息进行管理、查询、分析及应用等。利用地理信息技术的空间分析功能，结合人文地理的专业知识，还可建立各种类型的辅助决策模型，帮助决策者作出最佳决策，大大提高决策的科学性和效率，从而促进研究新思维的产生，保证研究结果的科学有效性，增强人文地理学解决实际问题的能力。[22] 以云计算、移动互联网、物联网、大数据等为核心的新一代信息技术应用，更是将空间置于一个剧烈转型的过程之中，从而加速了对地理学研究范式、方法与内容的探索与研究，[23] 这就势必对人文地理学专业硕士研究生运用信息技术的能力提出更高的要求。

三、人文地理学专业硕士研究生创新能力培养的对策

（一）深化课程教学改革

课程教学是培养人文地理学专业硕士研究生创新能力的主要环节。在对课程教学进行深化改革的过程中，应对传统课程教学进行全面改革，并逐步建立微型课程教学体系。就人文地理学专业硕士研究生传统课程教学而言，首先要求主讲教师编制详细的课程教学大纲，包含课程目标、课程内容、选课要求、论文要求和进一步阅读文献等内容；其次，主讲教师须把握教学内容深度，既要讲授经典内容，更要阐述相关领域学科前沿、当前学术争论问题、学术名家学术贡献，同时将科研创新与课程教学有机融合，引导学生明确科研创新的方向；第三，要改革课堂教学组织方法，增加讨论课比重，调动学生的学习积极性、主动性和创造性，提高其创新意识和创新能力。[10] 微型课程与传统课程不同，它不是根据学科课程的知识体系、逻辑系统来编制的，而是根据学生发展的实际需要、社会现实的迫切要求，并兼顾学校内外具有的师资，以快捷灵活的方式"客串"进来的"副食"。[24] 微型课程体现全面发展的教育理论，是提高硕士研究生创新能力的有效途径。

（二）强化实践实习环节

人文地理学是一门应用学科，人文地理学专业硕士研究生只有在科学研究和社会实践中接受锻炼，不断丰富自己的理论素养和实践经验，才能有效地提高创新意识与创新能力。鼓励学生尽早参与导师的课题研究，从课题研究中学习新知识和新信息，培养创新意识和科研创新能力；进一步构建和完善实践基地，鼓励学生挂职锻炼、社会实践、实证研究，强化对所学专业的认识，提高实践创新能力；鼓励研究生参加高水平的学术会议和学术讲座，广泛开展学术交流。

（三）改进导师指导方式

强化导师责任意识。人文地理研究的时效性很强，作为人文地理学硕士研究生导师，必须时刻关注该学科发展的最新动态，把握学科的前沿问题，从而用最新的理论去指导学生，激发学生的创造激情。实行双导师制，以校内导师为主指导研究生学术科研，以校外导师为辅指导研究生参加社会实践。鼓励跨专业、跨学科的导师组建导师群，对研究生创新能力培养进行全程监控。

（四）优化考核评价机制

合理规范的考核和评价是研究生创新教育反馈的重要环节，也是对研究生培养质量进行调控的重要依据，对于研究生创新能力的培养能够起到及时、正确的调整和引导作用。当前人文地理学专业硕士研究生考评主要采取阶段性考核和学位论文撰写两种方式。考核内容除学业成绩和科研能力外，还将创新能力和学术道德作为考核的内容和标准，对研究生综合能力和素质做出全面评价，将考核评价的结果作为评奖评优、推荐免试读博的依据，鼓励学生积极上进、勇于创新。[25]同时加强导师考核，激励研究生导师在科学性和创新性上不断提高。

参考文献

[1] 史培军，宋长青，葛道凯，等.中国地理教育：继承与创新 [J].地理学报，2003（01）：9-16.

[2] 王静爱，王珏，虞立红.地理本科生科研能力培养的研究与实践 [J].高等理科教育，2006（02）：124-127.

[3] 张秀清.地理教学中创新教育的实践与研究 [D].内蒙古师范大学，2004.

[4] 王颖，赵连泽，吴小根，等.地球系统科学创新人才培养模式探索与实践 [J].中国大学教学，2007（06）：13-16.

[5] 陆林，凌善金，王莉.试论高校地理专业人文地理学的教学改革 [J].人文地理，2003（05）：65-69.

[6] 郑耀星.人文地理学课程建设与高校跨世纪教学改革 [J].人文地理，2000（05）：54-57.

[7] 林孝松，邓睿，罗融融，等.地理学研究生创新实践能力培养体系改革研究 [J].教育教学论坛，2017（06）：105-106.

[8] 张茂林，董泽芳.论研究生创新能力的基本特征 [J].煤炭高等教育，2010（06）：81-85.

[9] 赵荣，王恩涌，张小林，等.人文地理学（第二版）[M].北京：高等教育出版社，2006.

[10] 汤茂林.我国人文地理学研究生课程教学改革初探——基于与美国研究生课程的比较和感知 [J].人文地理，2009（1）：7-11.

[11]何金廖, 黄贤金.21世纪中国人文地理学研究的国际影响定量分析与挑战 [J].地理科学进展, 2017 (1): 112-124.

[12]王恩涌, 赵荣, 张小林, 等.人文地理学 [M].北京: 高等教育出版社, 2000.

[13]徐丽华, 岳文泽, 陈鹏.论高校"人文地理学"教学改革新思路 [J].高等理科教育, 2009 (6): 121-123.

[14]米文宝, 朱志玲."人文地理学"课程体系改革和学生创新能力培养的研究与实践 [J].高等理科教育, 2007 (4): 118-121.

[15]樊杰, 孙威.中国人文—经济地理学科进展及展望 [J].地理科学进展, 2011 (12): 1459-1469.

[16]曹春义.人文地理学发展动态研究 [J].忻州师范学院学报, 2004 (6): 91-92.

[17]杨琪.培养学生创新能力从何入手——人的创新能力构成分析 [J].台声·新视角, 2005 (3): 139-140.

[18]方大春.经济学专业学生创新能力培养探索 [J].安徽工业大学学报 (社会科学版), 2011 (2): 111-112.

[19]郭来喜.中国人文地理学研究回顾和展望 [J].地理学报, 1994 (S1): 609-615.

[20]高军波.人文地理学专业课程教学体系重构 [J].实验室科学, 2011 (2): 29-31.

[21]朱羽林, 黄秋燕, 严志强.新技术手段与人文地理学的创新 [J].广西师范学院学报 (自然科学版), 2003 (S1): 187-190.

[22]谢守红.地理信息系统及其在人文地理学中的应用 [J].衡阳师专学报, 1999 (3): 55-58.

[23]甄峰, 秦萧, 席广亮.信息时代的地理学与人文地理学创新 [J].地理科学, 2015 (1): 11-18.

[24]孙海航.如何上好微型课程 [J].教学与管理, 2005 (25): 67-68.

[25]常雪.思想政治教育专业硕士研究生创新能力培养研究 [D].东北大学, 2014.

土地资源管理专业研究生创新能力评价
的若干基本问题探讨 *

李 翀 毛德华

（湖南师范大学）

摘 要 土地资源管理专业研究生创新能力评价研究可为提升其创新能力提供决策基础。本文论述了研究生创新能力评价的关键、意义、特质等基本问题，特别指出评价关键在于评价内容的制定、评价主体的选定以及评价结果的分析。土地资源管理专业研究生创新能力评价特质包括充分考虑土地资源管理学科特性、注重该专业创新能力评价的动态以及关注该专业创新能力评价的价值取向，对完善该专业研究生创新能力的评价意义重大。

关 键 词 土地资源管理专业；研究生；创新能力；评价

作者简介 李翀，女，1992 年出生，湖南师范大学资源与环境科学学院，硕士研究生。联系电话：13535359524；电子邮箱：1597954795@qq.com。

创新能力既是个人能力素养的体现，也是一个国家前进发展的动力。我国已将推进自主创新、建设创新型国家作为国家发展的一项重大战略决策，并提出到 2020 年进入创新型国家行列的目标，足见我国对创新能力的重视程度。研究生教育与高水平创新人才的培养和国家未来发展的智力支持息息相关，在建设创新型国家过程中显得尤为重要。而一国的发展又离不开对土地资源的管理与利用，因此，土地资源管理专业研究生创新能力的培养在人才培养中是不可或缺的一环。要培养土地资源管理专业研究生的创新能力，就必须通过评价，对其创新能力进行全面的了解与分析，然后从中找出提高创新能力的方法。

一、研究生创新能力评价的关键

"教育评价"这一概念最初是由美国教育家拉尔夫·泰勒（Ralph W. Tyler）提出的。19 世纪 80 年代，我国教育事业逐步发展，这一概念也随之引入。[1] 学生评价属于教育评价的范畴，前者是后者的一种类型。而研究生创新能力评价则进一步缩小评价的范围，是专门针对研究生创新能力构建评价体系，着重对其创新能力进行判断与

* 本文受湖南师范大学学位与研究生教育教改项目（14JG04）、湖南师范大学教学改革研究项目（校行发教务字〔2013〕81 号）资助。

分析，且将分析结果在研究生教育教学中进行运用的动态过程。从社会学角度对学生的社会属性进行界定，他们是一种特殊的社会存在，其特殊之处表现为他们并非完全不承担社会义务的婴幼儿，也不同于可以借助自身的职业劳动来与社会进行交换的成人群体，其被认为是一种处在婴幼儿与成人之间的"半"社会成员。[2]基于此，在对研究生的创新能力进行评价时，需要结合研究生群体所具有的特性来开展相应的评价研究。笔者认为，研究生创新能力评价中，须注意以下关键。

（一）评价内容的制定

关于研究生创新能力内涵以及具体评价内容，国内学界还未达成统一的意见，不同学者对此各抒己见。如瞿海东等在其研究中对研究生创新能力进行探究时，就将其划分为五大方面：一是研究组织方面的能力；二是人际表达方面的能力；三是自学方面的能力；四是理论构思方面的能力；五是对前沿把握的能力。[3]燕京晶也对此进行了相应的研究，并选择从内隐与外显这两部分，来对研究生所具有的创造力进行阐述。认为前者主要指的是研究生本身所具有的各方面机能及能力，其中包括创新方面的生理机能、创新方面的思维能力等；后者是指具有上述条件的研究生，运用自身的专业技能生产出集新颖性与实用性于一身的成果，且成果得到导师、高校和社会的认可。[4]阎英等也加入到该领域的研究队伍之中，以重庆邮电大学的研究生作为研究对象，并通过研究指出研究生的科研创新能力主要体现在科研项目、学术论文、编写著作与教材、学术交流活动这四方面。[5]杨蕙馨主要研究管理学科研究生的创新能力评价情况，并构建了包含多项一级指标及二、三级指标的评价指标体系。其中一级指标包括四项：一是学术交流能力；二是创新实践能力；三是创新基础能力；四是知识创新能力。[6]除此以外，还有许多学者均对该方面提出了不同的观点与见解。这些观点既有其合理性，对研究生创新能力评价具有一定的参考价值，但同时也有一定局限性。在评价活动中，除了汲取其合理之处，也应不囿于已有研究，根据实际情况来展开评价活动。

（二）评价主体的选定

众所周知，评价主体是评价活动的主要参与者，其选定是否恰当与能否得出合理的评价结果息息相关。基于此，在进行评价主体的选择时，强调主体多元化非常重要且关键。主要原因在于：①由于评价主体进行评价时带有一定主观性，单一评价主体产生的评价结果容易存在客观性不足的问题。②单一评价主体对评价对象的了解通常是有限的，难以从多方面深入了解评价对象，仅依靠单一评价主体进行评价，所得出的评价结果往往会出现片面性。③不同评价主体的价值取向不同，进行评价时均是基于各自的价值立场进行价值判断，如果只考虑到其中某一个或是某一类型评价主体的价值取向，将会削弱评价结果的参考价值。

在对研究生创新能力进行评价时，笔者认为可以将以下对象列为评价主体：①研究生本人。评价对象对自己本身具有相当程度的了解，由研究生对自身的创新能力进行自评，再比较自评结果与他人评价结果的差异，能让评价对象看到自我认识存在的偏差，更有助于其反省不足，进一步提高自身的素质。②导师。导师是研究生学习的主要指导者，也是其创新活动中的引路人，因此导师是研究生创新能力评价中不可或缺的评价主体。导师了解研究生的学习状况，对其创新能力进行评价，亦有助于针对评价对象制订相应的教学计划。③同学。同学作为研究生日常学习生活中经常接触到的同辈，他们的评价对了解研究生创新能力也具有相当的参考价值。同学这一评价主体不仅在学习方面与评价对象有交集，在生活方面与评价对象接触也较多，因此更能弥补其他评价主体对评价对象生活方面了解的不足，使得评价结果更加全面。而且在对其他同学进行评价的同时，评价者也可以从评价结果中了解自己与他人的差距，从而对自身状况进行反思，对不足之处加以完善。④学校管理者。学校管理者在教学与管理方面具有一定经验，同时也是教学管理方针政策的制定者。通过对研究生创新能力进行评价，学校管理者可以发现当前教学管理中的不足，并结合自身经验对方针政策进行调整。⑤用人单位。学校虽然是研究生主要的活动场所，但研究生最终还是要投身于社会实践，其创新能力也会运用到社会实践之中，由用人单位对研究生的创新能力进行评价，有助于进一步了解研究生是否符合职业要求。而通过对评价结果进行分析，学生亦可发现自身水平与职业要求间的差距，从而有针对性地提升自身就业竞争力。

（三）评价结果的分析

研究生创新能力评价不仅是为了了解与判断评价对象创新能力现状，更重要的是发现评价对象的优势与劣势，为进一步提升创新能力提供依据。因此，对评价结果的分析是评价中十分关键的一环，它将关系到评价结果的应用。

由于评价活动是一个复杂的过程，在进行分析时，应充分考虑到各因素对评价结果的影响。例如运用相同的评价方法对不同年级的研究生进行评价时，应当将不同年级所接受的学业培养时间与程度的差异考虑在内，以此作为判断培养计划是否合理的依据。或对同一评价对象进行评价时，应考虑到选择不一样的评价主体可能会使评价结果出现差异。而且在评价过程中，单次的评价结果仅能作为评价对象当时状态的参考，要了解评价对象的发展状况，必须进行多次的评价。

二、研究生创新能力评价的意义

（一）了解研究生创新能力现状

了解评价对象现状是评价活动最基本的目的，也是开展后续工作的必要准备。通过对研究生创新能力进行评价，得出个体的评价结果，研究生个人可由此对自身的创新能力有一定的认识，培养者则可以运用相应的数理模型进行分析，对研究生群体创新能力状况作进一步的了解。

（二）发现研究生培养过程中的问题

评价结果是判断现行培养计划是否合理与如何调整的重要依据。通过对评价结果进行分析，可以发现评价对象在创新能力方面存在什么不足，并且可对产生不足的原因进行剖析。根据研究生创新能力的不足之处以及产生的原因，则可发现当前培养过程中存在的问题，并可探讨是否需要对培养计划进行调整。

（三）进一步提高研究生创新能力

实现研究生创新能力的提升是研究生创新能力评价最主要的目的。在对当前研究生创新能力培养过程中产生的问题进行分析后，可采取相应的措施解决问题，提高其创新能力。例如根据评价结果进行评奖评优，对研究生进行一定的激励；根据评价结果发现不同研究生个体间的差异，因材施教，发掘其创新潜力。

综上，对个人而言，研究生创新能力评价有助于提高自我认知水平，有助于提高个人的创新素质与竞争力。对高校而言，研究生创新能力评价有助于发现当前教育过程中的不足，有助于提高学校对研究生的培养能力。对国家而言，研究生创新能力评价有助于全面深入地了解当前研究生教育状况，有助于构建更完善的人才培养机制。

三、土地资源管理专业研究生创新能力评价特质

（一）充分考虑土地资源管理学科特性的要求

土地资源管理学科涵盖的内容非常多，是一门综合性学科。其基础学科除了包括土地资源学及管理学外，还包括经济学、法学与系统科学等，其核心是公共管理理论，且以规划、信息技术作为相应的手段，由多学科紧密联系所形成。[7]因此，土地资源管理学科虽然划归于公共管理一级学科之下，但其本身是一门交叉性学科，在人才培养的过程中，教学内容方面涉及的范围极广。就当前来说，在我国高校中，开设土地资源管理专业的学校较多，基于条件方面的限制，以及专业背景层次所存在的差异性，各院校在设置土地资源管理这个专业时，在院系上并没有实现统一化，且在设置的课程体系及相应的培养方向上也不同，授予的学位则有管理学位、理学学位、工学学位等。[8-10]因此，各院校自身条件不同，其对土地资源管理专业研究生的培养也会具有明显的差异。对土地资源管理专业研究生创新能力进行评价时，除了考查研究生个体的综合能力外，也应结合不同学校的教学特色构建评价体系，使评价结果更具参考价值。如以理工科为专业背景的土地资源管理专业，应注重对研究生在技术运用与创新方面的评价，而偏重经济学科的院校则可侧重对研究生在经济学应用与创新方面的评价。

（二）注重土地资源管理专业创新能力评价的动态性

在进行土地资源管理专业研究生创新能力评价时，须注重动态性。首先，土地资源管理专业在我国创立时间较短，自1988年国内高校正式设立该专业以来，其发展

历程尚不足 30 年，但近年来该专业发展速度明显加快。相关研究显示，2002 年以前，土地资源管理学科的学术关注度较弱；2003 年起逐步增长；2009 年开始，关注度迅速上升，学科影响力扩大。[11]其次，正因我国在土地资源管理方面的研究起步较晚，与土地资源管理有关的政策及法律法规并不完善，随着社会经济不断发展，须及时调整政策及法律法规以适应发展的要求。最后，随着科技的进步，土地资源管理的技术手段日新月异，目前，以 3S 技术为基础，以信息化与智能化为主要特点的技术手段被广泛运用于土地资源管理工作中。上述三点要求土地资源管理专业研究生在牢固掌握基础知识的同时，更要拓宽视野，贴合学科发展以及现实需求，不断提升自身创新水平。在进行创新能力评价时，应针对这方面设置相应评价内容，既要评价学生对所学知识是否能灵活运用，又要注重评价学生在学习研究中是否具有前瞻性，如评价对本专业学术前沿的了解情况、对本专业研究与应用发展趋势的把握程度等。

此外，评价过程中还需要实现评价与培养的动态发展：一方面，根据不同时期学科发展情况以及社会对土地资源管理人才的要求，及时更新评价体系、调整培养计划；另一方面，在各次评价后，对评价结果进行分析，找出评价过程与培养过程中存在的不足，从而对评价的方法、手段、内容等进行改进，对培养计划进行完善。

（三）关注土地资源管理专业创新能力评价的价值取向

价值取向问题是评价过程中无法回避的问题。在评价标准的设定上，不同主体间的价值取向不同。例如学生更偏向于满足个人的职业需求，以及满足自我完善与发展的需求，而学校管理者和老师则更多是基于学术层面来规定评价标准。[12]形象地说，随着研究型大学的不断发展，致力于学术研究的学者与来自不同社会背景且有着各种职业期盼的学生之间将会出现一条鸿沟。[13]这就极易导致学校和老师制定的评价标准与学生心目中的评价标准产生分歧。此外，学生与用人单位间、学校与用人单位间的价值取向差异也将影响对评价标准和评价结果的认同度。尤其在对土地资源管理专业研究生进行创新能力评价时，由于该专业就业渠道广、就业部门多，价值取向问题也更为复杂。根据相关研究，我国近年土地资源管理专业高校毕业生就业去向主要分为升学、出国、党政机关就业、事业单位就业以及企业就业几大方向，其中，仅就业单位的业务范围就涉及土地规划设计、土地调查测绘、不动产估价、土地登记代理、房地产开发经营、房地产经纪销售、土地信息系统开发应用、农业科研等多个领域。[14-17]因此，进行评价时须注意以下几点：①在评价主体的选择上，应包含学校管理者、老师、学生、用人单位等，兼顾不同评价主体的价值取向，得出更全面的评价结果；②在评价标准的设定上，结合学术层面与就业层面，对学生的学术创新性与职业创新性进行综合评价；③在针对不同院校土地资源管理人才培养模式特点的基础上，进一步对学生的个性发展进行评价。

参考文献

[1] 王俭.基于价值尊重与价值认同的教育评价研究[D].上海：华东师范大学，2007.

[2] 吴康宁.教育社会学[M].北京：人民教育出版社，1998：222.

[3] 瞿海东，陈慰浙.研究生创新能力的结构及其差异[J].中国高等医学教育，2003（1）：29-31.

[4] 燕京晶.中国研究生创造力考察与培养研究——以现代创造力理论为视角[D].合肥：中国科学技术大学，2010.

[5] 阎英，刘伯红.理工科研究生科研创新能力评价体系研究与实现[J].计算机与数字工程，2009（8）：83-85.

[6] 杨蕙馨.管理学科研究生创新能力评价体系构建及培养机制变革对策[J].东南大学学报（哲学社会科学版），2012（2）：116-128.

[7] 陈银蓉，梅昀.土地资源管理专业课教学方法改革的研究[J].华中农业大学学报（社会科学版），2004（2）：100-103.

[8] 胡宇，贺云，毛德华，蔡业忠.刚性与弹性相结合的土地资源管理专业人才培养方案修订探讨[J].当代教育理论与实践，2012（12）：30-32.

[9] 周飞，陈士银.国内典型高校土地资源管理专业课程体系比较[J].安徽农业科学，2016（36）：256-258.

[10] 杨睿璇，徐丽萍.不同学科背景下石河子大学土地资源管理专业的发展[J].科教导刊（上旬刊），2015（7）：35-36.

[11] 刘璐祯，周为吉，郑荣宝，等.基于学科知识图谱的国内土地资源管理学科演进及其进展研究[J].中国农业大学学报，2017（1）：189-202.

[12] 杜瑛.我国高等教育评价的范式转换及其协商机制研究[D].上海：华东师范大学，2009.

[13]（美）哈瑞·刘易斯.失去灵魂的卓越——哈佛是如何忘记教育宗旨的[M].侯定凯，等，译.上海：华东师范大学出版社，2007.

[14] 陈志刚，张英，高云.高校土地资源管理专业毕业生就业现状分析及建议[J].中国大学生就业，2008（14）：37-38.

[15] 阳利永，柳德江，杨艳俊，等.就业导向下土地资源管理本科专业培养方向研究[J].中国地质教育，2014（2）：18-21.

[16] 周伟，曹银贵，王世云，等.土地资源管理专业硕士研究生就业情况分析[J].中国电力教育，2012（25）：127-129.

[17] 李雪梅.就业导向的土地资源管理专业课程体系改革[J].大学教育，2013（15）：38-40.

论微电影时代戏剧与影视学研究生培养模式转型与创新

阳海洪　　周　颖

（湖南工业大学）

摘　要　微电影时代的来临，也对研究生教育的发展提出了更高的要求。同时，高校扩招也导致研究生毕业分流日趋普遍。而目前戏剧与影视学研究生培养模式存在培养目标单一、课程设置随意、课堂教学僵化和实践教学缺乏的弊端，已然不能满足需要，须在人才定位与评价、课程结构、课堂教学与实践教学等方面实施转型，重建新的戏剧与影视学研究生培养模式，以适应微电影时代的需要，服务地方经济社会的发展。

关键词　微电影时代；戏剧与影视学；研究生；培养模式

作者简介　阳海洪，男，1969 年出生，湖南工业大学文学与新闻传播学院，教授、硕士生导师。联系电话：18908435049；电子邮箱：352432617@qq.com。

微电影自诞生以来，因契合年轻人的青春心理和网络时代的草根气质，发展非常迅速。微电影借助网络传播，具有低门槛、广泛性和参与性等特点，这使影视艺术回归到了真正具有互动和体验特点的、人人皆可参与的"草根秀"时代，成为年轻人近距离接触影视艺术的最佳方式。影视艺术进入了一个微电影时代，从某种意义上说，是影视由"精英"向"草根"转移。微电影在普及影视艺术、促进影视市场繁荣的同时，对高层次的影视专业应用型人才的需求更加突出和迫切，也势必对相关专业研究生教育发展提出更高要求。掌握基本影视理论，具备高制作水平和强创新能力的影视人才，才会成为微电影时代的市场赢家，这对本科和研究生层次的戏剧与影视学教育，都构成了严峻挑战。

当前戏剧与影视学研究生培养模式，形成于电子技术和研究生精英化的历史语境，以"理论知识"和"科研能力"为核心要求，将从事戏剧与影视学的教学与研究作为就业方向，培养目标单一，已然不能适应当前戏剧与影视学研究生毕业分流的趋势。课程设置僵化单一，没有跟踪市场需求。适应学生个性特长的课程，难以形成学校的办学特色；课堂教学随意，教学有效性难以准确量化与评估，由此难以建立质量监控体系、明确教师的教学责任，并制定持续改进的措施，因而存在放任自流的现象；实践教学缺乏，从学术研究而言，产学研脱节，学生难以形成真正的学术问题与学术研究；从学生就业而言，实践能力的缺乏，也窄化了学生的就业去向。

　　微电影时代的来临，在给影视艺术教育带来挑战的同时，繁荣的影视产业与日益增长的文化消费需求也为戏剧与影视学提供了广阔天地与发展空间。在研究生扩招和毕业日趋分化的情况下，必须放弃传统面对少数学生的"精英"培养模式，适应微电影时代影视繁荣发展的需要，面对全体学生，扎根地方文化产业，主动服务社会，改变传统的教育观念与培养模式，以提升戏剧与影视学研究生教育的质量。

一、人才培养目标转型

　　人才培养是高校的中心工作，人才培养目标是高校教学活动的出发点和落脚点，是指导研究生教育的纲领和指针，具有导向作用。在遵循党的教育方针的前提下，因应当前微电影时代的变化与需求以及高校的办学特色，制定切实可行的培养目标，具有至关重要的意义。

（一）制定分类人才培养目标

　　人才培养目标是由市场需求决定的，随着研究生毕业去向的分流，高校也要相应地制定分类人才培养目标。热爱学术，并具备深厚理论根底和研究能力的学生，则鼓励深造，以为进入高校、研究机构从事教学和研究奠定基础。毕业后进入企事业单位的高级应用型人才，在培养目标、课程结构及培养方式上则进行相应调整。高校要明确戏剧与影视学的办学定位，遵循人才培养规律，顺应市场人才需求，协调区域影视文化产业发展水平，整合区域优势教育资源，制定多样化、个性化的人才培养目标。

（二）制定"3+×"的人才评价体系

　　微电影的本质是艺术与新媒体的融合，它虽制作周期短，制作成本低廉，属于大众文化消费品，但并没有改变电影的艺术属性。只是它利用移动终端等传播平台，并充分利用了互联网时代观众的碎片化时间，因而更加追求创意，特别适合广告营销和新闻事件、生活剧情和搞笑视频的拍摄。深刻的思想、新颖的创意及完美呈现思想和创意的表现力，充分把握受众心理的营销能力，这些传播能力构成了微电影时代戏影研究生的核心能力。在微电影时代，戏影专业研究生教育要以培养具有创新能力和应用能力的卓越人才为目标，制定新的人才评价标准和考核指标。高校要充分激活地方文化资源，加强与本土影视传媒机构、广告公司的合作，共同建立"3+×"的影视专业创新人才评估体系。"3+×"中的"3"是指微电影时代戏影研究生应该具备的三项核心能力：理论基础、研究能力和策划、创意、营销等传播能力；"×"则是指微电影时代的戏影研究生应具有的专业特长。在全球化语境下，制定和反映戏剧与影视学特性定位和学术指向的能力指标，应该成为戏剧与影视学研究生培养的优先选项。为了改变艺术教育评价随意性的弊端，可以借鉴中国工程教育专业认证标准，建立定性与定量相结合的评价指标体系。这样不但可以强化人才培养目标对整个培养过程的价值导向和评价考核，也可彰显视觉艺术特色的国际通用性评估指标，加强国际文化交流与合作。根据这一人才培养目标，制订相应的培养计划、课程体系和实践教学模式，大力提升研究生的培养质量，以适应微电影时代的人才需求，并形成自身办学特色，服务地方经济社会发展。

二、课程结构体系转型

没有课程体系支撑的人才培养目标，只是海市蜃楼。"培养目标是构成课程体系的前提与基础，课程体系又是实现培养目标的重要载体与手段，二者是相辅相成、不可分开的。"[1]

（一）设置能力本位型课程体系

微电影时代的课程设置，可以借鉴中国工程教育专业认证标准的要求，坚持能力导向，将毕业生培养目标达成度的评价，分解为对课程设置、课堂教学、实践学习和毕业论文的全程跟踪与进程式评估，以明确每门课程、每位教师、每个环节在学生能力养成中的责任。戏剧与影视学作为艺术学科，其能力结构与评价虽然难以和工程教育一样刚性，但可以借鉴其基本原则和精神，强化"3+×"培养目标在教学过程中的导向作用，课程设置必须能够支持培养目标的达成，课程体系应能实现毕业生能力的培养。根据培养目标和市场需求，按照"加强基础、优化结构、突出个性、加强实践、形成特色"的原则，设置和优化课程体系，构成完整、有机的知识和能力体系。

（二）设置交叉型课程体系

微电影是基于数字化技术的新媒体时代产物，新媒体的技术属性对影视艺术的策划、制作与传播产生了革命性影响，也深刻地影响到了戏剧与影视学研究生的能力构成。从知识创新与能力养成的影视人才培养目标出发，要因应微电影时代的市场需求和毕业生分流的实际情况，激活本土文化资源，加强校企合作，在传统基础知识和专业理论课程之外，强化新媒体课程的设置，通过校企合作方式，构建文理交叉型的课程体系，使学生能够熟练运用新媒体技术，具备网页设计、App 制作、微信运营和数据分析、数据营销的能力，提升学生在微电影时代的竞争能力。

三、课堂教学方式转型

课堂教学是实现知识创新、培养学生应用能力的重要途径。高校必须充分认识到课堂教学在研究生教育中的主体性和基础性地位，把课堂教学作为提高研究生教育质量的重点和关键，确立教学工作的中心地位。

（一）确立以能力养成为中心的教学目标

教学归根结底是一种师生间的交往行为。在微电影时代，影视技术的"草根化"，导致教师在课堂教学中，不再是知识的仲裁者，学生也不是被动的知识接受者。教师和学生作为拥有不同生活阅历、知识经验和技术能力的个体，在知识分享与创新中形成"学习共同体"，彼此互相学习，共同进步。微电影时代课堂教学方式转型的基本内容，就是将灌输型、理论型的单向度教学模式转型为讨论型、案例型的互动式教学模式，将传统以知识传授为中心的课堂师生关系，转型为以知识创新和能力养成为中心的师生关系。要发挥培养目标在课堂教学中的引导作用，以课堂教学对培养目标的达成度为考核标准，明确教师的教学责任，并建立相应的质量监控与反馈机制，以持续改进课堂教学的效果。

（二）建设以双师型教师为主体的师资队伍

教师是课堂教学的主体，也是课堂教学质量的责任人，攸关课堂教学改革的成败。在微电影时代，高校在重视引进高学历、高职称教师的同时，也要重视教师专业能力和行业背景，着手打造一支专业理论、教学能力和工作经验兼备的双师型教师队伍，对提高戏剧与影视学研究生的质量具有重要意义。从"速效"来看，高校可以通过聘请行业精英、高管担任客座教授，引进具有行业背景的高素质人才，来打造双师型教学队伍；从"长效"来看，高校可以通过政策引导和经济杠杆，鼓励教师进入与影视相关的企事业单位，以在岗锻炼方式提升专业技能，并获得相关行业经验和人脉，及时了解技术前沿与行业发展动态。这种内部挖潜、升级改造的方式，也是建设双师型教师队伍的重要措施。

（三）建设以微电影为内容的创作型教学模式

微电影短小精悍，投资成本低廉，制作周期短，既可在课堂上讲解分析，也可在课堂上制作完成，为创作型课堂提供了技术条件。将微电影制作引进课堂，以项目研发、内容创作驱动理论研究与实践能力培养，促进学生"做中学、学中研、研中创"，最终实现融项目研发、内容生产与知识传授、理论研究于一体，使课堂教学转型为产学研用的合作平台，达到戏剧与影视学研究生的多重培养目标：

1. 能够引导学生关注现实生活，提升社会责任感和人文精神。微电影是记录、保存和传播文化的重要手段，学生在艺术创作中，强烈的现实关怀能帮助其在多元的世界里进行艺术探索时找到方向。

2. 微电影虽然短小，但涵盖了影视生产的全部流程和各个环节，"使学生接受全方位的创新实践训练，实现教育教学与行业需求、现代科技发展全面对接，实现具有创新精神与实践能力的人才培养与文化产业前沿无缝对接，推进戏剧影视优势资源与项目向现实生产力转化"[2]，学生能快速地了解行业动态与岗位技能，为进入企业实习和市场就业奠定良好基础。

3. 通过符合市场需求的项目研发和微电影创作，能够提升高校的办学效益和地方影响力，建构良好的美誉度，更好地服务地方经济社会发展。

四、实践教学模式转型

在微电影时代，随着商业资本对戏剧与影视生产的强力介入，市场需求与成果转化成为戏剧与影视生产的关键环节，校企合作、联合培养，是戏剧与影视学"科教结合、产教融合"本质规律的具体体现，是充分利用政产学研多元组织优势资源培养高端人才的重要路径，也是努力突破科研体制中创新主体彼此孤立的体制壁垒，促进协同创新，加快实施创新驱动发展战略的重要突破口。高校联合地方广告公司、影视机构、新闻传媒、政府宣传部门和文化传承中心，联合培养戏剧与影视人才，不仅能极大提升戏剧与影视学研究生的培养质量，为企业解决人才需求和技术难题，还能充分释放多元组织创新要素活力，实现企业发展、科技创新乃至地方经济发展等多重目标。

（一）构建"双主体"的实践教学管理模式

推进校企深度合作，充分发挥校企双方在研究生培养中的"双主体"作用，构建"双主体"实践教学管理模式，校企双方根据实际情况探索建立可持续发展的管理模式、评估体系与运行机制，建立有关校外实践教育的教学运行、学生管理、安全保障等规章制度，在共同章程约束下，展开人才培养、科技攻关、合作办学、产学研合作等全方位、深层次、持续性的合作，提升研究生培养质量。

（二）构建协同创新的实践教学运行机制

通过构建校企协同创新的实践机制，拓展校企联合培养研究生的领域、形式和方法，把研究生培养与应用研究、创新创业紧密结合起来，探索市场导向的高层次的戏剧与影视学人才创新培养体系。力求通过"项目带动、技术攻关、校企合作"三位一体的实践教学模式，将研究生人才培养教育与经济建设、社会发展进行有机结合，资源共享，优势互补，吸引产业、行业、企业界的优秀人士参与研究生的工程实践和学位论文指导与管理。在培养学生创新能力的同时，促进研究成果产业化；在提高研究生培养质量的同时，促进地方经济社会发展。

（三）构建"五共建"的实践教学合作模式

延伸校企合作领域，实现校企全程培养。在学生从"入口"到"出口"的系统培养过程中，校企互动合作，形成共商培养方案与课程体系、共管实习过程、共建双师型师资队伍、共享行业动态与教学科研信息、共建人才培养质量监控与评价体系的"五共建"合作模式，将合作企业切实建成学科教学贴合市场需求、学术科研推动校企共进、生产实践服务地方和行业发展的产学研一体化创新基地。

在微电影时代，"以能力培养为核心、以项目参与为牵引、以双师型教师团队为保障"是戏剧与影视学构建校企合作实践平台的精髓。利用这一平台，校企双方形成优势互补、双向介入、利益共享的良性循环。研究生也可参与实际项目开发，选题可以紧跟行业前沿，在解决企业现实需求的同时获得实践能力和创新能力的大幅提升。

五、结语

电影是大众文化的产物，虽然电影的"梦幻"特性对普罗大众深具吸引力，但其强大的资本需求、高技术特性和集体创作特征，使得普罗大众望洋兴叹，然而"微电影的结构、形式与传播渠道，为观众建构了一个参与电影的新途径"[3]。微电影拆除了影视艺术与大众之间的"围墙"，并借助于移动终端的传播平台，契合了这个快节奏、碎片化的时代，具有强烈的草根性、消费性与商业性。微电影的这些特性促进了影视艺术的繁荣，旺盛的人才需求也为艺术教育开辟了更多可能性。戏剧与影视学研究生教育可以借助于微电影所提供的技术平台和市场需求，对戏剧与影视学研究生教育的人才定位、人才评价、课堂结构、课堂教学和实践方式进行重新认识，重构戏剧与影视学研究生的培养模式（图示如下）。

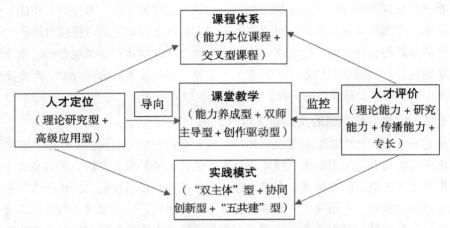

微电影时代戏剧与影视学研究生培养模式图

在这个新型模式中，人才定位始终对培养模式发挥导向和指南作用，课程体系设置、课堂教学方式与实践教学模式等教学环节都始终以实现人才定位为目标，能力养成成为各教学环节的中心任务，而人才评价则始终以定量与定性方式对各教学环节发挥监控与反馈作用，以明确教师责任，并建立持续的改进机制。如此，戏剧与影视学研究生教育能够培养出适应微电影时代所需要的合格人才，保证在面对毕业分流时具有足够的市场竞争力。这种新型培养模式，应当成为微电影时代戏剧与影视学研究生教育的目标。

参考文献

[1]陈立乾，高亮.培养目标与课程体系在人才培养中的作用及关系[J].赤峰学院学报（自然科学版），2014（3）：270-272.

[2]孙媛.创新实践能力培养与产学研用平台构建——以戏剧与影视学类专业为例[J].戏剧之家，2014（15）：114+124.

[3]陈晓萌.微电影：一种新的电影形态[J].艺术评论，2012（11）：33-36.

"双一流"与"双轨合一"背景下临床医学专业学位硕士研究生科研能力培养浅析

王晓旭

（南华大学）

摘　要　高水平研究生培养是"双一流"建设的重要特征，而临床医学专业学位的硕士研究生，不仅在"双一流"的建设背景下，也在"双轨合一"的培养模式中，这对研究生的培养提出了新的要求和挑战。针对临床医学专业学位的硕士研究生临床能力显著加强，但科研能力的提高却不明显的问题进行分析，并在此基础上提出临床医学专业学位硕士研究生科研能力培养的新思路。

关 键 词　"双一流"背景；"双轨合一"模式；临床医学专业学位；科研能力

作者简介　王晓旭，男，1975 年出生，南华大学附属第二医院，副主任医师、副教授、关节外科副主任。联系电话：13707345511；电子邮箱：wxx1024@163.com。

　　为培养出高水平、高素质的医学人才，2014 年国家教育部等六部门出台《关于医教协同深化临床医学人才培养改革的意见》（以下简称《意见》）。《意见》要求把临床专业学位研究生的培养纳入住院医师规范化培训体系中，从而使临床医学专业学位研究生的培养必须满足学位培养和住院医师培养的双重标准。2017 年，教育部、财政部、国家发改委又联合印发《统筹推进世界一流大学和一流学科建设实施办法（暂行）》，这对于提高我国教育水平、增强国家核心竞争力、奠定科学长远发展基础有着深远意义。高水平研究生培养是"双一流"建设的重要特征，临床医学硕士专业学位教育是我国医学教育的重要组成部分，随着我国医学事业的不断发展，培养既具有专业能力，又具有科研能力的复合型高素质医学人才至关重要。2015 年，南华大学附属第二医院正式实施临床医学专业学位硕士研究生教育与住院医师规范化培训（以下简称"规培"）相结合的并轨工作。实践中我们发现，在为期三年的临床医学专业学位硕士研究生教育过程中，学生被安排在医院的各个岗位上参加临床培训。这样就出现了专业学位研究生参加临床培训期间，开展科研工作的时间短、训练不足等问题，这将直接导致学生科研能力得不到明显的提升，然而科研能力的培养是研究生教育的主要目标，是"双一流"背景下研究生培养的重要内容，"规培"制度下的专业型研究生也不例外。如何在"双一流"与"双轨合一"双重背景下处理好临床与科研的矛盾，是当前临床教学中亟待解决的问题。

一、现阶段科研能力培养存在的问题

（一）从事科研的时间少

"规培" 制度下的专业型硕士研究生有着双重身份，不仅是一名医学院校的学生，更是一名住院医师。[1]临床医学专业学位研究生在其三年的培养期内，修完理论课程学分后即被派往相关医院培训，一直都在各个岗位上轮转，平时接受科研培训的时间明显不足。临床工作占据了他们大量的时间和精力，临床工作所带来的疲倦使得部分学生不愿意或不能够进一步学习自己本专业知识并开展相关科研工作。

（二）缺乏系统的科研能力培训

传统的临床医学专业学位研究生第一学年上学期学习理论知识，两年时间在临床科室轮转，剩下半年的时间用于科研能力的培养，完成毕业课题和论文撰写，而住院医师规范化培训要求三年一直在临床科室轮转。为了保证临床医学专业学位研究生临床技能培养的时间和效率，压缩临床医学专业学位研究生科研课程学习时间，精简科研课程教学，往往忽视科研在住院医师规范化培训和临床医学专业学位研究生培养中的作用。[2]因为学时精简，很多内容只能讲理论，实践操作很少，缺乏系统的科研能力培训。

（三）科研自觉性不高

专业型研究生通过三年的学习和轮转，在获得研究生学历及硕士学位的同时省去了毕业后额外三年的规范化培训，具有"短平快" 的特点，部分医学院校的学生仅仅出于对"四证合一" 的追捧而选择报考专业型硕士研究生。由于对"规培" 制度下专业型硕士研究生培养模式缺乏正确认识，他们对于科学素养的养成和科研创新的兴趣不高，自主学习、自主研究的动力不足。由于住院医师规范化培训对临床技能的提升较为重视，对科研意识培养重视不够，在这种条件下，很多研究生经过三年轮转后，临床科研意识逐渐退化，[3]重临床、轻科研的思想逐渐根深蒂固。

（四）导师及代教老师对学生的指导不到位

专业型硕士生的培养工作基本是在附属医院进行，导师大部分是临床上高年资的医师，他们本身承担着科室中繁杂的临床工作及课题研究，往往会疏忽对学生思想上的管教和业务上的指导。轮转培训期间学生大都在其他科室临床轮转，平时很少与导师见面交流，基本处于"散养" 状态。[4]此外，临床医学专业学位研究生到各个科室轮转时间为 1~3 个月不等，部分承担培养任务的代教老师往往责任心又不够强，不能从硕士研究生培养方案的整体要求出发，而是把轮转的研究生仅仅当作"规培" 生甚至实习生来看待，仅让他们做一些基础性的常规临床工作，而忽视了对学生科研素养的培养和科研能力的训练。

长此以往，这些问题必将导致 "双轨合一" 培养模式下临床医学专业学位硕士研究生的培养与单纯的住院医师规范化培训雷同，这与培养适应我国医疗卫生事业发展的高素质临床医学专业研究生的目标相背离，与"双一流"建设背景下对研究生培养的要求不相适应。在研究生培养阶段加强科研能力培养、提高科学素养，是"双一流"背景下我国培养高层次高素质医学人才的重要举措。

二、双重背景下临床医学专业学位硕士研究生科研能力培养的新思路

科研能力是一种综合性能力，具体表现为信息的分析和加工能力、具体情况的分析判断和决策能力、实践行动和执行能力以及申请课题和撰写科研论文的能力。[5-6]如何将科研能力的培养贯穿于临床实践，贯穿于住院医师规范化培训当中，全面提高临床医学专业学位硕士研究生的科研能力，培养出更多的高级医学人才，是临床医学专业型硕士研究生导师正在面临的教育问题。笔者以所在医院的关节外科专业为例，提出如下几项关于临床医学专业学位硕士研究生科研能力培养的建议。

（一）将科研"放入"临床

"授之以鱼，不如授之以渔。"鼓励研究生做临床工作的有心人，从临床实践中寻找科研课题。比如骨科大手术后患者使用抗凝药物预防血栓形成，但伴随着出血风险，如何界定血栓形成的高危患者？如何在抗凝与出血中找到平衡？抓住"矛盾"，在矛盾中找到灵感，带着问题去查找文献资料，分析和总结资料后，再反思患者相应的围手术期处理情况，搜集相关患者的病例信息，即可将其作为一个科研课题。给予研究生更多的时间去参与研究实践，在日常工作中鼓励研究生独立思考，使研究生认识到临床工作与科研工作两者可以同时进行，二者互相促进、相辅相成。通过这些增加研究生对科研工作的兴趣和信心，同时锻炼科研能力。

（二）建立多元化的科研学习和交流平台

学术交流对于研究生科研能力的培养非常重要。组建一支以导师为主体、具有创新能力的师资队伍，偏重于那些承担临床型课题和具有临床型文章发表经验的医生。可每周举办一次文献报告会，采取以教师为主导、学生为主体的形式进行讨论式教学。教师一般会以与学科相关的常规诊疗知识为基础，结合国内外最新文献资料，对前沿技术和理念进行深度讲解，帮助研究生构建完善的科研理论体系，引领他们进行多维度思考，使他们能够真正"站在科学巨人的肩膀上"进行科学探索与研究。同时，教师还可以向研究生介绍自己科研工作的经历与经验，分享自己在既往科研工作中的失败与教训，从而启发研究生的科研创新思维，开阔视野，并培养其严谨认真的科研素质。研究生积极参加相关学术会议，不但能够促进学术交流，接收更多更新的医学信息，而且能开阔研究视野，激发科研兴趣，不断增强科研创新意识。多元化的学术交流形式，不仅可以为研究生营造浓厚的学术氛围，更有利于提高研究生的科研水平。

（三）培养基本的科研技能和方法

基本科研技能的培养是科研能力培养的基础，如文献检索、文献管理、英语阅读与写作、材料分析和总结、实验设计、医学数理统计等科研技能，具有理论性与实用性相结合的特点，是科研工作最强有力的工具。掌握这些基本的科研技能在科研工作中不但可以起到事半功倍的效果，还可以培养科研思维能力和分析问题、解决问题的能力。但由于临床专业型硕士研究生的理论课程较多，时间紧迫，学习的理论知识缺乏运用的机会，久而久之不仅生疏了理论知识，也消磨了科研的热情。针对这些问题，应鼓励学生参与一些科研活动，在一些大型科研活动中承担一些与所学内容相关的力所能及的工作，或者参与标书的设计和书写，让研究生在实践中加深对理论知识、科研技能的认识，培养熟练运用的能力，达到学以致用的目的。

三、结语

"双一流"建设对研究生教育提出了新的要求，也带来了新的挑战。医学专业研究生教育作为国民医学教育体系的顶端，承担着"高端医学人才供给"和"医学科研创新"的双重使命。"双轨合一"是培养临床医师的重要模式。在双重背景下，协调临床能力和科研能力的培养对研究生教育至关重要。须制定更高效的培养方案，将临床与科研有机结合，建立以导师为主体的培养团队，创造多元化的交流平台，发挥团队合作精神，多方合作共同培养出临床功底硬、科研能力强的高素质应用型临床医学人才。

参考文献

[1] 张萍，张艳萍，梁德东，等."医教协同"背景下临床医学专业学位研究生科研能力创新培养模式构建[J].中华医学教育探索杂志，2016（4）：333-336.

[2] 刘娅，叶运莉.临床医学规培研究生科研能力培养问题与对策分析[J].卫生职业教育，2017，35（18）：1-2.

[3] 莫小强，陶丽华，唐乾利，等."双轨合一"模式下临床医学专业学位研究生科研能力培养的探讨[J].中国医学教育技术，2016（1）：12-14.

[4] 胡光丽，李海燕.临床医学专业学位研究生教育存在的问题及对策探讨[J].医学研究生学报，2013，26（11）：1196-1198.

[5] 董发广，赵毅斌.大学生科研能力培养的研究[J].山西财经大学学报，2007，29（Z1）：237-238.

[6] 周雪梅，黄云超，苏艳，等.医学研究生科研能力培养现状及培养途径探讨[J].中国医药导报，2010，7（13）：149-150.

美国研究生助教教学方法课程的实施及启示*

蒋 菲 李明蔚

（长沙理工大学）

摘 要 通过分析美国研究生助教教学方法课程的实施概况、实施方式和实施效果自我评价机制，针对我国研究生助教只有"助"没有"教"的现状，提出提升我国研究生助教教学能力的对策，弥补我国研究生助教培训制度的空白。

关键词 研究生助教；教学方法课程；教学能力

作者简介 蒋菲，女，1975年出生，长沙理工大学教务处，副处长、博士。联系电话：15874293903；电子邮箱：919059807@qq.com。

研究生助教制度起始于美国哈佛大学，旨在改变"重科研轻教学"的美国研究生教育模式，培养研究生的教学能力。这种充分发挥研究生作用，有效补充教师队伍的教学促进制度，被世界各地的大学效仿、改进，成为研究生"三助"重要形式之一。美国研究生助教的主要工作是帮助大学教师讲授入门课程、指导实验课程、给予新生学习指导等。研究生助教与大学教师工作不同之处在于"助"，即协助大学教师完成基础性的教学任务，不仅"教授"，还有"学习"，学习"怎样教"。为了提升研究生助教的教学能力，美国各高校在研究生助教中开设教学方法课程，一方面为了提高研究生助教的教学能力，使其成功地完成所担负的教学、指导工作；另一方面，为了让相当一部分在毕业之后选择从事教育工作的研究生能够快速完成从学生到教师角色的转变，胜任教学工作。美国高校不仅在大学章程中对研究生助教制度进行了规范，而且还逐步增加了学校的助教岗位，从而使得越来越多的学生走进培训课堂，为以后从教做准备。[1]

我国研究生助教制度在借鉴国外研究生助教制度的基础上不断发展，如清华大学颁布的《清华大学研究生助教、助研和助管岗位管理细则（试行）》指出，研究生助教的主要职责分为两方面：第一，随堂听课、课堂教学准备工作、批改课堂作业以及指导学生；第二，符合特定条件的研究生，在主讲教师指导下，可独立承担基础课程的辅导、习题课及讨论课等教学任务。可见，我国研究生助教的制度设计中要求助教的研究生能独立承担指定课程的教学任务，需要研究生具有特定条件，这个特定条件

* 本文系湖南省社科基金课题"基于知识管理的大学教师分类评价研究"（15YBA005）的阶段性成果。

指研究生应具有一定的教育教学能力。但我国研究生助教制度缺乏对研究生助教教学能力培养的课程设计，没有建立一套行之有效、理论与实践相结合的研究生助教教学能力培训体系。美国研究生助教制度制订了系统化的研究生助教教学能力提升计划，开设研究生助教教学方法课程，并取得了良好的效果。借鉴美国研究生助教教学方法课程的实施办法，构建我国研究生助教教学能力培养体系，对于加强研究生助教队伍建设，提高我国研究生助教水平和工作质量具有重要意义。

一、美国研究生助教教学方法课程的实施概况

对美国研究生助教教学方法课程的实施概况主要从课程内容设计、课程实施方式和课程实施效果自我评价机制三个方面进行介绍。

（一）美国研究生助教教学方法课程的内容设计

美国研究生助教教学方法课程的内容设计主要包括专业态度教育、学生自主学习策略、教学方法选择、学生课堂管理、学生课程考核、学生评教方式等方面。

专业态度教育主要是让研究生助教能够养成教师身份的职业态度，面对学生和教学能够有专业的行为和认真的态度，为人师表，形成职业道德。学生自主学习策略主要是帮助研究生助教学会设计引导学生自主学习的教学环节，调动学生课堂学习主动性、积极性和有效性。教学方法选择是教会研究生助教在面对不同学生群体和不同教学内容时，因材施教，对教学活动进行有效调节和控制，调动学生学习积极性，增强课堂吸引力，提高学习效率。学生课堂管理主要是增强研究生助教对课堂的管理和把控能力，使其有效完成课堂教学任务，教会研究生助教合理处理典型的课堂管理问题，包括怎样科学有效地完成教学任务、调控课堂人际关系以及创设和谐的教学环境等。学生课程考核主要是使研究生助教学会采用形成性评价和总结性评价对学生课程学习成效进行全面客观的反映，学会设计课程考核试卷，在教学中通过提供典型事例帮助研究生助教快速掌握两种学生课程考核方式的差异和目标，强调针对不同学生、不同专业建立多样化的评估制度。学生评教方式这个板块主要是让研究生助教学会设计学生评教量表，科学获取学生对于课程教学的评价，并通过学生的反馈改进和完善教学（具体见表1）。

（二）美国研究生助教教学方法课程的实施方式

研究生助教教学课程的实施主体，一般为研究生助教所在的学校。当然，作为美国大学社会服务功能的一个重要体现，公立学校也有义务为本州内所有有兴趣走上大学讲坛的研究生助教进行免费培训。

教学方法课程的实施方式主要有课堂教学、教学演示、期刊文献的学习等。课堂教学是美国研究生助教教学方法课程实施的主要方式，研究生助教认为对他们的教学

表 1 课程主题、研究生助教学习成效与课堂活动安排[2]

课程主题	学习成效	课堂活动安排
专业态度教育	论述专业的行为和态度与大学课程教学的关系	教师访谈及后续行为跟踪
学生自主学习策略	设计一个引导学生自主学习的练习,解释专心学习或学习分心的动机,为本专业学生呈现有吸引力的讲课	教学演示中学习活动的呈现,适当的课堂讨论,同伴与教师对于教学演示的反馈
教学方法选择	解释各种教学策略的优点和缺点	研究生助教主导的课外讨论,阅读反思性的文章
学生课堂管理	合理地处理典型的课堂管理问题	小组讨论典型的课堂情景
学生课程考核	解释形成性评估和总结性评估的差异,并且提供相应例子。学会设计课程考核试卷。评估多样性在大学课堂中的重要性	课堂讨论,团体活动设计评估。团队问题的描述,个人对随堂检测的评估。通过同专业教师进行课程讨论来促进评估制度的多样性与公平性
学生评教方式	使用来自学生课程评价的信息来指导教学实践	学生评价表的复查。基于学生的评价结果探讨教学改革

能力产生最积极影响的是课堂上与老师和同学的互动,能直接快速地得到老师和同学的反馈,有着更加深刻的印象,对自己提升教学能力最为有效。在充分发挥研究生助教主导性的课堂上,开展关于书籍章节或期刊文章的讨论和学习,研究生助教可以练习不同类型的学习策略,提升自己的教学技巧。教学演示是助教通过模拟课程教学,展示教学内容的设计、教学方法的选择和教学的效果。通过教学演示,可以增强实际课堂教学经验;通过专家的评课,可以提升课堂教学能力。[3]

此外还有线上课程学习、小组讨论等学习形式,研究生助教还可以参与由学校教学创新中心举办或者与其他机构(如校教学会等)联合举办的学院研讨会、教师研讨会(如 Illinois Faculty Seminar)、教学沙龙、教师夏季研修班(如 Faculty Summer Institute on Web-based Teaching and Learning)等开展学习。[4]通过各种形式的教学方法、教学思想和教学内容的讨论、交流,开展各式主题的教学成果汇报会、课程讲稿设计会等,研究生助教相互借鉴,融会贯通,丰富教学思想,科学设计教学内容,提高教学能力。

(三)美国研究生助教教学方法课程实施效果自我评价

研究生助教在修完教学方法课程之后,需要在线完成一个匿名的对于学业收获的自我评估,进行课程学习效果影响因素分析。课程实施效果自我评价采用五分制的李

表 2　研究生助教教学方法课程学习成效自我评价表[2]

课程学习	评分	教学方法课程	评分
教学演示		帮助学生的教学实践	
教师面授		激励学生学习的方法	
教学方法探讨		课程的多样性	
期刊文献阅读		更好地测验与考试	
坚持学习		评估学生的学习	
课堂学习活动		处理课堂上问题	
与授课教师的直接互动		做有效的报告和演讲	
课程学习中的同学互动		教学的热情	
领导小组讨论		成为一名学科教师的信心	
参与在线讨论		在开发课程内容时愿意寻求他人帮助	

评分标准：1—5分，由低到高，1分表示没有学习收获，5分表示有巨大的学习收获。

克特量表，1分代表没有学习收获，5分代表有巨大的学习收获；同时也可以留下书面意见，定量与定性评价相结合（见表2）。这可为学校培训部门进一步改进课程实施方式，提高下一阶段课程实施效果提供数据和事实依据。

二、美国研究生助教教学方法课程的实施成效

（一）有助于提升研究生学术能力

教学方法课程中专业知识的学习能够帮助研究生助教更好地通过研究生课程的考试。在教学中所获得的成就感能够很好地激发研究生学习的积极性和学术的钻研精神，在学业和学术上都取得一定的进步。教师职业能力的提升能够让研究生获得有效的报告和演讲能力，在面对以后的学术报告，抑或是走上职场做工作总结、工作汇报，都能够更加从容地应对。

（二）有助于提升研究生教学认同感

研究表明，相对于其他研究生助教，经过教学方法课程培训之后的研究生助教有着更好的学习和教学态度，这让他们在面对未来的学习和工作时都能有更好的心态，努力地行动。他们对于课程教学表现出更少的焦躁感和更强的自信心，面对学生时，能够更从容不迫，面对学习、工作的困难时也是如此。那些计划将来从事教育工作的研究生助教，表达出更愿意在未来从事教学工作的意愿，并且对于教师这份职业，有着更好的适应性，能更加自在地教学。

（三）有助于提升研究生教学能力

经过培训后的研究生助教相比于未经过培训的助教，有着更端正的教学思想、更高超的教学技巧、更强大的课堂管控能力。他们能够更好地完成教学的内容，处理课堂上的突发状况，在课堂上与学生们互动交流；能够正确区分形成性评估和总结性评估，并且形成一套完备的教学体系，激励学生学习，形成课堂的多样性，处理课堂问题经验更丰富，对教学更富有热情。调查表明，经过教学方法课程培训找到教职的研究生所具备的教师素质，明显高于未参加过培训的研究生。[4]

三、对提升我国研究生助教教学能力的启示

我国建立研究生助教制度以来，为研究生明确自我定位，培养合作精神，提高工作能力、沟通能力和分析问题、解决问题的能力起到了重要作用。在思想政治理论课中实行研究生助教制度，对加强大学生的思想政治教育工作起到了积极作用。但是，我国研究生助教制度发展较晚，且研究生助教缺乏切实可行的培训措施。清华大学是我国顶尖学府，从其对研究生助教工作职责的规定可以看出，目前我国高校研究生助教的角色定位不够清晰，课程教学参与度不高；研究生助教培训体系不够完善，缺乏岗位胜任力；研究生助教培训不足，重视使用轻视培养。借鉴美国大学开设研究生助教教学方法课程的做法，建立我国研究生助教教学能力培训制度，对提升我国研究生助教的教学能力，改变目前研究生助教只有"助"没有"教"的现状，提升研究生助教的教学水平，弥补我国研究生助教培训制度的空白具有重要意义。

（一）加强教学思想教育，提高研究生助教"教师"职业素养

研究生助教既具有研究生"学生"身份，也具有助教的"教师"身份。但是在多数高校教师与研究生的心中，研究生助教的职责定位并不准确，存在认识偏差。一方面，当今我国高校大都存在"重科研轻教学"的思想，学校对研究生助教的教学能力培训不足或流于形式，研究生助教较少得到教学知识与教学技巧的培训；另一方面，指导缺乏系统性，导致研究生助教缺乏完备的教学能力，从而不能很好地完成教学任务。研究生助教完成教学任务，除了须掌握必备的学科专业知识、教育学和教育心理学知识之外，还需要掌握一定的教学技巧、师生关系的处理技巧和学科教学方法，而研究生助教在没有接受系统化教学方法培训的情况下，很难科学、艺术地应对教学的现实问题。[5]应加强研究生助教教学思想教育，培养研究生助教为人师表的品格，提高教学素养，帮助研究生助教顺利完成一定的基础辅助教学任务，并且激发部分研究生对于教育事业的热爱，为未来教师队伍奠定高层次人才基础。

（二）开设体系化教学方法课程，提升研究生助教教学综合能力

研究生助教教学方法课程不仅扩充了研究生助教专业课程内容，还有教学方式、

课程多样性设计和专业态度、如何调动学生积极性等许多方面的学习。美国研究生助教教学方法课程不仅内容丰富，还常对课程进行动态调整和内容补充。教学授课不是照本宣科，不是对书本内容的单一复述，课程中教师与学生的身份不是两两划分，而是相互链接的。好的课堂只有具备系统、有效的课程设计，教师专业的教学态度、切实有效的教学方法，以及学生充满积极性的配合等，才能够完成教学任务。但是，大部分非师范专业的研究生，以上能力的培养均存在不足，甚至是空白，对课程进程的引导及把控能力缺失，不能顺利完成教学工作。研究生助教要完成教学任务，必须通过一套系统化的教学内容、完善的教学方法课程的培训，来快速提高教学能力，从而实现研究生助教制度中"教"的意义。高校可以在研一开设一门教学方法课程的全校选修课，主要是讲授教学理念、教学技巧等内容，由学校安排教师统一授课，对将来有志于从事研究生助教工作的研究生提早进行教学方法课程的培训，提高其对教学工作的认识，帮助研究生顺利完成助教身份的转变和提高其工作岗位的胜任能力。

提高研究生助教的教学能力，不仅要丰富教学方法课程的教学内容，而且要采取多样化的教学方式。不同的学生有着不同的业务能力、学习能力，对不同学位类型、不同专业以及不同发展方向的学生，采取不同的教学方法课程的授课形式，理论课程与实践课程相结合。高校可以根据研究生助教的未来择业方向进行不同的教学任务分配，切合实际、突出重点，适应个性差异，注意个性发展，帮助研究生助教在较短时间内掌握课程教学规律，提高教学质量。

（三）建立课程学习反馈机制，提升研究生助教教学方法课程质量

全面的评价与反馈，有利于教学方法课程教师、学科主讲教师和助教对教学任务的完成情况进行了解，课程教师能够调整和补充课程空缺，主讲教师也能够及时调整和改进对助教的辅导工作，而助教则能够及时调整和改进自己的教学方式，最终达到提高研究生助教教学能力，提高研究生助教教学课堂质量的目标。[6]

高校可以通过三种反馈机制来促进研究生助教教学能力的提升。第一，研究生助教的自我反馈。研究生助教将教学方法课程授课情况，以及自身的学习情况反馈给课程的授课老师；研究生助教记录在完成教学任务过程中所出现的不能解决的教学问题，定期反馈给主讲教师和教学方法课程的授课老师。主讲教师及时给予指导，解决问题，帮助完成教学任务。教学方法课程的授课教师，将研究生助教所反馈的课程学习问题和教学问题进行统一记录，完善下阶段课程的教学内容，避免出现同类型的教学问题，进一步提升研究生助教的教学质量。第二，研究生助教教学课程班级学生的反馈。学生定期对研究生助教的授课情况，例如课程内容的完备程度、课后知识点的理解程度、授课方式的选择等向授课助教反馈，帮助研究生助教认识到自己教学中存在的不足，通过与主讲教师进行讨论，提升教学技巧，丰富授课方式，从而促进自身

授课质量的提升。第三，主讲教师的反馈。学科主讲教师和授课老师，根据助教的授课进程定期旁听研究生助教的课程教学，发现并指出教学过程中存在的不足，给出改进意见，从专业的角度给予指导，更快地提高研究生助教的教学水平。

（四）建立高校联合培养机制，整合研究生助教教学方法课程资源

美国的研究生助教培养，不局限于本校的教学课程，还有其他公立学校提供的社会服务性质的培训。1990年开始，美国开始实施PFF计划（the Preparing Future Faculty，未来高校教师培养计划），将高校教师的"供应者"（研究型大学）和"消费者"（其他类型院校）联系起来，建立了一种促进双方合作交流的新机制——院校组。[7]院校组是不同类型、不同水平的高校组合形成合作伙伴关系的研究生助教联合培养制度。各高校一方面提供临时助教岗位和教师资源，供给其他学校的研究生助教进行教学实习，并由该学校的学科主讲教师进行指导，另一方面，将自己学校的研究生分派到其他高校进行实习与交流。这种高校联合培养的模式，不仅丰富了研究生助教的教学经验，加深了研究生助教对教师职业的理解，整体促进了研究生助教的教学质量，还可使高校之间互相进行借鉴，完备教学方法课程的内容。

高校之间可以借鉴美国PFF计划建立的"院校组"机制，以省或市为单位，形成一个高校研究生助教培养联盟，联合培养研究生助教的教学能力，普及教学思想，促进研究生助教教学水平的提升。第一，统一规划研究生教学方法课程。开设研究生助教教学方法联合培训班，由各高校根据教学技巧、教学思想、学科知识等内容统一选拔授课教师，再由获选教师进行课程规划并进行授课。这样不仅可以整合优质的教师资源，丰富研究生助教知识摄取途径，提高教学质量，而且可以减少办学成本。第二，建立助教交换培养制度。高校之间根据学科，以学期或学年为时间单位，安排一定名额的优秀助教进行交换培养。丰富研究生助教教学经历、促进教学认知的同时，增进高校之间的培养交流，以此为平台，促进研究生之间的教学及科研交流，提升研究生综合素质。第三，建立研究生助教教学案例库。研究生助教教学案例库收录各高校研究生助教对出现的教学问题进行解决的案例，共享联合培养计划的其他高校，可以对录入的案例进行分析，实现资源共享和有效利用。

参考文献

[1] 沈杰.美国研究生教育概览[J].教育，2007（5）：44-46.

[2] Zehnder C.Research and Teaching：Assessment of Graduate Teaching Assistants Enrolled in a Teaching Techniques Course[J].Journal of College Science Teaching.2016（9）：76-83.

[3] 都昌满.美国高校研究生助教的培训制度与做法[J].学位与研究生教育，2015（5）：

68-71.

[4] 都昌满.美国高校的教学促进活动——以伊利诺伊大学香槟分校为例 [J].世界教育信息，2014（24）：23-29.

[5] DeNeef A Leigh.The Preparing Future Faculty Program: What Difference Does It Make? [R].USA: Association of American Colleges and Universities, Washington, DC.; Council of Graduate Schools, Washington, DC., 2002.

[6] 段俊霞，潘建屯.研究生助教：如何能有效"教"与"学" [J].研究生教育研究，2013（2）：53-57.

[7] 蒋香仙，徐婷.国内外几所研究型大学研究生助教制度的对比分析和经验启示 [J].高等理科教育，2015（2）：41-46.

PART 2

招生与培养

POSTGRADUATE
EDUCATION

论研究生培养管理的规范化建设

谢佛荣　黄秋生

（南华大学）

摘　　要　本文试图从研究生培养管理存在的问题入手，就培养管理的规范化建设中应具备的培养客体的规范化、培养主体的规范化及培养模式或方式的规范化三个方面体系性要素，以南华大学马克思主义学院的规范化建设作为实例来探究如何建立一套切实可行的规范化的研究生培养管理机制。

关　键　词　研究生教育；研究生培养；规范化

作者简介　谢佛荣，男，1983 年出生，南华大学马克思主义学院马克思主义理论研究所，讲师、哲学博士。联系电话：18229227670。

随着现代科学技术的快速发展，国家对研究生的教育和培养越来越重视。我们国家的一些著名高校，不断在创新和探索研究生的教育和培养，形成了一系列比较完善的教育教学体系。但是，我国研究生培养的质量与世界先进国家研究生培养的质量相比，仍然存在比较大的差距。笔者认为，其中一个主要原因是国家对研究生教育培养缺乏一套有效提升研究生教学质量和科研质量的规范化建设机制，使得高校教师随意调课、停课、压缩课时量的现象时常发生，对研究生科研能力和创新能力的培养缺乏正确的学术观。为此，本文试图从研究生培养管理存在的问题入手，探究研究生培养管理的规范化建设，以期建立一套切实可行的规范化的研究生培养管理机制。

一、研究生培养管理存在的问题与不足

（一）研究生培养目标不明确

随着高等教育的迅速发展及社会的不同需求，许多高校研究生培养的目标不能适应社会发展需要，在定位培养学术型人才还是应用型人才上模棱两可。有的高校在宣传中定位培养学术型人才，但是在其培养过程中又是作为应用型人才来培养。有的高校在宣传中定位培养应用型人才，但在其培养过程中又是作为学术型人才来加以培养。研究生培养目标的不明确导致培养目标和培养过程不能很好地衔接，造成培养的人才可能既不是学术型人才也不是应用型人才的"四不像"现象。

（二）研究生的培养方式和培养过程不严格

目前，我国大多数高校研究生培养方式是导师负责制，过于单一，可能会导致培

养质量因导师不同而不同，参差不齐。同时，一般而言，研究生教学时间随意性比较大，给研究生上课的老师停课、调课现象比较普遍，又因存在在职研究生，旷课现象也比较普遍。另外，学生在学习过程中往往表现出"拈轻怕重"，有难度的课不选，要求严格的任课教师的课不选。课程考试（考查）环节也不严格。研究生课程教学结束后，许多科目考试既不严肃也不严格；特别是在论文答辩环节，许多任课教师反映，现在的研究生毕业答辩基本都是"只答不辩"，存在走过场的现象，学生不管论文好坏，最后都能顺利通过答辩。

（三）研究生科研能力培养缺乏

目前，大部分高校都把完成的论文发表篇数、发表期刊的等级等作为考核研究生在学校期间表现的指标之一。但许多学生因科研能力缺乏，自己无法独立完成一篇能在相关等级期刊发表的论文，为了能够顺利毕业，就偷窃他人成果、弄虚作假，或借助网络粗制滥造甚至找专门的论文枪手来替自己撰写和发表论文。这些学生试图通过欺骗、糊弄的手段来达到学校的规定要求。这些现象产生的主要原因之一是对研究生科研能力培养的不足和缺乏。随着近年来研究生人数的不断增加及相关科研设备的不足，好多高校无法为研究生提供足够的科研硬件。同时，师资队伍的不足及能力的参差不齐，使得导师对学生的指导力度不够，甚至有些导师根本没有对学生进行有效的科研能力和创新能力的指导。学校评价机制的缺陷、师德建设的不足以及硬件设施的不具备使研究生的科研兴趣下降，科研能力缺失。

（四）研究生缺乏正确的学术观

因近年来社会就业形势越来越严峻，一部分研究生没法全身心投入到学术研究，没有把精力踏踏实实投入到科学研究中来。同时，很多研究生的求学动机是改善生活环境或逃避严峻的就业压力，把考研作为一种应对策略，缺乏科学和学术研究的动力和激情。

二、研究生培养管理规范化建设的具体要求

笔者认为，研究生培养管理中之所以存在上述问题和不足，主要是源于缺乏研究生培养管理过程的规范化建设。培养管理过程的规范化建设主要包含培养客体的规范化、培养主体的规范化及培养模式或方式的规范化三个方面的体系性要素。根据三个要素的规范化要求，培养管理过程的规范化建设主要应符合以下几个方面的具体要求。

第一，明确研究生培养管理的目标。每个学校必须根据上级教育管理部门的要求和学校教育的实际情况，在机构建设、制度执行、教学和科研质量等方面制定具体的工作标准和要求，明确研究生培养目标、培养重点，促使研究生培养管理的规范化建设统一目标、统一标准、统一内容，为切实提升研究生培养管理夯实基础。

第二，建立导师负责的监督机制。导师是研究生培养管理的主体。目前，我国研

究生导师资格主要是由学校学位评定委员会选拔确定，但因学校评价机制不同，导师遴选机制也不同，其所带来的规范化机制也不一样。为此，要提升培养质量，必须对导师主体评定制定必要与有效的规范化要求。

第三，学校管理部门有效开展指导。目前，我国高校采取的研究生培养方式是导师负责制。因导师素质和能力不同，所培养的学生质量也是参差不齐。为了提升研究生培养管理的整体水平，学校的研究生管理部门要结合各专业的实际情况，采取不同的培养管理模式对学生进行有效的指导。

三、研究生培养管理规范化建设的具体措施

根据研究生培养管理过程的规范化建设的具体要求，笔者认为，研究生培养管理过程的规范化建设主要在于动态过程的规范化建设。为了更为合理地阐明研究生培养管理的规范化建设，下面以南华大学马克思主义学院研究生培养管理的规范化建设作为实例来论述：

1. 研究生培养目标的规范化。为了应对社会需求，我院培养研究生的目标是把学术型人才和应用型人才相结合，既培养研究生的学术能力，同时又培养其应用能力，使他们能够掌握本学科坚实的基础理论和系统的专业知识，具有创新思维和创新精神，继而成为能够从事科学研究、教学、管理或独立担负专门技术工作的综合型高级人才。

2. 培养方式的规范化。为了改变导师负责制的单一方式，我院对研究生的培养实行集体指导与导师负责相结合的方式，突出集体智慧来培养人才。

3. 研究生培养过程的规范化。为了具体实行研究生培养的规范化管理，我院的研究生培养主要是以课程学习、阅读思考、科学研究等各个环节为抓手，以硕士学位论文的开题、中期考核、预答辩、答辩工作为重点，实现全面提高研究生培养质量的目标。规范化建设的具体措施如下：

时间	主要工作内容、时间安排和基本要求	备注
第一学期	1. 入学后的次日，学院举办开学典礼和师生见面会，进行师生互选。 2. 第一个星期内，通过师生互选和适当调配，确定研究生的导师名单，或者导师指导的研究生名单。 3. 入学后的一个月内师生根据培养方案制订具体的培养计划。 4. 课程学习，通过考试或考查，并在导师的指导下阅读思考、做读书笔记和从事科研，为学位论文选题做准备。 5. 十一月份进行期中教学检查。	凡缺课时数达到总学时的1/3，不得参加课程考试或考查，不计学分。

续表

时间	主要工作内容、时间安排和基本要求	备注
第二学期	1. 课程学习，并在导师的指导下大量阅读专业论著，思考问题、做读书笔记和从事科研工作。 2. 五月份，进行期中教学检查。 3. 六月份，在导师指导下，研究生初步确定学位论文选题。	跨学科、专业录取的研究生，应在培养计划中增加补修本专业本科主干课程3~5门，由导师指导监督完成。
第三学期	1. 做好选题的文献资料查阅、文献综述撰写工作，做好开题的准备。 2. 在导师指导下进行教学实践。 3. 九月份最后一周周末硕士论文预选题，各学科点对研究生的硕士论文选题进行审查、确认。 4. 一月份元旦假期后第一周周末，各学位点举办开题报告会。根据开题时提出的意见，在导师指导下，研究生及时修改开题报告。	开题报告评审综合得分低于70分为不合格，不合格者一律重新开题。
第四学期	1. 开题未通过者，在第四学期开学第二周周末重新开题，重新开题仍未通过者，推迟一年。 2. 研究生开始搜集材料，撰写学位论文。 3. 五一假期后第一周周末，各学位点开展研究生中期考核工作，重点检查开题报告修改和论文进展情况。 4. 在导师指导下，研究生发表学术论文。 5. 六月份第二周周末，中期考核不合格者重新考核，仍不合格者给予退学处理。 6. 在导师指导下完成教学实践（不少于20个课时）。	1. 重新开题仍未通过者，推迟一年。 2. 中期考核结果为不合格的研究生，由学院在三个月内对其重新考核。重新考核通过者，推迟毕业，并承担推迟所发生的一切培养成本；重新考核不合格者，给予退学处理。
第五学期	1. 九月份最后一周周末，各学位点举办研究生学位论文中期检查会，重点考核研究生的学位论文进展和存在的问题。 2. 一月一日前研究生在导师提出意见的基础上，对学位论文进行修改，形成论文初稿。 3. 导师指导研究生就业。 4. 学期放假前，基本形成学位论文初稿。 5. 在导师指导下，发表一篇独著或者导师第一作者、研究生第二作者的学术论文。	学位论文中期检查未通过者，推迟毕业。
第六学期	1. 第六学期开学第二周周末，各学位点举行学位论文的预答辩会，预答辩未通过者推迟一年毕业。 2. 三月五日前，研究生修改论文，盲审前进行学位论文学术不端行为检测。	1. 修满规定的课程学分和公开发表学术论文1篇（见刊），方可参加论文正式答辩，否则推迟一年。

续表

时间	主要工作内容、时间安排和基本要求	备注
第六学期	3. 三月五日至四月五日，校外两位专家双盲评审学位论文。校外专家填写学位论文评阅书，给出研究生能否参加答辩的意见。 4. 研究生根据专家的盲审意见对学位论文进行修改，五月十日前，形成学位论文定稿。 5. 五月中下旬，审核研究生答辩资格，各学位点举行研究生答辩会。 6. 研究生根据答辩会专家提出的意见对学位论文进行修改，形成提交研究生处的最终稿。 7. 入库前进行学术不端行为检测，重复率 ≥ 30% 的硕士论文作者不授予硕士学位。 8. 五月底，学院学位分委员会审查研究生授予学位材料。 9. 指导研究生就业。 10. 七月份，省学位办抽查学位论文进行盲审。	2. 盲审前学位论文学术不端行为检测，重合字数比例为论文总字数的31%~49%，修改后再次进行系统检测，符合要求后送校外盲审；重复率 ≥ 50% 的硕士论文不得提交答辩，相关作者延期申请学位。 3. 入库前学术不端行为检测，重复率 ≥ 30% 的硕士论文作者不授予硕士学位。
第一至第六学期	1. 研究生参与校、院两级学术活动。学院学术论坛每学期举办一次，一般安排在期中，一年级研究生参与，二、三年级研究生主持。 2. 参加各类学术交流和社会实践活动。 3. 参加各种竞赛活动。 4. 研究生与导师至少半个月见一次面，报告学习情况，讨论、交流问题。	指导教师应对研究生的培养质量全面负责。

　　总之，对研究生培养管理进行规范化建设，主要是有助于研究生培养工作的顺利开展，为研究生的培养质量提供保障，有助于高校和科研部门自身管理水平的提高，使我们国家能够切实培养出具有创新精神的科研、教学、管理人才，为建设社会主义创新型国家输送更多高质量人才。

参考文献

[1] 方燕.论研究生培养管理工作 [J].成都大学学报（教育科学版），2007（5）：23-27.

[2] 郝晓美，方国华，仲建峰，王慧.研究生培养全过程管理的探索与实践 [J].文教资料，2017（7）：125-126+147.

[3] 李俊萍.新形势下二级学院的研究生培养管理 [J].黑龙江教育学院学报，2012（10）：7-8.

[4] 王剑，牟孟钧，曲兆华，刘庆刚.新时期研究生管理工作面临的困境与对策 [J].齐鲁师范学院学报，2017（2）：52-56.

[5] 于立君，刘胜，于鑫，许伟.二级学院提高研究生培养质量的管理模式探索 [J].黑龙江教育学院学报，2014（1）：9-10.

改革研究生培养机制，全面修订研究生培养方案

——以湖南师范大学学术型研究生培养方案修订为例*

覃志华

（湖南师范大学）

摘　要　研究生培养方案是培养管理研究生的指导性文件，是研究生培养目标和质量要求的具体体现，是科学制订课程学习和研究计划以及进行规范化管理的重要依据。研究生培养方案的修订本质上是培养机制改革的过程，是研究生教育教学改革成果优化整合的过程。本文基于湖南师范大学学术型研究生培养方案修订的工作实际，介绍了湖南师范大学学术型研究生培养方案修订的背景、程序、举措及修订过程中的思考和体会。

关键词　培养方案；修订；课程建设；改革

作者简介　覃志华，女，1976 年出生，湖南师范大学研究生院，讲师、管理学博士。联系电话：13467576828；电子邮箱：190842688@qq.com。

培养方案是指在一定的现代教育理论、教育思想指导下，按照特定的培养目标和人才规格，以相对稳定的教学内容和课程体系、管理制度和评估方式，实施人才教育过程的综合。[1]研究生培养方案修订本身就是培养机制改革的过程，它涉及教育教学理念的更新、课程研究与改革、管理研究与改革等一系列研究与改革的积累和探索，本质上是研究生教育教学改革成果优化整合的过程。[2]

一、培养方案修订的背景

2010 年，国家中长期教育改革和发展规划纲要工作小组办公室发布的《国家中长期教育改革和发展规划纲要（2010—2020 年）》提出，要大力推进研究生培养机制改革，不断提高研究生特别是博士生培养质量；2013 年教育部、国家发展改革委和财政部联合发布《关于深化研究生教育改革的意见》，提出要完善以提高创新能力为目标的学术学位研究生培养模式，鼓励多学科交叉培养。这两个纲领性文件的出台，对研究生培养质量提出了更高更明确的要求，为研究生培养机制改革指明了前进方向。

2014 年 12 月，教育部出台《关于改进和加强研究生课程建设的意见》，明确指

* 本文受湖南省学位与研究生教育教学改革研究项目（JG2011A008）、湖南师范大学研究生教改项目（10JG16）资助。

出培养单位应科学认识课程学习在研究生培养中的重要地位和功能。2015 年和 2016 年连续两年，教育部在全国范围内选拔研究生培养单位开展研究生课程建设改革试点。自此，以研究生课程建设改革为重点的研究生培养机制改革在全国各研究生培养单位全面启动。湖南师范大学作为教育部 2015 年及 2016 年连续两年的研究生课程建设改革获批试点院校，借助这一契机，积极推进以课程建设改革为重点的研究生培养机制改革，进行了一系列尝试，取得了诸多成效，得到了各方的认可。

为进一步贯彻落实国家研究生培养机制改革精神，进一步规范研究生培养过程管理，改进和加强研究生课程建设，提高研究生培养质量，湖南师范大学于 2017 年上半年全面启动学术型研究生培养方案的修订工作。

二、培养方案修订的程序

（一）统一思想，做好组织领导工作

为确保工作顺利高效实施，学校成立 2017 年度研究生培养方案修订工作领导小组，负责领导本次修订工作的组织实施。领导小组组长由主管研究生工作的副校长担任，成员包括研究生院主要负责人及各学院主管研究生工作的院领导。各学院成立相应领导小组，具体负责本学院研究生培养方案修订工作的组织实施。

（二）广泛调研，设置修订目标和内容

为学习国内外著名高校研究生教育教学的经验，明确改革目标，学校统一组织并要求各一级学科博士点、硕士点分别选取不少于 5 所国内外著名高校或者专业排名靠前的高校进行调研，了解它们在培养目标、学制和学习年限、课程设置、培养环节设置和教学组织等方面的具体做法。通过调研，各学位点学习了先进的经验，了解了自身差距，明确了培养方案的修订目标和内容，并分别形成了不少于 1 万字的调研报告递交至研究生院。

（三）结合实际，制定培养方案修订指导意见

研究生院以教育部相关文件精神为指导，认真研读各学位点提交的调研报告，大胆吸收与借鉴国内外著名高校研究生教育的先进经验和成果，结合本校研究生培养过程中存在的突出问题，并广泛征求各学位点的意见和建议，制定了《湖南师范大学关于学术型研究生培养方案修订工作的指导意见》（以下简称《指导意见》）。《指导意见》明确规定了学术型研究生培养方案修订的指导思想、修订原则和修订内容，其中修订内容涵盖学科简介、培养目标、研究方向、学制与学习年限、培养方式、课程学习、其他培养环节、学术论文发表、学位论文等。

（四）专家论证，确保培养方案质量

各学位点在充分调研和学科内部充分讨论的基础上形成本学科培养方案讨论稿

后，学院组织校外专家对各学位点修订的培养方案进行论证，并提出反馈意见；学位点根据学院意见修改培养方案讨论稿递交研究生院。研究生院再通过通讯评审对各学科培养方案进行论证，并将评审意见反馈给学院；学院再次组织学位点根据专家意见修改培养方案，形成定稿。

三、培养方案修订的举措

（一）构建着重突出资源共享和扩大学科自主权的课程体系

从课程的含义上讲，培养方案实质上就是课程方案。从课程的角度理解培养方案，抓住培养方案的核心要素、指向与价值，是制定与修订培养方案首先必须明确的理论问题。本次培养方案的修订在课程体系的构建上充分考虑了资源共享和扩大学科自主权。

资源共享主要体现在两个方面：一是在选修课模块实现全校课程通修通选，鼓励各学科开放本学科开设的课程供其他学科选修，鼓励各学科导师引导本学科学生选修其他学科专业课程，对于共享课程，学校酌情给予课时补贴和绩效奖励；二是鼓励部分学科按学科群进行课程设置，实现学科群内"学科必修课"资源共享，此类学科群主要有经济管理类学科群（主要涉及公共管理学院、商学院、数学与计算机科学学院、资源与环境科学学院、旅游管理学院和医学院等）、生物医学类学科群（主要涉及生命科学学院、化学与化工学院、医学院、体育学院等）和文史类学科群（主要涉及文学院、历史文化学院和新闻与传播学院等）等。

扩大学科自主权主要体现在两个方面：一方面，本次培养方案的修订并未强制按一级学科进行修订，而是给予各学科充分的自主权，全权由各学科根据学科特点和学科发展需要确定是否按一级学科修订培养方案。培养方案修订完成后的统计结果显示：全校17个一级学科博士点中，有12个学科按一级学科修订了培养方案；全校35个一级学科硕士点中，有30个学科按一级学科修订了培养方案。由此可见，按一级学科修订培养方案已成为学科发展的自主需求和主流趋势。另一方面，为更好地凸显学科自主权，《指导意见》在保持毕业最低总学分要求不变的情况下，对原培养方案中各模块的课程毕业最低学分要求进行了调整，在学校层面给出了更低的学分要求，允许各学科根据需要在学校规定的毕业最低学分要求之上自主设置"学科必修课""方向限选课"和"任意选修课"等模块的毕业最低学分要求，从而给予各学科更大的自主空间，各学科可通过对不同课程模块设置不同毕业最低学分要求来引导学生有侧重地学习相关知识。

（二）鼓励开设研究生微型课程和创新创业课程，拓展知识领域

为优化研究生课程结构体系，拓宽研究生知识领域，提高研究生培养质量，在任意选修课模块创设了"微型课程"和"创新创业课程"供全校研究生选修。"微型

课程"的授课教师为校外知名教师，授课方式鼓励双语或全英文授课，开课时间较为随意，春季学期、秋季学期及暑期均可开课。"创新创业课程"采用专题讲座模式，设若干专题，讲座教师为国内外创新创业知名企业家。"微型课程"和"创新创业课程"均以立项形式开设，全年受理申请。

（三）改革博士研究生政治理论课授课模式，提升授课质量

为贯彻落实中共中央、国务院印发的《关于加强和改进新形势下高校思想政治工作的意见》文件精神，进一步办好研究生思想政治理论课，充分发挥思想政治理论课的主渠道作用，深入实施研究生思想政治理论课建设体系创新计划，提高教师素质，创新教学方法，增强教学的吸引力、说服力、感染力，学校自2017年起每年投入专项经费对博士研究生政治理论课教学模式及教学质量进行拓展和提质。提质后的博士研究生政治理论课仍采用专题讲座模式，但授课老师由原来的全部由马克思主义学院专任教师担任扩展为面向校内及国内选聘知名专家教授进行专题授课，同时拟尝试将实践教学纳入教学范畴，实现专题讲座与现场调研的有机结合。

（四）提高学术活动要求，拓展研究生学术视野和学术能力

《指导意见》继续强调研究生在学期间必须积极参加学校、学院、实验室、学位点组织的各项学术活动，包括文献阅读报告、研究进展报告、研究总结报告和前沿讲座等。要求在读期间，博士研究生应听取不少于20场由学校、学院、实验室、学位点组织的高水平学术讲座，应公开主讲不少于2次有关文献阅读、学术研究等内容的学术报告，应至少参加全国性或国际性学术会议1次，并提交自己撰写的学术论文。硕士研究生应听取不少于10场由学校、学院、实验室、学位点组织的高水平学术讲座，应公开主讲不少于1次有关文献阅读、学术研究等内容的学术报告。

（五）严格过程管理，运用信息化技术确保培养方案的有效实施

研究生培养管理是一个过程管理，而研究生培养方案是这一过程管理的指导性文件。[3]要确保培养方案的有效实施务必确保培养过程的有效管理。多年来学校一直使用研究生管理信息系统进行研究生培养过程管理，但现有的研究生管理信息系统已使用多年，为更好地支撑和配合新的研究生教育综合改革，学校启动了研究生管理信息系统二期开发。

新系统对现有的研究生课程库进行了全面清理，全面支持课程资源共享、微型课程及创新创业课程的申报及管理，并对全部拟开课程教学大纲进行规范管理。新系统对学生的培养过程进行严格管理，严格要求新生入校后在规定时间内按培养方案要求制订培养计划，在学生的整个培养过程中均严格要求按照培养计划按时按量完成课程学习、学术活动、科研实践、教学实践、社会实践、中期考核、论文开题、学术论文发表、论文预审、论文评阅与答辩等各个培养环节，各环节实现在线实时管理和实时预警，学生、导师及各级管理部门均可以通过管理系统实时了解学生的整个培养过

程。这些管理举措显著提升了对研究生的学习敦促效果。与此同时，新系统还极大地增强了任课老师与学生的良性互动，尊重研究生的主体地位，鼓励研究生积极参与教育教学评价。

四、培养方案修订的思考与体会

（一）领导重视是关键

研究生培养方案的修订和实施是一项复杂的系统工程，工作量大、头绪多，只有相关机构和人员，如学校、研究生院、学院、学位点、指导教师及研究生等多方利益群体密切协调配合才能顺利完成。而多方利益群体密切配合的关键就在于各级领导的重视和支持。

（二）充分调研是前提

研究生培养方案的修订工作要以调研为基础。一是要对国内外著名研究生培养单位进行调研，广泛学习和采纳兄弟院校的优秀经验；二是要对相关行业协会、用人单位、新老校友等进行调研，充分参考各方的意见与建议，并将这些意见与建议融入到研究生培养方案之中；三是要对在校师生进行调研，通过调研及时了解教师授课质量、学生课程学习质量、实践教学质量、科研质量、基础设施及学术环境质量等信息，真实掌握研究生培养过程质量，再依据反馈信息对培养方案进行修订。

（三）严抓落实是保障

研究生培养方案修订工作完成后的重点工作是要把培养方案扎扎实实地落到实处。研究生培养方案的具体实施涉及研究生课程教学以及各个培养环节的落实，因此更为重要且艰苦，必须严抓过程管理。管理信息系统是过程管理的有力帮手，研究生培养环节的过程管理必须充分利用管理信息系统，通过在管理信息系统中严格设定各培养环节的管理流程，真正实现对培养环节的流程化和过程化管理，方能保证培养方案的有效实施。

参考文献

[1] 肖念，关少化.硕士生培养方案修订的几个关键点——以北京工业大学教育学硕士生培养方案为例[J].学位与研究生教育，2012（9）：27-30.

[2] 孙绪华，涂俊才，冉鸿昌.坚持以人为本　全面优化研究生培养方案[J].学位与研究生教育，2006（1）：30-33.

[3] 徐岚，陶涛，吴圣芳.以学制改革为切入点的研究生培养方案修订——厦门大学的行动研究[J].高等教育研究，2017，38（1）：37-47.

服务于区域经济发展　培养我校测绘研究生

贺跃光

（长沙理工大学）

摘　要　测绘科技注重知识创新和技术带动能力，其发展核心是高层次人才。作为交通、电力、水利工程等的行业特色型高校，长沙理工大学依托学校优质学科，为服务于区域经济社会发展的勘察、测绘科研院所和高等院校培养学术型研究生，突出以学术研究为导向，重基础、求创新，注重工程实践能力和务实奉献精神，采取多元化、个性化培养，树立学生学科交叉意识和跨学科能力意识，造就拔尖的应用复合型测绘人才。

关 键 词　区域经济发展；学术型；测绘研究生；人才培养

作者简介　贺跃光，男，1966 年 6 月出生，长沙理工大学教务处，副处长、教授。联系电话：0731-85258585；电子邮箱：894077350@qq.com，hyg@csust.edu.cn。

一、前言

人类生活在地球上，其一切活动无不与测绘信息或者说地理空间信息有关。对测绘信息需求的迅速增长，使加速信息化进程成为新型发展战略。现代测绘技术发展经历了从模拟测绘、"3S 技术"到强调地理信息综合分析与深层次应用的信息化测绘三个阶段，而现阶段互联网、云计算、大数据等智能技术的应用，迎来了以智能测绘为主导的第四次测绘技术革命。第四次测绘技术革命实质是综合运用移动互联网技术、众源地理信息技术和现代测绘技术等手段，实现基础数据采集，并利用云计算、数据挖掘、深度学习等智能技术，进行测绘地理信息大数据管理，从而实现测绘数据从信息服务向知识服务转变的智能测绘。其主要特征表现在专业测绘与泛在获取的众源时空地理信息一体化数据集成与互联，因而是以移动互联、人工智能与空间地理信息集成的知识服务为目标的技术与产品创新，以及以市场为主导的生产模式和商业模式的业态创新。

信息化测绘体系和智能测绘的核心是人才，高层次人才培养为测绘行业发展与技术革新提供有力保障。研究生教育作为国民教育体系的顶端，是培养高层次人才和释放人才红利的主要途径，是国家人才竞争和科技竞争的重要支柱，是实施创新驱动发展战略和建设创新型国家的核心要素，是科技第一生产力、人才第一资源、创新第一动力的重要结合点，测绘研究生教育促进了测绘人才培养与科学研究、生产实际的紧密结合。因此"服务需求、提高质量"成为测绘研究生教育的发展主线，而行业特色型高校的测绘研究生，更需根据测绘地理信息服务于国民经济多部门的特征，具备专业知识强、知识面广、综合素质高和学科交叉意识、跨学科能力意识强等特征。

二、服务于区域经济发展，培养我校测绘研究生

当前高等教育越来越注重与社会、企业的联系。随着产业结构的不断升级，新产品、新技术、新工艺不断涌现，信息、技术、资源等要素的集成度不断提高，要求研究生教育改变学科结构的单一性，变"专才教育"为"通才教育"，优化配置各学科资源，培养更多的应用复合型人才。研究生教育如果忽视不同学科专业之间的内在逻辑和相互联系，缺乏横向交流，必然导致研究生教育与社会、企业协同创新不够。由于社会分工多样化，对人才的需求也呈现多层次、多规格、多类型等特点，与之相适应研究生教育结构必须实现综合化。科学技术迅猛进步，研究生教育可有效地把社会发展的要求转化为"高、精、尖"高层次科技人才所具有的素质和能力，并使其自身素质、能力提高到社会发展的现实水平和未来趋势所要求的水平。

经济发展是教育发展的基础，行业特色型大学是以行业为依托，围绕行业需求，针对行业特点，为特定行业培养高素质人才的高校。行业特色型高校在特殊历史条件下形成了独特、优质、稳定的教育风貌。长沙理工大学作为一所具有行业特色的高校，为交通、电力、水利等行业和区域经济社会发展培养高级专门人才，并在长期办学过程中形成了自身的办学风格。

（一）测绘学科的发展历程

众所周知，基于测绘学科的发展历程与服务功能，武汉大学测绘学科具备世界一流水平，其测绘人才培养理念是"高品质、国际化、创新型"，采用理论教学与信息化测绘实践相结合，启发式教学和研究性学习相结合，理工基础与人文素养相结合模式，培养以创新能力为中心、适应经济与社会发展的"厚基础、宽口径、高素质、创新型"复合人才，要求测绘专业硕士研究生掌握坚实的专业理论基础知识和系统的专业知识，具备从事科学研究的基本素质和独立承担的专业技术工作能力，对应用型硕士生以强化专业技能为主，对研究型硕士生则以继续攻读博士学位为目标。除武汉大学外，其他如中国矿业大学、中南大学、长安大学等高校测绘学科均具有行业特色，它们经过长期的历史积淀，形成了各自的人才培养特色。我校自2003年在交通、土木建筑、水利工程的基础上，创办测绘工程本科专业，2007年开始招收大地测量学与测量工程硕士研究生，2009年获得测绘科学与技术一级学科硕士学位授予权，同年测绘工程专业获批为湖南省特色专业和湖南省重点学科，并在2014年获批设立公路地质灾变预警空间信息技术湖南省工程实验室。测绘学科的每一个发展进程，均离不开

所依托的交通、土木、水利等相关学校优质学科，具有鲜明的行业应用特色。因此，测绘研究生的专业特色定位，应以学校行业特色和优质学科为背景，与其他学科交叉融合，实现多学科协同发展。

（二）测绘学科研究生培养定位

行业特色型高校的共性之一是夯实基础、重视创新，以此提升自身在大学中的竞争力。行业特色型大学的测绘学科人才培养目标定位：中国矿业大学强调"宽基础，强能力""好学力行，求是创新"，长安大学强调"基础实""富有创新精神和实践能力"，等等，强调的重点是基础、实践与创新。由此看来，百年树人，人才培养是要回归到"人"的立场上来，在大胆创新、勇于创新的良好氛围中，在自由精神、自由探索、自由发挥的文化理念作用下，创新服务于测绘研究生主动发掘自身的潜力特质，自觉开发出自己的兴趣、力量的协同育人过程。长沙理工大学测绘研究生培养目标应当针对测绘学科服务其他行业功能，顺应学校的专业特点为勘察设计研究院、测绘科学研究院所和相关高等院校培养测绘科技人才。矢志不忘测绘学术型学位硕士以学术研究为导向，偏重应用理论研究的特征，注重工程实践能力、务实奉献精神的培养。

（三）测绘学科研究生培养目标的实现

推进测绘手段、成果应用向泛在测绘转型，实现产品服务从"数据提供—信息服务"到"数据提供—信息服务—知识服务"的转型，需要切实发挥科研对创新驱动的引领和支撑作用，从技术、体制、服务三个方面进行全面创新，需要积极发挥科学研究的学术文化引领作用，使我校测绘学科研究生养成热爱学术、淡泊名利的良好风尚，营造认真钻研、追求真理的卓越测绘文化氛围。在多元化、个性化培养理念指引下，培养学生树立学科交叉意识，实现学科交叉培养，进而培养出拔尖创新的测绘复合型人才。

1. 定位于勘察、测绘科研院所和高等院校，以学术研究为导向，偏重应用理论研究。长沙理工大学测绘研究生培养矢志不忘测绘学术型学位硕士以学术研究为导向，针对测绘学科服务其他行业功能，顺应学校的交通、土木、水利等专业特色，定位于为勘察设计研究院、测绘科学研究院所和相关高等院校培养测绘科技人才。多年来，测绘研究生的就业趋势和职业发展证实了这一定位。

2. 围绕行业需求，针对行业发展特色，培养测绘研究生工程实践能力和跨学科能力。基于学习产出的教育模式（OBE，outcomes-based education），采用导师组制度，培养服务于交通、土木、水利等行业，跨越学科边界的应用复合型创新人才。

3. 培养测绘研究生扎实数理基础、专业基础，夯实研究生创新研究基础。通过科研育人，使导师指导过程具有科学性、前瞻性，培养研究生独立科研能力与持续研究动力，提升研究生的创新素养，将其打造成成熟而有责任感的未来科研工作者。

4.坚持问题导向，培养研究生创新思维。新工科建设坚持问题导向，问技术发展改内容，问学生志趣变方法，问内外资源创条件。科学、人文、工程的交叉融合，是培养复合型、综合性人才，培养学生整合能力、全球视野、领导能力、实践能力，使学生成为人文科学和工程领域的领袖人物的主要途径。未来几十年，新一轮测绘科技革命和地理信息产业变革将同人类社会发展形成历史性交会，必须面向当前急需和未来地理信息产业的发展，培养具有创新创业意识、数字化思维和跨界整合能力的"新工科"测绘人才，获得竞争优势。

5.坚持测绘地理信息产业与交通、土木、水利行业交叉和融合，服务行业，务实奉献，坚持问题导向培养人才。行业契合度体现在行业特色型大学人才培养上，行业特色型大学因其与行业互相依存的特殊性，十分重视人才培养过程中的工程实践，并通过将一些知识互补、团结协作的研究生与不同研究方向的导师组合成兴趣共同体，培养具备团队协作精神与学科交叉能力的测绘复合型创新人才。

6.做好测绘研究生的学位论文指导工作。学位论文是研究生培养质量的重要体现，学位论文的创新是研究生创新能力培养的关键环节，论文选题对研究生创新能力的培养具有至关重要的作用，加强与勘察设计研究院、测绘科研院所的校外联合指导，突出测绘应用理论研究，校内外导师各有侧重、优势互补、相互配合，紧密结合企业优势和学校优势，为研究生提供成长空间。

三、结语

当今"互联网＋测绘"成为测绘地理信息行业发展新常态，面向信息化测绘培养创新型工程科技人才是测绘研究生教育改革的热点。信息化测绘的社会作用和应用服务范围正不断扩大，其本质就是要以创新体系、创新思维为社会提供实时有效的地理信息综合服务。行业特色型大学与综合性大学形成背景有异，行业特色型大学的人才培养工作针对行业，是以行业为依托，围绕行业需求，服务定位面向行业，更应注重人才工程实践能力和创新能力的培养。长沙理工大学测绘研究生培养定位于测绘应用理论研究，注重工程实践能力，重基础，求创新，服务行业，务实奉献，在多元化、个性化培养理念指引下，培养学生树立学科交叉意识与跨学科能力，以成为拔尖创新的测绘复合型人才。

参考文献

[1]肖建华，彭清山，李海亭."测绘4.0"：互联网时代下的测绘地理信息[J].测绘通报，2015（7）：1-4.

[2]姜兆华，姚忠平，黄玉东.基于培养创新能力为导向的研究生课程群建设研究——以哈

尔滨工业大学化工学科界面化学类课程改革为例［J］.黑龙江高教研究，2016（12）：122-125.

［3］葛小三，张彦.测绘专业研究生创新能力培养模式探讨［J］.测绘科学，2015，40（3）：151-154.

［4］马飞，姚顽强，汤伏全.测绘学科研究生创新能力培养的探索［J］.亚太教育，2015（4）：123-124.

［5］林良泉."双一流"战略视野下的地方高水平大学学科建设［J］.高校后勤研究，2016（4）：108-111.

［6］陈胜勇，姚春燕，徐新黎，等.研究生创新能力培养与实践［J］.计算机教育，2010（22）：10-13.

［7］查振高，匡颖芝，丁淮.全日制专业学位研究生全面质量控制体系初探［J］.中国矿业大学学报（社会科学版），2010（4）：82-86.

［8］陈超.论工程技术中的科学思维方法与研究生创新能力培养［J］.教育教学论坛，2015（3）：131-132.

［9］杨玉，赵哲.区域研究生教育与经济发展的核心关系及其协调［J］.高等工程教育研究，2016（1）：162-167.

"双一流"背景下核环保特色学科研究生课程教学改革
——以水污染控制为例

谭文发

（南华大学）

摘　要　"双一流"建设突出绩效导向，明确在公平竞争中体现扶优扶强扶特。地方高校虽然在整体实力上不及重点高校，但特色优势是地方高校的强项。南华大学环境工程是在原核工业第六研究所通风辐射防护室等基础上发展而来的，核特色鲜明。基于环境工程研究生教学实践，巧妙结合案例分析，强化学生对核工业企业突出环境问题的理解，紧紧围绕"一基三实""一路三建"的发展思路，充分发挥地方高校特色优势，助推"双一流"建设。

关键词　核环保；双一流建设；特色优势；水污染控制原理与技术

作者简介　谭文发，男，1985年12月出生，南华大学环境工程系，党支部书记兼实验室中心主任、副教授。联系电话：13875624909；电子邮箱：nhwftan@163.com。

2015年10月，国务院发布《统筹推进世界一流大学和一流学科建设总体方案》，突出绩效导向，明确在公平竞争中体现扶优扶强扶特，动态调整支持力度，增强建设的有效性。全国广大高校积极谋划争取国家的财政投入，希望挤进"双一流"建设队伍，但也有声音认为创建"双一流"是"985""211"高校的事，一般地方院校似乎很难成就此名。其实不然，在"双一流"背景下，地方院校如果能借势勃发，发挥行业特色、地方特色，办成"有特色""高水平"大学是可实现的。[1-2]

一、南华大学环境工程核特色优势

南华大学环境工程专业领域是在原中南工学院土木工程、矿业工程、核科学与技术学科和原核工业第六研究所通风辐射防护室、环境保护研究所的基础上发展而来的，具有50多年的历史积淀，形成了水污染控制技术、空气污染控制技术等优势研究方向和放射性设施退役治理技术与装备、放射性三废处理与处置技术等特色研究方向。拥有"核设施应急安全技术与装备"湖南省重点实验室，"污染控制与资源化技术"湖南省高校重点实验室，"城建环境与节能"湖南省普通高校实践教学示范中心，"工艺风力与湿能技术"湖南省产学研合作示范基地，"铀尾矿库退役治理技术中心"湖南省研究生创新基地等教学科研平台。建立了中国原子能科学研究院、中国辐射防护研究院、核工业北京化工冶金研究院、中核集团通辽铀业有限公司、中核第四研究设计工程有限公司、湖南湘牛环保有限公司、衡阳市环境科学研究所等多个产学研联合培养基地，为我国核环保领域提供智力与人才保障。

二、南华大学环境工程专业学位硕士课程体系

南华大学环境工程领域专业硕士课程学习时间要求：研究生理论课程总学分不低于 32 学分，总课程不少于 11 门。其中学位课程不低于 18 学分；参加社会实践时间不少于 6 个月，不计学分。课程体系详见表 1。

三、采用案例式教学，加强学生对核环保特色学科专业知识的理解

环境工程专业的教育强调知识的应用性，学生分析问题、解决问题能力的培养，以达到学以致用的教学目的。[3-5]发展学生的个性特征、独立能力和自我意识是课堂内外人才培养的重点，也是发挥学生的学习主导性，提高其应用能力的关键。[6-7]

以水污染控制原理与技术课程为例，课堂增加放射性（铀）废水来源及特点，放射性废水处理方法等内容，如表 2 所示。

设置专题研讨课，加强学生对核环保特色学科专业知识的理解，同时培养学生分析问题、解决问题能力，对推进课程教学方法的改革、提高学生学习的兴趣、促进应用型人才的培养具有重要的意义。同时将 MOOC 理论有机融入研讨式教学的整个设计与实施过程。基本过程一般包括五个步骤：指导选题──→独立探索（学生查找资料、撰写论文或制作课件）──→小组探讨──→大班讲评（学生讲述，师生评议）──→总结提高（教师作阶段性综述）。实施技术路线见图 1。

具体实施方案如下：

（一）指导选题

教师首先讲解放射性（铀）废水基本理论、MOOC 理论、Camtasia 课件软件及制作技巧。

再立足课程及章节的特色，梳理章节的内容和知识点，使学生对放射性（铀）废水的整体内容有所了解，让学生们明确水污染控制原理与技术理论知识的重点、难点，结合学生的认知，引发学生思考研讨。

然后根据章节内容和特点划分探讨主题：

1. 超滤—反渗透—电渗析组合工艺处理放射性废水实例：某低浓度放射性废水，废水比放为 6.4 kBq/L，核素主要为 ^{238}U 和 ^{137}Cs，废水含盐量为 800 mg/L。静止 24 小时后，用超滤—反渗透—电渗析组合流程（简称 URE 流程）处理。上清液放入超滤原水槽，经超滤处理后，渗透液进入中间槽。同时启动反渗透器和电渗析器，反渗透器进一步脱盐和去污，渗透液可直接排放或者流入混床进一步处理。电渗析起浓缩作

表 1　南华大学全日制工程硕士环境工程领域专业学位研究生课程设置

类别	课程编号	课程名称	学分	课内学时	开课学期	考核方式	开课单位	是否新开设
学位课（公共学位课）	1201036	中国特色社会主义理论与实践研究	2	32	1	考试	马克思主义学院	否
学位课（公共学位课）	1203025	硕士英语精读与写作	4	72	1, 2	考试	语言文学学院	否
学位课（公共学位课）	1203027	硕士生英语听说	2	36	1, 2	考查	语言文学学院	否
非学位课（专业基础课）	1236142	现代检测技术	2	32	2	考查	环境与安全工程学院	是
学位课（专业基础课）	1299015	高等工程数学 A	3	48	1	考试	数理学院	否
学位课（专业基础课）	1236004	高等环境化学	2	32	1	考查	环境与安全工程学院	否
学位课（专业基础课）	1236130	环境生物技术	2	32	1	考查	环境与安全工程学院	否
学位课（专业基础课）	1200101	信息检索与利用	1	16	1	考查	图书馆	否
非学位课（公共必修课）	1201133	自然辩证法概论	1	16	1	考试	马克思主义学院	否
非学位课（公共必修课）	1211168	知识产权基础	1	16	1	考查	管理学院	否
非学位课（专业选修课）	1236123	环境工程科研写作	1	16	2	考查	环境与安全工程学院	否
非学位课（专业选修课）	1236006	水污染控制原理与技术	2	32	1	考查	环境与安全工程学院	否
非学位课（专业选修课）	1236124	大气污染控制原理与技术	2	32	2	考查	环境与安全工程学院	否
非学位课（专业选修课）	1236125	固体废物处理原理与技术	2	32	2	考查	环境与安全工程学院	否
非学位课（专业选修课）	1236127	核废物处理处置工程技术	2	32	2	考查	环境与安全工程学院	否
非学位课（专业选修课）	1236128	环境评价与规划	2	32	2	考查	环境与安全工程学院	否
非学位课（专业选修课）	1236143	地下水污染与防治	1	16	2	考查	环境与安全工程学院	否
非学位课（专业选修课）	1236005	环境工程前沿进展	2	32	2	考查	环境与安全工程学院	是
非学位课（专业选修课）	1236144	环境工程设计与运行管理	1	16	2	考查	环境与安全工程学院	是
非学位课（专业选修课）	1236145	清洁生产与节能减排	1	16	2	考查	环境与安全工程学院	是
非学位课（专业选修课）	1236146	反应动力学与核反应器设计	2	32	1	考查	环境与安全工程学院	是
非学位课（专业选修课）	1236126	放射化学与核环境监测	2	32	1	考查	环境与安全工程学院	否
实践环节		专业实践（不少于 6 个月）				考查		
本科补修课		水污染控制原理与技术		32	1 或 2	考查		
本科补修课		大气污染控制工程		32	1 或 2	考查		
本科补修课		固体废物处理与处置		32	1 或 2	考查		
本科补修课		环境影响评价		32	1 或 2	考查		

注明：实践环节是获取专业学位必须完成的培养环节，不计学分。

表2　放射性（铀）废水的来源及特点

工厂、设施	废水来源	废水特征	处理方法
科研机构	实验室废水	实验不同，含放射性核素、同位素不同，浓度不同	1. 蒸发法； 2. 离子交换法； 3. 吸附法； 4. 膜法； 5. 化学沉淀法； 6. 气浮法； 7. 生化法。
燃料制造工厂	铀加工过程废水	开采及加工过程中产生的含微量铀、镭、钍的废水，危害性小	
	浓缩铀加工过程废水	废水的放射性活度大，危害大	
反应堆	反应堆冷却水	部分杂质受到中子照射产生活化物，半衰期较短，危害性小	
	乏燃料储存水池废水	废水一般不含放射性，但当发生燃料元件破损事故时会有大量裂变元素泄漏至水池中，造成污染	
	燃料装卸冲洗废水	一般只含有微量放射性物质	
	研究反应堆及其他特殊反应堆废水	含有可能产生的各种不同类型放射性物质	

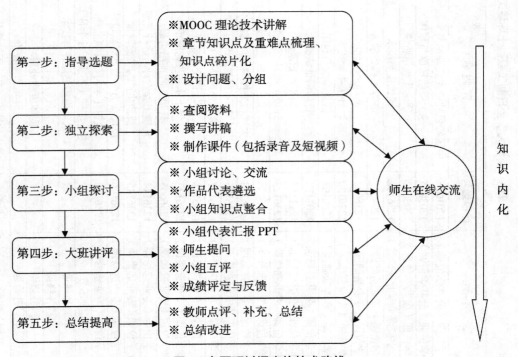

图1　专题研讨课实施技术路线

用。超滤和电渗析处理的最终浓缩液留待固化处理。

2. 医院放射性废水超声波清洗净水机：本超声波清洗净水机是在洗涤时向清洗液中引入超声振动，使清洗液产生空化作用而发生强大的机械力，以使各种器皿上所黏附的放射性同位素及其他污物脱落，并溶解于水而达到清洗的目的。通过超声洗涤产生的放射性同位素废水，以恒定流速通过 717 # 强碱性阴离子交换树脂净化装置进行交换，可使 90% 的放射性同位素被截留下来，废水得到净化后排放，交换饱和的废树脂则另行处置。本机兼有超声波洗涤和净化两方面功能，适用于医院、实验室等放射性沾污的口杯、注射器、吸管、试管以及各种玻璃器皿的清洗及所产生的低放射性废水处理。

3. 活性炭＋膜法组合工艺处理放射性废水案例：某反应堆结构材料的腐蚀产物被中子活化，生成 ^{54}Mn、^{56}Mn、^{60}Co、^{56}Fe、^{63}Ni 等锰、钴、铁、镍的同位素核素。放射性比活度很高，废水中的 EDTA、柠檬酸等有机物络合 Fe、Mn、Co、Ni，其中 Co、Ni 主要以二价形式存在，产生络合物形成体。

最后根据学生兴趣和平均分配的原则将教学班分成三个小组，学生针对研讨主题去准备资料、制作 PPT 及视频。

（二）独立探索

学生根据分配的主题，按教师要求独立自主地去搜索资料、撰写讲稿和制作课件（包括录音及短视频）。这个过程最能体现学生的独立思考能力。

（三）小组探讨

每个学生按照 MOOC 要求制作 PPT（包括录音及短视频）在小组内展开讨论、交流，再通过小组打分的方式遴选出 1 名作品制作精美、知识点清楚全面的学生为代表，最后整合小组每个学生的观点融入学生代表的 PPT 中，准备上台演讲。这个过程最能体现学生相互协作解决问题的能力。

（四）大班讲评

由各小组推选的学生代表面对全班登台讲述。每小组讲述完毕后，教师和其他小组同学可自由发问。回答问题完毕后师生一起评议，教师与其他小组分别给该小组评分。评分项目包括课件内容、课件制作的质量、讲述的水平、回答问题情况等。评分分值由教师制定，学生如有不同见解，也可自己拟定打分标准，但要向教师和其他同学说明。讲课完毕后教师进行综述。

（五）总结提高

每结束一个专题，教师都要根据所有学生的发言情况对专题进行评述和总结，肯定优点，指出不足，并针对学生的讲述和讨论情况，对主题进行补充或进一步阐述，必要时，可补加课堂讲授。每个学生根据切身体会写一篇评学议教的文章，总结经验，改进教学。

四、总结

地方高校只有将学校的办学发展同行业经济社会发展紧密结合在一起，发挥特色优势，才能突显自身战略地位，把学校办成有特色、高水平的大学。南华大学作为地方高校，环境工程专业具有鲜明的核特色，因此课程教学过程中应当紧密结合核工业企业突出的环境问题，有力地优化专业课程建设，巧妙地结合研讨式案例教学方式，充分发挥地方高校的特色优势，紧紧围绕"夯实基础，强化内涵，深化改革，提质升级，奋力开启建设特色鲜明的高水平教学研究型大学新征程"这一主题，推动"双一流"高校建设，为核工业企业输送合格的技术人才。

参考文献

[1] 郎永杰，张冠蓉.推进省部共建高校发展迈上新台阶[J].中国高等教育，2016（20）：30-32.

[2] 顾永安.应用本科专业集群：地方高校转型发展的重要突破口[J].中国高等教育，2016（22）：35-38.

[3] 戴捷，张竹青，邹吉高.环境工程人才需求分析与专业实践教学改革的思考[J].科技信息，2007（31）：29-30.

[4] 宋娜，汪群慧，陈月芳，李天昕，马鸿志.环境工程专业教学改革[J].中国冶金教育，2014（1）：31-32.

[5] 蒋艳红，蒙冕武，邓华.案例教学法在"环境工程学"教学中的应用研究[J].中国电力教育，2009（23）：64-65.

[6] 杨建华，井天军，温渤婴.德国高等院校研讨式教学模式及其启示[J].中国电力教育，2013（25）：14-15.

[7] 何克抗.从"翻转课堂"的本质，看"翻转课堂"在我国的未来发展[J].电化教育研究，2014（7）：5-16.

人文地理学专业硕士研究生课程体系的构建

周国华　　刘春腊

（湖南师范大学）

摘　　要　培养学生创新精神和实践能力已成为当前教育发展的重点。现代人文地理学教育的推进，体现了我国高等教育面向社会经济建设培养实用创新人才的发展方向。论文基于全国 54 所开设人文地理学专业硕士研究生课程高校数据，运用综合分析等方法，从课程设置的共性、差异性、优势与经验、问题等方面，对我国人文地理学专业硕士研究生课程体系的现状及特征进行了分析。在参考已有相关成果的基础上，从人才培养目标、学制与学习要求、课程体系构建原则、课程构建的新要求等方面，论述了人文地理学专业硕士研究生课程体系构建的理论与方法。在此基础上，重点针对人文地理学硕士研究生课程体系建设与创新能力培养，提出了几点建议，即构建人文地理学专业硕士研究生课程体系框架，搭建人文地理学专业硕士研究生授课专家资源共享数据库，研究制定全国人文地理学专业硕士研究生课程体系标准，引入大数据服务人文地理学专业硕士研究生课程构建等。

关　键　词　人文地理；课程；硕士研究生；创新能力

作者简介　周国华，男，1965 年 8 月出生，湖南师范大学资源与环境科学学院，副院长、教授。联系电话：13974998251；电子邮箱：uuy128@163.com。

当前，党中央、国务院已做出坚持自主创新、建设创新型国家的重大战略决策，培养学生创新精神和实践能力已成为当前教育发展的重点。然而，为什么我们的学校总是培养不出杰出人才？著名的"钱学森之问"直指当前高等教育人才培养模式的弊端，如何从知识型人才教育向创新型人才培养转型也成为教育界乃至社会各界共同关注的难题。人文地理学作为地理科学的重要分支，学科实用性非常强，与区域经济发展、资源开发利用、环境保护、城乡建设与规划等紧密相关。现代人文地理学教育的推进，充分体现了当前我国高等教育面向社会经济建设培养实用创新型人才的发展方向。课程体系建设是人才培养的关键环节。人文地理学课程既关系着学生的一般文化素质，又直接关注社会经济发展，在国外一直是高等教育中的重点学科，探究性、讨论性课程模式受到了多方关注。国内许多地理科学工作者（特别是教育工作者）在人文地理学课程体系建设方面开展了诸多探索。较早的有面向 21 世纪的师专人文地理课程体系探索[1]、我国高师人文地理课程体系改革[2]等，而后拓展到高师人文地理课程建设的创新[3]、研究性学习在人文地理类课程教学中的应用[4]等方面，当前研究的内容主要有转型发展背景下人文地理与城乡规划专业实践课程体系的构建[5]、我国高校人文地理与城乡规划专业定位与课程体系建设[6]，以及相关院校和相关课程的案例剖析[7-10]等。研究生创新能力的培养，是当前课程体系建设及相关研究关注的重点。[11-14]这些理论与实践的探索对人文地理学硕士研究生课程体系建设与创新能力培养具有重要参考意义，但总体来看，关于这方面的专题研究非常缺乏。面对国际上人文地理学的蓬勃发展及我国人文地理学领域研究的相对薄弱和迫切的社会需求，在高校课程改革、"双一流"建设中，应当重视人文地理学硕士研究生课程体系的改革，从而培养出有利于国家经济社会建设的高层次创新人才。

一、人文地理学专业硕士研究生课程体系的现状及特征

根据中国研究生招生信息网资料，全国共有 54 所高校开设了人文地理学硕士研究生课程。从各高校人文地理学专业硕士研究生课程体系建设情况看，我国人文地理学专业硕士研究生课程建设的现状及特征可归纳为一句话：共性与个性共存，优势与劣势并处。

（一）课程设置的共性

总体而言，国内人文地理学专业硕士研究生课程体系基本由公共课、专业课、必修课、选修课等模块构成。课程考核实行学分制，并基本以考查为主，以考试为辅。公共课程一般由政治和外语两类课构成，部分院校将数学、计算机等列入公共课程范畴。专业课程的设置，一般根据本专业的师资力量开设相应的人文地理学专业课程（见表 1）。

表 1　人文地理学专业硕士研究生课程设置的共性

序号	共性项目	基本特征
1	考核方式	实行学分制（30 学分左右），以考查为主，以考试为辅
2	课程体系	由公共课、专业课、必修课、选修课等构成
3	专业课程	根据师资力量特色，开设人文地理学相关专业课程
4	公共课程	一般由政治和外语两类课构成，部分将数学、计算机等列入公共课

（二）课程设置的差异性

在专业课、公共课等具体课程的设置方面，我国人文地理学专业硕士研究生课程体系具有较大的差异性。在课程类别的组成上，北京大学的人文地理学专业硕士研究生课程包括马克思主义理论课、基础理论课、专业课、外国语；中国科学院的则由公共选修课、公共必修课、一级学科核心课、专业核心课、专业普及课、一级学科普及课、专业研讨课构成；北京师范大学的则包括公共课、学位基础课、学位专业课、必

修环节、选修课；等等。（见表 2）我国人文地理学专业硕士研究生课程类别未形成统一标准。在具体课程的定位方面，也未形成共识。比如，以包含"人文地理学"的课程为例，北京大学将"应用人文地理学专题研究"定位为专业选修课；北京师范大学将"人文地理学专题研究"定位为学位专业课；湖南师范大学将"现代人文地理学"定位为专业必修课；东北师范大学将"人文地理学基本问题""人文地理学前沿与进展"分别定位为学科基础课、专业主干课。一些高校的人文地理学专业硕士研究生课程中，没有直接出现以"人文地理"命名的专业课程，而是以"区域规划"等课程代替。

表 2　人文地理学专业硕士研究生课程体系案例

序号	课程类别	典型高校
1	马克思主义理论课、基础理论课、专业课、外国语	北京大学
2	公共选修课、公共必修课、一级学科核心课、专业核心课、专业普及课、一级学科普及课、专业研讨课	中国科学院
3	公共课、学位基础课、学位专业课、必修环节、选修课	北京师范大学
4	学位课程、公共学位课、专业学位课、选修课程	南京大学
5	公共学位课、基础理论学位课、专业基础学位课、选修课、科研训练和综合讲座	南京师范大学
6	公共必修课程、专业必修课、方向限选课、任意选修课	湖南师范大学

（三）形成的优势与经验

一是课程设置与师资力量的匹配性。比如，中国科学院凭借自身强大的师资力量，开设了气候变化科学概论（秦大河等）、地缘政治与国家安全（陆大道）、区域与城乡规划（樊杰等）、时空数据分析与建模（王劲峰等）、乡村发展与农业地理学（刘彦随等）、Scientific Reading and Writing（John Peter Wilson）等特色课程；北京大学开设了地理学思想史（唐晓峰）、地理数学方法（陈彦光）、理论地理学（柴彦威）、房地产理论与方法（冯长春）等特色课程；北京师范大学开设了高等经济地理学（梁进社）、区域分析与规划研究（吴殿廷）、城市规划与房地产研究（黄大全）、企业地理学（朱华晟）等特色课程。

二是课程结构与课程内容的多元性。比如，北京师范大学人文地理学专业硕士研究生课程主要由学位基础课、学位专业课、选修课构成；中国科学院的人文地理学专业硕士研究生课程包括公共选修课、公共必修课、一级学科核心课、专业核心课、专业普及课、一级学科普及课、专业研讨课；东北师范大学的人文地理学专业硕士研究生课程包括公共基础课、学科基础课、专业主干课、发展方向课、跨专业跨学科选修课；湖南师范大学的人文地理学专业硕士研究生课程则包括公共必修课程、专业必修课、方向限选课、任意选修课等。

三是理论课程与实践课程的耦合性。我国人文地理学专业硕士研究生课程设置上，除了理论方面的面授讲课、讲座外，还十分注重实践课程环节。大部分均结合理论课程开设了实践类的必修环节课程，比如科研与社会实践、学术报告、文献阅读与研讨等。

（四）需要思索的问题

在当前的人文地理学硕士研究生培养过程中，依然存在人才培养特色缺乏、国际化视野不足、理论培养与实践需求脱节、强调验证而忽略创造、强调教师主体作用而忽略学生主观能动性等众多问题，[15-17] 人文地理学的社会服务功能与素质教育功能并未得到充分发挥，所培养的人才与国外相比，在创新意识、创新精神和创新能力方面还存在很大差距。[18-19]

从课程体系构建方面来看，我国人文地理学专业硕士研究生课程结构及内容设置缺乏统一的标准。一是，课程结构设置基本是与全校其他专业的硕士研究生课程体系保持一致，未能结合人文地理学专业硕士研究生教学的特征设置针对性较强的课程结构。国家层面，也没有出台或颁布相应的研究生课程体系标准。人文地理学作为一门与社会经济密切相关、实用性极强的学科，课程设置应当在注重学科基本理论构架的同时，更关注区域经济社会发展需求。二是，课程内容设置基本是迁就于各单位的师资现状。这种过于自主的课程内容设置，不利于研究生专业知识体系的构建。人文地理学作为一门综合性、经验性极强的专业，一些经典的理论与方法不能不涉及，对于一些区域经济社会发展热点问题也要广泛涉猎。

二、人文地理学专业硕士研究生课程体系构建的理论与方法

（一）人才培养目标

人文地理学作为地理科学的主要分支学科，主要研究地理环境与人类活动的关系，探讨人地关系协调机制机理和实现可持续发展途径等问题。专业培养总目标可定位为"培养德才兼备的人文地理方向的高级专业创新人才"。（见表3）

（二）学制与学习要求

人文地理学专业硕士研究生的学制一般为三年，实行学分制。在达到规定的提前毕业条件下，可以提前毕业，但最短学习期限不得少于两年。在学制规定的基本年限内，未能完成全部学业、修满相应学分的，可适当延长学习年限，但在学校最长学习年限不得超过四年（不含休学、创业时间）。学生学习与培养遵循"导师负责与集体培养相结合，课程学习与科学研究相结合，教育教学与科研、社会实践相结合"的基本要求。

表 3　人文地理学专业硕士研究生培养目标

目标	基本要求
总目标	培养德才兼备的人文地理方向的高级专业创新人才
德育目标	树立遵纪守法、热爱祖国、热爱科学的思想和理念，具有高尚的职业道德、崇高的敬业精神、坚持真理的科学态度和谦逊团结的协作作风
专业目标	具备坚实的人文地理学专业基础和较高的外语水平，较为广博的经济学、社会学、管理学和生态学知识，具备较强的技术应用能力，对研究方向有全面系统了解，能够独立从事本专业研究和教学工作，具有独立思考、分析、解决问题和知识创新的能力
身心目标	具有健康的身体和良好的心理素质，具有关注社会经济发展的使命感、责任心和创新精神

资料来源：各高校人文地理学专业硕士研究生培养方案。

（三）课程体系构建原则

一是专业理论发展与服务社会需求相结合的原则。人文地理学专业硕士研究生的课程构建，一方面要注重基础专业知识的纵深发展，开设一些关于人文地理学的发展历史及现代人文地理学的发展进展等的理论课程，夯实硕士研究生的理论基础；另一方面，人文地理学是一门实用性极强的综合性学科，专业发展与社会经济发展密切相关，人文地理学专业硕士研究生的课程理当关注区域经济社会发展的热点问题，积极瞄准社会需求。

二是师资力量共享与专业特色发展相结合的原则。鉴于人文地理学的综合性特征，仅依靠一个院系的师资力量，确实很难将人文地理学相关方面的课程兼顾到位。基于此，可以充分利用 MOOC 等现代教学模式，或利用专题讲座等形式邀请国内其他院校相关专家莅临讲座，实现人文地理学师资力量的共建共享。与此同时，仍需在本校师资力量的基础上，开设一些本校的人文地理学专业特色课程。

三是专业素养培育与创新能力提升相结合的原则。区域认知、人地关系认知、地理实践能力等，是人文地理的核心素养，人文地理学专业硕士研究生课程构建需要着力培育学生的人文地理核心素养。与此同时，还应开阔学生的研究视野，提升学生人文地理创新能力，积极与国际接轨。

此外，还应在课程来源、授课方式、课程内容、课程性质、能力要求等方面，注重体现三维的综合要求。（见表 4）

（四）课程体系构建的新要求

建设世界一流大学和一流学科，是党中央、国务院做出的重大战略决策，对于提升我国教育发展水平、增强国家核心竞争力、奠定长远发展基础，具有十分重要的意义。人文地理学作为一门经世致用学科，其硕士研究生课程构建应结合国家《统筹推

表 4　人文地理学专业硕士研究生课程构建的五个层次及要求

序号	基本层次	三维要求
1	课程来源	院内 + 校内 + 校外
2	授课方式	讲授课 + 汇报课 + 讨论课
3	课程内容	知识课（人文地理的基础知识）+ 理论课（人文地理的基本知识）+ 方法课（人文地理的定性与定量方法）
4	课程性质	公共必修课 + 学科专业必修课 + 选修课
5	能力要求	公民素养（家国情怀）+ 职业能力（人文地理教学与科研能力）+ 创新能力（人文地理理论与方法创新）

进世界一流大学和一流学科建设总体方案》的新要求，建设一流师资队伍，培养拔尖创新人才，提升科学研究水平，传承创新优秀文化，推进成果转化，构建社会参与机制，推进国际交流合作。

三、人文地理学专业硕士研究生课程体系的构建框架

立足国内人文地理学专业硕士研究生课程建设现状，参考国内外已有成功经验，结合国家《统筹推进世界一流大学和一流学科建设总体方案》，以创新能力提高为目的，本文尝试提出优化构建人文地理学专业硕士研究生课程体系的思路与框架。

（一）构建人文地理学专业硕士研究生课程体系框架

立足提升人文地理学专业硕士研究生专业素养及创新能力的需求，可以构建如图1 所示的课程体系框架。必修课旨在让研究生掌握必备的基础知识和专业知识；选修课重在拓宽研究生的知识面。公共课在全校范围开设，面向所有研究生，旨在使研究生掌握公共知识；学位课在专业院系开设，由专业教师承担，旨在培养研究生的专业素养。在遵循学分制的基本前提下，由导师指导，结合学生爱好进行课程选择，通过必修课和选修课、公共课和学位课的学习，使人文地理学专业硕士生具有合理的人文地理知识结构和一定的专业创新能力。

（二）搭建人文地理学专业硕士研究生授课专家资源共享数据库

为切实促进我国人文地理学专业硕士研究生授课师资的共享，建议由教育部或人文地理学专业委员会等牵头成立人文地理学专家智库联盟，搭建人文地理学专业硕士研究生授课专家资源共享数据库。数据库的专家信息应包括专家个人基本信息、学术研究特长、主要授课内容、意愿授课地区等内容。条件成熟的情况下，可以放置一些关于专家主讲的 MOOC、案例课等授课视频或 PPT。该共享数据库对所有开设人文地理学硕士研究生专业的院（系）开放。相关单位在开设人文地理学硕士研究生课程时，可以考虑该共享数据库的师资资源。（见图 2）

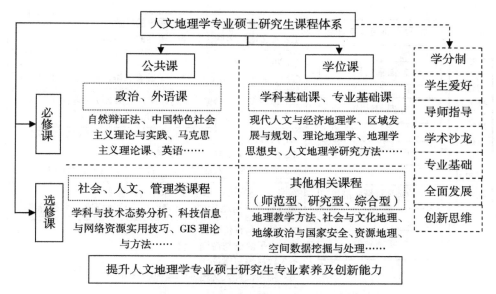

图 1　人文地理学专业硕士研究生课程体系框架

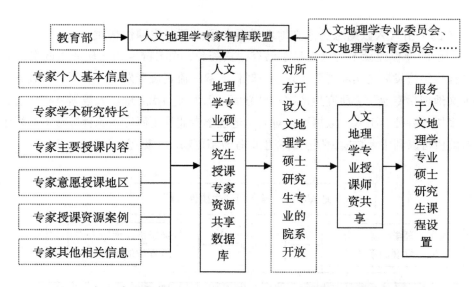

图 2　人文地理学专业硕士研究生授课专家资源共享数据库框架设想

（三）研究制定全国人文地理学专业硕士研究生课程体系标准

　　课程体系标准对于课程建设具有重要的指引和规范作用。当前我国人文地理学专业硕士研究生课程建设过于自主，需要进行必要的规范与引导。结合当前人文地理学专业硕士研究生课程建设现状及人文地理学专业特色，对人文地理学专业硕士研究生课程体系标准的研究制定提出以下建议（如图 3 所示）。

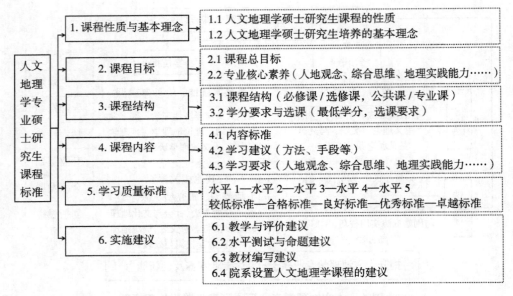

图 3　人文地理学专业硕士研究生课程体系标准框架建议

（四）引入大数据服务人文地理学专业硕士研究生课程构建

当前的课程建设不能只立足于已有师资资源，更要瞄准硕士研究生的发展需求以及社会经济发展的实际需要。在信息时代、双一流建设等发展背景下，大数据在服务人文地理学专业硕士研究生课程建设方面，仍大有用武之地。大数据具有大量、高速、多样等特征。引入大数据可以对人文地理学专业硕士研究生课程进行精准构建，一些院所可以利用大数据做硕士研究生课程改革创新。（见图 4）

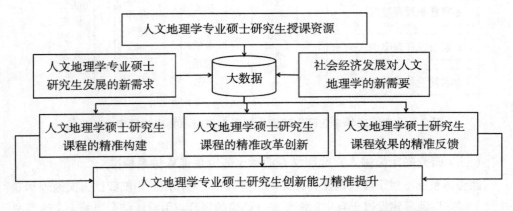

图 4　大数据服务人文地理学专业硕士研究生课程构建的逻辑框架

四、结论与讨论

从全国 54 所高校人文地理学专业硕士研究生课程建设情况来看，人文地理学的社会服务功能与素质教育功能并未得到充分发挥，所培养的人才与国外相比，在创新意识、创新精神和创新能力方面还存在很大差距。针对人文地理学专业硕士研究生课程体系建设与创新能力培养的研究，也非常缺乏。课程体系建设，是人才培养的关键环节。为进一步提升人文地理学专业硕士研究生的创新能力，可以从构建人文地理学专业硕士研究生课程体系框架、搭建人文地理学专业硕士研究生授课专家资源共享数据库、研究制定全国人文地理学专业硕士研究生课程体系标准、引入大数据等方面，服务人文地理学专业硕士研究生课程构建，进一步优化课程体系。

人文地理学专业硕士研究生课程体系构建，是一项系统工程，涉及地理学、教育学、心理学等方方面面，本研究仅是初步探索。不同类别院校（师范类、综合类、科研类）之间人文地理学课程的差异性、不同区域人文地理学课程之间的差异性、人文地理学课程体系标准的构建等问题，也非常值得深入分析，这是我们后续研究的方向。

参考文献

[1] 杨载田 . 面向 21 世纪的师专人文地理课程体系探索 [J]. 衡阳师专学报（自然科学），1998（3）：73-77.

[2] 汤茂林，沙润，石高俊 . 我国高师人文地理课程体系改革设想 [J]. 世界地理研究，2000（3）：107-112.

[3] 杨载田 . 高师人文地理课程建设的创新 [J]. 福建地理，2004（2）：39-41+48.

[4] 毛蒋兴，徐文丽，黄鹄，严志强 . 研究性学习在人文地理类课程教学中的应用初探 [J]. 广西师范学院学报（自然科学版），2009（1）：114-118.

[5] 尹艳琼，彭燕梅，席武俊，杨正源 . 转型发展背景下人文地理与城乡规划专业实践课程体系的构建 [J]. 安徽农学通报，2017（6）：186-188.

[6] 周晓艳，李秋丽，代侦勇，沈元春 . 我国高校人文地理与城乡规划专业定位与课程体系建设研究 [J]. 高等理科教育，2017（1）：82-87.

[7] 池建，侍非 . 有效教学视角下的遥感课程教学改革研究——以宿迁学院人文地理与城乡规划专业为例 [J]. 教育现代化，2016（40）：65-67.

[8] 吕君 .《城市规划原理》课程教学范式改革研究——以贵州财经大学人文地理与城乡规划专业为例 [J]. 教育教学论坛，2016（2）：65-67.

[9] 朱佩娟，李艳 . 人文地理与城乡规划专业实践课程教学满意度研究——以规划设计 CAD 课程为例 [J]. 高等理科教育，2016（3）：112-119.

[10] 蒋良群 . 人文地理与城乡规划专业地理信息系统原理与应用课程教学设计 [J]. 高师理

科学刊，2016（5）：105-107.

[11]林孝松，邓睿，罗融融，等.地理学研究生创新实践能力培养体系改革研究［J］.教育教学论坛，2017（6）：105-106.

[12]韩国高.以科研创新能力为导向的学术型研究生培养模式改革与思考——以东北财经大学为例［J］.高教学刊，2017（2）：1-2+4.

[13]郑壆.研究生创新能力培养的对策研究[J].辽宁师范大学学报(社会科学版)，2017(3)：66-70.

[14]李祖超，张丽.科研实践培养理工科研究生创新能力的路径探索——基于结构方程模型的分析［J］.高等教育研究，2014（11）：60-67.

[15]林志勇，李自然.学科前沿课程与研究生创新实践能力培养［J］.高等教育研究学报，2017（1）：116-120.

[16]焦海霞，叶霞.研究生学术信息素养与科研创新能力的动态关系分析[J].图书情报导刊，2017（1）：59-65.

[17]汤茂林.我国人文地理学研究生课程教学改革初探——基于与美国研究生课程的比较和感知［J］.人文地理，2009（1）：7-11.

[18]张亦汉，乔纪纲，吴秉琦，等.学术研究引导下的现代地理教学改革［J］.科教文汇，2015（25）：40-41.

[19]汤茂林，蒋永华.我国人文地理学研究、教学与出版关系论——以出版为中心的探讨[J].人文地理，2011（1）：154-159.

研究生卫生检验检疫实验技术课程教学改革 *

徐小娜　杨胜园　柏琴琴　陈丽丽　邓仲良

（南华大学，衡阳市健康危害因子检验检疫新技术研究重点实验室）

摘　　要　卫生检验检疫实验技术是卫生检验学专业研究生重要的专业课程。该课程主要涉及理化、微生物等检验技术，实践性特别强。熟练掌握卫生检验检疫相关实验技术，非常有利于学生从事课题研究及今后的实践工作。针对该课程教学中存在的问题，我们将任务驱动式教学法引入卫生检验检疫实验技术课程教学中，设计一种包含"任务设计、任务实施、任务总结"三阶段的教学模式。实践表明，任务驱动式教学法极大地提高了研究生学习的主观能动性，有利于培养学生的独立思维能力，为研究生科研课题的开展奠定了良好的基础。

关 键 词　卫生检验检疫；实验技术；实践教学；研究生教学

作者简介　徐小娜，女，1974 年出生，南华大学公共卫生学院，副教授、博士。联系电话：17775832080，0734-8284393；电子邮箱：xxn18397718838@126.com。

一、引言

卫生检验检疫实验技术是卫生检验学专业研究生重要的专业课。其教学目的是使研究生掌握理化检验和微生物检验领域的主要实验技术，为后续科研课题的顺利开展奠定良好的基础。

研究生教育作为学历教育中的高层次教育，不仅要注重夯实基础理论和基本技能，更要鼓励探索创新。[1-3]以往该课程的教学方法基本上是老师在实验前做好一切实验准备工作，包括试剂的配制、仪器的摆放以及设备的调试。上课时老师讲解实验技术的原理、方法，实验步骤及仪器操作规程，并加以演示，学生照搬照做。这种"填鸭式"的教学方法对研究生理论知识的巩固和实验技能的加强有些补益，但会使研究生的学习兴趣下降，不利于其主观能动性的发挥，其创新能力亦得不到培养，对其后续科研课题的开展意义不大，与创新型人才培养的目标有差距。因此我们对卫生检验检疫实验技术这门课程的教学方法进行了探索，将任务驱动式教学法应用于该课程的教学过程中。

任务驱动式教学法[4-6]是一种建立在建构主义学习理论基础上的教学法。它将

* 本文受南华大学 2016 年研究生教育教研教改项目（2016JG010）资助。

传授知识为主的传统教学转变为解决问题和完成任务为主的多维互动式教学。上课前教师根据课程的教学目标和内容设计任务，然后把任务分配给学生，指导学生完成。此教学法能较好地发挥学生学习的主观能动性，提高其独立思考问题和解决问题的能力，培养创新精神。经过探索、研究、总结，我们将任务驱动式教学法应用于研究生卫生检验检疫实验技术课程中，设计了一种包含"任务设计、任务实施、任务总结"三阶段的教学模式，教学效果良好。本文将在此予以阐述。

二、任务驱动式教学法

（一）任务设计

以实验技能培养为核心、以典型任务为驱动，将卫生检验检疫实验技术课程分解为八个任务模块（见表1）。近年来南华大学卫生检验学专业每一届研究生人数不多，约为8至10人，在该课程教学中非常适于采用任务驱动式教学法。每1~2名研究生负责完成一个任务。

表1 "卫生检验检疫实验技术"课程任务设计及学时

任务名称	学时
知识讲座：实验室规章制度及安全知识	2
任务一：气相色谱法测定苯系物（内标标准曲线法）	4
任务二：高效液相色谱法测定饮料中的糖精钠、苯甲酸和山梨酸	4
任务三：石墨炉原子吸收分光光度法测白酒中的铅	4
任务四：分子荧光分析法测定阿司匹林中乙酰水杨酸和水杨酸	4
任务五：无菌器材及培养基准备	4
任务六：细菌的接种技术	4
任务七：细胞培养技术	4
任务八：PCR 技术	4

为督促研究生较好地完成任务，应尽量创设与任务相关的、在后续科研课题工作中会出现的真实的学习任务，以提高研究生的学习积极性和求知欲。

（二）任务实施

以高效液相色谱分析技术[7-10]为例，我们设计的任务是测定饮料中糖精钠、苯甲酸和山梨酸的含量。通过实验的设计、操作使学生掌握高效液相色谱仪的操作技能，熟悉相关文献的查阅、实验的设计等工作。研究生须自行查阅文献、提出实验方案，包括实验目的和意义、实验原理、试剂材料、技术路线、预期结果等。

1. 任务一：试剂材料准备

要求承担任务的研究生课前查阅资料，列出所需试剂的名称、浓度、配制方法，自行配制实验所需试剂、标准溶液，处理实验样品。其他研究生协助。

2. 任务二：预试验

色谱仪的调试、分离测试条件的优化，尤其是梯度洗脱程序，主要由承担任务的研究生完成，其他研究生协助。

3. 任务三：正式试验

课堂上，由承担任务的研究生完成高效液相色谱法测定饮料中糖精钠、苯甲酸和山梨酸的实验，一边操作一边讲述。同时，还要求讲解如何利用色谱工作站进行数据处理，实现定性定量分析。教师在此过程中进行巡视，及时给予指导。

（三）任务总结

由承担任务的研究生对高效液相色谱分析技术进行归纳，讲解完成本次任务涉及的样品前处理技术、色谱分离理论、定性定量分析方法、实验技能及注意事项。从任务布置到实施完成的整个过程，其他每一个研究生都必须提问，以研究生为主，讨论实验过程中出现的问题、所得结果的准确度和可靠程度等。教师针对研究生在完成任务中出现的不足进行讲解、纠正、完善，使研究生的仪器操作规范化，培养其透过事物表面分析其本质的能力，及时将学习效果反馈出来，最后分配下一个任务。

三、小结

研究生的课程教学重在激励其思考和质疑，培养其实践能力和创新能力。将任务驱动式教学应用于"卫生检验检疫实验技术"研究生教学课程，以任务为分析单位来实施教学，能促进研究生在完成任务的过程中巩固知识、掌握技能，提高分析问题和解决实际问题的能力，培养创新精神，提高教学效果；但在教学内容的深化，以及教学模式的多样化上还有待进一步探讨。

参考文献

[1]林永波,闫瑞.研究生教育教学存在的问题探析与改革措施[J].中国校外教育,2014(S2)：352-353.

[2]陈美红.研究生教学改革思想之探析[J].中国成人教育,2013(18)：135-137.

[3]吴淑娟,陈畅.研究生教学改革之我见[J].现代经济信息,2013(22)：451.

[4]邹先琼,林军,廖锦锋.任务驱动教学法在生物信息学教学中的实践与思考[J].教育教学论坛,2017(28)：209-210.

[5]吴素香,魏颖慧.案例结合任务驱动教学模式探索[J].药学教育,2017,33(3)：43-45.

［6］王伏超，张磊.试析任务驱动教学法在食品检验实训课程中的应用［J］.教育教学论坛，2016（44）：198-199.

［7］Cubero-Leon E, Bouten K, Senyuva H, Stroka J.Determination of Ochratoxin A in Black and White Pepper, Nutmeg, Spice Mix, Cocoa, and Drinking Chocolate by High-Performance Liquid Chromatography Coupled with Fluorescence Detection: Collaborative Study［J］.Journal of AOAC International, 2017, 100（5）：1458-1468.

［8］刘桂果，柏建国，李灿明.高效液相色谱法同时检测功能饮料中7种组分的含量［J］.中国食品添加剂，2017（10）：161-166.

［9］江生，敖菊梅，潘正，汪敏，杨小珊.高效液相色谱法同时快速测定饮料中的12种食品添加剂［J］.分析试验室，2017，36（6）：729-731.

［10］Besil N, Cesio V, Heinzen H, Fernandez-Alba A R.Matrix Effects and Interferences of Different Citrus Fruit Coextractives in Pesticide Residue Analysis Using Ultra high-Performance Liquid Chromatography-High-Resolution Mass Spectrometry［J］.Journal of Agricultural and Food Chemistry, 2017, 65（23）：4819-4829.

硕士研究生培养方式的多样化

符　徵

（南华大学）

摘　要　探索研究生培养方式的多样化，方法：采用导师组集体指导制度；学习方式弹性化；努力营造有利于创新人才成长的环境；鼓励学生积极参加学术活动；创设条件提升课题研究水平；加强硕士生学位论文指导。为培养高层次临床人才做出了创新性探索，也取得了较好的效果。随着国家经济和科技的发展，今后研究生教育还将进一步改革和完善，研究生培养方式也呈现出多样化趋势，以满足社会发展的需要。

关 键 词　研究生培养；多样化

作者简介　符徵，男，1962 年 3 月出生，南华大学附属海南医院，耳鼻咽喉头颈外科医院副院长兼耳鼻科主任、主任医师。联系电话：13907568411；电子邮箱：Fuzheng62310@163.com。

在当今知识经济时代，研究生教育除继续为高等院校和科研单位输送大批教学、科研工作者外，还肩负着培养具有开拓创新精神的应用技术型人才的重任。学生是研究生培养体系的主体，更是即将走入社会的新生力量。在种种关于研究生培养制度的讨论中，比较常见的是主管部门的文件、专家的意见、一线教师的声音，而作为主体的学生，似乎只是在被动地接受着制度的安排。临床型研究生进入到社会，要承担临床、教学、科研三重任务，因此更显示出研究生在校期间培养的重要性。

我们培养的硕士生，应掌握扎实的基础知识，具有一定的科研能力和解决实际问题的能力，具有良好的科学素质和严谨的治学精神，善于接受新知识，提出新思路，探索新课题，有较强的理论联系实际的能力和工作后劲，毕业后既可以到科研部门、高等院校从事科学研究和教学工作，也可以到医院从事临床工作。

为适应当今社会对研究生教育的各方面需求，国内外对研究生的培养方式进行了积极的多方探索，研究生培养方式呈现多样化。现结合我院具体工作谈谈我们对研究生培养方式的一些探索。

一、临床工作基本要求

耳鼻喉科研究生必须完成 33 个月的临床工作，包括病房值班，急诊处理，门诊常见病、多发病的诊断与处理，住院医师常见手术操作，病历书写，文献解读等。

二、采用导师组集体指导制度

我们坚持导师负责和集体培养相结合的方法，淡化导师对学生鉴定方面的"一言堂"权威，形成教学、医疗、科研三位一体的硕士生培养方式，有效地提高了硕士生的诊治水平和综合素质，为培养高层次的耳鼻喉科临床人才做出了创新性探索，取得了较好效果。

导师负责的学徒式研究生培养模式有其特点和长处，但也存在着明显的不足和弊端。我们借鉴美日等国研究生培养的成功经验，充分发挥专业教研室教师集体的作用，组成导师梯队，采取导师负责和集体培养相结合的指导方法，较好地克服了导师负责制的不足和缺陷。耳鼻喉科在研究生第二年设立由三位副主任医师及主任医师负责临床指导的导师组，对研究生进行全面临床技能培养，主持有关课程的考试，检查开课报告及论文完成情况，完成研究生教学课程及讲座。

三、学习方式弹性化

耳鼻喉科研究生入学后先在南华大学本部进行系统的研究生课程学习，然后转入南华大学附属海南医院临床学习，改变以前研究生教学过分注重研究生课程学习而轻视临床考查的做法，重视平时的临床考试及考查，提升其在总成绩上的占比。

1. 学生必须参加科室每周二早上 7 点半至 8 点的耳鼻喉科疑难病历讨论。

2. 学生必须参加每周五下午 3 点至 5 点的耳鼻喉科临床操作培训考查和科室每月底的耳鼻喉科理论考试，所有分数计入成绩。

3. 要求学生用业余时间到图书馆 ClinicalKey 上查文献，学习医学英文。

4. 要求学生积极参加医院精品课程，如参加南华大学附属海南医院每周一次各学科新进展讲座，包括人文知识讲座，全面提高研究生素质。

疑难病历讨论和临床操作培训制度被广泛地用于传授知识和提高研究技能，我们重视学生疑难病历讨论及临床操作方面培训，更多地着眼于培养学生的实际能力和创新能力。同时严格考试制度，加强教学管理，促进学生理论水平及临床诊治能力的提升。

四、努力营造有利于创新人才成长的环境

为保证研究生培养质量，必须努力营造有利于创新人才成长的环境。硬件上，南华大学附属海南医院建设 9000 平方米培训中心，购置鼻内镜、耳科手术显微镜、耳鼻喉科手术器械、3D 耳鼻喉科教学模具等设备，配备设备先进的教学实验室。同时加强教师队伍建设，选送教师参加全国师资培训，不断提高导师组教师教学水平。

五、鼓励学生积极参加学术活动

我院坚持"走出去，引进来"的方针，一方面鼓励研究生参加全国耳鼻咽喉会

议、301 医院海南分院主办耳鼻咽喉科高峰论坛，分享全国耳鼻咽喉科资源；另一方面聘请全国优秀研究生导师前来讲课，进行耳鼻喉科学术交流，促进我院的研究生教育水平逐步提高。

六、创设条件以提升课题研究水平

我院创设条件，与海南大学环境与食品科学国家重点实验室合作，送学生到实验室进行 3 个月科研培训，之后独立完成自己的课题，促进学生科研水平的提升。

七、加强硕士生学位论文指导

硕士生毕业论文类型应多样化，可以是理论性研究，也可以侧重"理论联系实际"。我们要求学生确定学位论文的选题之前，应在导师指导下认真查阅有关的文献资料，充分了解有关领域的研究现状和学术动态。硕士学位论文应选择有理论意义或应用价值的研究课题，尤其应该注重那些重要而研究基础又比较薄弱的新领域中的研究课题。以问题为导向、以科研课题为组织形式的研究生培养模式，学生论文可以以导师课题为研究方向，如："海南省遗传性耳聋研究"为导师课题，学生以"海南省遗传性耳聋线粒体基因研究"为研究课题。论文选题须经过填写开题报告阶段，开题报告须经过导师审核通过。

硕士学位论文必须由研究生本人独立完成，研究阶段不少于两个学期。论文要层次清楚，结构严密，行文流畅。引言部分应对与选题有关的研究情况作出简单评述。硕士学位论文的主要内容应是某个领域取得的新的、有意义的研究成果，达到公开发表的水平。

对研究生的学位论文采用双盲评审和导师回避制度，才能最大限度地激发学生的学习欲望，进一步提高研究生教育的质量。

我国自 1981 年起才实施学位条例，起步较晚，各方面都还存在着或多或少的问题。通过学位制度的改革，我国研究生教育中过于偏学术性轻应用性，过分强调传统学科、基础学科而忽视新兴学科、边缘学科的问题，会逐步得到纠正。随着国家经济和科技的发展，今后研究生教育还将进一步改革和完善，研究生培养方式将呈现多样化趋势，以满足社会发展的需要。

参考文献

[1] 史兰新，陈永平. 国内外研究生培养方式的比较及探讨 [J]. 东南大学学报（哲学社会科学版），2010（2）：117-121.

超文本化学术阅读与科研兴趣培养

—— 一项对英语类专业硕士生的跟踪调查 *

王艳萍

（南华大学）

摘　　要　本研究通过跟踪调查，以课外阅读作业形式，对英语类专业硕士新生超文本化学术阅读的现状及其对培养科研兴趣的作用进行探讨。通过分析阅读报告和学期总结发现：总体而言，超文本化学术阅读收效显著，学生阅读量适中，阅读材料大部分来源于国内网络平台，高质量文献及外文文献比例较低；再就是，阅读路径多样化，路径的选取对研究兴趣产生了一定影响，根据兴趣发现的概率高低排序依次是辐射型、综合型、直线型、课程进度型和无序型，阅读路径对阅读收获影响的差异并不显著。

关 键 词　超文本化；学术阅读；科研兴趣；阅读路径

作者简介　王艳萍，女，1975 年 6 月出生，南华大学外国语学院，副教授。联系电话：15973380628；电子邮箱：25364434@qq.com。

一、引言

科研兴趣是指对科学研究活动的一种积极态度与情绪状态，是推动个体进行科学研究的内在动力。[1] 胡弼成、杨桂武认为兴趣具有"对科学技术发展的促进作用，对个人科研成功的激励作用，对培养创新人才的催化作用"。[2] 由此可见，研究兴趣是科研能力培养的动力之源，有了兴趣才能激发进一步深入探究的动机。对英语类专业硕士研究生而言，科研兴趣的培养除了基于扎实的英语专业学科知识，还需要对本专业发展前沿和研究趋势进行深入了解。在信息技术飞速发展的今天，学术阅读材料来源更为丰富，选择众多。除了进行传统的印刷文本阅读外，还可以通过关键词检索网络文献进行超文本化阅读，从中发现感兴趣的研究方向或具体的研究问题。此处的"超文本化阅读"不仅包括对网络文本或超文本的阅读，也指"以超文本的方式进行阅读"，即类似网络链接的非线性阅读，"它既适合网络超文本，也适合普通印刷文本"。[3]

* 本文受湖南省哲学社会科学基金项目"应用语言学视阈下的超文本研究：系统、符号、意义与互动"（项目编号：13WLH49），2016 年湖南省普通高等学校教学改革研究项目"输出驱动下的混合式英语阅读教学研究"（项目编号：365）资助。

二、研究综述

"科学兴趣作为一种特殊的精神兴趣，它源于人的注意，需要关注和关心，是一种趋向性的心理特征或心理状态。其对科学研究和创新人才培养的作用主要表现在对科学技术发展的促进作用、对个人科研成功的激励作用和对培养创新人才的催化作用。它来自于个体的本源需要，是研究的根本动力。"[2]黄坚、丛敏认为"对求解科学问题的兴趣是科研的永恒驱动力"。[4]唐彬秩等也进一步指出"科研兴趣是研究生科研活动中最现实、最积极的心理成分，是推动研究生投身科研的强大动力"，研究生的科研兴趣起着类似于"聚合酶链式反应（PCR）"的"引物"作用，所以"必须充分重视研究生科研兴趣的培养"。[5]由此可以看出科研兴趣对创新型、研究型人才培养的重要性。除了对科研兴趣重要性的探讨，覃爱苗等分析了目前大学生对科研兴趣不浓厚的主要原因，并基于 CDIO 教学理念讨论了如何通过理论和实践有机结合来提高学生的科研兴趣和创新能力，并提出了一些改革经验及措施。他们认为学生科研兴趣不高及实践创新能力差的原因主要有三个方面：基础知识薄弱；不了解学科发展的新动态；理论知识和实际操作的结合不够及时。[6]黄坚、丛敏进一步指出，可以通过加强科研兴趣的引导，创造良好的科研条件和注重科研实践过程来培养科研兴趣和能力。[4]

在学术文献阅读研究方面，文秋芳探讨了应用语言学文献阅读与评价课程的形成性评估，构建了符合硕士研究生特点的课程形成性评估理论框架。她认为在这个开放式的学习过程中，学生拓宽了眼界，活跃了思维，激发了研究和创新的欲望。[7]于海阳等调查了研究生文献阅读研讨课的现状，分析了文献阅读课的课堂评价指标，并在介绍研究生文献阅读研讨课教学特点的基础上，提出一种以文献阅读和研讨为主的研究生专业课程。[8]叶志明认为文献阅读研讨课有助于催生研究生们的创新性思维。[9]苗英豪、韩艳也指出文献阅读是"获取专业知识的重要途径"和"开展科学研究工作的基础"。[10]

梳理以往文献发现，科研兴趣和文献阅读两方面分别有了一些有影响力的研究成果，但是少有对硕士生超文本化学术阅读（尤其是针对英语类专业硕士生）的研究，更没有超文本化阅读和科研兴趣培养结合方面的探讨。超文本化学术文献阅读是否可以激发研究生的科研兴趣，这一问题的解答有益于硕士生科研能力和创新精神的培养。鉴于此，本文将通过对英语类专业硕士研究生超文本化学术阅读的跟踪调查来探讨其阅读特征以及与科研兴趣培养的关系。

三、实验设计

某大学外国语言学和应用语言学专业刚入学的 17 名硕士新生全部参加了本次实验，其中女生 16 人，男生 1 人。实验时间为新生入学的第一学期，该学期学院尚未开设文献阅读或研究方法类课程。实验是在专业课程句法学教学过程中开展的，笔者担任该课程的任课教师。跟踪调查以课外阅读作业形式进行，未告知被试实验目的。实验始于开学后第三周（即上完句法学课程第一章"绪论"后）直至期末，历时约三个月。笔者要求被试课后进行超文本化学术文献阅读，阅读目的在于培养科研能力和找寻感兴趣的研究方向或具体研究课题，为将来的毕业论文写作和科研工作打基础。由于实验是在句法学课程教学过程中开展的，因此笔者建议被试以关键词"句法"为检索点，以超文本化阅读方式进行，材料来源不限（可以是网络超文本或是传统印刷文本如学术期刊和专著等）；阅读内容也不限，被试可以根据自己的意愿和喜好自主选择，不局限于句法学领域。被试须根据每次的阅读情况写出阅读报告。报告内容包括阅读日期、材料来源（若是网络材料须注明网站及网址）、检索的关键词、期刊或专著名、文献标题、著者、内容概述和阅读评价。最后在学期末须对整个学期的超文本化学术阅读作出总结，内容含阅读收获、研究兴趣点的发现情况、阅读中存在的问题等。17 名被试全部按教学要求认真完成了任务，阅读报告和学期总结以作业形式按时提交给任课教师，该项作业作为平时成绩的一部分计入课程考核总分。

四、结果与分析

（一）调查结果

实验结束后，笔者对收集到的阅读报告和学期总结进行了整理分析，统计结果详见表 1、表 2。其中表 1 为阅读报告结果的总体呈现，包括被试的编号、姓名、所阅读文献总数量、CSSCI（中文社会科学引文索引）来源期刊和外语类核心期刊文献数量（表 1 中简称为 C/ 外数量）、文献来源与数量、阅读过程中是否发现研究兴趣和阅读所采取的路径等六个方面。表 2 是对被试在学期总结中所阐述的阅读收获和阅读问题的统计整理。

在本次实验过程中，被试的阅读报告只针对认真研读的文献。根据统计结果，17 名被试的阅读文献总数为 251 篇，个人阅读量最多的 21 篇，最少的 12 篇，人均 14.76 篇。其中 CSSCI 来源期刊和外语类核心期刊（C/ 外）数量为 58 篇，占总量的 23.11%；个人最多 11 篇，最少 0 篇，人均 3.41 篇。在文献来源上，98.41% 的文献来源于网络。其中中国知网的文献数量共 212 篇，占 84.46%；维基百科 13 篇，占 5.18%；百度百科 9 篇，占 3.59%；233 网校论文中心 4 篇，传统印刷文本形式的学术专著 4 本，各占 1.59%；新浪博客及其他外文网站各 3 篇，各占 1.20%；能飞英语、学科论文网与道客巴巴各 1 篇，各占 0.40%。由此可以看出中国知网是被试进行学术阅读的主要网站。其中在 212 篇中国知网的文献中，硕士论文 27 篇，博士论文 1 篇，其他均为期刊论文。在超文本化学术文献阅读过程中，10 名被试明确表示对某一方面产生了研究兴趣或找到了值得研究的问题，5 人未找到，2 人不详。表 1 最后一项

表 1 阅读报告结果统计

编号 姓名	文献总数	C/外数量	文献来源及数量	兴趣发现	阅读路径
1. 董 DW	16	11	中国知网 16	否	课程进度型
2. 蔚 CQ	13	2	中国知网 8（硕士 5 篇），233 网校论文中心 3，能飞英语 1，学科论文网 1	是	直线型
3. 陈 Jun	21	4	中国知网 12，维基百科 4，其他外文网站 3，百度百科 1，233 网校论文中心 1	是	课程进度型
4. 陈 Jia	18	3	中国知网 16（硕士 4 篇），维基百科 1，百度百科 1	否	无序型
5. 彭 Y	15	7	中国知网 13，百度百科 1，道客巴巴 1	不详	直线型
6. 刘 HY	15	3	中国知网 15	是	无序型
7. 张 P	14	5	中国知网 14	是	综合型（直线型+辐射型）
8. 廖 YQ	13	1	中国知网 11，维基百科 1，百度百科 1	否	综合型（跳跃型+辐射型）
9. 谢 NX	14	2	中国知网 14（博士 1 篇，硕士 5 篇）	否	无序型
10. 汪 Y	12	0	中国知网 12（硕士 12 篇）	是	辐射型
11. 彭 L	15	0	中国知网 12，学术专著 2，维基百科 1	是	辐射型
12. 王 YJ	16	7	中国知网 16（硕士 1 篇）	是	直线型
13. 李 YH	12	2	中国知网 8，百度百科 4	是	综合型（直线型+辐射型）
14. 任 JS	13	0	维基百科 6，中国知网 4，新浪博客 3	不详	无序型
15. 庄 YN	16	5	中国知网 13，百度百科 1，学术专著 2	否	无序型
16. 肖 JN	14	1	中国知网 14	是	综合型（直线型+辐射型）
17. 常 RJ	14	5	中国知网 14	是	综合型（跳跃型+辐射型）

是阅读路径，通过分析阅读报告发现被试的阅读路径呈现多样化趋势。梳理阅读报告后，笔者把被试的阅读路径主要归纳为课程进度型、直线型、无序型、跳跃型、辐射型及综合型六类。其中课程进度型指被试的文献检索和学术阅读内容主要围绕每周的课程教学内容，与上课进度直接相关。直线型指的是顺藤摸瓜式，表现为两种形式：一种是读者在阅读文章正文时发现文中某个感兴趣的问题，然后再将该问题作为下一

表 2　阅读收获与阅读问题

被试	阅读收获	阅读过程中存在的主要问题
1. 董 DW	较大，对转换生成语法及相关研究有了初步了解	阅读内容较为分散，不系统，不深入
2. 蔚 CQ	很大，有助于更深刻地理解句法学知识并灵活运用到其他领域，有助于了解其他领域如外语教学、语义理解、翻译等	未陈述
3. 陈 Jun	很大，更深入地了解句法学理论及学以致用	无法获取相关文献，文献内容理解存在障碍
4. 陈 Jia	很大，懂得了如何通过网络查找资料、了解课堂外的知识，学会了用批判的思维对待网络资源，学会了持之以恒	费时，眼睛累，未搜到有用的文献时感到沮丧
5. 彭 Y	较大，了解了句法学的发展史及有关翻译方面的知识	未陈述
6. 刘 HY	很大，对句法学领域有了初步了解，要想做好研究就要关注生活，关注新事物，发现自己感兴趣的东西要深究，不能仅仅停留在表面	发现自己理论基础很薄弱，感兴趣的研究点缺乏理论支撑
7. 张 P	很大，网络资源信息量大，来源丰富，网络学术阅读对日后科研和毕业论文写作很有帮助	费时、辛苦、迷惑，纠结是否要继续
8. 廖 YQ	很大，对句法学有了比较全面的了解，对英语教学法、翻译、中式英语等有所了解	阅读内容有一定难度
9. 谢 NX	很大，对句法学理论有所了解，逐渐养成了搜索资料和寻找自己兴趣点的习惯，了解了自己知识体系的不足之处，掌握了一些研究方法，拓展了思维	阅读半途而废，阅读材料难度偏高，精读变成了泛读
10. 汪 Y	很大，了解了有关影视剧字幕翻译的相关理论知识，如字幕翻译的观众阅读心理和接受能力及时空限制和汉译的目的	未陈述
11. 彭 L	一般，对句法学及句法对英语教学和翻译的影响都有所了解	中国知网收录的论文质量参差不齐，有些论文内容空泛，尚未发现对自己有价值有帮助的文献
12. 王 YJ	较大，学会了在阅读时进行批判性思维，对所读的文章有自己的见解，发现外语教学似乎是一个不错的研究方向	部分论文晦涩难懂

续表

被试	阅读收获	阅读过程中存在的主要问题
13. 李 YH	很大，对句法学有了一定的了解，认为网络是获取相关科研资料的便捷渠道	未陈述
14. 任 JS	很大，对语言学研究的发展方向、隐喻及现代科学与语言学的关系有了一定的了解	未陈述
15. 庄 YN	很大，丰富了语言学知识，拓宽了思维，发现了学业上的不足，意识到了培养科研素养的重要性，学会了如何有效检索文献，养成了做读书笔记的好习惯	避重就轻，倾向于易懂及熟悉的领域，略读或跳读较深奥的文献
16. 肖 JN	很大，对语言学、句法学有了进一步了解，通过网络超文本化学术阅读发现自己对歧义现象的研究感兴趣	未能找到有关歧义的研究视角，需继续阅读
17. 常 RJ	很大，在阅读过程中学会了逐步缩小检索范围，对某一个主题做深入阅读与探索	未陈述

个检索点继续进行阅读；另一种是阅读者在发现某篇文章中的兴趣点后通过查找文后相关参考文献的方式进行再检索和阅读，并依此循环下去。无序型指阅读者每次检索的关键词和阅读内容未呈现出明确的规律性或关联性，未体现出明确的阅读目的。辐射型也称为发散型，指阅读者围绕某一个关键词或研究主题进行检索，阅读与该主题相关的文献。跳跃型是先就某个关键词或研究问题进行检索阅读，然后跳跃到另一个关键词或主题。跳跃型与辐射型结合进行，则演变成综合型。综合型是指两种或多种路径的结合，调查结果显示被试采取的一般是直线型或跳跃型与辐射型结合方式。研究发现，在路径选择上大部分被试采取了单一的阅读路径，也有约三分之一的学生采取了综合型路径。从数量上看，无序型和综合型各 5 人，各占 29.41%（其中直线型 + 辐射型 3 人，跳跃型 + 辐射型 2 人）；直线型 3 人，占 17.65%；课程进度型与辐射型各 2 人，各占 11.76%，人数较少。

表 2 是被试在学期总结中陈述的主要阅读收获和阅读中存在的代表性问题。根据被试的自述，几乎所有硕士生都认可了本次超文本化学术阅读的意义。其中，认为收获很大的有 13 人，占总人数 76.47%；收获较大 3 人，占 17.64%；收获一般 1 人，占 5.88%。对学期总结进一步归纳整理后发现，被试的阅读收获主要有如下几个方面：（1）对课程所涉及的学科知识与发展前沿有了一定了解，并能将其与科研相结合或应用于实践；（2）初步找到了感兴趣的研究方向或具体研究问题并试图解决问题；

（3）懂得了学术阅读的重要性以及如何利用网络资源有效检索和查阅文献，掌握了阅读方法，养成了坚持学术阅读和写阅读报告的良好习惯；（4）学会了用批判性思维对待现有文献内容，对网络资源质量有了初步的鉴别能力；（5）发现了自身学科知识和科研能力方面的不足，意识到了培养科研能力的重要性；（6）初步了解了应用语言学研究方法。此外，被试自述阅读中存在的问题主要有：（1）网络资源丰富，选择太多，较难找到对自己有价值的文献；（2）阅读的内容较为分散，不系统，不深入；（3）学科知识不足，理论基础薄弱，学术文献难度大，理解存在障碍，难以坚持读完，倾向于选择简易的文献；（4）文献资料质量参差不齐，部分论文内容空泛，无新意；（5）文献搜索费时，网络阅读容易导致视觉疲劳。

（二）讨论

1. 阅读总体情况

前文统计得出被试人均阅读量为 14.76 篇。从该数量上看，硕士生的阅读量尚可，但并不算大。对于初入学的硕士生来说，研究型学习还比较陌生，正处于摸索和适应阶段，部分硕士生阅读目的不够明确，阅读动机不强。另外，部分学生反映句法学是一门较难的课程，以"句法"这一关键词为检索点获取的学术文献基本与句法学内容相关，阅读难度限制了阅读数量。首先，从文献来源上看，硕士生的阅读材料主要来自中国知网和其他国内学术网站，传统纸质印刷版学术专著及论文所占比例较低；阅读材料的语言也以汉语为主，外文文献为数不多。分析其原因主要有：（1）文献获取的便捷性。国内高校图书馆一般都购买了中国知网全文数据库，对于许多硕士研究生而言，中国知网是获取学术资源的重要渠道。在实验过程中由于当时学校图书馆的外文数据库尚处于试用状态，其中部分论文只能查阅标题和摘要，无法全文下载或在线阅读，因此学生获取国外学术文献有一定难度。（2）语言因素。中文文献相对外文文献而言，语言障碍较小，再加上部分学生的畏难情绪，中文文献在阅读中更受欢迎。从阅读层次上分析，CSSCI 来源期刊和外语类核心期刊的阅读数量为人均 3.41 篇，只占总量的 23.11%，比例较低，其中 3 名学生阅读该类刊物的文献数量甚至为 0。众所周知，国内外语学科的科研成果除了专著、研究报告和转化为应用形式的成果外，其他主要是指各级各类学术论文。业界一般认为质量较高的论文当属外语类核心期刊和 CSSCI 来源期刊。调查发现，学科知识不足、理解能力有限和对良莠不齐的文献缺乏鉴别、选择能力是硕士生阅读文献质量偏低的重要原因。如前所述，文献阅读是科学研究的基础。任何一项科学研究都必须广泛搜集文献资料，在充分占有资料的基础上，分析资料的种种形态，探求其内在联系，进而做更深入的研究。通过对被试的阅读报告和学期总结进一步分析发现，大部分被试多为接受性阅读，阅读层面停留在知识理解和认同的初始阶段，少有能达到感悟、批判甚至拓展延伸的水平。文秋芳也曾指出，英语专业的硕士研究生不仅阅读文献的能力弱，评价文献的能力更是不尽如人意。[7]由此看来，在随后的学习过程中，英语类专业硕士生不仅需要对学科知识有系统的掌握和了解，还需得到文献阅读方面的指导。

其次，硕士新生在阅读路径的选择上出现了多样化特征。在六种路径中，选择较多的是综合型和无序型，各约占三分之一。其中综合型路径一般是直线型或跳跃型与辐射型的结合，往往采取由点及面的阅读方式，体现了学生在阅读中探索和发现研究兴趣的过程，也体现了学生对阅读内容的理性思考和评判。无序型意味着在每次学术阅读过程中可能有不同的主题和检索词，阅读内容之间的关联性较低，说明该部分学生学术阅读目的不够明确，选择文献的针对性不强。从表2提到的阅读问题也可以看出，硕士生缺乏文献检索和筛选方面的技能，这一点也在阅读路径的选择上有所体现。由于新生对学科知识缺乏系统的了解，也尚未获得文献阅读方面的指导，对研究生阶段的学习内容和方法比较茫然，难免出现阅读的盲目性，当面临海量文献时便会无从选择。然后为直线型。直线型阅读路径体现了阅读者发现问题后试图深入了解的心理，后一次阅读基于前一次的文献内容，该过程紧扣某个研究主题或某条研究线索进行顺藤摸瓜式层层深入的线性探索，达到溯源穷流或纵观全局的目的，最后形成自己的理解或找到问题的解决方案。选择最少的是课程进度型和辐射型阅读路径。课程进度型说明阅读者围绕课程教学内容主要以知识性学习为目的，暂未能体现出其科研兴趣和科研潜质；而选择辐射型路径的硕士生基本上从阅读之初就目标明确，能做到围绕某个具体研究问题进行理性阅读，有较为感兴趣的研究方向或研究领域，排除了阅读中的盲目性，对研究问题的探讨也更为深入一些。这一类学生只占少数。由此看出，不同阅读路径的选取必然有其背后深层原因，这也符合硕士生当时的学习状态。

2. 阅读路径与科研兴趣、阅读收获的关系

（1）阅读路径与科研兴趣

"科研兴趣不仅提供开展科研活动的推动力，而且可以激发出潜在的创造力。"[1]科研兴趣的重要性不言而喻，学术阅读正是发现或培养科研兴趣的重要途径之一。如前文所述，17名被试有10名（58.82%）明确表示已经发现了感兴趣的研究内容，另有2名（11.76%）被试未说明，5名（29.41%）被试表示没有发现感兴趣的科研方向或研究问题。由此看来，通过超文本化学术阅读，多数硕士生找到了研究兴趣。笔者试图进一步分析阅读路径与科研兴趣的关系。在几种不同的阅读路径中，选择辐射型路径的2人均对某个学术问题产生了研究兴趣，占100%；综合型路径5人中发现兴趣点的有4人，占80%；直线型3人中2人明确表示发现了研究兴趣，占66.67%，1人不详；课程进度型2人，1人发现兴趣，占50%；无序型5人，只有1人发现兴趣，占20%，另有1人不详。深入分析这一统计结果发现阅读路径与阅读兴趣

似乎存在一定的关系，兴趣发现概率最高的是辐射型路径，其次为综合型和直线型，课程进度型较低，无序型最低。从辐射型的高发现率可以看出，从一个特定的研究问题或关键词出发，围绕这个主题进行深入阅读，是获得研究兴趣和深入研究的最佳阅读路径。当然辐射型路径与研究兴趣之间可能也存在交互关系，若阅读者本来就对某个研究领域感兴趣或已经具备了一定的前期知识，那么深入阅读的动机就更强，选择辐射型路径的可能性也更大。由此可见辐射型路径对阅读者的前期理论知识有一定要求，如果处于知识空白状态一般不太可能选择或坚持辐射型的阅读路径。在研究兴趣产生之前，综合型路径读者可能采取跳跃型甚至短暂的无序型或直线型，但是一旦发现研究兴趣点，跳跃型或无序型一般会转换成辐射型或直线型路径。此时，辐射型与直线型在一定程度上存在交叠。顺藤摸瓜式的直线型阅读路径也能很好地帮助阅读者发现和探索相关的研究问题，调查数据说明这也是发现研究兴趣的有效路径之一。如前文所述，硕士生采用课程进度型路径进行阅读往往基于课程内容，研究兴趣一般不作为阅读目的，多为接受性阅读，主要是对教材和课堂学习内容的扩充。如果学生纯粹为了修完学分或应付作业，往往很少会对某个具体研究问题进行深入阅读和探索，从而不太可能找到自己感兴趣的研究方向或研究问题。但在课程进度型阅读过程中，随着知识的积累和阅读的深入，学生逐渐对本学科有更多的了解后，找到科研兴趣的概率也就相对高一些。最后，从无序型路径读者的阅读报告看出，被试对学科内容缺乏系统深入的了解，阅读目的性不强，文献检索未显现规律性，阅读内容之间关联性低，研究兴趣的发现具有偶然性，兴趣发现的低概率说明无序型阅读路径最不利于研究兴趣的培养。由此看出辐射型、综合型和直线型阅读路径更有助于科研兴趣的培养和研究课题的发现；反之，研究兴趣也会促使学生更多地采用这三种阅读路径，阅读路径和科研兴趣存在交互影响的关系。

（2）阅读路径与阅读收获

从前文对表 2 的统计结果发现，尽管被试在阅读过程中选择的阅读路径和阅读材料各异，但几乎所有被试都认可了超文本化学术阅读的收获，由此可以肯定超文本化学术阅读在硕士研究生教学中的促进作用和实践意义。尽管每个学生的具体收获不可能一致，但对绝大部分硕士生而言，无论采取何种阅读路径，只要认真进行了阅读，基本都能获得与本专业或课程相关的专业知识，提升科研水平和培养科研能力，所谓开卷有益。实验并未发现阅读路径体现在阅读收获上的明显差异，因而可以推断出阅读路径对阅读收获的影响并不太显著。

尽管绝大多数被试高度认可了此次学术阅读的收获和积极意义，但调查结果中也有一个值得关注的个别现象：11 号被试是唯一一名报告阅读收益为"一般"的学生。分析其阅读报告发现，该被试所阅读的文献总数量为 15，外语类核心期刊和 CSSCI 期刊数量为 0。该被试自述："对句法学及句法对英语教学和翻译的影响都有所了解，但尚未发现对自己有价值、有帮助的文献。阅读过的论文有的写得很具体，但有的却很空泛，看完都不知道看了什么，有的甚至让人大跌眼镜，让我怀疑某某网站收录的部分论文的质量。"对该现象进一步分析发现：首先，阅读收获可能与所阅读的文献有着直接的关系，文献的主题、内容和质量会在一定程度上影响阅读者对收获的感受；其次，对阅读收获的评价属于读者的个人感受，调查者很难设置绝对的评判标准，因而具有一定主观性；另外，对阅读收获的评价还与读者的期望值及自身的专业水平有一定关系，一般而言，学生若专业基础较好，对学术文献质量要求会相对较高，阅读的期望值也相应更高（在后期的教学过程中发现，该生专业成绩为全班最优）。11号被试采取的是辐射型阅读路径，应该说她对此次超文本化学术阅读有良好的规划和较明确的阅读目的，并且能对阅读材料作出较客观的批判性评价，而不是对阅读内容照单全收，因此11号现象具有一定的代表性。

五、结语

为了了解英语类专业硕士研究生超文本化学术阅读现状和在此过程中的科研兴趣培养情况，本文以句法学课程为依托，对新入学的外国语言学及应用语言学专业硕士新生进行了近一个学期的跟踪调查。调查发现，首先，学生阅读量适中，阅读材料主要来源于网络，但阅读层次有待提高。其次，超文本化学术阅读是培养科研兴趣的重要途径，在阅读过程中硕士生选择了不同的阅读路径，路径影响了研究兴趣的发现，且二者存在交互关系。通过此次阅读实践，学生表示受益匪浅，逐渐学会有意识有针对性地对海量文献进行筛选并深入研读，说明超文本化学术阅读有助于提高学生检索、阅读文献的能力，增进对学科知识的系统了解，同时还能培养发现问题和解决问题的能力，并进一步促进逻辑思维和创新性思维的发展，这为后期的专业学习和科研工作夯实了基础。超文本化学术阅读是硕士生自主性、研究型学习的重要环节，对刚走进科研领域的英语类专业硕士生而言，其中也存在一些问题，需要得到教师有针对性的指导。尽管由于实验条件的限制和其他相关因素的影响，本研究还有待继续深入和完善，笔者还是期望该研究结果能对英语类专业硕士研究生的教学工作和科研兴趣与科研能力的培养提供些许有益的参考。

参考文献

[1] 蔺玉. 博士生科研绩效及其影响因素的实证研究 [D]. 合肥：中国科学技术大学，2012.
[2] 胡弼成，杨桂武. 科学兴趣：研究的根本动力 [J]. 黑龙江高教研究，2010（10）：1-4.
[3] 王艳萍，罗筑华. 基于网络的超文本化大学英语阅读教学模式探析 [J]. 成都大学学报，2009（1）：92-94.
[4] 黄坚，丛敏. 临床医学院研究生科研兴趣的建立与科研能力的培养 [J]. 临床和实验医学杂志，2012（10）：812-813.

[5]唐彬秩，屈艺，母得志．浅谈医学研究生科研兴趣培养中的问题和解决方法［J］．成都中医药大学学报（教育科学版），2012（1）：16-18.

[6]覃爱苗，赵良传，苏桂妹，吴一凡，张开友，张发爱．以应用研究型课程为契机提高学生科研兴趣和创新能力［J］．教育教学论坛，2015（32）：167-168.

[7]文秋芳．《文献阅读与评价》课程的形成性评估：理论与实践［J］．外语测试与教学，2011（3）：39-49.

[8]于海阳，辛明军，祁晶．基于文献阅读研讨的研究生专业课程教学评价方法［J］．计算机教育，2011（22）：81-83.

[9]叶志明．开设文献阅读研讨课 培养研究生的创新能力——上海大学研究生创新教育模式探索［J］．学位与研究生教育，2008（7）：33-36.

[10]苗英豪，韩艳．利用文献阅读与讨论提高研究生专业课教学质量的实践［J］．土木建筑教育改革理论与实践，2009（11）：396-398.

"翻转课堂"应用于研究生科技论文写作
教学的可行性分析 *

雷 波 蒋复量 罗才武 汪 弘

（南华大学）

摘 要 如何将研究生学习过程中的科研成果以论文形式快速发表并获得社会认可，是研究生关注的一个重要问题。结合"翻转课堂"和模块化教学特征，设计并构建了研究生科技论文写作课程模块化的"翻转课堂"教学模式。分析研究生的学习特征表明，翻转教学模式在科技论文写作教学中具备应用条件，也能够提高研究生的写作能力。

关 键 词 研究生；科技论文写作；教学模式；翻转课堂

作者简介 雷波，男，1985 年出生，南华大学环境与安全工程学院，讲师。电子邮箱：hame88@126.com。

一、引言

近年来，我国高校在校研究生数量不断上升，逐渐成为我国科学研究的重要力量。优质的科研论文写作对推动科学思想传播和科学技术交流，促进科研成果产业化推广和高校建设具有重要作用。[1-2] 随着科学技术的发展，尤其是多媒体技术和信息技术的发展，当代学生可以通过多种方法、多种途径获得更丰富的知识，对教师课堂教学提出更高的要求。

翻转课堂将知识学习过程中的知识传授与知识内化两个阶段颠倒过来，教学流程的逆序创新带来了知识传授的提前和知识内化的改变。最经典的案例是美 Robert Talbert 教授提出的课前、课中分界模式，课前学生学习资料，课中包括快速测评、课间研讨，课后反馈。[3] 目前，国内翻转课堂教学改革主要采用微课手段应用在大学英语、化学等课程，活跃了课堂气氛，取得了较好的课堂学习效果。[4-7] 而科技论文写作的相关教材多以理论叙述为主，缺乏与学生专业相关案例，文本内容无趣乏味，教学效果一般。因此，在科技论文写作课程中开展翻转课堂的教学改革，使研究生尽快熟悉科技论文写作规范与方法，提高科研论文写作能力很具现实意义。[8-9]

* 本文受南华大学研究生教学改革项目资助。

二、翻转课堂教学模式的特征

（一）角色转变

角色转变主要包含教师角色转变和学生角色转变。一般来说，在翻转课堂中，教师不主宰课堂，而是学生学习的促进者和指导者；学生成为整个学习过程的主角，控制学习时间、学习地点、学习内容和学习量，通过小组学习和协作学习等形式来完成对所学知识的理解和吸收。[5]

（二）课堂时间重新分配，互动增加

相较传统课堂，翻转课堂中，需要讲授的内容通过网络技术在课前完成，教师讲授时间缩短了，学生学习活动时间增加了。在不减少基本知识传递情况下，翻转课堂增强了课堂中教师和学生的交互性，提升了学生在课堂上的主人翁意识，使其能够积极地参与到学习过程中。通过将"预习时间"最大化来完成对教与学时间的延长，实现知识的深度内化，从而提高学习效率。通过教师的评价反馈，学生将更加客观地了解自己的学习情况，更好地控制自己的学习。

三、翻转课堂教学设计

根据翻转课堂一般设计原则[3、6、7、10-13]和科技论文课程特征[2、14-17]，本文设计出"翻转课堂"教学模式的概念图（图1）。

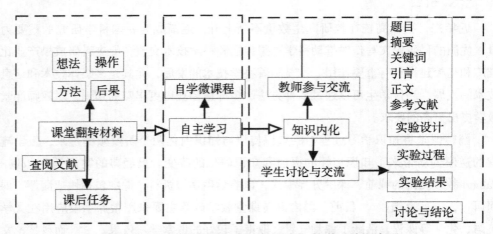

图1　科技论文写作课程"翻转课堂"教学设计概念图

科技论文写作翻转课堂教学模式包含了课前学习资源准备、学生自主学习，课间讨论、反馈与评价阶段。课程中包含的定义、概念、原理等基本知识较少，主要是需要不断练习才能熟练的写作操作类知识。教师先根据科技论文写作的方法、实操和结果对应实验设计、实验过程、实验结果和讨论分析制作翻转课堂学习资源包，在课前

通过信息手段传递给学生；学生依据学习资料中的学习要求自主完成学习，并相互之间进行交流；在课堂上，教师组织学生进行分组讨论，并积极观察学生在科技论文写作中题目、摘要、关键词等方面的讨论进展和结果；在课程结束的时候，教师收集学生的课堂体验、感受并反馈学生学习的效果，积极做好科技论文写作相关方面的总结和后续课程的调整。

四、翻转课堂模式应用于大学英语教学的可行性分析

（一）教学可行性

一般来说，负责研究生教学的老师均具备较高的学历和较快接受新兴事物的能力，并且具备较强信息技术应用能力，在课件制作、信息获取与处理方面能力较强，提供了实施翻转课堂技术基础。

（二）研究生学习和教学环境可行性

研究生教育是继大学本科教育之后更高一级的教育，是整个教育体系中的最高层次。研究生一般个性鲜明、思想成熟、创新能力较强，学习过程也比较自主和自由。[18、19] 学生能够在教师的指导下，自主完成课前资料学习和讨论，积极参与课堂上的研讨，熟练掌握科技论文写作的知识。研究生对新兴事物保持包容和积极接纳的态度，容易接受网络的自主学习平台。这些为翻转课堂的实施提供了有利的条件。

在研究生教育过程中，我国高等院校师生拥有和使用电脑的比例高，为科技论文写作等课程的翻转教学提供了必要的硬件基础。

五、总结

培养和提高研究生的学习能力是研究生教育的根本目的。翻转课堂的课前知识学习、课堂知识内化是基于信息技术的先进教学理念。通过借鉴翻转课堂教学实践和研究成果，本文在对翻转课堂教学模式，教师、研究生学习特征和教学环境等支撑条件进行分析后，认为翻转课堂教学模式应用于科技论文写作课程具有可行性。

参考文献

[1]何雪.科技论文写作中的常见问题与建议[J].学报编辑论丛，2008（00）：91-94.

[2]梁永厚，梁春霞，许敏.科技论文写作课程的教学改革[J].河套学院学报，2017（01）：63-65.

[3]容梅，彭雪红.翻转课堂的历史、现状及实践策略探析[J].中国电化教育，2015（07）：108-115.

[4]崔艳辉，王轶.翻转课堂及其在大学英语教学中的应用[J].中国电化教育，2014（11）：116-121.

［5］卢海燕.基于微课的"翻转课堂"模式在大学英语教学中应用的可行性分析［J］.外语电化教学，2014（04）：33-36.

［6］徐妲，钟绍春，马相春.基于翻转课堂的化学实验教学模式及支撑系统研究［J］.远程教育杂志，2013（05）：107-112.

［7］汪晓东，张晨婧仔."翻转课堂"在大学教学中的应用研究——以教育技术学专业英语课程为例［J］.现代教育技术，2013（08）：11-16.

［8］张菊，朱孝峰，邝海沙.高院开设研究生科技论文写作课的思考［J］.高教论坛，2008（06）：208-210.

［9］王建青.科技论文写作课程在研究生教学中的作用［J］.教学研究，2008（04）：315-317.

［10］缪静敏，汪琼.高校翻转课堂：现状、成效与挑战——基于实践一线教师的调查［J］.开放教育研究，2015（05）：74-82.

［11］祝智庭，管珏琪，邱慧娴.翻转课堂国内应用实践与反思［J］.电化教育研究，2015（06）：66-72.

［12］宋艳玲，孟昭鹏，闫雅娟.从认知负荷视角探究翻转课堂——兼及翻转课堂的典型模式分析［J］.远程教育杂志，2014（01）：105-112.

［13］钟晓流，宋述强，焦丽珍.信息化环境中基于翻转课堂理念的教学设计研究［J］.开放教育研究，2013（01）：58-64.

［14］于万锁.工科博士生英语科技论文写作的主要问题及解决建议［J］.外语界，2014（03）：55-62.

［15］梁永厚，梁春霞，许敏，等.本科院校科技论文写作课程的模块化教学方法探讨［J］.黑龙江畜牧兽医，2016（12）：259-261.

［16］钟细军，殷景霞.高效发表科技论文的写作方法与技巧［J］.科技与出版，2014（02）：56-59.

［17］李加林，何书金，朱晓华.基于同行评审视角的地理学论文写作与投稿［J］.地理学报，2017：1-12.

［18］陈晓慧，苏晓.研究生学习自由的意义及特征分析［J］.中国高教研究，2010（01）：44-46.

［19］施春华，盛海娟，王记彩.硕士研究生学习能力及有关心理特征的调查［J］.中国高教研究，2008（11）：34-38.

研究生翻转课堂教学设计方法研究

李 平 侯剑楠 魏建国

（长沙理工大学）

摘 要 为培养新时代背景下全面发展的研究生优秀人才，本文对翻转课堂新型教学理念进行研究，详细介绍翻转课堂的概念及内涵，探讨影响翻转课堂教学实施的主要因素，同时对翻转课堂教学过程进行设计。研究结果表明，翻转课堂教学模式的实施不仅能够提高学生自主学习能力，培养其创新思维能力，还可以增加师生间交互沟通，提升教学效果，适合在我国进行推广应用。

关 键 词 翻转课堂；教学设计；设计要素

作者简介 李平，1978 年 7 月出生，长沙理工大学交通运输工程学院，副教授、博士、硕士生导师。联系电话：13755032508；电子邮箱：lipingchd@126.com。

一、引言

随着时代的发展，传统教育模式下学生创新能力、自主学习能力等不足的缺陷逐渐显露，如何有效提高教学质量，促进学生个性化发展，全面提高其综合素质，成为当前形势下亟须解决的问题。2013 年，教育部等联合发布的《关于深化研究生教育改革的意见》指出，"总体上看，研究生教育还不能完全适应经济社会发展的多样化需求，培养质量与国际先进水平相比还有较大差距"，并建议通过高质量课程学习强化研究生的科学方法训练和学术素养培养，构建符合专业学位特点的课程体系，改革教学内容和方式，加强案例教学，探索不同形式的实践教学。而翻转课堂的教学理念和教学方式很好地适应了研究生教育教学改革的需要，将"翻转课堂"应用于研究生教学中，探索研究生教学改革的新模式具有重要的现实意义和紧迫性。

翻转课堂（the flipped classroom）是起源于国外的一种新型教学理念，通过利用信息技术改变学生学习方式和教师教学方法，在全球范围内引起广泛关注，不少国内外教育工作者将其用于教学实践，并取得良好的效果。例如迈阿密大学的 Gerald C 教师通过使用视频软件实现知识传授，同时设计了教学目标矩阵，提高了研究生学习积极性与教师反馈效果；中田纳西州立大学教师 Jeremy F 开发设计了基于知识空间的评估学习智能教学系统，致力于提高研究生团队协作与创新能力；[1]天津师范大学运用文华在线平台，将在线基于 U-MOOC 的研究生口语课程学习与翻转课堂教学活动进行结合，实现研究生英语口语教学数字化；[2]内蒙古医科大学以研究生为研究对象，应用翻转课堂结合案例式学习展开教学，取得良好的教学效果，学生学习兴趣、交流表达能力、自主学习能力得到明显提升。[3]但与此同时，翻转课堂的研究还存在一些问题，例如对于翻转课堂本体研究不够深入，缺乏策略性研究等。[4]本文针对现存问题，详细介绍翻转课堂概念及内涵，研究影响翻转课堂实施主要因素，并针对研究生翻转课堂教学设计进行深入探讨，为我国翻转课堂的实施提供借鉴与参考。

二、翻转课堂的概念及内涵

（一）翻转课堂的概念

翻转课堂是一种新兴的教育模式，美国最早实践翻转课堂教学的 Aaron Sams 认为，翻转课堂的基本理念是将传统课堂中课程传授过程转移到课外，然后充分利用节省下的时间满足学生不同的学习要求；[5]清华大学的钟晓流认为，翻转课堂就是在信息化环境中，学生在课前完成教师所提供知识资源的自主学习，师生在课堂上完成多种形式学习活动，帮助学生知识内化的新型教学模式。[6]

本文认为翻转课堂就是教师根据学生学习特征，利用信息技术将教学视频、学习任务等资源供学生课前开展自主学习，在课堂上通过师生交互、疑难解答、小组探讨等形式让学生完成知识内化的过程，是一种以学生为中心的新型教学模式。

（二）翻转课堂的内涵

1. 教学结构翻转

传统课堂的教学结构分为教师课堂传授知识与学生课下内化知识两个阶段。这种教学结构使得教师不能在学生内化知识阶段给予及时的帮助，导致学生学习效率低下。而翻转课堂将传统的教学结构进行翻转，让学生在课堂上进行知识内化，课下自主学习知识，通过教学结构的翻转改变学生学习模式，提高教学效果。

2. 师生角色转换

翻转课堂的教学中，教师不再是传统课堂中学习的主导者，而是成为学生学习的引导者，学生成为学习过程的中心，不论是课前自主学习过程，还是课堂上多样化的学习活动，都要求学生积极参与，师生角色发生转变。

3. 教学方式转变

在翻转课堂教学中，教师教学不再是传统课堂中单一、乏味的课堂授课形式，而是通过课前给学生提供各种形式的学习资源、布置相关任务与练习，课堂上与学生开展多种形式的交互活动，让教学方式变得更加丰富。

（三）传统课堂与翻转课堂对比

为深入理解翻转课堂教学理念的内涵，本文对传统课堂与翻转课堂的教学特点进行对比，如表1所示。

表 1 传统课堂与翻转课堂教学特点对比

对比项目	传统课堂	翻转课堂
教学形式	教师课堂传授知识，课后布置习题	课前学生进行自主学习，课堂开展多种形式的学习交流活动
评价方式	考试、纸质测评	小组评选、教师打分等多种形式
优势	教学成本较低，课堂知识的系统传授有利于帮助学生建立知识框架	提高学生自主学习能力，培养创新型思维方式，有利于学生全面发展
缺点	知识传授形式单调，学生学习积极性不高，教学效率低，不利于开展个性化教学	教学成本较高，对学生自律性、教师专业能力要求高

三、翻转课堂教学实施影响因素研究

由于研究生个体的差异性，不同的学生自学能力、思维理解能力各有高低，作为翻转课堂教学中的主要参与者，其对翻转课堂的接受程度对翻转课堂教学实施有较大影响。另外，由于在翻转课堂中教师不再作为主导者，学生的学习过程更加自由，因此学生自控能力也会对教学的实施产生影响。

翻转课堂教学模式对教师的要求更加严格，教师不仅需要深入理解翻转课堂的概念与内涵，还要根据学生的学习特性，提供优质的教学资源供其自主学习，同时在课堂上要充分调动学生积极性，主动开展多种形式的学习活动。

学校宏观战略布局及相关教学政策能够对翻转课堂的实施起到积极推动作用，学校可以充分利用已有资源，为翻转课堂的实施提供有利条件，通过政策引导作用，促进教师、相关教学人员进行教育改革，促使翻转课堂顺利实施。

翻转课堂的实施过程中，资金、时间、教学场地、网络多媒体等客观因素也会对其产生影响。翻转课堂要求课堂有足够的空间环境，满足学生探讨知识、互相交流的要求。学生学习时间与教师教学时间的合理安排，也会对教学效果提升有较大帮助。[7]

四、翻转课堂教学设计要素

（一）学习对象与学习目标分析

翻转课堂教学模式的实施，首先要了解学习对象的学习特征，包括其认知能力、学习水平、学习目标等，通过对学习对象进行特征分析，帮助教师确定合适的教学方式与个性化培养方案，为翻转课堂的实施奠定基础。

学生的学习目标是整个教学设计的出发点，清晰明确的教学目标不仅可以帮助教师把握正确的教学方向，还能够有效提高教学效果。在翻转课堂教学模式下，需要从课前与课中两个阶段对学习目标进行设计。

1. 课前自主学习

课前自主学习阶段主要是一个知识传递过程。在该阶段，学生主要是对知识进行较浅层次的识记与理解，因此该阶段教师应该布置一些较为简单、易于掌握的学习任务，培养学生自主学习能力。

2. 课堂知识内化

课堂知识内化是学生掌握和运用知识的过程，该阶段学生的学习目标应该逐渐由浅层次向深层次转化，通过开展学习活动，深入理解知识的同时，在已有知识的基础上积极创新，深入思考，提出自己的看法，培养思维能力。

（二）学习内容与学习资源设计

由于翻转课堂教学结构的改变，教师需要在学生自主学习前将学习内容、学习资源进行设计，这就要求教师必须对教学内容进行更加透彻的分析、梳理。在学习内容设计过程中，教师要遵循"拆分—整合"顺序，在学生开始自主学习前，将知识进行归类、总结，明确知识点之间的逻辑关系，将知识点分层次通过各种形式传达给学生，形成任务，之后教师再对知识内容进行框架设计，帮助学生建立相应的知识体系。

学习资源是指教师提供给学生进行自主学习的资料，包括教师设计的教学视频、学习任务、在线作业等多种形式。本文针对这三种形式进行详细介绍。

1. 教学视频

微视频具有时间短、内容丰富、易于保存的特点，学生可以根据自身需要将视频快进或者后退，学习进度能够根据自身理解能力、接受能力而定，能够适应不同学习阶段学生的差异性要求。

教师在进行教学视频设计时，尽量做到在较短的时间内，保证更多的知识传授。另外，教师还要对教学风格、教学内容组织进行把控，以提高学生的学习兴趣。

2. 学习任务

在课前自主学习过程中，学生学习过程变得更加自由，但同时由于缺乏教师的实时监督与管理，学生很难准确把握学习目标与学习重点，导致学习效果不佳。设计学习任务时，教师首先要明确教学目标，将学习内容中的重点、难点进行汇总，帮助学生明确学习目标，提高学生学习效率。

3. 在线作业

传统课堂的作业一般为课后习题，以帮助学生内化课堂知识。在翻转课堂中，在线作业的布置主要是为了帮助学生加深对知识的理解。在线作业的设计要在教师明确教学目标后进行，在线作业的题型应尽可能做到客观题与主观题结合，帮助学生在掌握基础概念的同时，能够提出自己的见解，锻炼学生的发散思维能力与语言组织能力。

（三）学习活动与环境设计

翻转课堂中学习活动是指课堂上师生间、生生间的交互活动，课堂的交互活动目标是实现学生对知识的掌握，同时在师生间形成一种人际交互关系。[8]学习活动按开展形式可以分为两种，一种是阅读、理解、反思等学生独立进行的活动，另一种是课堂游戏、小组讨论、师生探究等协作式活动。学习活动形式要由教师根据学生学习实际情况进行选择。以下是几种常见的翻转课堂学习活动形式。

1. 头脑风暴

在课堂活动中，教师提供给学生一个特定话题，让学生在没有拘束的环境下自由思考、发散思维，提出自己对于话题的理解与看法，然后其他参与者在已有的观点上提出自己新的观点，通过这种自由、开放的活动平台，提高学生的学习兴趣，培养其语言组织与表达能力。

2. 辩论

辩论学习活动中，教师向学生提供辩论主题，让学生组建正反观点小组进行辩论，学生通过查阅资料寻找论据支撑。辩论活动的开展有利于学生分析质疑，锻炼高阶思维能力，同时还可以提高学生的团队协作意识。

3. 小组讨论

小组讨论是翻转课堂中一种简单有效的师生间、生生间交互行为。学生在小组间的讨论，一方面可以让学生清晰认识到自己学习的不足之处，借鉴参考他人的学习方法，扬长避短，提升自身学习能力；另一方面可以促进学生资源共享，培养学生建立团队协作意识，提高沟通表达能力。

学生的学习环境设计是为了保证学生在进行课前自学与课堂交互时，有良好的客观条件支持，主要包括以下两点：

1. 网络学习环境

学生课前自主学习阶段要保证网络学习环境。教师可以通过网络社交平台，将教学视频、任务表单等学习资源在线发送给学生，也可以通过网络通信工具给予学生学习上的指导。同时学生也能够通过网络获取各种形式的学习资源，拓展知识维度。

2. 课堂环境

翻转课堂的环境设置，要保证学生能够有一个开放、自由的心态。关于教室的布置，可以将方桌替换为圆桌，在教室周围多设置几个小黑板。良好的讨论环境，不仅能够激发学生思维的火花，也方便教师进行管理。[9]

（四）学习评价设计

由于翻转课堂教学形式、培养目标等不同于传统课堂，因此传统课堂的以课堂表现、学生成绩来对学生进行学习评价的方式不适用于翻转课堂。在翻转课堂中，学生的学习过程主要分为自主学习与课堂知识内化。学生自主学习阶段的评价，可以让该小组成员根据其在小组讨论中的表现情况进行打分；而课堂知识内化过程的评价，教师可以根据小组展示阶段该小组的表现进行打分。最后，教师综合考试成绩，对学生在翻转课堂中的学习进行全面评价。

五、总结

本文详细分析了翻转课堂的概念与深刻内涵，探讨研究了翻转课堂实施过程的主要影响因素，并针对研究生翻转课堂教学方法进行了全面设计。主要内容总结如下：

（1）学生差异性、教师参与主动性、学校相关政策以及时间等客观条件是影响翻转课堂实施的主要因素，学校给予政策上引导、教师积极参与、学生主动配合以及客观条件的允许，是保证翻转课堂教学顺利实施的基础。

（2）根据研究生不同学习特征，明确其在课前自主学习与课堂知识内化两阶段学习中的目标，是进行翻转课堂教学的基础。

（3）遵循先拆分后整合原则，明确课程知识点之间的相互关系，对研究生学习内容进行设计；以教学视频、学习任务、在线作业三种方法为例，介绍学习资源设计方法；以头脑风暴、辩论、小组讨论三种常见学习活动为例，阐述学习活动设计目的与方法；通过网络学习环境和课堂环境两方面对学习环境进行设计，为翻转课堂实施提供客观条件支持。

（4）针对传统课堂学习评价方法对于翻转课堂的不适用性，提出组内评价、教师评价与考试成绩相结合的综合评价考核方法，确保学生学习过程评价的全面性。

参考文献

[1] 何朝阳，欧玉芳，曹祁.美国大学翻转课堂教学模式的启示 [J].高等工程教育研究，2014（2）：148-151+161.

[2] 吴雪颖，唐伟.基于 MOOC 的研究生英语口语课翻转课堂教学模式案例研究 [J].中国教育信息化，2015（12）：32-36.

[3] 吴岩，赛恒，李斌，等.创新型教学模式在研究生教学中的尝试 [J].中国民康医学，2015（23）：8-10.

[4] 杨浩群.基于翻转课堂的教学设计研究 [D].上海师范大学（课程与教学论），2016.

[5] 王长江，胡卫平，李卫东."翻转的"课堂：技术促进的教学 [J].电化教育研究，2013（08）：73-78+97.

[6] 钟晓流，宋述强，焦丽珍.信息化环境中基于翻转课堂理念的教学设计研究 [J].开放教育研究，2013，19（01）：58-64.

[7] 柴妍红.高校工科课程实施翻转课堂的影响因素研究 [D].浙江大学（教育经济与管理），2016.

[8] 邵敬芳.翻转课堂模式下的师生交互研究 [D].广西师范大学（教育技术学），2016.

[9] 曹晓粉.翻转课堂教学模式的设计与应用研究 [D].山东师范大学，2015.

从地方高校科研团队建设角度探索研究型
人才培养的新思路

陈 梁 李 芝

（湖南理工学院）

摘 要 高等教育是社会发展的基石，而研究型人才培养则是社会发展的助推剂。随着社会不断发展，我国高等教育已发展至大众化阶段，在这一特殊发展时期，却暴露出了各种问题，极大影响了我国研究型人才培养的质量。本文拟以科研团队建设为中心，以教研资源优化利用、人才培养与导师指导模式转变两方面为抓手，深入探讨新时期地方高校研究型人才培养的新思路。

关 键 词 科研团队；研究型；人才培养

作者简介 陈梁，男，1991年7月出生，湖南理工学院化学化工学院，讲师。电子邮箱：clvilance@163.com。

目前，我国正处于全面建设小康社会的决胜阶段，人才，尤其是研究型人才的培养对于社会未来可持续发展起着决定性作用。高等教育的核心职能和最终目标就是人才培养和服务社会。而在高校这座象牙塔下，如何培养高质量研究型人才，是一个意义重大而又极具挑战性的任务。[1-2]

近些年，教育部门为加快推进我国大众化教育进程，实行高校扩招，大学生数量急剧攀升。然而量增往往带来质降，我国目前研究生人才培养的质量堪忧。通过深入研究这一现状，发现教学科研设施的匮乏、人才培养和导师指导模式的落伍，是研究生培养质量下滑的两个重要因素。要缓解高等教育大众化与研究型人才培养质量之间的矛盾，就必须在不断完善教学科研设施的基础上，实现人才培养与导师指导模式的转型。科学建设地方高校科研团队，培养研究型人才可视为一条行之有效的途径。调研发现，地方高校通常存在很多具有不同格局的小型科研组织，这些组织大多以十人左右的团队形式存在。在这些小型科研团队中，每个个体对教学和科研的热情都较高。[3-4]以地方高校科研团队建设为中心，以团队内部的科研实践活动为切入点，通过团队内部协同合作，努力打造研究型人才培养的优秀平台，并最终实现高质量研究型人才的有效培育。大学生切身参与科研团队的科研实践活动，有利于锻炼和提升信息检索、收集、归纳、分析和思考、总结等多方面科学素养，不仅可以进一步巩固基础理论知识，更可以培养理论与实践相结合的能力。因而，通过建设地方高校科研团队，以此培养高质量研究型人才是一项投资小、效益高的工程。[5-6]基于上述分析，并结合目前的国情和校情，以下将从教研资源优化利用和人才培养与导师指导模式转变两方面集中深入探究。

一、教研资源优化利用

教研资源通常包括硬性的、有形的可用于教学科研活动的基础仪器和设备即教研设施，以及软性的从事教研活动的主体教师。从硬性教研设施来讲，由于我国高校数量较多，可利用的教研资源比较有限，大多数地方高校的教研设施难以满足高等教育大众化发展的需求。地方高校要实现教研设施的优化利用，不仅要加大各类基金项目的申请力度，争取获批更多的科研经费，还要学会整合教研资源，尤其是充分整合不同专业但学科交叉的学院之间、导师之间的现有资源，实现教研资源的共享和最优化利用。从软性教研资源来讲，高校教师队伍建设是高等教育发展的关键，只有建设层次合理、专业完备的教师梯队，才能从根本上保障高质量的研究型人才培养。例如，年轻教师富有创造力和激情，可带给学生更多的科研正能量，而年长教师可为学生的科研实践提供指导和经验；此外，不同学科、专业（如化学、物理和材料等）之间通过相互交叉，可拓宽研究型人才的知识面；还可通过外聘一批国内外知名度较高的学术专家或相关专业的企业高工等方式，为大学生的科研活动提供更多的实践平台。

以我校新建的新能源研究所为例，该研究所正是容纳了不同学科、不同专业的教师，组建成了一支结构完善、梯次分明的师资队伍。通过整个新能源研究团队的硬件资源共享，并结合不同学科专业之间的交叉互补，积极推动了学校新能源学科的发展，促进了能源方向高质量人才的培养。

二、人才培养与导师指导模式转变

大学生是未来国家生产创新的主力军，其培养质量决定着国家未来科技发展水平。应加强高校科研团队建设，转变人才培养模式，如遴选部分优秀大学生尽早参与团队科研实践，开展相关科研实践训练（如大学生创新实践项目、挑战杯、大学生实验竞赛等），不断提升其科研素养，为将来的科研工作夯实基础。[7-8]以我校为例，学校经常鼓励大学生参加各种化工设计大赛和信息类电子竞赛，在专业导师"一对一"指导模式下，学生通过不断训练，科研和动手能力都有大幅度增强，科研素养得到明显提升，并在相应的竞赛中斩获优异的成绩。因而，从目前培养成果来看，借助科研团队平台建设提升大学生科研实践能力，是一种合理有效的研究型人才培养手段。

此外，大学生从事科研实践，将会面临各种问题，容易遭受打击，影响科研热情。因而，导师应先注重学生科研兴趣与热情的培养，引导学生沉下心来、脚踏实地，不盲从、不随大流；鼓励学生积极向上，战胜困难，勇于挑战学术难题。同时，

导师应根据学生特点，因人而异，不断优化人才培养方案，争取实现每个学生全方位发展。[9-10]

由上述分析可知，地方高校通过建设科研团队，并以教研资源优化利用和人才培养与导师指导模式转变两方面为抓手，最终实现高质量研究型人才培养的目标是可行的。

参考文献

[1] 刘光连，黄志平，李劼 . 以"双一流"建设推进研究生教育改革与发展研究 [J] . 中国冶金教育，2017（4）：1-9.

[2] 孙杨，张红霞 . 中国研究型大学建设"世界一流学科"的路径构想 [J] . 中国人民大学教育学刊，2017（3）：54-65.

[3] 王亚静 . 硕士研究生培养的现实困境与机制建构 [D] . 辽宁师范大学，2014.

[4] 李戴，周兆德 . 关于应用型本科教育实现方式的比较研究 [J] . 海南热带海洋学院学报，2017（4）：123-128.

[5] 张倩 . 高等教育大众化时期本科生科研能力的培养 [D] . 上海师范大学，2010.

[6] 陈建中，赵剑曦，黄长沧，林树坤，高绍康，李荣华 . 以科研训练为主线培养研究型人才 [J] . 中国大学教学，2005（5）：30-32.

[7] 丁丽芳 . 卓越人才培养计划对研究型教育模式的促进 [J] . 黑龙江高教研究，2017（4）：168-170.

[8] 李璐 ."双一流"战略下一流本科中外合作办学人才培养路径探究[J].河南教育（高教版），2017（8）：6-9.

[9] 赵群，李智敏，黄伟，卢琳 . 理工类硕士研究生创新能力培养调研——以西安电子科技大学材料学科为例 [J] . 创新与创业教育，2017（4）：74-78.

[10] 吴斌，郭福，陆媛，李雨竹 . 论高等教育改革进程中的创新型人才培养[J].北京教育（高教版），2017（9）：65-68.

产学研联合培养生物化学与分子生物学研究生的实践与思考 *

马 云 何淑雅

（南华大学）

摘 要 本文探讨了当前研究生创新能力培养中所存在的问题，提出了以"基地"为依托，实行"双导师制"，校企双方交流，建立产学研联合培养生物化学与分子生物学研究生的模式，为今后培养应用型创新人才打下坚实基础。

关键词 产学研；生物化学与分子生物学；研究生

作者简介 马云，女，1975 年 4 月出生，南华大学生物化学与分子生物学研究所，副教授。联系电话：18107348808；电子邮箱：luckymayun@163.com。

21 世纪以来，知识经济正成为新经济发展的主导，而高科技人才竞争的压力最终传递到教育发展和人才培养上，因此作为高等教育中最高层次的研究生教育将背负培养高科技人才和创新人才的双重责任。为顺应时代的需求，我国的研究生培养目标正由学术型人才向应用复合型人才转变；但迅速扩大的研究生教育规模导致高校研究生教育资源严重不足，如何在高校现有条件下培养社会需要的人才，是高校及每一位研究生教育工作者面对的重大问题。

南华大学生物化学与分子生物学研究所就如何才能培养出与社会经济发展相适应的生物化学与分子生物学应用型人才进行了思考，提出产学研联合培养创新型人才的思路。我们利用产学研合作这一"催化剂"，综合高校和企业在人才培养上各自的优势，将以传授间接经验为主的学校教育和以获取直接经验为主的企业工作环境相结合，在实践中探索出"X+Y+XY"（X 代表高校，Y 代表企业）联合培养生物化学与分子生物学研究生的人才模式。

一、研究生培养中存在的不足

传统的研究生培养模式主要是导师指导学生选课，按照学校的教学计划进行培养，一年课程学习结束后，再在实验室开展导师科研项目的研究工作。在这种传统培

* 本文受湖南省学位与研究生教育教改课题（编号：JG2016B083）和南华大学学位与研究生教育教研教改项目（编号：2015JG015）、研究生培养创新基地项目（编号：2013CX011）资助。

养模式下，绝大多数研究生的创新能力相对较差，缺乏主动探索求知的意识。我们通过对研究生培养现状的座谈和调查问卷分析，并结合用人单位提供的反馈意见，剖析了研究生培养中的诸多问题。

（一）应试教育的束缚与培养监控的不到位

研究生招生采用的是应试教育模式，因此考试分数是研究生录取的重要衡量指标，这不但给善于应付考试的本科生以巨大优势，也成为许多学生跨学科跨专业考研的主要原因。[1]由于长期受应试教育的影响，大部分研究生早已习惯于去接受和掌握现有知识，很少主动去触及新领域、新知识和参与科研实践，故缺乏创新思维和解决问题的实践能力，模仿能力强，创新能力差。尤其体现在完成学位论文时，简单地移植、重复他人的研究方法和内容，简单地延伸、佐证他人的研究工作，简单地解释表面现象，没有深入研究内在本质。

同时，研究生培养中又过度重视对研究成果和就业状况等结果性事物的评价，并以此作为衡量研究生培养优劣的指标，而忽略了培养过程中的许多环节，致使监控不到位。

（二）生源多元化与实践教学资源不足

近几年，研究生招生数量的增加且跨学科研究生队伍的壮大，导致学生的基础和实践能力参差不齐。[2]调查问卷显示：临床医学类生源研究生在本科阶段极少甚至完全没有接触过分子实验，师范类生源研究生在本科阶段实验课很少。因此，要提高不同生源研究生实践能力，就得进行大量的技能训练。但目前高校实验教学设备有限，实验经费不足，根本无法为这些研究生开设实验技能辅导课。

（三）导师指导投入不足与研究生求学意识薄弱

导师作为研究生的首要负责人，是研究生教育质量的决定性因素。近年来研究生扩招，导师的负荷增加，加上绝大多数高校导师还承担着各类教学、行政事务，工作忙，事情多，对学生指导的时间和精力难以到位，师生之间的互动减少，学生经常处于"放羊"状态。缺乏导师的指导和监督，研究生对自身的要求也越来越低，加上急功近利，以"攻"学位为目的，使很多人的学习变成了"混"文凭。

二、产学研合作培养研究生的模式

"创新是灵魂，要把研究生教育搞上去，主要靠创新。"产学研合作是培养创新型人才的"催化剂"，如何使这一"催化剂"发挥最大的效力，就需要高校在研究生的培养工作中不断创立新的机制和模式。本研究所根据生物化学与分子生物学人才培养的实际，结合企业强大的科研实力和成果转化能力，有效整合校企双方的优势资源，形成了产学研联合培养生物化学与分子生物学研究生的新模式。主要做法如下。

（一）共建研究生培养创新基地

每年的南华大学研究生教育教学改革项目都有研究生创新人才联合培养基地的申报，2013年本研究所与苏州友林生物科技有限公司签署了共建硕士研究生培养基地的合作协议，实施高校与企业"联姻"，开展了人才培养和科研合作。学生首先在学校完成课程学习，课程学习过程中先由企业指导老师给出研究课题——研究课题或是企业的攻关项目，或是企业指导老师与在校老师的合作项目——课程学习结束后，学生根据课题需要，在联合培养基地或学校完成课题研究。这种培养模式，不但充分利用了企业的良好环境和资金支持，也让研究生加深了对企业的了解，明白了企业对所需人才的要求，学到了一些前沿技术。联合培养基地培养的研究生质量大大提高，每人发表论文2篇以上（包括2篇），就业率达到100%。

（二）实施双导师责任制

在产学研联合培养生物化学与分子生物学研究生的新模式中，我们实施了双导师责任制。苏州友林生物科技有限公司的主要成员是来自美国著名大学、研究机构的教授或研究员，拥有大批市场指导下的科研项目和丰富的研发经验。我们聘请了企业中实践经验丰富、具有高级专业技术职称且愿意为高校人才培养做贡献的人员兼任研究生导师。学校导师与企业导师紧密合作。学校导师主要负责理论指导，如课程学习阶段的难题解疑，毕业论文的书写把关等；企业导师主要负责实践指导，如毕业论文的选题、实验操作中的技术解答等。这种培养模式不但充分发挥了校企双方导师各自在理论研究和生产实践方面的优势，也让研究生在掌握了理论的同时，更好地得到了实践锻炼，更早地接触市场，从而更好地应对就业。目前，本研究所已经联合培养了毕业研究生4名，还有1名硕士生正在进行联合培养。

（三）组织培训及交流

为了更好地加强高校与企业之间的合作，在共建联合培养基地模式中，我们组织了企业和学校之间的交流。一方面，本研究所组织导师到企业取经，学习企业的研发经验和成果转化技术；同时，组织研究生到基地学习各种前沿技术，帮助学生了解市场对人才的需求。另一方面，我们邀请企业导师来校作学术报告，交流市场指导下的科研项目和研究成果；同时，也与企业导师共同探讨研究生培养标准及方案问题。高校与企业的联盟，不仅有利于高校在资源有限的条件下培养出创新型人才，也促进了学科的建设与发展。

三、展望

建设创新型国家的核心是培养造就大批创新型人才。产学研联合培养模式正是一种把理论学习和实践活动结合、提高学生创新能力的有效方式。本研究所通过与企业共建研究生培养基地，实践了产学研联合培养生物化学与分子生物学研究生的模式，取得了一些成果。但总体而言，还未形成一套成熟的运行机制，也存在一些问题，如何实现高校与企业的互惠双赢，如何完善研究生管理体系，如何加强联合基地的建设，等等，这些都将在后期的实践中进一步完善。

参考文献

[1] 马云，何淑雅，刘琳，马军.跨学科硕士研究生的学习状况调查与思考 [J].管理观察，2014（18）：162-164.

[2] 廖和平，高文华，王克喜.高校研究生创新能力培养的审视与思考 [J].学位与研究生教育，2011（9）：33-37.

适应创新能力培养的化学专业研究生
实验室管理改革与实践 *

龚　行　蔡昌群　邓国军　陈小明

（湘潭大学）

摘　　要　化学是一门实验学科，化学实验室是实践教学与研究的重要场所。而创新型化学类研究生的培养更是离不开先进的实验室管理制度。本文结合湘潭大学化学学院现有的研究生实验室管理模式，介绍了实验室管理模式对高级创新人才培养的重要意义，并对现存问题进行了探讨，对于如何进一步建设与改革高校化学类研究生实验室管理模式以适应高级人才创新能力的培养提出了建议和思路。

关　键　词　创新人才培养；研究生实验室管理；化学

作者简介　龚行，男，1979 年 7 月出生，湘潭大学化学学院，有机教研室主任、有机硕士学位点负责人，博士、副教授。联系电话：15773231728；电子邮箱：hgong @xtu.edu.cn。

一、前言

化学是一门实验学科，对于化学学科的学生，特别是进行创新性研究工作的研究生而言，实验室是科研工作的前线阵地，是创新成果诞生的摇篮。在越来越重视高级人才创新能力培养的今天，研究生实验室的地位大幅提升，其管理水平在较大程度上影响了研究生创新能力的培养与研究成果的产出，同时，也直接反映了高校的高级人才培养水平、科研实力和管理水平。[1]我们要探索出适应创新能力培养的化学专业研究生实验室管理新模式，为服务经济和社会发展培养合格的、优秀的高级人才。[2]

二、化学专业研究生实验室的组成要素及特殊性

化学专业研究生实验室在目前高校高级人才培养以及科学研究、成果产出等方面占有举足轻重的地位，它是研究生实施科学研究的主要场所，是导师完成各级科研课题、实现成果产出的"工厂"。一般来说，我国目前的化学专业研究生实验室，其组成要素包含了研究生及指导老师、试剂药品、仪器设备、环境安全等方面。研究生及指导老师是专业实验室活动的主体；仪器设备是实验室必备的硬件保障；试剂药品是

* 本文受湖南省学位与研究生教育教改课题（JG2016B045）资助。

完成实验工作的基本原料。试剂药品、仪器设备等具有一定的危险性，环境安全因此成为了研究生实验室不可忽略的要素。

化学类研究生实验室，不同于其他专业的实验室，甚至与本科教学的化学专业实验室也有很大不同，具有其独特的专业性质：（1）化学是一门实验学科，对于化学专业的研究生而言，实验室是其进行科学研究工作的主要场所，承载着培养和提高其实验技能、综合分析解决问题能力，并为今后独立开展课题研究打下坚实基础的重任。（2）实验室各组成要素之间不可分割。实验室安全是第一要务，环境卫生是重要的外部条件，实验仪器和试剂药品是物质保障，而实验室的活动主体是研究生，导师是辅助和引导研究生进行科学研究的重要条件。（3）化学专业研究生实验室最大的特殊性在于，其研究对象往往是各种不同类型的反应，需要用到种类繁多的化学试剂，其中不乏有毒有害试剂，是产生污染较重的研究场所；仪器设备种类多，特别是昂贵的大型设备较多；研究生专用实验室人员流动较频繁。因此，化学类研究生实验室的管理工作显得尤为重要。

三、化学专业研究生实验室现存的主要问题

1. 安全意识不高。[3] 多数导师往往注重于各级课题的申报，潜心于创新性科研思路的凝练、各种论文的发表等，安全问题仅停留在对课题组研究生苍白的告诫——"注意安全"上，缺乏实质内容与具体措施。而实验室的主体人员研究生则将精力主要集中在各种实验尝试，解决所实施的研究工作中遇到的科学问题，科研成果的总结，毕业论文的撰写，以及进一步深造或找工作的准备等方面。安全问题被长期忽略。

2. 管理制度不完善。相对于较为完善的本科教学用实验室的管理，研究生实验室的管理较为松散，没有统一的管理机构或是协调机制。因此难以对有限的资源进行有效融合，导致科研资源的利用率较低。更为重要的是分散管理容易导致仪器设备的重复购置，这对于科研经费不太充裕的高校开展科学研究工作是极为不利的，会造成不必要的资源浪费。[4]

3. 资源利用率低。很多高校实验室，特别是研究生专用实验室都存在设备使用率低、试剂药品积压浪费的问题。主要原因是各课题组研究生实验室之间缺乏有效的沟通与协调机制，导致仪器设备的重复购置与实验场所的重复建设，试剂药品得不到充分的利用，浪费了紧张的科研经费，阻碍了研究生创新潜力的深度开发与提高。[5]

4. 科研资料管理不到位。实验记录本是研究生科学研究工作的原始记录材料，是各种成功经验和失败案例的原始材料，具有重要的作用。然而，这类重要的科研资料管理、存放比较混乱，存在着缺页、恶意篡改甚至丢失的情况，从而导致检索困难，无法保证研究过程的有效延续。而新成员加入时，由于缺少可供借鉴的研究经验和研究资料，入门困难，常常需要从头开始，耗费大量的时间做些重复性的工作。[6]

四、建立适应创新能力培养的化学专业研究生实验室的对策

建设适应创新能力培养的化学专业研究生实验室，有利于高级人才的培养和学院科研实力的提升。现结合湘潭大学化学学院的整改措施提出以下对策。

（一）提升广大师生的安全意识与环保意识，建立完善的安全培训与考核机制

安全永远是第一位的，没有实验室的安全，科研创新、创新型高级人才的培养都无从谈起。这一点北美等发达国家尤为重视。在这些国家，学生进入化学专业实验室之前，都必须经过严格培训与考核。如本人做博士后研究所在的加拿大 McGill 大学，依据职业健康与安全法规，要求所有需要进入化学专业实验室者，必须参加工作环境有害物质信息系统（Workplace Hazardous Materials Information System，WHMIS）培训，考核合格后方可进入实验室工作，同时严格规定了导师和研究生的实验室安全责任。这些措施极大地增强了广大师生的安全与环境保护意识。目前，我校（湘潭大学）也正在全面建立实验室安全培训与考核系统。这种安全体系的构建，必将大大提高我校所有师生的安全意识、防范意识与环境保护意识，减少甚至杜绝重大安全事故的发生。另外，我校专门成立了实验废弃物处理中心，定时统一集中处理废物，减少环境污染。

（二）优化实验室管理制度，建立仪器共享机制

良好的实验室管理制度，可以促进各种资源的优化配置，提高资源的利用效率。在这一方面，湘潭大学化学学院做出了很好的尝试。学院专门成立了分析测试中心，几乎所有大中型仪器均放置在测试中心，并且采用网上预约的模式，仅收取仪器保养所需的基本费用对内开放。该中心的成立，大大降低了大中型仪器的闲置率，极大地促进了资源的优化配置。同时，研究生预约使用的模式也大大减少了等待的时间，提高了研究生的工作效率。另外，我们倡议化学学院各课题组将本组所拥有的特殊仪器公开，在收取基本保养费的前提下实现资源共享，以利于进一步提高小型、特种仪器的利用率，减少不必要的重复购置，节约课题经费。我校还成立了专门的后勤维修中心，并调拨了专门的维修经费，使出现故障的仪器得到了及时维修，延长了仪器的使用寿命。

（三）加强各课题组之间的沟通，建立试剂共享机制

化学专业的研究工作具有很强的前沿性，往往需要使用到多种化学试剂，并且用量往往极少。因此，多数试剂药品在研究体系完成后闲置，久而久之变质浪费。基于这一特点，本研究团队提倡参照加拿大 McGill 大学的模式，各课题组之间实现试剂共享。目前，已有六个课题组之间试行了该模式，取得了很好的效果。参与试行共享机制的课题组，每个组约有 1800 种化学试剂，共享后每个组可使用的试剂种类大

幅增加，极大地节约了课题经费与购置试剂所花时间、精力，大大提高了研究生的工作效率。

（四）加强科研资料的管理

科研资料一般存放于院系或学校的资料管理室或图书馆，管理规范。但本文所指科研资料特指实验记录等原始科研资料，这类重要的原始科研资料的管理往往比较混乱，存在着缺页、恶意篡改甚至丢失的情况，给课题研究带来了一定的困难和阻力。本人在加拿大 McGill 大学李朝军院士课题组时，观察到课题组在这一方面的经验很值得借鉴：（1）使用连续页码的实验记录本，防止恶意撕毁出现缺页现象。在此基础上，还可加以改进，对记录本进行不定期抽查，彻底杜绝缺页及恶意篡改等现象。（2）所有记录本有序存放在特定的地方，组内成员可以随时查看，有利于课题研究的可持续发展与深入。（3）重要数据，如核磁共振谱图、红外谱图等保留电子数据，以便长期保存，并方便查阅。

五、结束语

总而言之，实验室的管理工作较为烦琐但非常重要。化学实验室的管理更是重中之重，必须对其实行科学化、规范化的管理。必须以"预防为主，安全第一，效率为先，规范为优"为首要原则和根本目标，做好实验室物品、环境的管理以及实验室人员的素质培训，使研究人员在一个安全卫生的环境下进行实验活动。这样，才能使学生在掌握基本知识的前提下，很好地实践自己的操作能力，在理论联系实际的过程中，增强自身的综合素质。

参考文献

[1]肖玉巍,高智琛.高校实验室管理体制改革的探索与实践[J].实验室科学,2011(02):157-159.

[2]郭伟锋,雷勇,林丽琳.高校实验室管理的制度变迁分析[J].实验技术与管理,2009(8):165-168.

[3]程晓舫,王清安,范维澄.建设新兴学科 培养高层次人才——火灾安全学科建设及研究生培养的探索和实践[J].学位与研究生教育,1998(3):29-31.

[4]王维平,钟海荣,彭再求.对研究生实验室建设问题的思考[J].学位与研究生教育,2007(S1):48-50.

[5]巩宪伟,陈亚敏,巩天骄.基于培养创新型人才的开放实验室管理与建设[J].实验技术与管理,2016(11):271-273.

[6]李宁,张徐璞.浅谈加强科研部门资料管理与服务[J].科技成果管理与研究,2015(2):48-50.

虚实协同培养模式下研究生实验教学体系的构建*

申龙章　李必文　唐德文

（南华大学）

摘　要　针对目前研究生在实验技能方面存在的不足，以及响应国家建设双一流学科的要求，南华大学机械工程学院根据自身特点，构建并有效运行了基于虚实协同培养模式的研究生实验教学体系，有机地协调和处理理论与实践相结合、实验研究方法和工程具体问题解决相结合、科学问题和工程问题相结合、数学实验和工程实验相结合等问题，使得研究生能够迅速进入科研状态，融入课题，从实验现象中发现并提炼科学问题，有效提高学生的科研能力和创新能力。

关 键 词　虚实协同培养模式；研究生实验教学；协同教学方法

作者简介　申龙章，男，1988 年 6 月出生，南华大学机械工程学院，实验中心副主任、实验师。联系电话：15697340614；电子邮箱：shenlongzhang@usc.edu.cn。

实验能力作为工科研究生的一项重要能力，是我们研究生培养中决定成败的一项因素。由于教育规模的扩大，现有的本科实验教学模式是课前有关人员将实验全部准备好，课上教师交代好实验的目的、原理、要求，然后学生按老师说的完成实验。这种实验教学模式教师熟悉，实验技术人员有经验，学生不用多思考，导致学生既不用自己动脑设计，也无需仔细观察就可完成实验报告，根本谈不上什么科研能力的培养。因此，在极短暂的学习时间里，研究生很难迅速进入科研状态，掌握实验技能，并获取科研成果。这种情况下，极易促使研究生们产生急功近利和投机取巧的想法。

研究生作为高校院所等科研单位的重要力量，在科研活动中一直扮演着重要角色。现如今，研究生们几乎承担了所有课题所需完成的实验，因此，研究生的实验水平直接决定了其所在单位的研究水平；而反过来，单位研究水平的提高又可吸引到越来越多高质量的生源。如果某个科研水平很强的单位因为缺乏对研究生的科学化培养而导致实验水平下降，甚至出现学术不端行为，将导致整个单位科研水平不断下降的恶性循环。相反，原本科研水平一般的单位，如果注重对研究生能力的培养，使研究生水平得到最大限度的提高，将会促进本单位科研水平的不断提高，从而获得越来越

* 本文受到南华大学 2017 年学位与研究生教育教学改革研究项目"基于实验技能培养和科研训练的硕士研究生实践能力提升研究"资助。

多的项目及经费支持。

本文主要从提高研究生综合实验技能角度，提出构建基于虚实协同培养模式的研究生实验教学体系，[1]希望可以为研究生培养提供一点参考。

一、现有研究生实验教学的不足

很大部分研究生培养单位现在将实验教学直接交给导师完成，虽然这种方式有助于因材施教，在实施课题中完成实验教学也提高了学习效率，然而随着研究生招生规模的扩大，这里面存在的不足也越来越明显。

（一）研究生实验技能缺乏统一培养

研究生培养阶段之前的教学中，我们的实验教学注重传递知识，而忽略了学生在实验中的主动性，导致了大部分学生缺乏设计实验、挖掘实验、分析实验等能力。而在研究生培养阶段，大部分导师需要完成课题和项目，必然只看重研究生在某一个项目中的表现，只要求他们能够尽快完成手头上的项目，而对他们综合实验技能的培养并不关心，这势必造成研究生们为顺利毕业而急功近利和眼高手低，有学分而缺能力的局面。[2]

就教学单位而言，大多也仅仅只是在研一的时候简单完成研究生们的理论教学任务，而在之后再无统一的实验技能培养。这样极易造成不同导师不同项目的研究生能力和水平参差不齐，从而能做事、会做事的研究生加班加点也做不完，而其他某些人则终日无所事事，其能力无法得到有效锻炼。

（二）实验老师的作用未能得到体现

目前大部分实验老师在研究生科研中仅仅表现为操作人员和简单管理人员。在一般教学科研单位，这一问题尤为突出。由于科研实验不多，实验老师都要承担大量教学任务，因而更无暇与研究生们探讨实验研究问题和科研能力训练。

由于平常科研训练不足，很多实验老师根本无法起到好的引导作用。再加上学生流动性大，责任不明确，大多数情况下实验老师的作用并不能得到体现。

二、基于虚实协同教学模式的研究生实验教学体系的构建

就目前而言，如果研究生导师具备很成熟的团队，长期以来形成了成熟的培养模式，即导师认真监督和管理、实验室规章制度完善、师兄弟们传帮带习惯良好、学生科研素养水平高等，那么，统一的实验教学培养便显得多余。然而，无论是顶尖研究所还是普通高等学校，即便在科研项目充足、团队结构合理的情况下，以完成课题、获取成果为首要目的的前提下，很多时候也无法完成对研究生综合实验能力及科研能力的培养。基于实践能力培养的虚实协同教学模式，并不是一套标准，或是一本教材，而是要因环境而异、因学生而异、因时间而异不断适应与改进的方案。

（一）研究生培养课程须与研究方向相结合

参与研究生教学的老师不能照本宣科，或是仅仅局限于自己的研究领域，应对本课程与本单位研究方向的结合点有整体的把握，并在课程理论教学过程中有机融合起来。[3]

通过这样的教学方式，我们的学生才能在课堂上碰撞出创新的火花。在这种模式下，学生的积极主动性被调动起来，不仅能将课本理论知识学习得更好，还可对本学科本方向进行深入思考，有利于快速融入课题，进入科研状态。

（二）加强对实验老师的培养

建设高质量的实验室，更好地发挥实验技术人员的全方位作用，应该对实验技术人员制定长远的培养规划及相关进修规定，鼓励他们攻读在职学位，或者派遣至优秀院校学习先进的实验理论及技术。经常举办一些有关实验技术进展、仪器使用及维护等的知识讲座，为不同实验室技术人员交流实验心得提供条件。通过一系列正规培训，使实验室技术人员自身业务素质和科研工作能力得到提高，也促进实验室管理的规范性及科学性。通过继续教育，不断补充和更新知识，拓宽技术领域，尝试新的挑战，使实验室技术人员形成终身学习的意识，这也是科研单位发展的必然要求。[4]

（三）统一对实验操作技能进行培养

由实验老师牵头，组织所有研究生在入学之初统一进行实验操作技能的培养。[5]在培养过程中，重点无疑是操作技能，但是，一定要强调以下几个方面：

（1）思想政治教育。良好的思想政治修养是高水平实验的前提。在平时的实验过程中，实验老师应通过言传身教、潜移默化等形式培养研究生们治学严谨的品格、勇于探索的精神，责任感和主人翁意识。

（2）良好实验素养。平时便要有意识地加强实验监督管理，这不仅仅体现在对设备的正确使用、注意实验室卫生等方面，更强调在正确的实验路线、合理的实验方案、实验数据的真实性等方面的把关。

（3）敏锐的观察力和追根究底的好奇心。在中学及本科实验中，我们的学生已经养成了由老师一路牵着走到底的习惯，他们即使偶尔有所发现、有所怀疑，也会因为缺乏敏锐的观察力和追根究底的好奇心，而依赖老师给出判断。因此在实验技能的培训过程中，有意识地增强学生主动思考意识的培养，有助于他们今后实验的开展。

（四）单独为实验能力培养召开讲座

学院组织有经验的实验老师，就仪器的操作使用、实验的设计和实验的进行、实验数据的处理与分析等举行讲座，并展开不同课题间、不同导师间、不同研究方向间的讨论与学习。

（五）定期组织研究生交流会

一些导师会组织例会，让学生们汇报近期进展，并做下一步部署，有条件的导师甚至会让学生时常参加一些学术会议。然而，大部分导师因为各种原因，往往是给学生布置一些任务后便长期将其置于散养状态。

定期举办一些相同专业或相同方向的研究生交流会，让他们汇报自己的学习进展，对研究领域的看法，讨论不同的研究问题，这样可以使很多问题得到解答，并有助于研究生寻找科研灵感。

三、虚实协同教学模式的一些成效

经过近三年的摸索与研究，我们总结以往的经验，并结合自身特点进行完善和改进，激发了研究生们的学习兴趣，使得他们更加容易进入科研状态中来。老师和学生共同学习，共同进步，学院科研状态有了一些改观。

虽然对这一成效无法用数字性的东西来作精确描述，但研究生以第一作者发表论文情况，可以反映改革初步效果。

表 1   本学院近三年研究生发表论文情况

	人数	发表论文篇数	中文核心篇数	EI、SCI 篇数
2014 届	33	35	1	2
2015 届	36	40	10	3
2016 届	50	59	18	1

表 1 是本学院近三年研究生发表论文情况的一个数据统计。

从表 1 可以看出，研究生发表 EI、SCI 收录论文主要受导师影响，虽然在虚实协同教学培养模式下，学生实验技能得到提高，但是短时间内无法在这方面看到成效。而研究生以第一作者发表论文篇数及中文核心篇数正在逐年增长，这正是我院师生共同努力的成果。

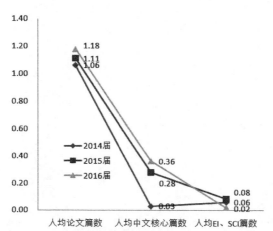

图 1   本学院近三年研究生人均发表论文情况

图 1 列出的是本学院近三年研究生人均发表论文情况，可以看出我院研究生近几年人均发表论文及中文核心篇数也在稳步提升。

上述着眼于培养研究生实验技能的虚实协同培养模式为我院师生近几年不断摸索的成果，虽然有一定成效，但是问题和不足肯定存在。希望通过本文，能够与同仁深入探讨，从而不断改进我们的教学方式和培养模式。

参考文献

[1] 李必文，何啸峰，袁锋伟，陈艾华，黄昕.学、练、用合一的虚实协同教学方法 [J].中国现代教育装备，2013（13）：40-42.

[2] 刘丽葵，刘传荷.加强高校研究生科研实验技能培养的思考 [J].实验科学与技术，2012，10（3）：141-143.

[3] 闫连山，潘炜，罗斌，邹喜华，张志勇.结合前沿实验研究提高研究生培养质量的探索 [J].实验技术与管理，2011，28（3）：5-6+10.

[4] 陆宇.实验技术人员在研究生培养中的作用探讨 [J].基础医学教育，2015，17（1）：81-83.

[5] 李必文，袁锋伟.创新多层次协同的教育模式 培养个性化机械工程师 [J].中国现代教育装备，2012（21）：35-36+42.

工业 4.0 体系对理工科研究生培养的需求导向分析 *

刘　华

（南华大学）

摘　要　工业 4.0 体系体现技术进步，更反映生产力发展的迫切需求。研究生培养的整个系统环节缺失对工业 4.0 体系的关注、缺乏对就业能力的重视。论文基于工业 4.0 体系的背景，对理工科研究生的需求导向从宏观需求、专业需求、岗位需求三个方面进行梳理和归纳。需求导向分析对接下来进一步优化、更新相应专业的研究生培养计划，有积极的推动作用和实践价值。

关 键 词　工业 4.0；智能制造；就业能力；研究生培养

作者简介　刘华，男，1979 年出生，南华大学电气工程学院，讲师。联系电话：13973407436；电子邮箱：lhsmile@163.com。

一、研究背景

工业 4.0 概念源于 2011 年汉诺威工业博览会，德国业界提出该想法是为了提高德国工业的竞争力。工业 4.0 是以智能制造为主导的第四次工业革命，它描述了由集中式控制向分散式增强型控制的基本模式转变，目标是建立一个高度灵活的个性化和数字化的产品与服务的生产模式，旨在通过信息通信技术和网络空间虚拟系统——信息物理系统相结合的手段，将制造业向智能化转型。

工业 4.0 告诉我们创新和跨越要成为下一个发展中的主题，如何通过创新来跨越，在短期市场绩效中获得成功，这是制造业面临的问题。

相应地，南华大学研究生招生规模和培养质量将继续提升。特别在理工类学科点的科学学位硕士、专业学位数量上，将有大幅增加。如何培养适应和符合工业 4.0 体系人才需求的高层次理工科类硕士研究生，是我们在研究生培养模式创新与实践、提高研究生就业质量等工作中，都需要认真思考和探究的。

二、基于工业 4.0 体系的研究生就业能力研究现状

研究生培养的突出特点是强调科研能力的训练，但就业的层次和质量同样反映研

* 本文受 2016 年南华大学学位与研究生教育教学改革研究项目"智能制造工业 4.0 体系下的理工科研究生职业能力培养"（2016JG008）资助。

究生培养的质量。研究生培养的整个系统环节缺失对工业 4.0 体系的关注，缺乏对就业能力的重视。

目前，在北京、上海、深圳一线城市的一些大学，开始了面向工业 4.0 体系的校企合作，例如开设工业 4.0 的课程、联合培养等。2015 年，同济大学举办中德工业创新和教育改革战略研讨会，探讨了大学应当如何培养面向工业 4.0 的未来工程师，校企又当如何联手开展工业 4.0 领域的科技创新研究及应用，并率先开设面向全校理工科专业学生的"工业 4.0 导论"选修课程，以帮助青年学子了解当前工业领域的最新发展动态，熟悉发展工业 4.0 的步骤、实施方案及未来工业发展所需要的基本技能。同济大学还将与西门子、菲尼克斯、库卡等一批跨国企业和全球知名大学合作开展应用性课题实践项目。

有学者对智能制造工业 4.0 体系下高层次人才培养模式进行了分析和研究，认为目前人才培养模式难以适应工业 4.0 时代需求，培养人才过程中的教学方法创新与职业规划开发是适合工业 4.0 人才培养的关键，但未提及职业能力的培养。另外，有学者在机械工程类实用创新型人才培养方面，开始探讨如何融入更多的德国培养模式；信息技术人才的培养，也开始有人指出不适应工业 4.0 的人才需求。

目前虽涉及部分行业对工业 4.0 人才岗位需求的描述，但缺乏工业 4.0 人才需求体系的系统论述。就南华大学而言，暂时缺乏从工业 4.0 的角度来衡量人才培养的评价体系；更没有基于工业 4.0 人才岗位需求来提升理工科研究生职业能力、适应区域经济发展的研究和举措。

三、需求导向分析

（一）需求导向分析目的

基于智能制造工业 4.0 体系，对理工科研究生的需求进行梳理和归纳，不仅仅是简单的需求数量的统计，更侧重各行业对理工科研究生不同岗位的具体需求。

（二）需求导向分析说明

需求导向分析分为以下几类：

1. 智能制造工业 4.0 体系对理工科研究生的宏观需求。

宏观需求指总体上，智能制造工业 4.0 体系在哪些行业、领域，理工科研究生需求较多。

2. 智能制造工业 4.0 体系对理工科研究生的专业需求。

关注内容：智能制造工业 4.0 体系在哪些专业对理工科研究生有需求。

3. 智能制造工业 4.0 体系对理工科研究生的岗位需求。

关注内容：智能制造工业 4.0 体系需要的理工科研究生，在就业岗位上的细分和岗位要求的描述。

（三）对理工科研究生的宏观需求

工业 1.0 实现了"大规模生产"（蒸汽机的发明），工业 2.0 实现了"电气化生产"（电力的广泛应用），工业 3.0 实现了"自动化生产"（产品的标准化），而工业 4.0 实现了"定制化生产"，并且定制周期较短，生产方便快捷。

第一，满足这种定制化生产的机器设备很重要。

第二，使这种机器具备自我完善的系统更重要。

第三，谁能监测并追踪这些数据，然后归纳和分析，谁就掌握了世界脉搏。

自动控制是这场工业 4.0 新技术革命中产生的主要领域，它除了要求精度、动力、快速性功能外，更需要自动化、柔性化、信息化、智能化，逐步实现自适应、自控制、自组织、自管理，向智能化过渡。从典型的机电产品来看，如数控机床、加工中心、工业机器人等，无一不是机械、自动化、信息技术的集成融合。随着行业结构的调整和优化组合，中国制造业的发展进入了一个新的快速发展阶段，从中国制造到中国智造，自动化与信息技术相融合的智能控制技术专业人才的需求量将如井喷般剧增。

（四）对理工科研究生的专业需求

中国拥有世界上排名第一位的理工科研究生培养数量。广义上讲，所有的理工科研究生就读的专业或学位点，都直接、间接地和工业 4.0 体系、中国制造 2025 相关联。

南华大学理工科研究生专业与工业 4.0 紧密相关。

硕士研究生专业：土木工程、矿业工程、化学工程、制药工程、机械工程、电子科学与技术、电子与通信工程、控制工程、计算机技术、软件工程、建筑与土木工程、城乡规划学、核科学与技术、核能与核技术工程、安全科学与工程、安全工程、环境工程。

博士研究生专业：核资源与核燃料工程学院的矿业工程博士点，包括铀矿开采、铀水冶工艺与设备、辐射防护与环境保护、铀矿山系统工程；环境保护与安全工程学院的安全科学与工程博士点，包括安全与应急管理、核设施安全工程与退役治理技术、铀矿冶安全理论与技术；核科学技术学院的核技术及应用博士点，包括人因工程与安全、核数据处理与计算、核能科学与工程等。

与工业 4.0 关系紧密的学院：核科学技术学院、核资源与核燃料工程学院、计算机科学与技术学院、电气工程学院、机械工程学院、化学化工学院、环境保护与安全工程学院、土木工程学院。

通过调研，还呈现一个特点，就是那些不属于理工科范围的研究生学位点，也有强劲的人才需求，特别是管理类、语言类和法律人才。归纳如下：经济管理学院的应用经济学、金融、管理科学与工程、工商管理、会计；MBA 中心的工商管理专业；外国语学院的外国语言学及应用语言学；文法学院的法律专业；等等。

（五）对理工科研究生的岗位需求

1. 工业机器人领域

下面以工业机器人领域自动化工程师／专家（机器人应用）的招聘要求为例，来了解目前工业 4.0 用人单位对高端工程师岗位的要求。

案例一

> 岗位需求（任职要求和职位描述）：
> （1）负责电子产品制造自动化的推行，根据产品的制造工艺流程提出自动化的解决方案并组织实施；
> （2）负责生产自动化系统解决方案开发及应用实施，主导本领域现场改善；
> （3）进行本业务范围内自动化综合改善团队的技术和项目管理工作；
> （4）带领工程师／技术员／技师分析和处理解决现场自动化设备应用中的异常及设备故障，组织技术攻关和改进。

需求岗位小结：岗位描述里突出生产自动化系统解决方案的开发、项目管理、组织技术团队分析和处理解决现场自动化设备应用中的异常及设备故障。这些体现了高素质的工程设计人才和组织人才的需求结合。

案例二

> 岗位需求（任职要求和职位描述）：
> （1）机械设计或自动化相关专业，硕士以上学历，英语六级以上；
> （2）精通 ABB 或有三菱机器人应用经验，对电子产品生产全流程理解深刻；
> （3）具备机器人为核心的系统方案规划、机器人应用的工作经验；
> （4）有电气设计及软件设计经验，智能机器人、计算机视觉、机器智能应用等相关专业优先。

需求岗位小结：岗位描述里的基础要求是机械设计或自动化相关专业，硕士以上学历，英语六级以上。同时突出了强相关背景：精通 ABB 或有三菱机器人应用经验、电气设计及软件设计经验。这些需要岗位从业者具备足够的项目经验。项目经验的获取和积累，可以通过在学生阶段参与导师的研究项目获得。

从上面招聘要求不难看出，目前客户对使用工业机器人的要求为熟悉一到两个著名品牌的工业机器人应用知识，能与产品的制造工艺流程结合提出机器人应用解决方案；具备一定的项目管理经验，最好是软硬件结合（具备上位机软件系统和机器视觉系统开发经验）。这样的要求能最大限度降低"试错"成本，提高设备的周转率和加快项目实施速度。

这样一个机器人高端集成应用的技术人才从目前来讲属于凤毛麟角。

2. 机械装备领域

以机械装备领域里的岗位机械设计工程师为需求导向分析案例。

案例一

> 岗位需求（任职要求和职位描述）：
>
> （1）机械设计工程等相关专业硕士以上学历；
>
> （2）掌握立体仓储核心部件技术，在规划中进行方案设计、设备选型、参数计算；
>
> （3）掌握机械设备的设计技术，在规划中进行方案设计、设备选型、参数计算；
>
> （4）调研和分析项目所需机械设备的相关工艺、流程、数据和应用技术等，参与新工厂整体物流、工艺路线、布局规划，参与信息流规划、流程设计。

需求岗位小结：强调机械设计的基础工作，如方案设计、设备选型、参数计算等，也强调新工厂整体物流、工艺路线、布局规划和信息流规划、流程设计。这些也是高校相关机械类理工科研究生专业教育的短板。

案例二

> 岗位需求（任职要求和职位描述）：
>
> （1）机械设计工程等相关专业硕士以上学历；
>
> （2）熟悉气动、液压产品原理和技术；
>
> （3）熟悉产品开发流程，具备一定的工艺基础；
>
> （4）熟悉项目管理流程和要点，对项目的时间节点敏感；
>
> （5）熟悉 ISO9001 管理体系及运作。

需求岗位小结：强调机械类的基础知识，例如气动、液压产品原理，也注重产品开发流程和工艺基础的理解和掌握，这恰恰是高校的弱项。

3. 精密仪器仪表领域

以精密仪器仪表领域的岗位核仪器仪表研发工程师、仪器仪表工程师等为需求导向分析案例。

案例一

> 岗位需求（任职要求和职位描述）：
>
> （1）核辐射测量、防护等相关专业的硕士以上毕业生，教学、科研人员优先，有过相关项目经验者优先；
>
> （2）组织开展核辐射探测仪器的研发，完成核辐射探测仪器的研究项目。

需求岗位小结：学历要求硕士以上，强调项目经验和核辐射探测仪器的研发背景。

案例二

> 岗位需求（任职要求和职位描述）：
>
> （1）电子类研究生及以上学历；
>
> （2）作为研发团队的重要成员之一参与公司电源自动测试仪、电子负载、老化负载等产品的设计和改进，分析和解决客户使用公司产品时遇到的问题；
>
> （3）精通模拟和数字电路设计，熟悉电子产品开发流程，有良好的团队合作精神、高度的职业责任心，有软件知识者优先。

需求岗位小结：强调电子负载和老化负载等产品的设计和改进、模拟和数字电路设计的基础知识、团队合作精神、高度的职业责任心。

4. 质量管理领域

以质量管理领域的岗位质量管理工程师为需求导向分析案例。

案例一

> 岗位需求（任职要求和职位描述）：
>
> （1）计算机科学与应用、软件工程等相关专业硕士以上学历；
>
> （2）掌握 CMMI，软件质量管理体系和软件测试（黑 / 白盒）的应用技能；
>
> （3）有一定的数据库（ORACLE 或者 MySQL）和 C/C++ 语言技能；
>
> （4）通信行业优先。

需求岗位小结：强调计算机科学领域里的质量管理，主要是以测试工作为主线，与计算机测试岗位相关的工作语言 C/C++ 语言，作为质量管理的一个环节，在通信行业有很多的需求。

案例二

> 岗位需求（任职要求和职位描述）：
>
> （1）硕士及以上学历，管理及审计专业或计算机相关专业；
>
> （2）质量管理体系的建设和维护，质量管理活动的实施；
>
> （3）认证 / 认可技术的研究及应用；
>
> （4）内控矩阵建设和维护，内控审计的实施；
>
> （5）内部审计的组织及实施；
>
> （6）日常不符合项的发现及跟踪等。

需求岗位小结：强调质量管理体系、认证 / 认可技术、内部审计、日常不符合项的发现。

四、结论

通过对工业 4.0 的人才需求导向分析可知，新的生产系统和工业模式，需要人才具备新的专业能力和社会能力，这对社会和教育系统将是一个巨大的挑战。

对照南华大学多个相关博士和硕士研究生的招生专业学科点，梳理出和工业 4.0 紧密联系的招生学院和招生专业，为接下来基于工业 4.0 对人才需求的视角，进一步整理、分析相应专业的人才培养计划服务，对总结和宣传南华大学学位与研究生教育发展的新思路、新举措、新成效，促进南华大学学位与研究生教育事业发展，有积极的推动作用和实践价值。

参考文献

[1] 陈潭，刘成.迈向工业 4.0 时代的教育变革 [J].南京社会科学，2016（9）：131-137.

[2] 李立国.工业 4.0 时代的高等教育人才培养模式 [J].清华大学教育研究，2016，37（1）：6-15+38.

[3] 蔡泽寰.应对工业 4.0 加强产教融合机制创新 [J].中国高等教育，2016（15）：24-26.

[4] 伍锡如.工业 4.0 背景下自动化专业人才培养模式探究 [J].西部素质教育，2016，2（17）：48.

[5] 王志强，倪敬.基于工业 4.0 管理的机械类课程实践教学改革 [J].实验技术与管理，2016，33（11）：223-227.

[6] 王冠愚，范双喜，张喜春.从历史到未来——工业 4.0 背景下的教育模式构想 [J].高等农业教育，2016（3）：12-16.

[7] 盛莉.工业 4.0 时代高校创客、创新教育探究 [J].学校党建与思想教育，2016（13）：90-92.

[8] 罗毅.德国："工业 4.0" 离不开 "教育 4.0" [J].人民教育，2016（13）：9.

[9] 张小平，李佳宁，付灏.全球能源互联网对话工业 4.0 [J].电网技术，2016，40（6）：1607-1611.

[10] 张益，冯毅萍，荣冈.智慧工厂的参考模型与关键技术 [J].计算机集成制造系统，2016，22（1）：1-12.

地方高校研究生奖助的问题与对策
——基于湖南省 6 所地方高校的调研 *

孙美兰

（南华大学）

摘　要　全面收费背景下的研究生奖助体系建设，对于地方高校来说，既是机遇也是挑战。在对湖南省 6 所地方高校调研的基础上，从研究生对奖助体系的认知、实施评价、满意度、激励效果等方面分析了实施现状，阐述了存在的研究生奖助水平偏低、奖助机制不完善、宣传力度不足等问题，提出政府要加大支持力度、高校要拓宽奖助金来源和设定专门的研究生奖助机构。

关　键　词　地方高校；研究生奖助；实施

作者简介　孙美兰，女，1975 年出生，南华大学研究生院，科长、讲师。联系电话：15096071032；电子邮箱：253624636@qq.com。

2006 年，教育部在哈尔滨工业大学等三所中央部属院校开始试点研究生培养机制改革的同时，进行了研究生奖助改革试点，并于 2009 年推广到所有中央部属院校。2013 年，财政部、国家发展改革委、教育部印发了《关于完善研究生教育投入机制的意见》，明确提出要完善研究生奖助政策体系，从 2014 年秋季学期起，全面推行研究生教育收费制度。为适应研究生教育改革新的形势要求，各高校对原有的研究生奖助体系进行了改革与调整。近年来，研究生奖助体系研究成了热点问题，尤其是在培养机制改革背景下的中央部属高校研究生奖助的研究成果比较多，如王仰麟等（2009）、罗英华（2011）、田绿绿等（2012）、孟卫青（2013）、雷晓锋等（2014）、张林（2015）等对研究生奖助体系构建进行了研究，[1-6]孙艳丽（2011）、李倩（2014）、朱海伦等（2015）则对研究生奖助实施效果进行了调查研究。[7-9]地方高校方面，黄文姗（2014）、李和滨等（2014）对地方高校研究生奖助体系构建、存在问题和对策进行了研究，[10-11]但是新的研究生奖助体系实施现状如何，尤其是在吸引优质生源、提高培养质量、促进学科建设方面是否发挥了积极的激励和导向作用，成了地方高校关注与评估的焦点。为探索地方高校研究生奖助体系实施现状，以便为地方高校进一步改革和完善研究生奖助体系提供决策参考，本文通过问卷调查方式对湖南省地方高校研究生针对该问题进行了定量研究。

---

* 该文已在 2018 年第 5 期《高教论坛》上发表。

一、调查对象与调查方法

本研究的调查对象主要为湖南农业大学、中南林业大学、湖南科技大学、湖南工业大学、吉首大学和南华大学等 6 所地方高校的在读研究生。调查共发放 800 份问卷，回收 726 份，有效问卷 690 份，回收有效率 86.25%。其中，按性别来看，男生374 人占 54.2%，女生 316 人占 45.8%；按层次来看，博士研究生 26 人占 3.77%，硕士研究生 664 人占 96.23%；按培养方式来看，定向研究生 156 人占 22.61%，非定向研究生 504 人占 73.04%，其他 30 人占 4.35%；按学科来看，经济学 44 人占 6.38%，管理学 38 人占 5.51%，文学 40 人占 5.8%，理学 76 人占 11.01%，工学 270 人占 39.13%，医学 132 人占 19.13%，农学 32 人占 4.64%，法学 32 人占 4.64%，其他占 3.76%。本次调查通过相关高校的研究生院（部）组织实施，保证了问卷质量和样本的真实可靠。

调查问卷共分为三个部分，第一部分是被调查者基本信息，包括性别、年龄、层次、读研方式、培养方式、学科门类；第二部分为开放式选择题，主要涉及研究生经济状况、奖助覆盖面、评审标准及存在问题；第三部分主要是对研究生对奖助体系的总体认知、实施情况、满意度和激励效果等方面进行因子分析，采用 Likert5 计分，1、2、3、4、5 分别表示"非常不符合、有点符合、符合、较符合、非常符合"。通过因素分析检验量表的信度和效度，Cronbach's α 值均大于 0.9，每个因子的相应变量间具有较强的内部一致性，说明量表间具有很好的信度；KMO 检验数值为 0.935，Bartlett 检验的显著性为 0.000，表明问卷变量间偏相关性较强，适合做因子分析，说明量表具有很好的效度。

二、地方高校研究生奖助现状

（一）研究生对奖助体系的总体认知一般

关于研究生对国家与学校有关奖助政策熟知程度调查得分为 2.84（见表 1），这说明湖南地方高校研究生对国家及所在学校研究生奖助政策只是一般性了解，对研究生奖助体系的细节条款还不太了解，认知度偏低。关于地方高校研究生奖助体系设置的调查，结果显示除了国家奖助金、学业奖学金、"三助"外，50.14% 的学生选择了新生奖或生源奖，40% 的学生选择了困难补助，24.64% 的学生选择了优秀单项奖，20.58% 的学生选择了专项奖；关于研究生对国家、学校有关研究生奖助金评选过程与标准总体认知调查得分为 2.806；关于研究生奖助金的资金来源调查显示，除国家与学校拨款奖助学金，48.41% 的学生选择了还来源于导师资助和社会捐赠，8.70% 的学生选择了校友捐赠。这说明大多数同学对国家层面、学校层面研究生奖助评选过程与标准是有所了解的，部分研究生甚至非常了解学校研究生奖助体系设置具体内容与细节，约超过 50% 的学生对奖助资金来源都有较为深刻的认识。

表1　地方高校研究生对奖助体系总体认知得分

描述性统计量	均值	标准差
您了解贵校研究生奖助政策	2.846	0.84
您了解国家研究生奖助政策	2.841	0.83
您了解贵校研究生奖助金评选过程与标准	2.806	0.85

（二）研究生对奖助体系的实施情况评价偏低

表2是地方高校硕士研究生资助实施情况评价层面所选变量的相应描述统计量，统计结果表明所调查的研究生对硕士研究生资助实施情况评价偏低。

表2　湖南省地方高校研究生对奖助体系实施评价得分

描述性统计量	均值	标准差
贵校研究生奖助力度大	2.716	0.89
贵校研究生奖助覆盖面大	2.780	0.86
贵校研究生奖助金的来源广	2.530	0.94
研究生奖学金评选程序很规范	2.722	0.84
贵校从学校层面建立了科学合理完善的研究生奖学金评定标准	2.800	0.86
您所在二级培养单位建立了完善的研究生奖学金评定细则	2.788	0.84

对于学校研究生奖助力度大的评价得分2.716，其中21.5%的认为较符合，36.5%的认为符合，34.2%的认为有点符合，7.8%的认为非常不符合。而关于研究生奖助金来源广的评价得分2.53，其中17.4%的认为较符合，32.2%的认为符合，36.5%的认为有点符合，13.9%的认为非常不符合。这说明湖南省地方高校自2014年秋季起对研究生资助力度有了较大的增加，但由于资金来源狭窄单一，对于学费与生活费主要依靠奖助收入的研究生来说，力度还不够。

关于研究生奖助覆盖面大的评价得分2.78，其中22.9%的认为较符合，37.4%的认为符合，34.5%的认为有点符合，5.2%的认为非常不符合。关于奖学金覆盖率情况，13.62%的被调查者表示达到100%，64.06%的表示达到80%~95%，16.23%的表示达到60%~80%，仅3.77%认为小于60%。这说明湖南省地方高校研究生奖助金覆盖面具有一定的广泛性，但又因研究生奖助覆盖力度不大，研究生奖助覆盖面评价不高。

从制度制定的科学合理性与完善性来看，研究生的总体评价得分2.8，但对学校层面制定的有关评定标准的评价稍高于院系层面，这说明湖南省地方高校有关研究生奖助体系推行是自上而下的，且院系层面奖助学金评选细则有待进一步完善。从执行来看，研究生对奖学金评选程序规范的评价得分2.722，57.9%的研究生对规范性是认可的。鉴于研究生奖学金评选程序一般是自下而上开展的，研究生的参与度、评审委员会成员的组成、评选标准科学合理性、评选过程的公开与透明性等方面，如有差池，都可能导致研究生对评选程序规范性的质疑。

（三）研究生对奖助体系的满意度不高

研究生对于奖助体系的满意度评价偏低（见表3）。从研究生奖助金保障功能来看，调查结果显示，关于研究生获得的奖助金在保障学习与生活方面的满意度只有2.441且标准差大。这说明对于那些既能获得国家奖学金又能获得较高等次学业奖学金的研究生来说是有保障的，对于获得较低等次或未获得学业奖学金的研究生来说奖助收入不足以保障其生活与学习；从研究生奖学金激励导向功能来看，关于现行奖学金制度对学习与科研的激励作用很强的得分为2.62且标准差偏大，约52.1%的研究生认为具有很强的激励作用，这说明研究生奖学金对于那些学业成绩、科研成绩或创新能力较强的研究生具有较大激励作用；从研究生奖助制度制定与公平性来看，只有约46.3%的研究生对学校制定的奖助制度很满意，约57.7%的研究生则认为奖助政策结果很公平；研究生对于"三助"岗位设置的满意度偏低，且标准差偏大，这说明各个地方高校设置的"三助"岗位相对较少，绝大多数研究生还是期望获得"三助"岗位，通过劳动获得资助。

表3　湖南省地方高校研究生对奖助体系满意度评价得分

描述性统计量	均值	标准差
研究生奖助政策结果很公平	2.765	0.86
您所获得的研究生奖助金能完全保障您的学习和生活	2.441	0.99
您对学校研究生奖助制度很满意	2.525	0.89
您认为现行奖学金制度对您学习和科研的激励作用很强	2.620	0.95
您对贵校助研岗位的设置很满意	2.644	0.92
您对贵校助教岗位的设置很满意	2.664	0.90
您对贵校助管岗位的设置很满意	2.687	0.91

（四）研究生对奖助激励效果的评价相对较高

理想的研究生奖助体系既要能保障研究生的基本生活，同时还要激发研究生自身的潜能。研究生对奖助激励作用评价相对较高（见表4）。从研究生奖助发挥整体作用来看，研究生对学校奖助工作效果满意度与促进综合素质提升的评价分别为2.794和2.742，这表明湖南省地方高校研究生奖助激励效果不明显，亟待进一步调整和完善。从研究生奖助体系对研究生自身发展的影响来看，研究生将更加努力学习、更加积极提升科研能力和实践技能与更加积极参加各级专业（项目）竞赛活动的得分接近

表4 湖南省地方高校研究生对奖助体系激励效果评价得分

描述性统计量	均值	标准差
您对学校的研究生奖助工作效果很满意	2.794	0.89
您觉得现行奖学金制度更能促进研究生综合素质的提升	2.742	0.96
您现在更加努力学习、更加积极提升科研能力和实践技能	2.959	0.92
您会更加关注论文质量而非数量	2.791	0.90
您会更加积极参加各级专业（项目）竞赛活动	2.936	0.89

3分，而更加关注论文质量而非数量得分为2.791，这说明奖助对利益相关群体的研究生在学业成绩、科研能力、创新能力与实践能力的提高方面有着十分重要的激励作用，大部分研究生还是期望通过自身努力获得奖学金，帮助自己解决经济问题，顺利完成学业。

三、地方高校研究生奖助问题

（一）研究生奖助收入水平偏低

从实行研究生教育全面收费对研究生总体影响的调查来看，超过50%的被调查者表示会使自己经济压力更大而不得不找兼职维持生活，近30%的被调查者表示会使自己更加努力学习，近20%的被调查者表示对自己没有影响。从奖学金抵扣学费的调查情况来看，23.48%的被调查者表示能完全抵扣学费，36.52%的被调查者表示能抵扣学费的70%~90%，27.54%的被调查者表示能抵扣学费的50%~70%，有10.14%的被调查者表示抵扣不到50%。关于研究生学费来源的调查显示，59.13%的研究生选择学费主要来源于奖助学金，55.65%的研究生选择了家庭支持，选择来源于兼职收入、助学贷款、导师科研补助的分别有7.25%、5.80%、1.74%。关于研究生生活费来源的调查显示，选择主要来源于奖助学金、家庭支持、兼职收入的被调查者分别为66.96%、45.80%、34.20%，仅占4.35%和5.22%的被调查者分别选择主要来源于导师科研补助、助学贷款。关于研究生月生活费的调查显示，19.71%的被调查者表示在500元以下，53.04%的表示在500~1000元之间，22.03%的表示在1000~1500元之间，5.22%的表示在1500元以上。总的来说，湖南省地方高校研究生奖助金来源单一，缺乏社会资金投入，对于学费与生活费主要依赖于奖助收入的研究生来说，总体水平偏低，研究生难以凭借奖助收入专心学业，经济生活压力大，生活质量不高（约有72%的研究生月生活费在1000元以下）。

（二）奖助机制不够完善

从研究生奖助设置合理性来看，表示非常合理的被调查者较少，不到8%，33.91%

的认为合理，46.38% 的认为一般，10.14% 的认为不合理。针对研究生奖助设置合理性存在的主要问题，36.81% 的被调查者表示覆盖面小，35.07% 的被调查者表示等级差距大。这说明湖南省地方高校绝大部分研究生对奖助体系设置是认可的，但其合理性有待进一步提高，如奖学金类型设置单一、重复获奖、奖学金的等级差距大等。

从研究生奖学金评定机制来看，32.17% 的被调查者认为评审标准不明确，23.19% 的认为宣传不到位，20.87% 的认为评审过程不公平，18.84% 的认为评审程序不科学。这主要是因为研究生奖学金评审标准难以科学量化，如学术型与专业型的评审标准没有区分，评审标准仍然集中在发表论文、出版专著、发明专利、科研成果获奖等方面，对于研究生社会实践、日常表现与思想政治表现的评定流于形式。

从研究生助学金设置来看，所调研的 6 所高校都设有经济贫困研究生助学金，具有一定助困保障功能。但学校对申请贫困助学金的研究生缺少实际的考察，也没制定严格意义上的贫困界定线，可能存在让一些家庭经济条件良好的学生钻了空子，真正家庭经济困难的学生反而得不到帮助的现象。

（三）宣传力度不足

从调查来看，研究生对资助的需求较为强烈，但真正关注各级奖助政策的却不多，对奖助政策的认知度总体偏低。虽然所调研的一些地方高校通过校园网、微信公众号、招生宣传、学生手册等进行了有关研究生奖助金政策的宣传，仍约有 23.19% 的研究生认为奖助金评审存在的主要问题是宣传不到位。这说明地方高校对国家层面与学校层面的研究生奖助政策解读不够，尤其对院系层面具体评选细则宣传力度不足。

四、推进地方高校研究生奖助改革的对策建议

（一）政府加大政策支持与经费投入

《财政部、国家发展改革委、教育部关于完善研究生教育投入机制的意见》明确提出："加大奖助经费投入力度。以政府投入为主，按规定统筹高等学校自筹经费、科研经费、助学贷款、社会捐助等资金，建立健全多元奖助政策体系，提高研究生待遇水平。"政府作为公共事务的主要投入者、管理者，应转变发展观念，充分认识研究生教育对当地经济、政治、文化、卫生事业发展的重要性，确立教育优先发展的战略地位，将发展高等教育特别是加强研究生教育纳入地方发展框架，加大对地方高校的政策支持和经费投入，促进地方高校研究生教育深度服务地方经济建设和社会发展。[12]

（二）拓宽研究生奖助资金来源

全面收费后的研究生奖助体系建设，对于地方高校来说，是压力更是责任。如何拓宽资金来源、增加经费收入成为地方高校需要解决的重要问题。依照"政府投入，学校主导，多方集资，面向社会"[13]的原则，应充分调动和发挥各方面的积极性来

筹集研究生资助经费。首先，积极与地方政府联系互动，为地方经济社会发展提供智囊服务、技术支撑、信息咨询，吸引和争取地方政府加大财政投入。其次，积极调动行业协会、科研院所、企业等机构对研究的投资热情，引导社会力量通过设立专项奖学金、科研专项基金等形式加大对研究生的资助力度，缓解国家和高校的资助压力。[14]再次是开展合作办学，加强校地、校企、校校等合作，开展订单式或双向互动式培养，充分利用校外优质资源，为研究生提供良好的学习条件、一定的生活补助以及校外单位奖助学金。最后，充分发挥校友在完善研究生奖助体系方面的积极作用。校友对学校在感情上有一种"母校情结""感恩情结"，相较其他社会资源而言，校友资源有着显著的不可比拟的优势。

（三）设定研究生资助管理中心

地方高校不能只是将研究生奖助作为时间节点的常规工作来做，而是要成立专门的研究生资助管理中心作为研究生资助的主体，要配备专人负责研究生资助工作。一要建立健全科学规范、责任明确的奖助经费管理制度，保障研究生奖助经费从进到出整个过程规范有序、有效衔接，保证研究生奖助经费管理有法可依、有章可循；二要建立完善的研究生奖助评价机制，确保资助经费能够发挥其应有的价值，提高资助经费的有效性，在兼顾公平的同时提高效率；三要积极拓宽奖助资金来源，提高研究生资助水平；四要加强宣传，充分利用新媒体，及时对国家、学校、院系、学科等相关政策及优秀典型进行宣传，提高研究生满意度与奖助实施效果。

参考文献

[1]王仰麟，生玉海，黄俊平，等.研究生培养机制改革与研究生奖助体系的构建——以北京大学为例[J].学位与研究生教育，2009（04）：11-15.

[2]罗英华.合理配置资源，发挥研究生奖助体系激励作用——以复旦大学为例[J].研究生教育研究，2011（01）：16-19.

[3]田绿绿，秦博，王微.关于研究生奖助体系改革的实践与思考[J].教书育人，2012（04）：22-23.

[4]孟卫青.研究生奖助体系设计的理念、模式与策略[J].学位与研究生教育，2013（12）：53-57.

[5]雷晓锋，籍征，王文文，等.研究生教育投入机制改革背景下的奖助体系改革研究[J].学位与研究生教育，2014（06）：27-30.

[6]张林.研究生奖助体系改革论析——以北京大学为例[J].高校辅导员学刊，2015（04）：56-59.

[7]孙艳丽.对研究生奖助体系改革满意情况的调查与分析[J].研究生教育研究，2011（04）：10-14.

[8] 李倩. 落实投入机制改革意见, 构建多元化研究生资助体系——基于 H 高校研究生资助体系满意度的调查 [J]. 中国研究生, 2014 (10): 17-21.

[9] 朱海伦, 罗琴, 郑久良. 关于 Z 大学研究生奖助收入情况的调查分析 [J]. 中国研究生, 2015 (06): 58-64.

[10] 黄文珊. 地方高校硕士研究生新型资助体系建构研究 [D]. 江西师范大学, 2014.

[11] 李和滨, 魏然, 贾强, 等. 地方高校研究生教育收费和奖助学金管理的探索与实践——以山东科技大学为例 [J]. 科教文汇, 2014 (35): 1-2.

[12] 章琳, 陈培坤. 地方高校研究生奖助体系建设的新矛盾与解决途径 [J]. 河北师范大学学报 (教育科学版), 2016 (01): 71-74.

[13] 程翠玉. 研究生奖助体系改革的实践与思考 [J]. 学位与研究生教育, 2015 (12): 33-36.

[14] 王竹君, 贾晓燕. 我国研究生资助体系改革中存在的问题与对策分析 [J]. 南京财经大学学报, 2016 (6): 97-101.

基于华教项目的华文教育研究生培养模式研究
——以湖南师范大学为例 *

金 鑫

（湖南师范大学）

摘 要 华文教育基地项目数量较多，形式多样，内容丰富。文章简要介绍了华文教育的一些项目，探讨了基于华文教育基地项目如何开展研究生培养工作。分析了华文教育方向研究生如何在参与华文教育项目中，掌握专业知识、发展专业技能、提高自身能力和水平。通过具体的培养案例探讨华文教育研究生的培养模式，并对培养模式进行归纳和总结。

关 键 词 华文教育基地项目；华文教育；培养模式

作者简介 金鑫，男，1980 年出生，湖南师范大学国际汉语文化学院，讲师、语言学博士。联系电话：13574191979；电子邮箱：jinstars@163.com。

一、引言

华文教育主要是指面向海外华人华侨的汉语和中国文化教育。国务院侨务办公室裘援平主任在 2014 年 12 月召开的第三届世界华文教育大会上指出，华文教育是中华文化在海外的"希望工程"，中华民族在海外的"留根工程"，并且强调华文教育是华侨华人社会最重要的"民生工程"。它既是国家和民族的事业，也是一个新兴的学科。20 世纪 90 年代中后期，伴随着海外华语热以及华文教育事业的大发展，学界提出华文教育应作为一个独立学科来建设。20 多年来，华文教育学科越来越受到重视，发展形势喜人。在学位点建设方面，华侨大学自设华文教育硕士点，暨南大学、湖南师范大学等院校在相关专业下设有专门的华文教育硕士（或博士）方向，为华文教育培养高学历、高水平的研究型人才。

在华文教育研究生培养方面，培养院校都按照相关规定和要求并结合自身特色，制定了一套科学合理、内容全面、结构完备的专业培养方案，为培养具备较扎实的理论基础，具有较好科研能力和实践能力的华文教育研究生提供了明确指导和重要依

* 本文系湖南省教育厅重点项目"湖南汉语国际推广战略研究"（项目编号 11A078），湖南师范大学研究生教改项目"华教基地项目与华文教育研究生培养模式研究"（项目编号 14JG20）成果之一。该文已在 2018 年第 3 期《海外华文教育》上发表。

据。湖南师大华文教育方向研究生培养目标为：培养具有一定的华文教育理论水平，具备扎实的华文教学技能，能在海内外从事华文教育和汉语国际推广工作，并能胜任华文本体研究、华文教材编写、华文水平测试与评估、华文教育及其管理研究的高级专门人才。本着"少而精"的原则，从 2013 年 9 月开始培养第一届华文教育方向的硕士研究生，截至 2017 年 6 月共招收培养四届，两届已经毕业，两届在读，共计培养研究生 26 名。

针对研究生培养模式的研究，米银俊、黄慧民（2001）认为研究生培养模式是在一定的教育思想指导下，为了实现培养目标而采用的具有一定特征的整个研究生培养过程的样式和运作方式。胡玲琳、叶绍梁（2008）认为研究生培养模式是在一定的教育思想、教育理论和特定需求指导下，为实现研究生培养目标而形成的研究生培养过程的诸要素构成的标准样式与运行方式，是研究生培养过程特性的一种总体性表现。主要构成要素有：培养目标、入学形式、培养方式和质量评价。在语言相关专业的研究生培养方面，王素梅（2011）提出对外汉语专业"2+1"研究生培养模式；刘颂浩（2013）分析汉语国际教育专业硕士培养过程中存在的问题并提出解决方案。

本文主要关注的是基于教研项目的华文教育研究生培养模式，即在华文教育研究生的培养过程中，一方面严格按照培养方案的规定，开展教学科研活动；另一方面，结合各类教学培训活动和科研项目，让华文教育专业的研究生参与其中，通过一个个具体教学培训和科研项目，进一步提升学生的学术水平和实践能力。

二、华文教育项目分类与介绍

为了便于分析，我们将与华文教育相关的青少年活动、华文教师培训、课题研究等看作不同的项目分别介绍。华文教育的项目数量较多，形式多样，内容丰富，深受海外华裔青少年和华文教师的喜爱和欢迎。本文主要结合湖南师范大学国际汉语文化学院承办过的活动，将华文教育的诸多项目分为三类，分别是：华裔青少年项目、华文教师项目、学术研究项目（包括名师巡讲和华教基地研发项目）。（见表1）

（一）华裔青少年项目

1. 海外华裔青少年夏（冬）令营活动

"中国寻根之旅"夏令营是中国国务院侨务办公室和中国海外交流协会为增进海外华裔和港澳台地区青少年对中国的了解，提高他们学习汉语和中华文化的兴趣，推动海外华文教育发展而举办的大型综合性活动。近些年已不再局限于"夏令营""冬令营"，而是一年四季都可以组织安排青少年的营团活动。通过多姿多彩的青少年营团活动，使广大营员零距离感受祖（籍）国的悠久历史和灿烂文化，亲身体会当代中国社会发展的勃勃生机，增进各国和各地区华裔青少年的交流和学习，增强同为华夏子孙的民族认同感和自豪感。

表1　湖南师范大学国际汉语文化学院承办华文教育项目表

类型	项目名称	主要内容
华裔青少年项目	海外华裔青少年夏（冬）令营活动	中国语言文化、历史地理、中华才艺等
	中华文化大乐园	音乐舞蹈、戏曲武术、书法绘画、文化常识等
	中国文化海外行	文史、舞蹈、书画、手工、武术、中国民族音乐等
	中文学习乐园	华文学习、中华文化体验活动
华文教师项目	华文教师师资培训班	华语教学、中华文化、中华才艺等
	华校校董校长研习班	中小学教育管理、案例教学等
名师巡讲	外派专家讲学	华文教学法、中华文化、华语基础知识教学等
华教基地研发项目	华文教材编写	编写海外华文教材
	外派教师实用读本编写	编写外派教师培训教材

2. 中华文化大乐园

中华文化大乐园是国务院侨务办公室（简称"侨办"）、中国海外交流协会继"中国寻根之旅"系列夏、冬令营活动之后，推出的又一项旨在增进海外华裔青少年对中华文化了解的品牌活动。中华文化大乐园把中华文化精品课程送到海外华裔青少年的家门口，开设课程丰富，主要包括汉语知识、中华武术、民族音乐、民族舞蹈和中国书法、绘画、传统手工艺等课程，教学目标明确：达到"五个一"的基本教学目标，即学会一首歌、一支舞、一套拳、一幅画、一件手工艺品。

3. 中国文化海外行

中国文化海外行由中国国务院侨办主办，各省市侨办或华文教育基地院校承办，采取"走出去"的形式，到海外华校、华社传播中华文化和开展文史、舞蹈、书画、手工、武术、中国民族音乐等文化艺术交流活动。

4. 中文学习乐园

中文学习乐园由中国华文教育基金会主办，邀请海外华裔青少年来祖籍国参加为期一个月的华文学习和中华文化体验活动。华裔青少年将重点学习汉语拼写、口语、写作等课程，并体验中国经典诗词、书法、国画、剪纸、武术、民族舞蹈等文化艺术。

（二）华文教师项目

1. 华文教师师资培训班

华文教师师资培训班（华文教育·教师研习）由国务院侨办主办，各省市侨办或华文教育基地院校承办，面向海外一线华文教师，采取"请进来"的形式，设置为期三周左右的华语语言知识、华文教学法、中华文化、国学概说等课程的师资培训班。目前培训班的主要形式是培训、考核、认证"三位一体"，通过集中培训和学习，组织华文教师参加华文教师证书认证考试。

2. 华校校董校长研习班

国务院侨办文化司、中国海外交流协会文教部主办的"华文教育·华校校董校长研习班"旨在通过邀请海外华文学校的校董和校长来华参观访问，就学校运营、师生管理、教学理念等开展研讨活动，目的是帮助海外华文学校科学健康发展。

（三）名师巡讲

名师巡讲是指由国务院侨办主办，各省市侨办或华文教育基地院校承办，采取"走出去"的方式，委派国内优秀的语言教学专家、语言文化研究专家赴海外开展华文教育帮扶工作。对广大华文教师开阔视野、提高汉语教学水平具有十分重要的意义，对海外华文教育发展和中华文化推广具有积极作用。

（四）华教基地研发项目

华教基地研发项目是由国务院侨办委托华文教育基地院校开展的科研项目。项目要求研究内容广泛深入，研究成果能够较好地转化，能够积极推动华文教育和华文教学发展。目前学院获得的基地委托项目为两项，分别是编写印尼小学华文教材、编写外派教师实用读本。

三、华教项目与华文教育研究生培养

湖南师范大学国际汉语文化学院在培养华文教育研究生方面，严格按照培养方案规定的内容开设课程，研究生还可以根据自己的兴趣，结合培养方案申请参与学院承担的部分华教项目。

（一）参与华裔青少年营团活动，助力华裔青少年语言文化学习

参与"中国寻根之旅"夏（冬）令营的华裔青少年数量较多，来自不同的地区和国家，因此在组织和管理方面需要一定的人员。由于营团活动的时间基本是在寒暑假或者临近寒暑假期间，研究生的专业课程学习基本结束，一部分同学积极主动参与到青少年营团的志愿服务工作中来。主要有三方面的工作，一是承担志愿服务工作，为华裔青少年以及领队老师提供志愿服务，帮助他们解决一些生活方面遇到的问题；二是参与教学工作，在学院导师组的指导下，为华裔青少年上快乐华语课；三是利用与华裔青少年交流的机会，开展调查研究工作。研究生通过参与青少年营团项目，近距离接触海外华裔青少年，了解他们的华语水平、对祖籍国的态度和情感及对中华文化的认识。

2014 年暑期，学院几位研究生在导师指导下，开展了"海外华裔青少年'中国

梦'认知和认同"暑期实践调查活动。经过策划、问卷设计、知识宣讲、个别访谈等过程，较为成功地了解到部分海外华裔青少年对中国梦的认识和理解，通过知识宣讲，进一步让海外华裔青少年认识到中国梦与他们每个人之间的密切联系，加深了华裔青少年对祖籍国的认识和民族认同。研究成果《海外华裔青少年"中国梦"认知、认同情况调查与分析》刊发在《海外华文教育》2016年第6期。

通过参与海外华裔青少年的营团活动，研究生能够获得这些营员们的第一手资料，如营员存在的语音、词汇以及语法问题，对中国文化的了解程度以及喜好情况，华文学习过程中的一些困惑和难点，等等，这些内容都是非常重要的华文教育研究素材。参加海外华裔青少年营团活动的志愿服务，不仅能帮助华裔青少年学习华语和中华文化，还能锻炼研究生的组织管理能力，收集到有助于专业研究的材料。

（二）参与华文教师培训项目，了解华教师资与培训需求

"华文教育·教师研习"是华文教育工作中很重要的一项任务，华文教育专业的研究生肩负传授华语和传播中华文化的责任和使命，参与海外华文教师的师资培训活动，是华文教育专业的研究生了解海外华文教师和华文教育的另一条有效途径。2015年11月，学院研究生针对马来西亚来华师资培训班发放问卷，调查海外华文教师对教师研习班课程设置和内容安排的意见。研究成果《马来西亚华文教师来华文化才艺培训调查分析》被《海外华文教育》录用。

海外的华文教育长期存在的就是"三教"问题——教师、教材和教法问题，其中华文教师是问题的核心。华文教师师资培训的目的就是解决海外华文教师专业基础较差、学历水平较低和知识体系不完整等问题。华文教育专业的研究生通过参与师资培训活动，能够对海外华文教育的师资水平和状况有较为直接的了解，同时对自己的专业知识学习和教学技能培养有更为明确的认识。如作为一名合格的华文教师，应该具备哪些知识和能力，如何在不同文化背景和环境下开展华文教育工作，等等。通过了解海外华文教师在艰苦环境下坚持开展华文教育的感人事迹，对海外华文教师的职业精神有了深入了解，同时也深受感染。

（三）参与华教基地研发项目，提升专业研究能力

湖南师范大学国际汉语文化学院是国侨办和湖南省授牌的华文教育基地，并设有华文教育研究中心。中心依托湖南师范大学完备的学科优势和雄厚的教学科研能力，面向广大海外华侨华人，特别是华裔青少年群体开展民族语言教学和中华文化的传承和传播工作。目前中心承担的国家和湖南省教育厅研究课题有三项，分别是国务院侨办委托项目"外派教师实用读本""印尼小学华文教材"和湖南省教育厅重点项目"湖南省汉语国际推广战略研究"。

学院华文教育方向的研究生根据自身研究兴趣和导师研究方向，结合上述项目组

织开展基础研究工作，收集校对相关材料，撰写读书笔记和研究综述，针对个别问题深入挖掘展开研究。通过参与学术研究项目，研究生的专业知识和科研能力都有极大提升。学院 2013 年 9 月正式开始培养华文教育方面研究生，每一年都有该专业研究生成功申报省级研究生科研创新项目，且申报课题都与研究中心目前承担的项目有较为密切的联系。

通过学术研究项目驱动，在 2015 年 1 月第七届"世界华语文教学研究生论坛"有 4 名同学的论文入选并参会，其中有 1 名荣获优秀论文奖；2016 年 1 月在台湾中国文化大学召开的"全球华语文教师与研究生论坛"，3 名研究生的学术论文入选并参会；2017 年 1 月在陕西西安的第九届"世界华语文教学研究生论坛"，2 名研究生的学术论文入选并参会。多名研究生在各类期刊发表多篇论文。

四、华文教育研究生阶段性成绩与培养模式分析

（一）华文教育研究生阶段性成果

学院自 2013 年首次招收华文教育方向的研究生，截至 2017 年 6 月已招收四届学生共计 26 名，其中 2013 级、2014 级共 7 人毕业，初次就业率为 86%，2015 级、2016 级 19 人在读。研究生通过参与华文教育的华裔青少年项目、海外华文教师项目和学术研究项目，在学术研究、专业知识学习组织管理和教学技能方面都得到了培养和锻炼。华文教育方向的研究生在导师的指导之下，根据自身实际情况，制订适合自己的培养计划，认真完成了培养方案中所选的公共必修课程、专业必修课程、方向必修课程以及任意选修课程的学习和教学实践。从目前了解的情况来看，在课程培养方面，研究生积极主动参与课程学习，课前查阅资料、课上踊跃讨论、课后拓展阅读，学生学习态度积极，学风端正。在实践教学方面，三年级的 4 名研究生均有教授来华留学生的课堂教学经验，2014 年 3 月至 2015 年 7 月三个学期，4 名研究生的教学测评均较好。2015 年 1 名同学荣获研究生国家奖学金，1 名赴台湾师范大学交流。2016 年至今共有 4 名研究生先后赴韩国、美国从事汉语志愿者工作，1 名研究生赴高雄师范大学交流。本方向培养的研究生，拥有来华留学生授课经历的占比超过 90%，赴境外海外参加学术交流和中文教学的比例达到 31%。虽然取得了一些成绩，但是与国内其他院校，尤其是华文教育研究生培养工作开展得较早的院校相比，还有很大差距。

（二）华文教育研究生培养模式

本文主要讨论的是基于华文教育项目的研究生培养模式，由于论述的需要，也涉及一些非华文教育项目研究生培养问题，但主要还是围绕华文教育项目研究生培养展开。华文教育方向的研究生在学院学习期间，既有前文提到的教学式研究生培养模式，也有机会参与各类华文教育项目，与此同时也形成了"基于华文教育项目"的培养模式，如图 1 所示。

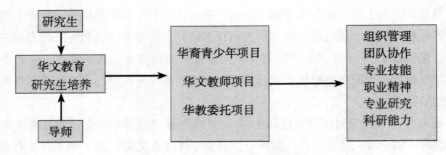

图1 华文教育研究生培养模式

五、结语

尽管对华文教育研究生的培养目标较为明确，采取的措施也较为合理，但是在具体实施过程中，由于环境和条件所限，培养上难免会存在一些问题，还有待今后进一步去解决和完善。围绕培养目标，结合学校和学院承办的各级各类华文教育基地项目，扎实开展"华文教育学术研究＋华文教学基本技能＋华教项目实践能力"研究生培养工作。力图培养和打造既有扎实的学术功底，又有过硬的教学能力，同时还能积极参与专业项目研究的华文教育复合型人才，为海外华文教育提供生力军，为华语以及中华文化的传承与传播做出新的贡献。

参考文献

［1］贾益民.华文教育概论［M］.广州：暨南大学出版社，2012.

［2］裘援平.发展华文教育，振兴华文学校［C］.第三届世界华文教育大会，2014-12-07.

［3］米银俊，黄慧民.研究生教育模式的国际比较［J］.中国高教研究，2001（10）：44-45.

［4］胡玲琳，叶绍梁.研究生培养模式及要素探析［J］.大学（研究与评价），2008（11）：13-15+18.

［5］王素梅.对外汉语方向硕士研究生培养模式探索［J］.教育与职业，2011（18）：114-115.

［6］刘颂浩.汉语国际教育专业硕士培养中的若干问题［J］.华文教学与研究，2013（04）：44-50.

［7］金鑫，熊佳怡.海外华裔青少年"中国梦"认知、认同情况调查分析［J］.海外华文教育，2016（06）：852-858.

PART 3

专业学位教育

POSTGRADUATE
EDUCATION

专业学位研究生教育服务行业需求的思考
——以湖南科技大学教育硕士培养为例 *

李　学　高文华　姚京成　刘俪喆

（湖南科技大学）

摘　要　专业学位研究生是面向社会职业需求而培养的高层次应用型专门人才。专业学位研究生教育应以职业需求作为根本导向，但实际培养过程中由于多种因素影响，还存在过于注重分数、招生方式欠合理，过于依赖学科、培养过程不完善，过于突出理论、素养发展难全面等典型问题。湖南科技大学在专业学位研究生教育特别是教育硕士培养过程中，总结了一套与行业互动的有效方式，能为专业学位研究生教育发展提供有益参考。

关 键 词　专业学位；研究生教育；社会行业互动；教育硕士

作者简介　李学，男，湖南科技大学教育科学研究院，副教授。联系电话：13117328595；电子邮箱：327790713@qq.com。

专业学位研究生是面向社会职业需求而培养的高层次应用型专门人才。在经济社会发展日新月异的背景下，大力发展专业学位教育成为高等教育特别是研究生教育的重要使命和共同愿景，并且已经体现到国家层面的招生政策之中。然而，受传统教育惯性和教育观念影响，专业学位教育特别是专业学位研究生教育在培养方向、培养体制机制、课程设置、教学方法等诸多环节仍未与学术型学位教育完全区分清楚，导致培养的人才其质量规格、适应能力不能完全满足经济社会发展需求。以国家双一流大学建设为契机，基于社会发展要求，明晰专业学位教育定位、分析当前存在的问题，并根据实践经验提出问题解决策略，对突出专业学位教育的针对性和实效性、提高专业学位人才的社会认可度具有重要意义和价值。

一、职业需求是专业学位研究生教育的根本导向

随着高等教育大众化进程加快和经济社会对人才需求的变化，我国的专业学位研究生招生近年来发展十分迅速，其规模远远超过学术型研究生数量，但在人才培养过程中仍"存在学位性质模糊不清，导致社会认可度不高"[1]等问题，迫切需要澄

* 本文受湖南省学位与研究生教育教学改革研究课题项目（JG2015B088）资助。

清专业学位研究生教育的培养面向问题，并根据培养面向设置培养方案，改革培养方式，尽快从数量扩张转向质量内涵的提升。

（一）培养面向职业特点和需求

在工业社会时代，行业区分比较明确，个人职业相对稳定，职业发展主要表现为知识经验的积累和技能的熟练，而在知识经济和信息社会时代，行业之间走向交叉重叠，社会分工越来越细，职业种类相应大量增加，对职业的要求在不断提高，职业之间流动也逐渐成为常态。在高等教育的人才培养体系中，专业一般是面向具体职业，并且学历层次越高，面向越具体，更多是体现着学科知识体系分类与发展的趋势。我国目前有40种专业硕士学位，其设置并没有固定的依据，有的是为某种具体职业培养人才，有的是为多种职业培养人才，但总的来说，专业学位研究生教育都是面向某一种职业或行业领域的需要，并且在层次上要高于本科阶段教育。

专业学位研究生教育的职业特点和需求的面向，决定了其高层次性和应用性。高层次性是说专业学位研究生教育不仅在学历上高于本科教育阶段，而且意味着或是假设学生已经具备了从事某种职业或某行业领域的基础知识和基本能力，根本任务是提高、拓展，表现为专业理念提升和方法掌握，最终体现为分析与解决具体情境中问题的能力提高程度，即应用性。因此与社会行业有效互动，将职业领域中的基本需求体现到课程设置、活动安排等人才培养活动过程中，并且指导学生亲临职业现场，灵活运用知识解决问题，应当成为专业学位研究生教育改革与发展、区别于传统学术型研究生教育的必由路径。

（二）培养方案体现职业工作素养

职业工作素养包括与职业相关专业知识和专业技能水平，还包括工作态度、合作意识和敬业精神等职业意向。职业意向影响但并不等同于知识和技能的发展，只有构成职业工作素养的各要素形成合力，才会推动个人职业发展。专业学位研究生教育包括全日制和非全日制两种方式。根据当前就读情况来看，全日制学生多半是从本科直升，相关实践经验积累欠缺；非全日制学生虽然有工作经验，但并不必然意味着他们对职业有了深刻的认识与体验。也就是说，相当一部分学生并不清楚如何激发自己的职业潜能，朝什么方向为职业做好准备，如何做好职业生涯近远期的规划。

专业学位研究生与职业工作素养关系的现状要求特别体现出基础性与发展性的结合。基础性是职业工作的要求，是高级应用型人才的最低标准，现有专业学位对应的职业大都要求有职业资格证书作为入职必备条件，如会计、教师、建筑等职业，但在职称晋升方面要求差异较大，如会计职称不仅有工作年限要求，而且需要通过相应的专业考试；教师职称也有工作年限要求，考查内容主要是获得现有职称后的工作业绩与表现。专业学位研究生教育的培养方案应根据职业特点，明确所培养的人才对应的职业层次，否则很难区分本科教育与学术型研究生教育。同时，还要体现出学生发展的个性特征，使培养的人才具有鲜明特色，充满活力。

（三）培养的人才能引领职业发展

"中国高等教育曾长期强调'对口'，即专业要与职业对口，中国这种社会本位的实用主义教育观在高度集权和清一色的公办大学状况下起着决定性作用。"[2] 然而，职业变化是持续不断的，而专业只能保持相对稳定，所以不能简单地以专业去对应和适应职业，相反，高等教育在某种程度上要引领职业、超前于职业，才能起到其推动社会发展的作用。也就是说，不能总是由社会来"教育"教育，教育要更多地以恰当的方式"教育"社会。当专业学位研究生教育总是跟在职业的具体要求后面追赶的时候，我们会发现总是赶不上时代的潮流，总是落后于时代的需求。

专业学位研究生教育引领职业发展，涉及两个最基本的内容：一是坚守，二是创新。社会发展、职业增减，总有一些不能变化的因素，如社会主义核心价值观、职业道德操守和科学基本规律，无论如何都应在研究生阶段得到夯实，并且内化为一种终身坚持的内在信念和追求，不会因为环境的变化而动摇，能够在工作中影响感染周围的人群。能够在变化的职业环境中创造性地运用知识和技能解决实际问题，面对各种未知挑战时，充分发挥出高层次人才的领军和示范作用，推动职业和行业技术不断进步。专业学位研究生教育不能简单重复本科阶段教育的入职要求，不能仅在知识的广度和深度方面体现其价值，而是要使毕业生能够在未来的职业生涯中切实担负起引领职业发展的重任。

二、学术取向是专业学位研究生教育的主要问题

教育部办公厅《关于统筹全日制和非全日制研究生管理工作的通知》要求从2017年起对全日制和非全日制研究生培养统一下达招生计划、统一组织招生、统一质量标准，对专业学位研究生教育提出了新的要求与使命。但在具体培养过程中，原有问题特别是学术取向仍没有得到根本解决，主要表现为以下方面：

过于注重分数，招生方式欠合理。与学术型学位研究生一样，专业学位研究生须参加全国统一的研究生入学考试，达到国家划定的分数线以后才能进入复试；培养单位根据初试、复试综合情况决定是否录取。在录取实际操作过程中，初试成绩占很大比重，特别是英语科目达线成为在职考生的最大难题。招生政策规定从2018年起全日制与非全日制招生计划不得互相调整使用，这可能进一步限制非全日制专业学位的发展，如2017级非全日制专业学位硕士研究生有超过一半是由全日制类型调剂而来。由于笔试的局限性，很难对考生的职业素质和发展潜力作出准确判断，可能导致一部分实践经验丰富、有教育理想和情怀但由于各种原因初试成绩不理想的考生不能接受专业学位研究生阶段的教育。

过于依赖学科，培养过程不完善。强调理论联系实践、着重实际操作能力提高

是所有专业学位研究生教育的共同愿景与指导思想，但在高校内部，学科壁垒森严，"学科专业分化过细，细到任何专业学位课程的体系都必须由一个教师群体来支撑"。"学科学术性与实践性的文化隔离太深，不仅仅是雅俗或文野的隔离，还有专门化的学术性与普遍联系中的实践性的隔离。"[3]在大多数情况下，支撑专业学位课程的教师同时也是学术型学位课程的教师。在当前生态环境下，他们在高校生存与发展的环境是受学术支配的，没有去联系实践、深入行业的动力，因而将学科的体系、学术型研究生教育的体系照搬到专业学位教育是再自然不过的事情，追求知识体系的系统性、完备性仍是专业学位研究生教育的主流。

过于突出理论，素养发展难全面。教育部、国家发改委、财政部 2013 年发布的《关于深化研究生教育改革的意见》明确提出，要"加强实践基地建设，强化专业学位研究生的实践能力和创业能力培养"，"构建符合专业学位特点的课程体系，改革教学内容和方式，加强案例教学，探索不同形式的实践教学"。然而，专业学位研究生教育与实践联系的方式仍然有限，渠道仍然不畅，集中表现为课程设置上多是侧重于知识的传授，实践活动的指导不能融合理论的要求，特别是毕业论文缺乏解决问题的意识和能力，"八股化"倾向严重，既起不到丰富理论的作用，又难以在写作中提高实践操作能力。专业学位研究生"夹生"现象仍然较为明显。

三、行业互动是专业学位研究生教育的应然路径

湖南科技大学是一所地方综合性大学，特别重视专业学位研究生的培养工作，于 2005 年第四批获得教育硕士专业学位授权，目前有教育管理、心理健康教育、小学教育、学科教学（语文）等 16 个方向，全日制、在职、硕师计划、特岗教师 4 个类别。之后陆续获得工程、金融、法律、艺术、会计、体育等专业学位授权。但总的来说，教育硕士招生时间最长、规模最大，与行业互动也取得明显成就，在全国教育硕士相关会议上，多次作典型发言，其经验对专业学位研究生教育紧密联系行业、服务地方经济社会发展有一定启示。

（一）三级联动，创新管理模式

在教育硕士培养过程中，构建和实施校（研究生院）—院（教育学院）—专业领域（相关学院）相结合的"三级联动式管理模式"。研究生院负责教育硕士招生组织、培养过程质量监控与协调以及学位授予工作管理与指导。教育学院负责培养环节实施与导师队伍建设，包括：培养方案制（修）订与审核，教育硕士导师任职资格初审、年度招生资格的审查与考核，招生计划的二次分配，培养环节实施与集中考核，教育实践报告、专家报告与职业教育讲座，学位论文开题审核、中期检查、盲审、预答辩与毕业答辩和学位初审。各专业领域负责专业课程教学和学位论文指导工作，导师组按学校规定的培养流程和教育学院的统一部署完成相关培养工作。

（二）多维互动，创新培养模式

重视师（导师）生互动，注重不同类型教育硕士、研究生与导师组、导师与教育硕士工作学校之间的沟通交流，形成了多维互动的培养模式。

不同类型教育硕士互动。根据需要安排全日制教育硕士到在职教育硕士所在单位开展实践，由在职教育硕士提供教育实践场所并适当承担指导任务；全日制教育硕士协助完成部分教学和管理工作，为在职教育硕士脱产学习和撰写论文创造条件；邀请已毕业在职教育硕士来校为全日制教育硕士作专题讲座，传授实践教学与管理经验；定期组织学习交流会，共同探讨问题，相互分享经验。

研究生与导师组互动。实施双导师制，加强教育硕士研究生与导师组的校内外互动。校内导师以理论讲授与论文指导为主，校外导师以教学实践能力培养为主，加强理论指导与实践应用的有效衔接。实行"三重审核制"，强化研究生与导师组的交流。在开题报告审核、中期检查审核和预答辩审核三个环节中，由 3 名以上指导教师构成的导师组与研究生面对面交流、指导，及时指出研究生学习中存在的问题并提出具体解决方案。

导师与教育硕士工作学校互动。近几年，为满足部分在岗教育硕士研究生工作学校的需求、进一步促进研究生的发展，我校教育硕士导师深入中小学举办各种讲座、培训近 200 场；导师带领全日制教育硕士扎根中小学课堂，与在岗教师共同反思课堂教学，为中小学校教师的教学问题把脉；指导和参与研究生工作学校的省市级教研教改课题研究；利用《当代教育理论与实践》杂志为研究生工作所在学校总结与推广办学经验。

（三）案例教学，突出实践能力

案例教学是强化专业学位研究生实践能力培养和促进教学与实践有机融合的重要途径，也是推动我校专业学位研究生培养模式改革的重要手段。（1）开设专门课程，夯实案例教学平台。我校开设了"基础教育专题"和"案例教学"课程，邀请基础教育经验丰富的高校教师和中小学教师共同主讲。（2）编写案例教材，丰实案例教学资源。着眼于教育实践，从 2006 年起，教育学院开始组织各专业领域师生共同编写教学案例，相继有《语文课程与教学论案例教程》、"面向 21 世纪教育硕士案例系列教材"等案例教材出版。（3）开展优秀案例汇报会，加强学生成果交流。要求教育硕士专业学位研究生撰写教学案例报告和基础教育调研报告，评选优秀报告并汇编成集，定期开展汇报会，强化案例编写的经验交流。加强案例教学研究，增强实践教学质量。充分利用省级、校级研究生教育改革研究项目，引导教师开展案例教学研究，推动案例库建设，以研促改，以改促教。

（四）平台建设，优化实践体系

在加大培养经费投入的基础上，充分利用校内外资源，积极推进实践平台建设，优化教育硕士专业学位研究生的实践体系。

加强校内实训基地建设。建成了中央支持地方高校建设特色优势学科实验室"现代教师技能训练中心"和"教师教育研究与实训基地"，中央财政支持地方高校发展专项资金项目"现代教师认知能力发展研究与训练中心"，湖南省普通高校实践教学建设项目"教师教育大学生训练中心"等实验教学与研究平台。

构建"三大共同体"的学校联盟。我校通过与中小学校的深度交流与合作，率先在湖南省内与180多所中小学成立"教师专业发展联盟学校"，逐步成为教师专业发展的共同体、教育科学研究的共同体、课程资源创生的共同体，教育硕士培养的实践基地。

建设"三位一体"的教育实践平台。以我校本部为教育硕士理论学习的主阵地，湖南省教育科学研究院为参与教研教改的大平台，中小学校为教育教学实践的主场所，三方相互协作、共同发力培养教育硕士的课堂教学、教育管理和教学研究能力。

拓展"内外相接"的专业交流平台。采用"请进来"的办法组织学术交流。近年先后邀请顾明远、潘懋元、张斌贤、张应强、杨启亮、傅维利、石鸥、Gary McCulloch等国内外知名教育专家来我校讲学50余次。实施"名师进研究生课堂项目"，邀请基础教育一线的校长、学科名师进课堂，为教育硕士授课。实施"出门与推门计划"。"出门"是组织全日制教育硕士参加省内外相关的学术年会、创新论坛；"推门"是专业教师利用课程教学机会，组织全日制教育硕士走进中小学，观摩教学现场并学习优秀教育管理者的管理经验。

通过与行业互动，教育硕士培养工作取得了较快的发展和较好的成绩，为湖南省基础教育的改革和发展做出了重要贡献。同时培养过程中还存在较多难以克服的问题，如部分导师在培养教育硕士时存在学术型研究生培养的思维惯性；跨专业报考的研究生学科基础不够扎实、教学实践能力不强，很难在两至三年的学习时间内达到"合格"水准。还需要采取更多的措施，搭建更多的平台，更加深入教育一线前沿，探索更为合理的专业学位研究生人才培养方式。

参考文献

[1] 王海峰.我国专业学位研究生教育的"专业性危机"与纾解策略[J].江苏高教,2017(4):74-77.

[2] 张楚廷.大学教学学[M].长沙：湖南师范大学出版社,2002.

[3] 杨启亮.差异平衡：专业学位教育的一种教学评价理念——兼论教育硕士的科研优势[A]//全国教育专业学位研究生教育指导委员会.教育专业学位研究生教育的理论研究[C].北京：人民教育出版社,2016.

卓越工程师计划：专业学位硕士研究生培养模式的探索 *

肖拥军

（南华大学）

摘　要　本文针对南华大学卓越工程师计划专业学位研究生的培养，探索了"4+1+2"的培养模式，建议卓越工程师计划专业学位硕士研究生培养应以"高素质"和"应用型"为核心制定培养计划和考核方法。

关 键 词　卓越工程师计划；专业硕士；培养模式；探索

作者简介　肖拥军，女，1967 年 3 月出生，南华大学核科学技术学院，高级实验师。联系电话：13327342466；电子邮箱：yongjunxiao@126.com。

一、前言

我国的研究生教育根据培养目标和培养方式可分为学术型和专业学位研究生两种。学术型学位按学科设立，主要以学术研究为导向，偏重理论和研究；而专业学位以专业实践为导向，重视实践和应用。随着科学技术的发展，世界经济格局由传统的劳动力密集型向知识经济型转变，企业对人才的需求呈现出大批量、多规格、高层次的特点。[1] 因此，如何培养创新能力强、适应经济社会发展需要的各类型高质量工程技术人才，是目前高校研究生教育的首要任务。

2010 年教育部启动了"卓越工程师教育培养计划"，该计划旨在培养造就一大批创新能力强、适应经济社会发展需要的高质量工程技术人才。南华大学于 2011 年成功申请成为第二批参加"卓越工程师教育培养计划"的高校。2012 年南华大学核能与核技术工程专业（硕士研究生专业）获批为第二批"卓越工程师教育培养计划"高校学科专业，旨在培养造就一大批能运用本学科的基础理论和系统的专业知识，分析与解决工程实际问题，具有工程管理的基本知识，项目参与、设计开发能力的高素质工程专业技术人员。[2]

启动卓越工程师计划从本科到硕士的培养过程中，经过几年的探索，许多高校都已取得一些经验，但也存在着工程硕士研究生教育的实践特色与学术型硕士研究生培养模式同质化，实践培养模式简单化、形式化、培训化现象，实践层次模糊，实践效果不理想等问题。[3、4] 南华大学核类专业由于专业的特殊性，这些年在借鉴同类专

* 本文为南华大学学位与研究生教育教学改革研究项目（项目编号：2016JG011）。

业的成功培养模式中摸索出一些经验。本文结合核类专业的具体情况，从"学术的更学术，专业的更专业"这一培养目标出发，回归"工程"，突出实际工程能力的培养，[5、6、7]结合本科的"卓越工程师教育培养计划"，从知识体系和工程实践的逻辑层次出发，对全日制工程硕士研究生从生源、培养定位、课程设置、学位论文的选题、考核方法等方面进行探讨，探索从本科生到研究生的"4+1+2"培养模式，为培养创新型、实用型核类人才提供可借鉴的经验。

二、在本科"3+1"培养的模式上选拔优秀的生源实现"4+1+2"研究生教育

专业学位硕士研究生教育的重点是培养高素质应用型人才，主要是培养学生的实践能力，所以在选拔学生时，重点应考核学生的专业知识和实践能力。

本科的卓越工程师计划实行了"3+1"培养模式，即在学校学习三年的理论知识，进入企业参加一年生产实践。通过一年的实践，学生获得工程实践知识，了解企业的运营管理，实际动手能力等方面也得以提高。在这部分学生中选拔优秀的且对科学研究感兴趣的同学，鼓励他们继续深造。这样的学生在入学考试时，可以适当降低考试难度，录取分数线要有别于学术型生源。可以借鉴国外的一些做法，比如：除了要求学生通过入学测试外，大学的成绩单，实习单位导师的推荐信，学生的发明专利、论文等都作为考核学生的依据，面试时主要强调的是个人的实践经验、取得的成就和综合素质。

三、"4+1+2"卓越工程师计划专业硕士研究生教育的培养定位

既然专业学位以专业实践为导向，重视实践和应用，那么专业硕士学位研究生教育的培养目的就是为企业培养高素质应用型人才。

"4+1+2"卓越工程师计划核能与核技术专业工程硕士的培养定位主要是针对核类企业培养能从事核能与核技术工程领域的科学研究与技术开发、工程设计、新技术应用推广、工程规划与管理等工作，有较强的交流、沟通和协调能力，具有良好的人文和社会科学知识、职业道德和社会责任感的应用型、复合型高层次工程技术和管理人才。这就要求从本科到硕士培养定位必须具有连贯性，必须紧紧围绕"高素质应用型人才"这一人才培养目标来制订培养计划，突出"高素质"和"应用型"。"高素质"不但要包括职业素养，还要包括良好的人文和道德素养；"应用型"要能够胜任企业的科研管理工作，否则，难以满足企业对人才的要求。

四、"4+1+2"工程硕士课程设置，学位论文的选题、考核方法

目前国内许多高校的专业硕士培养在专业学位课程设置方面都存在着与学术型近

似或一样的问题。有的高校由于种种原因，没有突出专业硕士实际运用能力培养这一主要目标。专业硕士教育培养的是实践性和专业型人才，学生的综合素质和实际业务能力的培养应该在教学中予以重视。因此在课程设置上除开设本专业的一些基础理论课程作为学位必修课外，还应强调理论与实际相结合，增加一些不同研究方向的专业课程作为选修课程。要避免公共课单一、有关专业的科学方法课缺乏、实践课设置不足、与本科课程重复等缺点。国外许多专业硕士的培养在课程设置上有比较成功的经验，在课程设置上分为核心课程、专业方向课程和选修课程三大类。[8]

在授课方式上除了要注意理论知识的讲授，更重要的是实践经验的传授，提高学生的学习兴趣，锻炼学生的实践运用能力。比如南华大学的"核能与核技术工程前沿进展"课程由一名科研经验丰富的老师负责，经常邀请科研院所、企业的工程技术人员到学校来讲学，以课题、技改项目为案例在讲课时将理论知识与实际结合起来，拓宽学生的专业视野，激发学生的学习热情，让学生学得明白，为今后的职业生涯主动地储备知识。

专业硕士的学位论文选题应来源于联合培养单位的课题或技改项目，必须有明确的职业背景和应用价值。"4+1+2"核能与核技术专业工程硕士的论文题目可以在企业导师的指导下结合合作培养单位的实际工作来选择，也可以延续本科实习时的课题。学位论文可以采取多种形式，比如调研报告、应用基础研究、规划设计、产品开发、案例分析、项目管理等形式。

目前国内高校的研究生基本上都要求有一篇公开发表的学术论文作为毕业的条件，对于专业工程硕士在发表论文上要适当放宽要求，甚至可以不要求其发表论文。但是不论是哪种形式的学位论文，都要体现出研究生综合运用科学理论、方法和技术解决实际问题的能力，且必须由学生自己独立完成。

对于专业工程硕士学位论文的考核可以采取二至三位专家盲审的形式，只有通过专家盲审的论文，才有资格进入学位论文答辩。学位论文的答辩应邀请一至二位相关行业内具有高级专业技术职务的专家，客观地评价工程硕士学位论文在运用专业知识解决关键性生产技术问题时是否在工程技术上有新进展或创造，或所使用的工艺、技术、产品设计是否有新颖性和实用性，并有足够的技术含量，是否有经济效益和社会效益，综合表达能力和学风如何等。

五、结束语

随着科学技术的飞速发展，科研院所、企业对专业水平高、科研能力强、综合素质高的研究生的需求日益增长。"4+1+2"的本科—工程硕士一贯制专业学位研究生培养模式，不仅有利于核类专业研究生的培养，也可以成为其他专业研究生培养借鉴的模式。

参考文献

[1] 胡冰玉.中美专业学位硕士研究生教育比较研究［D］.华南理工大学硕士学位论文，2011.

[2] 李毅红.高等院校的创新教育［J］.高等教育论坛，2002（1）：40-45.

[3] 吴小林，齐昌政，文永红，石卫林.全日制工程硕士研究生实践能力培养之省思［J］.学位与研究生教育，2016（2）：12-17.

[4] 王贵成，崔迪.论"卓越工程师培养计划"对学生的要求［J］.中国电力教育，2011（32）：32-34.

[5] 张士兵，包志华，徐晨，章国安."卓越计划"背景下研究生培养模式的改革与实践［J］.淮海工学院学报（社会科学版），2011（22）：21-23.

[6] 高月娟，杨茜，黄琳.工程硕士培养中创新教育模式的探索［J］.石家庄铁道大学学报（社会科学版），2012，6（1）：90-94.

[7] 曹思婷.全日制工程硕士专业学位研究生培养模式研究［J］.北京航空航天大学学报（社会科学版），2012，25（5）：105-108.

[8] 范微微.中、美教育硕士培养的比较研究［D］.东北师范大学，2008.

地方高校全日制专业学位研究生培养探索 *

杨金辉

（南华大学）

　　摘　　要　全日制专业学位研究生教育旨在培养适合工程实践领域的高层次应用型专门人才。本文结合地方高校研究生教育资源、生源特点和培养目标，探索全日制专业学位研究生的培养模式，为地方高校发展研究生教育以及全日制专业学位硕士研究生培养改革提供探讨。

　　关 键 词　全日制；建筑与土木工程；专业学位研究生；培养模式

　　作者简介　杨金辉，女，南华大学土木工程学院，教授。

一、引言

　　为解决我国高层次工程应用实践型人才短缺问题，教育部提出硕士研究生教育将由培养科研学术型人才为主转变为以培养应用实践型人才为主的重大决定。2009 年 3 月，教育部决定在当年研究生招生计划基础上扩招 5 万名全日制专业型硕士（简称专硕）研究生，此后每年在研究生招生总数不变的基础上增加专业型硕士招生指标 5% 到 10%。现如今，全国硕士研究生招生总数的 50% 左右为专业型硕士。[1]鉴于我国长期专注于科研学术型硕士生（简称学硕）教育工作，专业型硕士培养的经验十分缺乏，人才培养的目标定位和质量保障等问题在社会上引起了广泛关注。[2]教育部指出，专硕教育培养的重点就是体现学生的实践能力，实践应成为高等院校研究生培养单位着重关注的环节。但是，我院获得建筑与土木工程专业硕士学位授权不到十年，其培养方式受到土木工程学术学位研究生培养方式的影响，轻视实践的重要性而过度看重理论知识，所以需要积极探索实践改革，逐步完善形成一个适应社会发展需要，在地区和国内处于高水平的建筑与土木工程专业学位硕士研究生培养方式。

　　随着国内高校专业学位研究生招生规模的逐年扩大，如何区别于学术型研究生教育培养，以科学的教育培养方式保障专业型硕士研究生的可持续发展，已成为亟待解决的重要问题。本文分析地方高校研究生教育资源、地方高校专业学位研究生生源特点，探索全日制专业学位研究生的培养模式，以期为应用型、复合型和创新型人才培

* 本文系"地方高校建筑与土木工程专业学位硕士研究生课程体系的优化与改革"（项目编号：2016JG001）的科研成果。

养以及地方高校向应用型转变提供一条科学、有效、可行的路径。[3]

二、地方高校研究生教育资源分析

研究生教育资源是高等学校在开展研究生教育过程中所需的教学与科研人员、科技经费、科技机构、科研项目和政策资源的总和。根据《2016年高等学校科技统计资料汇编》[4]获取的数据资料，1409所地方高校的教学与科研人员总人数为720518人，平均每所地方院校511人；1375所地方高校的拨入科技经费总量为5141630万元，平均每所地方院校3739.37万元；1409所地方高校的科技机构总数为5149个，平均每所地方院校3.65个；1409所地方高校的科研项目总量为256807项，平均每所地方院校182.26项。相比于部委高校和教育部直属高校，地方高校的教学与科研人员、科技经费、科技机构、科研项目等研究生教育资源严重匮乏。

同时根据教育部《关于引导部分地方普通本科高校向应用型转变的指导意见》[5]中明确指出的转型发展的主要任务——（1）明确类型定位和转型路径；（2）加快融入区域经济社会发展；（3）抓住新产业、新业态和新技术发展机遇；（4）建立行业企业合作发展平台；（5）建立紧密对接产业链、创新链的专业体系；（6）创新应用型技术技能型人才培养模式；（7）深化人才培养方案和课程体系改革；（8）加强实验实训实习基地建设；（9）促进与中职、专科层次高职有机衔接；（10）广泛开展面向一线技术技能人才的继续教育；（11）深化考试招生制度改革；（12）加强"双师双能型"教师队伍建设；（13）提升以应用为驱动的创新能力；（14）完善校内评价制度和信息公开制度——地方高校应把研究生教育的工作重心由学术型研究生转移到专业型研究生上来，清晰地认识到培养专业学位研究生是地方高校研究生教育的重要发展方向。

三、地方高校专业学位研究生生源特点

专业学位研究生招生规模逐年扩大，地方高校的生源竞争日益激烈，应届本科毕业生也被纳入招生对象，标志着专业学位研究生的生源特点发生重大转变，形成了以应届生为主的生源特点。[6]部分地方高校应届生约占录取人数的70%，大部分应届生源已经具备了良好的理论基础知识，但是在工程实践方面没有任何经验。工作年限不长的往届毕业生是全日制专业硕士生源的另一重要组成部分，他们具有一定的工作经验，在工程实践过程中掌握了一些简单的专业技术，但是学习能力存在一定的不足。

因此，在专业学位研究生培养过程中，应充分考虑专业学位研究生的生源特点，分析各类学生的优势与劣势，努力做到因材施教，让每个研究生充分全面地发展。建立完善的生产服务一线紧缺的应用型、复合型、创新型人才培养机制，有效缓解研究生教育结构性矛盾、同质化倾向，毕业生就业难、就业质量低问题，人才培养结构和

质量尚不适应经济结构调整和产业升级现状的困境。[5]

四、全日制专业学位研究生培养模式探索

（一）培养目标

全日制专业学位硕士研究生培养是最近几年在"跨学科、全球化、可持续"的工程教育大背景下推行的，[7]培养目标与学术型硕士生有很大差异，现有的人才培养模式和实施方案，显然已经不适应新形势下专业学位硕士研究生的培养要求。一些高校仅在现有的学术型硕士培养模式基础上稍作改革，在课程内容、导师队伍、实践基地、教学方式、考核制度等多方面均未形成完善的体系，无法满足全日制专业学位硕士生培养目标的要求。因此，探索制定与人才培养模式相适应的培养目标及重点全面提升专业学位硕士研究生的培养质量成为当前高校应首要解决的问题。国内高校应该注重专业基础理论与工程实践相结合，明确应用型技术技能型人才定位，以产教融合、校企合作为突破口，有效满足全日制专业学位硕士生培养目标的要求，保证专业学位硕士研究生培养质量。

（二）导师制度

导师是硕士研究生的第一负责人，加强"双师双能型"教师队伍建设十分重要。一方面聘请具有较高理论水平和丰富实践经验的企事业单位公认专才担任专业型硕士生的指导教师和授课教师，另一方面应选派优秀教师到企事业单位进行实践锻炼，丰富专业实践经历。将优秀教学案例、教材编写、行业服务等教学、实践、服务成果纳入专业学位教师和单位考核评价体系，建立定期表彰"双师双能型"师资队伍建设的优秀单位和个人的奖励机制。[8]目前地方高校也实行了双导师机制，但是企业导师在学生培养过程中参与度不够，距离"双师双能型"教师队伍还有一定差距。

（三）课程设置

目前，专业学位研究生教育大多沿袭学术型硕士的培养模式，在课程设置方面尤为突出，国内大多数高校课程体系普遍存在实践类课程开设不足，而过多地偏重理论教学的问题。课程内容学理性强，抽象、陈旧，虽然课程内容客观且普遍适用，但缺乏创新性和个体经验建构性。[9]课程设置思路仍局限于传统的培养模式，鲜见大胆改革和突破的案例。此外，由于缺乏工程经验丰富的教师，一些与工程实践相关的课程亦难以达到理想效果。不过，也有若干高校在课程设置上已经有很大的改革与创新，具体见下。

学习要求：学习年限为 3 年制，学习期限 2~4 年；课程学习时间为第一年完成；学分要求为总学分不低于 32 学分，其中学位课程的学分不低于 18 学分；实践环节为专业学位研究生必修环节，其中全日制学生必须在校外实践不少于 6 个月，不计学

分，由学院考核小组考核，考核不通过不授予学位。

从上述情况来看，课程设置应该更侧重于提高他们的实践与理论综合素养，满足全日制专业学位硕士生培养和发展，重视工程实践方面的研究，突破传统的培养模式，大胆改革与创新。高校实践环节方面应按照工学结合、知行合一的要求细化和完善考核制度。

（四）教学模式

目前一些高校仍存在教学方式单一的问题，主要表现为专业型硕士与学术型硕士合班教学，缺乏相应实验教学内容。[10]随着招生人数增多，通常一个专业的专业型硕士生人数都达到 30~60 人，但不少高校或学位点仍然将专业型硕士生和学术型硕士生安排在同一个大班进行教学，导致部分教学班的学生人数达到 100 人之多，不仅影响了研究生课堂的教学效果，还不能保证培养质量。此外，实践教学内容缺乏也是专硕培养教学中的普遍现象，无法很好地实现培养高层次应用实践型人才的培养目标。在"双一流"建设的时代背景下，针对研究生培养开展专业化、精英化小班教学势在必行，也必将是研究生教学改革的发展趋势。[11]因此，需要进一步完善为专业型硕士生单独制订的培养计划，加快制定并完善专业型硕士课程的教学大纲。学校应尽快将专业型硕士与学术型硕士分开进行课堂教学，实现课堂教学的专业化，突出专硕教学的应用性、实践性、多样性等特点，避免专硕在课程设置、课堂教学上与学硕同化现象。应将研究生专业课程的教学班控制在 20~30 人，实现课堂教学的精英化，保证教师与学生有充足的互动探讨时间，提高课堂教学效果和质量，实现培养高层次应用实践型人才的专硕培养目标。[12]

（五）实践环节

由于专业学位研究生普遍缺少工程实践经验，在研究生的培养过程中专业的工程实践环节必不可少。[13]2009 年教育部发布的文件明确指出专业学位研究生实践教学环节的时间必须保证不少于半年，而应届本科毕业生要有不少于 1 年时间的专业实践。[14]为了满足实践教学的需要，高校可在校内建设实验室等科创平台，大力开展校企合作，实施校企联合培养模式，组建校外专业实践基地。南华大学在这方面做得不错，如我院暖通专业依托三力高科技开发公司，开展卷烟工艺风力技术研究。[15]

实践环节采用集中实践与分段实践相结合的方式，在校内外导师共同指导下进行，时间不少于 6 个月。实践可采取如下几种形式：（1）由校内导师根据自身所承担的应用型科研课题，合理安排学生的专业实践环节；（2）由校外导师负责安排相应的拓展专业实践项目；（3）研究生自行联系现场实践单位；（4）依托学院与外单位建立的研究生联合培养基地或专业实践基地，由学院统一组织和选派学生去现场进行专业实践。在实践过程中，应理论联系实际，深入了解工作内容，巩固和综合运用理论知识，培养分析和解决工程问题的能力；同时，注重职业精神、团结协作、沟通技巧、书面表达能力的培养，以及全局视野、国际视野的建立。

专业实践活动必须做好记录，由导师签字认可。实践结束后，研究生应撰写不少于 3000 字的专业实践报告、工程设计整套资料（设计说明书及图纸）或技术报告，实践期间公开发表的科研论文或专利也一并提交。研究生须填写"实践环节考核报告单"，报告单由实践单位签字认可。实践环节由考核小组进行最终考核。不参加专业实践或专业实践考核不合格者，不得申请毕业和学位论文答辩。实践环节的考核工作在第四学期内完成。

（六）过程考核

完善的考核制度是研究生培养工作顺利进行的基础。只有规范研究生培养过程中各个阶段的考核制度，力争培养过程的每一环节都做到有规可依，才能保障教学的效果和培养的质量。地方高校应在专业硕士培养过程中形成一套自己的完整考核体系，制定一系列的考核办法。

开题报告：研究生在导师的指导下，根据所选定的课题范围，在调查研究、查阅国内外有关资料文献和理论分析的基础上按学校研究生开题报告格式要求写出完整的开题报告，并交导师及导师组审核通过后，方可开题。开题报告评价在学科范围内相对集中、公开地进行，并由以导师为主体组成的考核小组（专家 5~7 人，其中至少有 5 名研究生导师）进行评审。开题报告评审会应吸收有关导师和研究生参加，严格按照学校研究生培养实施细则和开题报告有关规定进行综合评分，符合要求的给予通过，不符合要求的必须重新开题。开题报告一经通过，应按计划进行学位论文撰写工作；重新开题与中途改选课题的，都必须在学科会议上重新报告审定，按开题报告程序严格执行。

中期考核：研究生必须在第四学期结束之前，完成中期考核。中期考核按照研究生培养计划从德智体各方面进行培养全过程的全面总结、检查和考核，由学院组织专家组着重就学生个人总结与汇报、政治素养与团队精神、基础理论和专业知识、实践技能、开题报告、学术交流与论文进展、身心状况等方面进行综合测评，得出每个研究生的中期考核成绩。中期考核的组织实施及评价处理按学校有关规定执行。目前本校各阶段的考核制度仍需细化和完善，需要根据考核内容制定不同的考核方式，注重考核方式方法的多样化。

学位论文的评审形式则根据教育部、省教育厅和学校的有关规定，采用多种形式。攻读专业学位硕士的研究生必须完成培养方案中规定的所有环节，成绩合格，方可申请学位论文答辩。学位论文应有两位同行专家盲评，认为论文合格并同意答辩后，由学院组织举行学位论文公开答辩。答辩委员会由五位专家组成，其中至少有一位是来自企业或工程部门具有高级技术职称的专家。通过课程考试取得规定学分并通过学位论文答辩的研究生，由地方高校学位评定委员会审核批准授予工程硕士专业学位。

五、结语

教育教学资源、生源特点和培养目标是制约研究生培养模式的关键因素。本文分析地方高校研究生教育资源、地方高校专业学位研究生生源特点，对全日制专业学位研究生的培养模式作出探索。（1）加强"双师双能型"队伍建设，一方面聘请企业优秀专业技术人才、管理人才担任专业学位研究生指导教师和授课教师，另一方面选派教师到企事业单位进行实践锻炼，拓展专业实践经历；（2）在教学方式上，改变以往的大班教学模式，实现课堂教学的小班化以适应培养高层次应用型人才的专业型硕士生培养目标；（3）在实践环节，完善和细化考核制度，设置实践学分制；（4）中期考核上，可以借鉴其他高校的考核办法，制定适合自己学校的考核制度，并落实具体的文件标准。

参考文献

[1] 教育部高校学生司.关于做好2009年全日制专业学位硕士研究生招生计划安排工作的通知[EB/OL].[2009-03-11].http://wenku.baidu.com/view/58f4907101f69 e31433294 f1.html.

[2] 孔范龙，李悦，曲丽丽，等.专业学位研究生学位论文质量体系研究——以环境工程专业为例[J].高师理科学刊，2013（3）：113-116.

[3] 王亚静.全日制专业学位硕士研究生培养模式研究[D].河南师范大学，2015.

[4] 教育部科学技术司.2016年高等学校科技统计资料汇编[EB/OL].[2017-03-03].http://www.moe.gov.cn/s78/A16/A16_tjdc/201703/t20170303_298076.html.

[5] 教育部发展改革委财政部关于引导部分地方普通本科高校向应用型转变的指导意见[Z].三峡高教研究，2015（04）：1-4.

[6] 姚王信，黄宏斌.基于生源差异的专业学位研究生课程设置——以MPAcc为例的研究[J].研究生教育研究，2013（02）：77-81.

[7] 黄仁亮，苏荣欣.全日制专业学位研究生培养模式探索——以应用型项目为载体视角[A].科技创业月刊，2014（05）：77-80.

[8] 张华.全日制专业学位硕士培养模式改革探索——以建筑与土木工程专业为例[J].教育观察，2015（05）：49-51.

[9] 杨金辉，谢水波，杨斌，王劲松，罗清海，王亮，罗慰祖，余怡.建筑与土木工程全日制专业学位研究生课程体系建设与优化[J].教育现代化，2017，4（36）：14-16.

[10] 黄德才.全日制专业学位硕士教育的目标与质量保障措施[J].计算机教育，2014（06）：

35-38.

[11] Olena Zhyzhko.Postgraduate Professional Pedagogical Education in Mexico[J]. Comparative Professional Pedagogy, 2015, 5（3）: 32-40.

[12] Ian Eardley, Yacov Reisman, Sue Goldstein, Andrew Kramer, John Dean, Eli Coleman. Existing and Future Educational Needs in Graduate and Postgraduate Education[J]. The Journal of Sexual Medicine, 2017, 14（4）: 475-485.

[13]大连理工大学,大连理工大学全日制硕士专业学位研究生实践学习安排与考核办法（试行） [EB/OL].http://ceb.dlut.edu.cn/info/1140/6721.htm.

[14]教育部关于做好全日制硕士专业学位研究生培养工作的若干意见[Z].教研〔2009〕1号, 2009-3-19.

[15]杨金辉,刘泽华,等.提高研究生教育质量的对策分析[J].零陵学院学报,2005（1X）: 160-161.

西部民族地区高校全日制体育硕士研究生培养研究

陈玉凤

（吉首大学）

摘　　要　体育专业学位硕士研究生的培养在西部民族地区体育研究生的培养过程中起着很重要的作用，为该地区体育事业的发展培养了大量的高素质应用型人才。由于体育专业学位硕士研究生的培养尚处于起步阶段，民族地区经济发展又相对落后，民族地区高校在体育硕士研究生培养方面存在诸多问题。本文就西部民族地区高校全日制体育硕士研究生培养方面存在的问题进行探讨，并提出了相应的对策与建议。

关键词　西部民族地区；体育硕士；培养

作者简介　陈玉凤，女，1973 年出生，吉首大学体育科学学院，教授。联系电话：13574350768；电子邮箱：cyf8721819@163.com。

一、前言

西部民族地区高校体育硕士研究生培养，为该地区培养高层次体育应用型人才发挥了重要的作用。由于全日制体育硕士研究生的培养尚处于起步阶段，很多东西还需要学习，要不断地进行完善，才能提高体育专业硕士的培养质量。但从目前培养情况来看，培养环节还存在一系列问题，本文就西部民族地区高校全日制体育专业硕士培养过程中存在的问题进行探讨，并提出了相应的对策与建议。

二、西部民族地区高校体育硕士研究生培养存在的问题

（一）研究生培养特色不突出

人才的培养特色是西部民族地区高校生存和发展的前提和基础，民族地区高校想要在目前激烈的社会竞争中生存发展，就需要充分发展其独具的民族特色。但是民族地区高校由于受到地域、经济等方面的影响，与发达地区比较，整体来说研究生的生源素质较低，办学条件较差。由于受多种因素的限制，民族地区体育专业硕士研究生的培养并没有真正将其民族特色突显出来，导致西部少数民族体育硕士研究生没有特色专业技能，与发达地区研究生竞争处于劣势。

（二）课程设置空间局限，术科课程偏少

目前体育专业硕士研究生的课程设置尽管在培养方案中与体育学术型硕士有一定的区别，但由于西部民族地区高校多处于经济不发达地区，师资相对匮乏，在实际

开设的课程中，体育专业硕士研究生和学术型硕士研究生的课程在讲授内容上差别并不大，师资力量和教学设备大多数与学术型硕士的相近，没有体现体育专业硕士的培养目标。由于师资力量相对匮乏，课程的讲授比较偏重于理论知识方法的传授，教学方式互动性差，缺乏案例分析、研究讨论等形式。对专业技能实训课程重视不够，术科课程安排不足，对所学理论没有充分消化理解，无法培养体育硕士运用所学理论分析、解决现实问题的能力，与体育专业硕士培养目标及要求有一定差距。

（三）实践教育重视度不足，实践考核方式不完善

实践教育是体育专业硕士培养过程中的重要环节，西部民族地区大部分高校在实践教学经费方面的支持力度不够，实践基地建设情况不容乐观，基地结构比较单一，主要以学校为主。实践教学基地管理缺位，师资指导力量不强，对实践教学的要求重视度不够，部分学生的专业实践学习处于"放羊"状态，实践课程的设置不完善，有待进一步加强。实践教学的考核方式比较单一，以实践报告形式为主，不能真正检验实践教育环节的教学成果，也不能保障实践教育的教学质量，西部民族地区高校体育专业硕士实践教育没有得到真正落实。

（四）论文形式单一，内容偏向学术性

体育专业硕士研究生在修完规定的全部课程，取得相应学分后，可进入硕士学位论文写作阶段。体育专业硕士论文形式可以是专题研究报告、运动训练方案与研究、典型案例分析、大型体育活动实施方案等。但在实际操作过程中，西部民族地区高校体育专业硕士的学位论文很多都是理论性较强的研究性论文，论文选题主要为理论研究，实践性强的论文相对较少，论文的实践应用价值偏低，未能真正和实践相结合，没有体现出体育专业硕士学位论文的特色和优势，没能体现体育专业硕士培养高层次体育应用型人才的培养目标。

（五）导师偏重学术，师资力量有待提高

体育实践能力是体育专业硕士学位导师的必备要素，与体育专业硕士培养高层次体育应用型人才的培养目标相关。由于西部民族地区在师资力量方面存在明显不足，在体育专业学位导师遴选中，往往忽视了导师的体育实践能力，学术型研究生导师同时也指导体育专业硕士研究生。而导师们很难突破学术性培养思维，出现了学术化论文指导倾向，不利于研究生体育实践能力的培养，导师的实践研究能力也有待进一步提高。

三、对策与建议

（一）更新教育理念，明确培养目标

培养特色人才是西部民族地区研究生教育得以发展壮大的重要保障，只有不断挖掘和发展属于自己的民族特色，才能在激烈的社会竞争中生存和发展。西部民族地区体育硕士研究生的培养需要挖掘当地潜在的民族传统体育资源，结合当地体育事业的

实际需求，制定出具有地方特色和自身特点的具体化目标，与时俱进地形成自身民族培养特色，并将民族培养特色贯穿于体育专业硕士研究生培养的全过程，为体育专业硕士研究生教育工作指明方向。

（二）紧扣培养目标，完善课程体系

民族地区高校要意识到体育专业硕士培养方面存在的不足，加大实践课的比例，加大研究生实践能力的培养，将知识转化成能力。加大选修课的比例，给予学生足够的自主权，鼓励学生根据自己的基础、特点和兴趣，跨院系选择课程，制订出符合自己需要的个人学习计划。课程设置要体现民族特色，开设具有民族特色的传统体育项目。要及时更新和优化教学内容，将与体育学相关的最新研究进展融合到教学内容中去。

（三）优化教学方式，增加实践教学

目前西部民族地区体育专业硕士研究生课堂教学仍以灌输教授居多，启发式教育比较少。大多数研究生习惯于接受掌握现有的知识，虽然也采用了案例教学分析、专题讲座讨论、研究生学术沙龙等教学方法，但是由于普及度不够，实际操作中效果仍然不是很理想。体育专业是一门应用性和实践性很强的专业，其人才培养是教学、实践、科研三者的有机结合，所以应加强实践环节的安排和管理，积极创建实践基地，锻炼研究生的实践能力。

（四）提高师资力量，增加基础设施投入

西部民族地区高校师资力量薄弱，体育专业硕士研究生导师大多以学术型为主，缺乏理论与实践并重的导师。西部民族地区要加强研究生导师的培训或深造，使他们学习更多的先进技术和理念。有计划地选派教师参加进修和培训，积极鼓励教师参加各种科研交流活动，更新专业知识，开拓学术视野，提高导师的理论修养和实践能力。同时可以投入较多的资金引进高端的国内外体育人才。最后西部民族地区高校基础设施还较为落后，需要投入更多的资金用于购买先进的科研和教学设备，让学生顺利地进行科学研究，从而提高研究生的培养质量。

参考文献

[1] 鲁静，姜松松，车会莲.对全日制专业学位硕士研究生教育机制的思考 [J].教育教学论坛，2016（21）：241-243.

[2] 刘成，李伟智.全日制体育硕士专业学位研究生教育质量保障若干问题分析 [J].广州体育学院学报，2016（3）：106-108.

[3] 李会明，张亚乔，赖松，等.体育硕士专业学位研究生职业生涯规划教育问题研究 [J].当代体育科技，2016（35）：142-143.

[4] 李传兵，方千华.新时期全日制体育硕士专业学位研究生课程设置探索——现状、问题及改革设想 [J].学位与研究生教育，2014（10）：21-25.

[5] 方千华，黄汉升，朱桂林.我国全日制体育硕士专业学位研究生培养的困境与路径 [J].上海体育学院学报，2014，38（6）：79-83.

序贯式培养方案在专业学位研究生
与住院医师培训并轨后教育中的应用*

朱根海

（南华大学）

摘　要　探讨专业学位研究生与住院医师培训并轨后培养方案，为今后医学硕士专业学位研究生培养提供参考。方法：详细分析目前医学专业学位研究生培养模式的优势和缺陷，提出阶段衔接的序贯式培养方案。序贯式培养方案从研究生入学进入临床科室开始，共分为六个阶段，每个阶段相对独立，有具体的任务和考核指标，相对量化，前后衔接，前一阶段为后一阶段的基础，涵盖了传统和创新的教学模式。序贯式培养方案可操作性强，适用于各种水平的学生和各种层次的导师，尤其适用于初次入选的硕士生导师教学，对新时代的专业学位研究生的培养有一定的实用价值。

关 键 词　临床医学；研究生；住院医师规范化培训；培养方案

作者简介　朱根海，男，1965 年 12 月生，南华大学附属医院海南省人民医院，妇科主任、主任医师。联系电话：13876082272；电子邮箱：genhaizhu@163.com。

教育部于 2013 年对临床医学硕士专业学位研究生培养模式进行改革，即临床医学专业学位研究生与住院医师规范化培训并轨，这种模式虽然解决了两者培训内容重复的问题，但也给研究生教学提出了新的挑战。主要表现为科研能力相对削弱，学生忙于繁重的临床工作，入学后将获得相关的资格证纳入学习的首要目标，被动地应付考试或相关考核，抑制了科学想象力和创造力，违背了研究生教育的初衷。[1]弱化科研的状态正在形成，几例个案分析就是一篇硕士毕业论文的不在少数。如果任由这种苗头发展下去，专业学位研究生培养将形同虚设。事实上，科学研究仍然是专业学位研究生培养的关键环节和中心内容。如何培养出在科研方面甚至全方位超过同期规培生的临床硕士研究生？目前学界有很多种培养模式出台，但大多数培养方法都流于形式或仅改善局部，实用性不强。本文将粗浅介绍更具操作性的序贯式培养方案，以期达到抛砖引玉的效果。

一、专业学位硕士研究生培养的目的

国家为什么要花巨大的人力物力培养专业学位硕士研究生？这种硕士研究生和一

*本文受海南省重点研发项目（ZDYF2017089）资助。

般的规培生毕业后有什么区别？培养的目的是什么？主要有以下几点。

（一）培养系统的科研能力和创新性

创新是医学发展的原动力，而科研是创新的必要因素。没有科研发展，医学将停留在原始阶段。所以培养研究生最主要的目的就是培养科研思维和能力，如果丢弃了科研，培养研究生就失去了核心。

（二）培养全面的临床实践能力

临床医学研究生教育是医学专业本科生毕业后继续教育的特殊形式，是要打造拔尖的专业人才，所以临床实践能力的培养不可或缺，应该高于一般的规培标准。临床实践能力是学生今后执业的基础和根本，因此也应该是研究生培养要重视的方面。

（三）培养诚实肯干、团结奉献的精神

现在的年轻人有很多优点，同样存在很多缺点，如不能吃苦，不愿意寻求帮助和协作。作为医生，这些基本的品质必须具备，否则难为良医。研究生更应该成为未来医生的典范，因此诚实肯干、团结奉献等优秀品质也是研究生培养的重要内容。

（四）培养全面的临床思维

没有好的临床思维，再好的技术也不会带来好的结局。每个医院都存在这样一些医生，手术操作能力非常强，但缺少良好的临床思维，不该做的手术也做了，造成严重后果。临床诊疗的成败 75% 取决于临床决策，优秀的临床医师必须具备严谨的临床思维，临床思维的训练和培养在研究生培养方案中占有重要地位。

明确了培养目的，在设计研究生培养方案时就会考虑全面并突出重点，这些是设计序贯式培养方案的方向和基础。

二、硕士研究生培养现状及教学模式

（一） 传统灌输式

传统的灌输式教学方法中，教师按照自己的思路教授知识，而学生被动地接受。这种模式虽然很多专家认为不能充分发挥学生的主观能动性，抹杀学生的自主创新能力，但目前仍然是最主要的教学模式，而且也是某个阶段和特定的知识点讲授所必须采取的教学方法。

（二）保姆式

这种导师带教模式并不少见，主要存在于新入选的导师和基础比较差的学生之间。保姆式带教模式必须纠正。在形式上这些导师很辛苦，一切都要包办，但同时也反映了部分导师的懒惰情绪，不愿意花时间和精力引导纠正学生，自己包办一切更省事。这其中有学生的原因，更多的是老师的原因，教学方法不当，导致效率低下，学生快毕业了，完不成任务，只能自己匆匆上阵。

（三）放羊式

和保姆式相反，放羊式走向另一个极端，对学生不闻不问，任其自由发展，还美其名曰激发创新潜能。学生对学术研究没有正确的认知，缺乏正确的引导，很容易形成各种不规范的行为，犹如庄稼，不加以管理，杂草丛生，难修正果。放羊式培养基本等于没培养，是一种对学生、对学校、对自己极不负责任的表现。

（四）形成性评估模式

形成性评估（formative assessment）亦可称之为促学评估（assessment for learning），主要指教师、学生或同伴获取和阐释学生学习进步情况的证据，并凭借这些证据，做出下一步教学或学习计划。[2]形成性评估模式是比较新的教学模式，是根据教学效果来纠正学习计划，这种模式更适合可以看出短期效果的教学，如中学或本科教学，在研究生培养中很少运用。

（五）慕课（massive open online courses，MOOCs）

慕课是基于互联网的新兴教学模式，这种教学模式能够最大限度地整合资源，实现共享，课程设计开放灵活，师生互动性强，可以鼓励研究生积极参与，但不能替代传统的导师制模式。

（六）其他教学模式

包括贯通式教学法、节段式教学法、问题学习法（problem-based learning，PBL）、行动导向教学法、项目化教学法、案例教学法（case-based learning，CBL）、任务式教学法（task-based learning，TBL）、团队协作教学法（team-based learning，TBL）等。[3]这些教学模式有个共同特点，即对典型病案、典型问题进行讨论，引出相关专业问题，再进行理论学习，能够更好地联系实际。

所有这些比较新颖的教学方法均有很多优势，主要是能调动学生的积极性，能够结合实际进行理论讲授，但这些模式也存在明显不足，就是不能对基本概念和基本原理等理论知识进行系统的阐述，不能系统连贯地讲授基础理论，在这方面传统的灌输式教学优势更明显。研究生培养是全面系统的工程，而不是针对某个问题去阐述，所以这些新式的教学模式并不是很适合研究生的培养，研究生的培养必须采取一种更加务实、更具操作性的方案。

三、序贯式培养方法

住院医师规培已建立标准化、规范化的培养方案，而专业学位研究生培养方案不够具体，很多地方几乎等同于住院医师规培，势必走向弱化科研的极端。学校为了保证临床医学专业学位研究生临床技能培养的时间和效率，不得不压缩临床医学专业学位研究生科研课程学习时间，如果不采取措施补救，势必影响研究生培养的质量。尽管研究生的培养注重个体性，但还是可以制定一些普适的培养方案，本文介绍的序贯式培养方案就是为所有研究生培养设计的。该方法是指在完成学校指定的学习任务及医院规定的规培任务之外，由导师或导师小组共同指导、引导并监督完成培养计划。

（一）专业知识充实阶段

实行并轨制后学生在学校上理论课只有一个月的时间，大部分是当年8月来医院报到，这个阶段的执行期为入校第一年8月至12月共五个月。由于学生刚从本科毕业，专业知识基本是一片空白，如果不强化最基本的专业知识，规培和科研任务很难完成，创新性思维更无从谈起，所以这五个月的根本任务就是读书，阅读本专业范围最经典的三本专业书。以妇产科妇科肿瘤专业方向的研究生培养为例，需要完成阅读的三本经典书籍为：《中华妇产科学》《林巧稚妇科肿瘤学》《妇产科手术学》。除了专业书籍，还要布置一本人文书籍，注重人文素质的培养。在五个月内完成，每个月跟踪进度，12月底导师组考核。这个阶段基本是逼迫填鸭式教学，填鸭式教学并不能一概否定，毕竟中国那么多年采用填鸭式教学方法同样造就了一大批杰出人才。

（二）专业外语、文献检索能力加强阶段

学生在学校一个月的理论学习后对科研方法和思维有了初步了解，但远远不够，这阶段培养的目的是强化专业外语学习及加强文献检索和阅读能力，执行期为入校第二年1月至6月，共六个月。由导师组汇总本专业常用的专业词汇及科研基本词汇，学生必须在此阶段全部掌握并熟练运用。此阶段还有一个任务是文献检索，给学生几个关键词，检索该领域国内外近三年的进展，写成读书报告或综述作为完成指标。这个阶段可以充分发挥学生的主观能动性，可以采用传统的检索方式，也可以采取其他有效方法，甚至可以天马行空，结束后由导师组点评，结合学生自己的观点，提出最实用和最佳的文献检索路径。导师也可以从学生的新颖思维中学到很多东西，所谓教学相长。提高临床医学研究生的科研创新能力，是研究生培养的本质和核心，专业外语的掌握及最新动态信息的获取是创新最基本的手段。这个阶段还有一个最主要的任务就是在练习查文献的同时思考一下自己未来课题的大概立题，带着问题去查才能获得最好的效果。

（三）论文书写训练及开题报告初定阶段

任何培养方式最后都要落实到论文和课题标书的书写，这个阶段的目的就是训练学生的论文和标书的书写能力，执行期为入校第二年7月至12月，共六个月。研究生科研思维能力的培养通常包括以下四个步骤：科研选题、课题设计实施、分析处理实验数据、撰写及发表论文。论文书写是研究生培养质量的综合反映，边写边学习。这个阶段是对前面近一年培训效果的检验和应用，注重学生独立科研能力的培养，由导师组布置方向和材料，学生初步试写论文，不在乎论文质量有多高，只是让学生对书写、投稿、修稿等过程有个直观具体的认识，为毕业论文的撰写打好基础。就譬如

学游泳，总在岸上练习游泳姿势是学不会游泳的，必须下水训练。从已经实施的情况看，这项训练任务非常重要，也很有成效，同时能激发学生对科研的兴趣。该阶段还有一项重要的任务就是标书的书写，这是一项能影响终身的训练，所以要慎重规范。导师组可以选择自己的或比较经典的国家自然基金课题申请标书范例提供给学生，告诉他们最基本的程序和结构，由学生自己提出立题。如果立题反复多次都达不到要求，就由导师组提出具体的立题让学生去完成。导师不能越俎代庖，每一步都应让学生自己完成，再修改再完成，反复多次，让学生在书写的过程中学习到正确的思维并得到加强。一般专业学位研究生的开题报告比较简单，在完成了比较复杂的标书书写训练后，完成开题报告会更容易。这一阶段要注意的是导师不能把自己的思维强加给学生，更不能代写，否则培养出来的人才质量将大打折扣。

（四）开题报告形成阶段

如果前面训练达标，这部分就非常简单，只是进一步打磨精化。这个阶段的目的是书写一篇高质量的开题报告。执行期为入校第三年1月至3月，共三个月。这个阶段学生容易出现的错误是追求形式而矮化内容，不精练，条理不清，制作的PPT文字太多，所以导师要在这些方面多加指导和修饰。

（五）课题实施阶段

这一阶段学生将最繁忙最辛苦，这一阶段的目的是要完成全部的课题材料或实验。执行期为入校第三年4月至12月，共九个月。作为一名专业学位研究生，九个月用于课题实验应该是够的，这里说的实验不包括标本的收集，标本的收集应该由导师统一安排，尽量提前收集并冻存备用。突出的矛盾点是学生还要完成规培任务，所以要告诉学生牺牲个人休息时间，见缝插针，充分利用一切可利用的时间完成课题，既然毕业时可以拿两张证书，就必须付出双倍的劳动。由于学生毕业以后都要长期从事临床工作，很少有机会再接触一些实验，所以这一阶段要让学生熟悉掌握几项常规的实验技术，如免疫组化、RT-PCR、Western Blot、细胞培养等，这样可以让学生视野更开阔，对以后的科研工作有所裨益。因此无论是学生自己提出来的立题还是导师提出的课题方案，最好不要用纯临床资料去设计和完成毕业论文，毕竟纯临床课题毕业以后有足够的时间去做。这个阶段还要完成和毕业论文密切相关的综述，因为该综述也是毕业论文的一部分，所以要认真对待。导师要反复修改加工，为学生毕业论文的撰写打好基础。

（六）论文完成及答辩

这个阶段非常重要，是检验成果的最后一环。学位论文是对研究生专业学习和科研的全面总结，是反映其研究成果、代表其学术水平的重要文献资料，是研究生申请和获取学位的依据，在一定程度上代表了研究生所在学科的整体研究水平和学术氛围，直接决定了研究生培养质量和学位授予质量，是衡量研究生培养质量的关键指标，甚至有专家提出以学位论文质量控制带动医学研究生教育质量的提高，[4]说明学位论文的重要性。这一阶段主要目的是完成一篇高质量的毕业论文并通过答辩。执行期为入校第四年1月至5月，共五个月。如果前面工作做得很扎实，这一阶段工作就很容易完成。论文撰写阶段容易出现以下错误：盲目追求论文字数，论文臃肿不精练；统计出现错误；过度引用他人资料而没有标注出处，导致不能通过查重；论文撰写粗糙，前后矛盾，不能通过盲审。这些错误都是致命的，很可能导致答辩延迟或不能通过，导师组一定要严格把关。

（七）临床技术能力、临床思维及技术操作培训

以上谈到的是科研能力培训方案，而临床能力的培训要贯穿始终，除了要完成规培的各项要求，导师也要注意言传身教，把经验和教训传授给学生，因为学生是导师一辈子的名片，做好传承，也是导师自身建设的一部分。充分利用网络信息和模拟教学等现代化工具方法，提高培训效率。

四、结语

研究生培养是一项系统工程，涉及教学管理、教师队伍建设、研究生学习等诸多方面。研究生的培养质量与很多因素有关，导师、临床科室及研究生自身素质是最主要的因素。[5]尽管研究生培养受多方面因素的影响，但导师是最重要的因素，导师设计的培养方案和实施效果直接影响培养质量。序贯式培养方案有严格的时间点、翔实的内容、具体的任务及监管指标，有很强的操作性，提供了菜单式的教学，各种水平的学生或各种层次的导师都适用，尤其对首次带学生的老师很有参考价值。

参考文献

[1]刘娅，叶运莉.临床医学规培研究生科研能力培养问题与对策分析[J].卫生职业教育，2017，35（18）：1-2.

[2]王健，李蟠，王文标，李洪民.基于形成性评估的研究生医学英语课程教学与评估体系研究[J].继续医学教育，2017，31（6）：30-33.

[3]锁爱莉.关于提高肿瘤学专业学位研究生培养质量的思考[J].医学教育研究与实践，2017，25（1）：60-63.

[4]黄亮，舒彤，吴薇，黄燕.以学位论文质量控制带动医学研究生教育质量的提高[J].中国高等医学教育，2017（8）：121-122.

[5]罗虎，杨静翔，周向东.临床医学研究生学术水平影响因素调查分析[J].西北医学教育，2016，24（4）：565-567.

非直属附属医院双轨制临床医学
专业学位硕士研究生培养探索与成效

包 珊

（南华大学）

摘 要 2015 年起临床医学专业学位研究生的临床培养按照国家统一制定的住院医师规范化培训要求进行。作为医学院校的非直属附属医院，海南省人民医院于 2015 年开始实施临床医学专业学位研究生双轨制培养，在新的培养模式下进行了两年多的探索，取得了一些成效。从更新认识、严格制度、技能培训、强化师资等方面进行总结，共同探讨存在的问题和努力方向。

关 键 词 非直属附属医院；双轨制；临床医学专业学位；硕士研究生

作者简介 包珊，女，1972 年出生，南华大学附属海南医院（海南省人民医院），科教处副处长，主任医师，医学博士、教授、硕士生导师。联系电话：0898-68622476；电子邮箱：kejiaochu2640@126.com。

2014 年，我国临床医学人才培养改革全面实施，国家教育部等六部门出台了《关于医教协同深化临床医学人才培养改革的意见》，要求 2015 年起所有临床医学专业学位研究生同时也是住院医师规范化培训学员，其临床培养按照国家统一制定的住院医师规范化培训要求进行。[1] 作为医学院校的非直属附属医院，海南省人民医院于 2015 年开始实施临床医学专业学位研究生双轨制培养，构建"5+3"人才培养模式，探索新一轮医学教育改革的有效经验。经过两年多实践，取得了一定成效。

一、具体措施

（一）更新认识，形成医教协同模式理论积淀

以往临床医学专业型与学术型硕士研究生培养方式基本相似，忽视临床实践、团队合作、人文素养、医患沟通等方面的培养，致使专业型研究生缺乏从医经验，临床实践能力较薄弱，短时间内无法满足临床岗位需要，临床成长周期长。新的双轨制培养模式突出了临床医学专业学位研究生培养的专业特点，突破传统模式中与其他专业培养模式无差异、无特点的局限，符合我国高层次人才培养模式改革趋势。[2-3] 在新培养模式下，研究生兼具住院医师规范化培训学员身份，注重临床实践能力和临床科研能力的培养，毕业获得执医证、毕业证、学位证、规培证，"四证合一"，培养周

期短，学习强度大。这要求指导教师、住培基地、管理部门等更新理念，深入认识双轨模式人才培养的特点和优长，适应新模式的培养要求；医院开展一系列宣讲、培训活动，充分解读，深入调研，为实现培养模式的成功转变奠定理论基础。

（二）严格制度，保障双重身份培养落到实处

按照新的培养方案，专业型硕士生入校时间提前到当年 7 月 1 日，在医学院校进行为期 30 天的公共基础课程集中授课。当年 8 月进入医院培养阶段，经省卫计委、省医学交流中心等规培上级主管部门批准开始规培，以便满足专业学位研究生 33 个月临床规培的培养要求，在申请学位前取得规培证书。同时，合理交叉安排临床轮转与理论课程，每周安排半天进行课程学习。组织硕士生指导教师开展循证医学、卫生政策、医患沟通、职业道德、医学前沿、临床思维等课程建设，紧密结合临床，精准有效培养临床科研能力和临床实践能力，深化法制教育，加强医德医风，传承医学人文精神。修订医学生管理制度、研究生待遇管理办法，规范化培训住院医师管理制度，严格管理制度，加大人才培养投入，提供生活补助、科研经费支持，嘉奖优秀研究生，以制度为双轨制培养提供保障。

（三）依托中心，完善临床技能培训新体系

海南省人民医院 2014 年建成了 8558 平方米共 15 层的临床技能培训中心，设有各专科临床技能模拟训练房、模拟病房、电子阅览室、网络传输系统等，拥有全科医生临床培养所需的技能模拟训练、理论教学、示教病房和门诊等功能。中心实现教学、示教、操作、考核等功能，改变传统教学和考核方式，成为研究生技能培训的主要阵地，采用开放式课时，便于反复练习、专项特训。按照国家卫生计生委颁发的住院医师规范化培训临床技能训练与考核的相关标准和要求，[4] 制定技能培训项目和培训方案，遵循以学生为主体的教学理念，采用研究生助教实习形式，教学相长，不但可以使研究生的技能操作规范化、理论化、系统化，而且也培养了研究生良好的临床思维和教学思维。

（四）强化师资，提升临床教师岗位胜任力

教师队伍不稳定，教学理念较落后，工作热情不高，教学方法欠佳是非直属附属医院普遍面临的问题。首先，修订《临床教学管理规定》《研究生指导教师管理办法》《住院医师规范化培训师资管理规定（试行）》，明确教师梯队职责，落实激励和奖惩机制，激发教师的教学热情和岗位荣誉感。其次，采取"走出去，请进来"的方式，选派和组织教师参加师资培训，全面实行持证上岗，稳定教师队伍，提升教学质量。

二、初步成效

海南省人民医院作为海南省首批入选的国家级住院医师规范化培训基地，2016 年

开展全体学员技能比赛，参加人员 230 人，比赛成绩前两名为研究生；设立奖项 18 个，其中 1/3 获奖学员为研究生，成绩优异。在执业医师资格考试中，研究生通过率为 100%。所有研究生达到预期培养目标，于第二学年内取得执业医师资格证书。研究生积极参与省部级、国家级科研项目研究，承担校级科研项目，并发表 SCI（《科学引文索引》）论文。医德医风方面表现优异，多次收到患者表扬锦旗及信件。

三、问题对策

双轨制以资源最大聚合为优长，但由于实施时间较短，各培养单位在实际培养过程中仍存在一定的问题。[5]

（一）科研能力的培养

对双轨制的质疑声主要集中在专业学位硕士研究生的科研能力上。目前培养过程中，大部分时间在科室轮转，很少有机会参与科研项目、学习科研方法、熟悉实验操作。美国住院医师培训制度倡导构建学习型团队，在研究中学习，提出课题方向，收集科研资料，每名住院医师都有课题项目，每月一次论文研讨会，由住院医师宣读自己近期完成的论文和综述，指导教师评论。[6] 相比较，如何在临床实践中培养科研能力，将临床问题转化成科研思路，锻炼研究生科研执行力，确实是一个重要问题。专业型研究生科研能力培养专注于临床应用价值，指导教师要鼓励和引导研究生在临床问题中选题，培训使用科研工具的能力，建立导师组进行侧重不同的培养，与现有科研项目组合作互助，指导按期完成查阅、综述、实验、分析、撰写等科研任务。[7]

（二）经费投入的不足

对于单位委培学员、社会招录学员，除委培单位、培训基地发放基本工资或生活补助外，中央和省财政均有生活补贴。但对于具有研究生身份的学员，仅有"培训基地可根据培训考核情况向其发放适当生活补贴"[8]。研究生的家庭承受学业经济压力，双轨制研究生与其他学员的工作强度完全一致，待遇的差距导致研究生产生心理落差，影响临床轮转热情。[9] 很多培养单位采取奖助学金补贴的形式，在研究生临床技能操作、科研思维能力、学术成果等方面设立多种奖项。[7] 培养单位可制定待遇制度和奖惩制度，医学院校可呼吁国家和省级主管部门出台相应政策支持。

四、小结

双轨制专业学位研究生培养模式是临床医学研究生教育由以往培养学术型人才为主向培养应用型人才战略转变，是探索院校教育和行业教育相衔接的积极改革和实践。医院培养单位是落实双轨制培养的重要组成部分，总结经验，加强管理，使新型培养模式在探索和实践中愈加成熟和先进，对加快培养高层次实用型医疗卫生人才，促进医药卫生体制的改革，均具有重要的实践价值。

参考文献

［1］教研〔2014〕2号文件：教育部等六部门关于医教协同深化临床医学人才培养改革的意见，2014-6-30.

［2］金世凯.对构建医教协同临床医学人才培养模式的思考［J］.现代交际，2017（9）：105-106.

［3］胡伟力，陈怡婷，谢鹏，等.基于"5+3"改革加强临床医学硕士专业学位研究生临床能力培养的难点及对策研究［J］.学位与研究生教育，2016（08）：29-33.

［4］国家卫生计生委关于印发住院医师规范化培训管理办法（试行）的通知［Z］.2014-8-25.

［5］艾林，张姝，王鑫.核医学专业研究生与住院医师协同培训模式的探索［J］.中国医学装备，2016，13（12）：141-144.

［6］于博.美国哈佛骨科住院医师培训制度及启示［J］.中国高等医学教育，2017（4）：121-122.

［7］李镓伊，贾琳，李玉华.对临床医学硕士专业学位研究生教育与住院医师规范化培训接轨的实践与思考［J］.新疆医科大学学报，2017，40（3）：405-407+410.

［8］国卫科教发〔2013〕56号文件：国家卫生计生委等7部门关于建立住院医师规范化培训制度的指导意见.2013-12-31.

［9］张倩雯，何跃东，周容，等.妇产科专业学位研究生住院医师培养模式现状及思考［J］.中国高等医学教育，2016（11）：131-132.

论实训教学方法改革与法律硕士智能技能提升 *

樊长春

（中南大学）

摘　要　"卓越法律人才教育培养计划"的核心要求之一是找准人才培养和行业需求的结合点，将专业教育与职业技能培养关联起来，这其中的必由之路是通过提升学生的智能技能，从而真正提高他们的实务能力。对目前法学院实训教学方法的改革探索是改善和提高法律硕士生思考论证和逻辑分析能力的重要途径，这种课程改革的设计包括将实案材料引入教材、专项训练、综合训练等。

关 键 词　实训教学；智能；技能；法律硕士教育

作者简介　樊长春，男，1968 年 1 月出生，中南大学法学院，硕士生导师。联系电话：13755119168；电子邮箱：fan19682@sina.com。

习近平同志 2016 年 5 月 3 日在考察中国政法大学时强调，法学学科是实践性很强的学科，法学教育要处理好知识教学和实践教学的关系。教育部副部长杜占元在"第九届法律硕士教育论坛暨全国法律专业学位研究生教育 20 周年纪念大会"上表示，要准确把握"十三五"形势，深化法律硕士专业学位研究生教育综合改革，科学设计培养方案和课程体系，建立法律硕士专业学位研究生实习实训制度。[1]这是围绕"卓越法律人才教育培养计划"的核心理念，将专业教育与职业技能培养关联起来，提升学生的智能技能，从而提高他们的实务能力的必由之路。

一、目前我国法学实习实训教学现状

法科学生的实践能力培养一直是法学教育工作者重点关注的问题。例如，霍宪丹、田圣斌、王均平、何志鹏等均从实践教学的角度对该问题进行了研究。[2-5]这些研究成果主要集中于以下几方面：

第一，以案例教学或者法律诊所教育方式加强法律实践教育。例如，借鉴美国案例教学、法律诊所教育的经验对我国法律专业学生实践能力的培养提出批评与建议；或者从法律诊所教育、第二课堂活动等方面对这一问题进行探讨。

第二，强化司法实践部门对法律教育的指导和管理，提高法学专业教育水平。

* 本文系湖南省学位与研究生教育教学研究课题（项目编号：JG2014A003）和中南大学 2014 年人文社科课题研究成果。

建议建立主要由实务部门人士参与的"教学指导委员会"，给予各法学院实践教学指导，以强化和提高学生的实务处理能力。

第三，在法学专业教育中引入研究型学习方式。例如，有学者提出应该学习西方经典的研究型学习教育理念，致力于研究型学习和实践能力培养相结合。还有学者建议在专业课体系中设立专门的研究型课程板块。

第四，致力于扩大学生知识面，将理论教育与实践教育并重。例如，提出改善当下法学学生眼高手低局面，从基础入手，注重实践。也有人提出要职业教育与素质教育并重。

综上，现有研究成果把提高法科学生素质的办法主要寄希望于增加实践教学的内容，侧重于实务技能的提高。但法科学生专业素质的提升，不但有赖于实务操作技能，更有赖于智能技能。实践教学不但要提高实务操作技能，还要提高他们的智能技能。而现有研究对学生技能培养没有任何实证研究的结果，说明这个问题当下还没有得到应有的重视。

其实早在十多年前，就有人认为，中国急需的律师主要是事务律师，即那些直接参与市场运作的律师，涉及"代理、代办专利、融资、商标注册、产业租赁、信托、股票、知识产权、股权、土地使用权有偿转让、地产的批租和房产的出租、建筑承包、租赁经营、投标、招标等"领域。[6]如果把大学比作企业，法学院就是一条产品线，法学院学生则是具有具体市场定位的产品，学校和院系的工作不仅是生产符合要求的产品，也需要将这些产品很好地推销出去。因此，产品的定位不仅要在生产者看来是合格的产品，更应该从市场的角度来看我们生产的产品是否符合市场需求。市场认为符合就业要求的法学学生要具备深厚的人文社会科学素养和法律专业的基本素质。其中人文社科素养包括实践能力、动手能力、职业精神等。法律专业基本素质包括法学学科基本的知识体系，法律职业基本的职业道德与基本技能，如沟通协商的技能、谈判妥协的技能、辩论的技能、起草法律文书的技能、获取运用信息的能力、制定规则的能力、起草合同的能力、证据审核和有效运用的能力等。[7]

法学人才培养的质量，就如同企业生产制造的产品质量体现在产品的规格、性能是否符合和达到预期的设计标准一样，集中体现在法律硕士生的培养目标上。相对于培养目标而言，教学内容或课程的设置、教学环节的设计、师资力量的构成、教学设施设备的配置，以及相关的教育管理规章制度等，都是服务于这个目标的措施和手段。[8]

二、法律硕士生智能技能的构成要素

实际上，关于法学教育应该是学术性的还是专业性的争论有点奇怪，因为在大学的医学院并不讨论类似问题，公众也不问医学院是否应该是专业性的。为什么问题仅限于法学院呢？不可避免的推论是提问人对律师业或律师培训有些蔑视。[9]不管这个争论到底谁对谁错，现实是中国要应对全球化，要应对加入"一带一路"各方面的挑战，合格的精英律师必不可少。精英律师们的工作不只是适用法律，还应该"制造、寻找、解释、调整、适用及强制执行将人们的关系和互动固定化的规则和原则"[10]。虽然这个判断主要用于形容美国精英律师的工作，但对于中国律师来说这个任务应该更加艰巨，因为我们仍然处于法治社会的初创阶段，需要处理立法与现实的差距，这比成熟法治社会的律师们要面对的情况更加富于挑战。

英国律师协会和美国律师协会曾经对精英律师的法律技能提出过详细要求，在此结合国内法学院学生的具体情况，将之列为以下内容：第一，对实体法的足够知识；第二，认定法律问题和就法律问题构建有效和中肯切题的论证能力；第三，明智地运用一切资料进行研究的能力；第四，明白任何法律的基础政策及社会环境的能力；第五，分析和阐明抽象概念的能力；第六，识别简单的逻辑和统计上的错误的能力；第七，积极学习的能力；第八，认定和核实任何法律问题的相关事实的能力；第九，分析事实和就被争议的事实构建或批评某论证的能力；第十，对法律实务和程序的足够知识；第十一，适用法律的能力，即解决问题的能力。[9]理解和明白这些技能的重要性，对提高法律硕士生的智能技能肯定是有很大帮助的。

在技能的分类中，智能技能可以在法学院课程中直接教授，主要包括法律写作（legal writing）、法律研究（legal research），这一点在与中南大学法学院法律硕士生访谈中他们也有提到。而实务技能，例如接待客户、法院立案，则不能在法学院课程中直接教授。之所以强调技能的重要性，是因为"不管律师有何需要，最低限度他需要可靠的技能。只有技术而没有理想是罪恶，只有理想而没有技术是愚昧；在法律方面，希望将理想变成有效的蓝图就要将这些理想用头脑清醒的有效的技术过滤"[9]。因此，针对法律硕士生在学习过程中提高自身素质的要求，根据他们的具体情况，要提高他们处理实际问题的能力，在法学院的课程中能够做到的就是提升他们的智能技能。因此课程改革的方向应该是智能技能的培育。这种课程改革既包括教学内容改革也包括教学方法改革，而"没有教学方法的改革，一切课程改革都属表面功夫"[11]。

综上，智能技能的培养应该是专业法学教育的核心，而我国法学院在这方面提供的培训有严重缺陷。根据布卢姆的分类学，一般认为应该包括理解、适用、分析、归纳、评价。[9]那么，具体到法学专业课培训中，这些智能技能的体现如下。

（一）理解

1.学生能够用文字表述某一制定法条文的含义。例如，他们对"当事人对欺诈、胁迫、恶意串通事实的证明，以及对口头遗嘱或者赠与事实的证明，人民法院确信该待证事实存在的可能性能够排除合理怀疑的，应当认定该事实存在"这个法条能够用自己的语言表述。

2.学生能够决定"劳动仲裁"是否属于《中华人民共和国仲裁法》中定义的仲裁概念。

3.学生能够根据最高人民法院指导案例第一号"上海中原物业顾问有限公司诉陶德华居间合同纠纷案",预测同类案例的判决情况。

（二）适用

1.当学生被要求解决某个案例中存在的问题，例如，某非房产居间合同有当事人跳单时，能否适用上述第一号最高人民法院指导案例中确定的法律规则。

2.学生能够决定某一遗赠行为是否违反了民法的公序良俗原则，例如，对泸州二奶遗赠案的法律适用问题。

（三）分析

1.学生能够将某判决书中论述的事实问题和法律问题区分开来。

2.学生阅读最高人民法院指导案例时，能够区分哪些是法律续造哪些是对现有法律的扩大解释。

3.学生能够从最高人民法院指导案例的第四号案例的裁判要点中推断最高人民法院对于死刑核准的政策意见。

（四）归纳

1.学生能够就提出民法、合同法、侵权法问题的既定事实写一个"判决"。

2.学生能够构思论证并以最佳的状态表述他接待客户的立场。

3.对最高人民法院指导案例第四号与教师提出的长沙中级人民法院判决的某案件在刑事司法政策上的差别进行分析，提出一个协调建议。

（五）评价

1.学生能够找出不同法院对于相同类型的保险理赔案件的不同处理方式中的逻辑错误或者不相符的地方。

2.学生能够认定并评价奇虎360和腾讯案件对互联网不正当竞争行为造成的影响。

上述五种技能构成了智能技能的主要部分，笔者对其虽然进行了分开论证，但在教学实践中它们可能会混同于一种教学方法之中。

三、对法律硕士生智能技能缺乏培训的原因

智能技能培训的性质对教学有两个要求。首先，课堂上的方法必须是讨论的方法而不是讲课的方法。如布卢姆发现，为了培育能力和技能，"最无效的讨论也比大多数的讲课好"。而讨论课需要小组教学，对师资有更高的要求。其次，以培训技能方法学习知识。如果与直接教授的方法相比，同等的知识量前者需要更多的时间才能学

会。这两项要求对法学院一贯的教学方式都提出了新的要求。针对这两个要求，结合目前中南大学法学院的情况，笔者认为对法律硕士生智能技能缺乏培训的原因有三个方面：

第一，学院只负责安排课程，学院不能包办不同课程不同教师的教学方式，所以，小组教学能否实现，在不考虑学生的因素时，教师的积极性起了很大的决定性作用。而且，在小组教学过程中，也发现了一些问题。例如，"搭便车"问题[12]。因为某些实践教学课程选课人数较多，作业不得不分组进行，否则教师无法阅读每一份作业，也无法让学生们适当地学会合作。所以可能导致的最大问题就是"搭便车"。某些同学可能无须自己努力，而混迹于其他积极主动同学的小组取得自己无法取得的成绩。如果"搭便车"行为普遍的话，就可能导致智能技能培训的失败。

第二，学生的接受程度问题。如果以技能教学方式在课堂教学上减少了学生所获的知识量，那么就会要求学生以课外学习形式获取这部分知识，这必然增加学生的压力，参差不齐的素质可能带来良莠不齐的学习结果。此外，还需要注意的是，将实体法和技能混在一起教授，为了补充课堂上没有直接教授的知识，部分学生可能会把重点放在阅读普遍可得的教科书、论文上。换句话说，他们会阅读教师提供的实案材料解析，而不阅读案卷材料本身。即使他们出于压力最终阅读判词，也是用他人的眼光，从他人的角度阅读，没有学会自己阅读原始材料，也没有养成这个习惯。这个问题是笔者在教学过程中在很多本科专业不是法律的同学的学习过程中发现的，这对于智能技能提高是很大的阻碍。

第三，教师注意力和时间分配的均衡问题。例如，在点评分析作业时，如何妥善关注中等水平的作业？在学生评教的意见中，有同学提出老师对普通作业的点评关注度不够。这是教师有所忽略的问题。因为课堂时间有限，教师一般只就作业中的优秀和较差部分进行了点评，中等水平作业的同学则没有获得太多关注，觉得收获不大。这种情况的出现，会让中等学业水平的学生在智能技能提升方面受到限制。

上述在追求提高学生智能技能过程中没有解决的具体问题，是导致法律硕士生智能技能缺乏足够培训的主要原因。其实，在真正贯彻教学模式改革的过程中，遇到的具体问题可能远远不止这些，很多东西有待教师去探索、发现和克服。对提高智能技能持反对意见的人可能会说：真正的大学应该培养大师，而不是大匠，一味追求技能的强化，不是把学生们都匠化了？对这个问题我们的回答是"不"，那是因为"法学大师的产生是一个长期积累的过程，指望仅仅凭法学院的教育而成为法学大师，是一个从来没有实现的梦想"[13]。

四、培养智能技能的多元化教学方法

尽管很多人认可大法官霍姆斯提出的"法律的生命在于经验，不在于逻辑"的观点，但在目前法学院课程设计中，经验课程较少，多数课程的教学还是要依赖于逻辑展开，学生吸收知识掌握技能也必须依靠逻辑。在成文法国家，法律专业人士需要从成文法出发开始推理，运用逻辑判断能力推断结果。提升逻辑能力的训练可以提高学生的自信心，让他们在真实案例面前有把握按照课程训练所习得的方式来处理。逻辑能力夯实之后，如果能够增加实训教学作为经验课程，显然对于学生智能技能的培养会起到如虎添翼的作用。

因此，培养智能技能的课程设置除了传授知识的基础课程用于教授正式的法律制度本身外，还应增加有针对性的实训课程。在目前课程体系的既有安排下，可以通过改革某些课程的授课方式来实践实训内容课程。法律学问的求得，第一个步骤，当然是认识法律，究竟法律是怎么一回事，怎样一个东西。第二个步骤，是运用法律——于认识法律之外，再注意如何运用这个法律。最后一个步骤，我们于认识法律、运用法律之外，应当知道哪种法律是适应现实的时代和社会，并且可使法律现代化、社会化的。[14]要知道怎样运用法律，怎样改善法律，我们必须掌握法律技能，仅有法律知识是不够的。正是基于这样一种认识，实训课程的设置不是以教师讲授为主，也不能是以学生讲授为主，而应该是在教师的引导下利用对真实案例的分析来启发学生寻找问题并带领学生解决问题。在解决问题的过程中，学生会经历无知的痛苦和获得的喜悦，也会理解问题的答案不在教师那里，而在自己探寻的路上。学生一旦学会如何提问，就证明他们已经形成了思考能力，他们也会知道自己要找的是什么，这就是他们最需要的智能技能。

从现有研究来看，对法律实训教学法有不同的理解。有人认为法律实训课程的定位应当是专业技能课和实践课；[15]有人提出法律实训应该包括案例讨论、辩论、审判观摩、模拟法庭、法律诊所教学等。[16]但不管哪一种理解，基本都包括以下内容。

（一）诊所法律教学法

诊所法律教育是一种典型的实训教学，但实训教学不仅仅限于诊所法律教育。诊所法律教育是现代法学教育最重要的实践性教学方法之一，借鉴医学院临床教学实习教学模式，让法科学生在实践经验丰富的教师指导下，为寻求帮助的当事人提供专业的法律指导与支持。[17]诊所法律教育一般采用课堂教学与课外实践双轨并行的教学模式，其活动范围并不局限于课室，而是强调学生走向社会为弱势群体提供法律服务。[18]

这种实训教学方法的运行，需要教师有实务操作能力，带领学生办理真实当事人的真实案件，让学生在与当事人的真实接触中主动获取有价值的信息，参与小组研讨。这种方法不仅能让学生参与互动，激发课堂活力，也能引导学生探索，充分理解课堂知识，扩宽学生知识视野，更能培养学生的合作意识，使学生养成良好的合作习惯。

（二）案例教学法

案例教学法最初是由哈佛大学法学院引入法学教育的。这种教学方法是把现实中的问题以案例的形式引入到课堂，进行公开的讨论，教师在这个过程中也不再只是单纯地为学生讲解问题、提供答案，而是引导学生观察问题，学习具体的分析方法，进而解决问题。

法学学科包含了对许多枯燥的理论知识的学习，此外，这门学科又对实践能力的要求很高。案例的引入，能把单调的理论变成真实的问题，有助于学生充分理解枯燥的理论知识。案例讨论能训练学生独立思考问题的能力，为学生提供观察问题的视角，并引导学生探索出分析问题的方法，是一种认识、分析和解决实际法律问题的模拟实践机会，[19]学生在获得知识的同时，综合能力也得到了锻炼和提高。

（三）翻转课堂教学法

翻转课堂教学法简称为翻转课堂，它是一种混合使用技术和动手活动的教学环境，这种教学方法会使典型的课堂讲解被实验和课内讨论等活动代替，而课堂讲解则以视频等其他媒介形式由学生在课外活动时间完成。[20]

翻转课堂起源于美国两位高中化学教师——乔纳森·伯尔曼（Jon Bergmann）和亚伦·萨姆斯（Aaron Sams），后经"可汗学院"和"慕课"的改进，取得了巨大的发展。[21]翻转课堂最大的特点就是对传统教学在教学内容和教学方法上的颠覆，它是一种强调课前在家里看教师的视频讲解，课堂上在教师指导下做作业的混合式学习。这种教学方法不仅能促进教学资源的有效利用和研发，更能实现学生的个性化学习，实现学生与教师在课堂外的交流，实现师生间的教学相长，为法学学科的学习提供更多的路径与方法。

（四）问题引领教学法

问题引领教学法是教师在课堂上充分发挥主导作用，创设平等、和谐、民主的课堂氛围，把学习置于问题之外，让学生自主地感受问题、发现问题、探索问题，为学生充分提供自由表达、质疑、探究、讨论问题的机会，学生通过个人、小组、集体等多种解难释疑的尝试活动，实现知识的意义建构，促进认知、技能、情感全面发展的一种教学模式。[22]

运用这种方法，需要教师通过具体的语言，或者借助其他资料、材料让课堂形成一种问题氛围，引发学生的学习兴趣和求知欲望。在这种积极性的促使下，学生会自主投入到学习之中，或积极与教师互动，或参与到合作小组的讨论之中。

五、实训教学方法运用的课程设计

（一）把实案引入教材

法学教材应该尽可能采用典型、真实的案例资料。但我国目前没有专门的案例库，裁判文书网在三年前刚刚上线，判决书的内容和写作方式与判例法国家的判决书充满说理的写作风格相去甚远。最高人民法院发布的指导性案例的论证说理也都比较简短，能够给学生提供的参考有限。因此，笔者通过各种渠道收集了数十个真实案例的案卷资料，自制成实案教材，运用于法律文书写作和法律诊所课程。

（二）专项训练法

以法律文书写作课程为例，为法律硕士生提供专项的实训。课程以7个真实案例为节奏编排，每个教学单元围绕一个案例，按照教师事先提出的要求完成写作任务。这些写作任务涉及主要的部门法知识，不仅注重行文的格式要求，更注重内在的逻辑推导。

经过这样的课堂训练，针对每一次作业，教师会事先安排一堂课对作业涉及的主题进行讲授，以启发学生的思维，使作业更具针对性，也便于发现问题。讲授的过程多数是以提问的方式进行，提问可能分布在"理解""适用""分析""归纳""评价"这些不同的层次。为了培养细心的习惯，教师会对学生回答的准确性提出质疑，要求他们就本身所说的一切在法条（含司法解释等）中找到针对性的支持。在教学过程中，一个接着一个的问题在很多情况下可能转向刺激批判性思考，所提的问题变成"随波逐流"，随着课上发言追问，不管问题的性质。这个方法有它的优点，最大的优点是其活跃性，随着话题的跳跃，常常会出现火花，对某些同学来说，可以从中得到很大的满足感。但是，它也有缺点：第一是突袭式提问方式对某些同学来说压力很大。换句话说，对那些思考慢的同学来说，这个方法造成了较大的压力，看到其他同学好像轻而易举就回答出来，容易泄气。第二，这个方法效率可能较低。这种跳跃式的非系统性的练习方法可能让一部分同学在分析案例中法律关系时欠缺严谨分析技能。

（三）综合训练法

综合训练法是把其他单项实训课程内容整合在一起对学生进行训练，让学生担当起真实的法律角色。笔者的实训课程中，采用了联系基层法院和检察院，让学生接受被告人委托，把真实庭审搬进校园的学习方法。如此一来，落实诊所法律教育的内在本质精神就变得不再那么困难。笔者在实训教学安排中联系了宁乡法院和检察院在中南大学法学院开庭审理一起刑事案件，派出法律硕士生担任被告人的辩护人，真案开庭。庭审结束之后，参与的学生反馈说："参加法庭审判等刑事诉讼活动，可以从中感受到真实的法院审判流程。通过真实案件的法律实训，更加使自己体会到了执业律师需要具备的职业素养以及个人能力，在丰富个人经验的同时，也提高了法律实际操作能力，这无疑对我们未来的律师之路将产生积极的影响。"[23]

六、结语

如果把大学比作企业，法学院就是一条产品线，那法学院学生则是具有具体市场定位的产品，学校和院系的工作不仅是生产符合要求的产品，也需要将这些产品很好地推销出去。因此，产品的定位上，不仅要在生产者看来是合格的产品，更应该从市场的角度来看我们生产的产品是否符合市场需求。在市场对高端法律人才需求日增的背景下，我们应该转换培养思路，不应该只专注于为"生产"而"生产"，而应该在较短时间内完成从"生产"到"营销"的转换。这种转换应该首先从课程设计出发，涵盖理念、教学和实践三个维度，通过实训课程提高法律硕士生的智能技能，进而促进实务能力提升。

参考文献

[1] 教育部副部长：建立法律硕士实习实训制度 [EB/OL].http: //edu.people.com.cn/n1/2016/0114/c1006-28052730.html.

[2] 霍宪丹.法学教育重新定位的再思考 [J].法学，2005（2）：3-8.

[3] 田圣斌，杨伦.完善法律实践教学的对策研究 [J].中国大学教学，2008（1）：48-50.

[4] 王均平.法学实验教学相关概念的界定及其应用 [J].高等教育研究，2012（9）：69-73.

[5] 何志鹏.我国法学实践教育之反思 [J].当代法学，2010（4）：151-160.

[6] 霍宪丹.转变观念、抓住机遇、加速改革，更快更好地发展 [M] // 不解之缘：二十年法学教育之见证.北京：法律出版社，2003.

[7] 霍宪丹.法学教育的历史使命与重新定位 [J].政法论坛，2004（4）：28-33.

[8] 王健.法律硕士教育制度的改革与发展——一个政策分析 [J].政法论坛，2009（3）：124-133.

[9] 何美欢.论当代中国的普通法教育 [M].北京：中国政法大学出版社，2005.

[10] Robert C Clark.Why So Many Lawyers? Are They Good or Bad [M] // Fordham Law Review（61）. 1992.

[11] David P Bryden. What Do Law Students Learn? A Pilot Study [J]. Legal Education, 1984（3）：479-505.

[12] 搭便车的人无须为集体行动付出，却可以使用集体行动的成果。但如果人人都想搭便车，集体行动的成果将无法产生。参见：[美] 曼瑟尔·奥尔森.集体行动的逻辑 [M].陈郁、郭宇峰、李崇新，译.三联书店上海分店，上海人民出版社，1995.

[13] 方流芳.中国法学教育观察[M] // 贺卫方.中国法律教育之路.北京：中国政法大学出版社，

1997.

［14］孙晓楼.法律教育［M］.北京：中国政法大学出版社，1997.

［15］赵晓华，冯军.法律实训课程教学探索与实践——以民事法律实训课程为例［J］.北京城市学院学报，2010（5）：48-52.

［16］广西政法管理干部学院课题组.法律实训课程的创建与实践（一）［J］.广西政法管理干部学院学报，2006（3）：3-7.

［17］中国法学会秘书长林中梁在2012亚太诊所法律教育论坛暨中国诊所法律教育年会开幕式上的致辞［EB/OL］.http://www.cliniclaw.cn/article/?559.html.

［18］蔡彦敏，林艺.中国诊所法律教育可持续性发展的再思考［M］//杨建广，郭天武.法学教学改革与卓越法律人才培养.北京：中国法制出版社，2016.

［19］王继福.论法学教学中的案例教学法［J］.河北师范大学学报（教育科学版），2008（8）：118-119+123.

［20］Gerald C Gannod, Janet E Burge, Michael T Helmick.Using the Inverted Classroom to Teach Software Engineering.2008ACM/IEEE 30th International Conference on Software Engineering, 2008：777-786.

［21］何克抗.从"翻转课堂"的本质，看"翻转课堂"在我国的未来发展［J］.电化教育研究，2014（7）：5-16.

［22］韦芳.构建"问题引领式"课堂教学模式，促进学生主动发展［C］.国家教师科研专项基金科研成果（华夏教师篇卷1），2013：176.

［23］赵婵娟.宁乡县检察院：庭审开进了大学校园［EB/OL］.http://www.changsha.jcy.gov.cn/jcjs/ 201611/t20161129_1903722.shtml.

南华工商管理硕士教学管理的思考

王铁骊

（南华大学）

摘　　要　为进一步提升南华大学 MBA 教学管理水平，为社会输送高质量、高素质的专业人才，文章首先阐述了南华大学 MBA 教学管理存在的问题，然后提出了相应的改进对策，即创新课程设置，创新教学方式，创新教师队伍。

关 键 词　教学管理；课程设置；案例分析

作者简介　王铁骊，女，1974 年出生，南华大学管理学院，院长。联系电话：18674796656；电子邮箱：568522394@qq.com。

MBA 项目作为我国第一大专业学位项目，是培养现代化高素质管理人才的重要途径，对我国现代企业管理水平的提高有着重要的贡献。随着专业学位扩招，越来越多的高校开始招收 MBA 学生，每年毕业的 MBA 学员也逐年增加。南华大学 MBA 项目是 2010 年开始正式招生，从 2011 年到现在，每年的招生人数均在 100 人以上，特别是 2015 年到现在，每年都在 160 人以上。一方面，MBA 学生人数的增加，不免影响到我校 MBA 教育质量的提高；另一方面，企业管理人才的要求不断提高。综合这些因素使得我校 MBA 培养面临诸多挑战。本文分析了当前我校 MBA 教学面临的问题，从市场需求的角度对南华大学 MBA 教学管理创新提出一些初步思考。[1]

一、MBA 教学管理中存在的问题

（一）师资队伍

通过严格的 MBA 上课教师遴选制度，我们为 MBA 教学配备了南华最优秀的师资队伍。但是，大多数高校教师都是从大学毕业以后，就走上了教学岗位，缺乏实际的企业管理经验。他们在为 MBA 学员授课时，容易出现重理论、轻实际的情况。从我们的教学管理经验看来，很多学员反映一些教师授课存在过于偏重理论的情况，他们认为 MBA 教学应更多地理论联系实际，能在实际管理中解决问题是他们来学习 MBA 的最重要的目标。

（二）学员状况

MBA 学员呈现低龄化是全国的趋势，南华 MBA 也不例外。尽管 MBA 学员需要有三年的实践经验，但是，部分同学由于对工作的理解不是很深，对于某些 MBA 课程内容不能完全领悟。因此，部分学员通过 MBA 学习也不能迅速成为企业所需的管理人才。另外，也有部分 MBA 学员的学习目标就是获得一纸文凭，对于所学的知识漠不关心，纯粹是抱着"混"的心态来参与 MBA 学习。

（三）课程设置

1. 课程种类不多。MBA 在满足必需的学分和学时的情况下，出现了必修课过多，专业选修课和公共选修课较少的情况，这使得 MBA 学员选课范围不广。MBA 学员是多行业、多层次的管理人才，不同行业、不同层次的学员对课程的偏好也不完全一样，而选修课正是他们补充多方面知识的一个重要途径。当前的情况是，多数课程偏重于财务管理、营销管理、运营管理、信息管理，核心课与选修课之间的关联度不高。就构成整个知识结构的课程体系来看，课程的一体化和综合度不高。

2. 课程设置特色不够。MBA 的大多数课程没有突出实践性教育的宗旨，偏重于理论研究。大多数经管类本科毕业 MBA 学员，在大学时就已经学习过这些理论知识，在 MBA 课堂上再一次重复以前的理论知识讲解，对他们来说是在浪费时间和精力。另外，有些 MBA 课程也和管理学研究生的课程没有太大区别，有些甚至沿用学术型研究生的教材。专业选修课和公共选修课也没有形成自己的特色。课程的内容没有和本土企业的实际需求相结合，仅仅照本宣科地学习西方的管理思维与工具，不能有效地服务本土企业。

3. MBA 教材在教学中所起的作用有限。现在市场上的 MBA 专业课程的教材可谓多如牛毛，有些 MBA 教材还是一些著名大学出版社诸如清华大学、人民大学、北京大学、大连理工大学等出版社出版的，但是教师却很难找到一本合适的教材，授课都使用自己编写的 PPT，学员普遍反映教材在实际上课中没有太大的用处。另外，一些 MBA 教材是直接翻译于国外 MBA 教材，书中案例完全和本土企业面临的情况不一样，学员不能从教材中吸收切实可用的管理经验，也不可能锻炼实践能力。

（四）案例教学

案例教学法在 MBA 教学中至关重要，通过学习本土企业案例可以培养 MBA 学员的管理思维和看待问题、解决问题的能力。MBA 学员都来自于企业，希望能学到切实有用的管理实践技能，而大多数教师工作太忙，接受案例教学培训的机会不多，或者不愿意参加培训，而熟悉别人的案例需要花比较长的时间，自己开发案例更是困难重重。同时，他们都是在传统的"灌输式"教学环境中成长起来的，对于学员的要求不能做到有效满足，两者存在供需矛盾。

二、提高我校 MBA 教学质量的思考

（一）创新课程设置

1. 减少理论化课程，增加应用实践课程。MBA 的教育目标是培养企业界多层次应

用型人才，注重实践、解决管理过程中的实际问题是教学的重点，而过多的理论化课程使 MBA 培养偏离了其目标。目前，我校 MBA 的核心课程的课堂讲授课时由 48 课时减少到 32 课时，增加了案例分析和走进企业的实践性课程部分，强化实践教育，经常开设实践性讲座，邀请优秀的企业家进校讲课和开设讲座。[2]

2. 开设特色课程。随着互联网经济的异军突起，大众创业、万众创新蓬勃发展。MBA 学员作为应用型管理人才，所需要的知识不仅应该与时俱进，也应该具有多样化的性质。MBA 课程设置也理应体现这样的特点。我们依托学校的学科优势开设多方向、多样化的选修课程。当前，我们在选修课的设置上，以量多课小为原则，模块化为方向，即每门选修课以 16 课时为基准，每一个研究方向开设更多的选修课，以满足学员的实际需要。准备开设的新的课程有：互联网经济、大数据分析、创业管理及供应链管理等。

3. 采用本地化的案例教材。许多从英文版翻译过来的 MBA 教材，尽管都是国外企业的真实案例，但是和本土化的企业管理情况、现实环境有着很大的差别，从案例中学习到的管理经验完全不能应用在本土实践中。另外，教材翻译人员的学科背景、知识结构的参差不齐会导致翻译出来的教材不能真实反映案例的客观情况，这给使用教材的教师和学生带来一些理解上的困难。因此，随着 MBA 教师队伍的日益庞大，应鼓励更多的优秀教师编写本土企业案例，根据学科进行分类，把国外教材上的案例替换为本土的企业案例，达到理论与实践相结合。

（二）创新教学方式

1. 改变传统的"灌输式"教学，启用互动交流的教学模式。调动 MBA 学员在课堂上的学习积极性，通过教师与学员之间的问答式交流，使学员能够对所学知识理解得更加透彻。在笔者的日常教学管理中，经常有学员反映课堂内容听不懂，接受有困难。所以，我们认为 MBA 授课方式应该不同于普通本科教学，教师应该在授课前详细了解学员的企业背景、知识结构，在此基础上确定上课内容，让大部分学员有能力接受教师课堂内容，让学员在课堂上与教师产生共鸣，这样才能使学员与教师之间的课堂交流气氛更加活跃。以理论为基础，从企业实践管理的角度去剖析理论，让学员学以致用才是 MBA 教学的关键所在。

2. 加强案例教学。案例教学法在现代 MBA 教学中越来越受到重视。案例教学法的特色体现在鼓励学员独立思考，让学员更注重运用知识而不只是学习知识本身，改变传统教学模式以及强调教师和学生的双向交流。MBA 学员作为企业未来的管理人员，需要具备解决企业实际问题的能力。通过运用案例教学法，在课堂上学习案例，学员可以站在案例中的企业管理层的角度去思考问题、解决问题，提高管理思维能力。通过案例讨论、互动交流可以提高学员的沟通能力，案例教学也会反过来促进教师自身素质的提高，进一步提高教师的授课技巧。[3]

3. 开设移动课堂。在教学中强调理论与实践相结合，除了课堂上的案例教学之外，可以增加走进企业的课外教学活动。通过对企业实地考察，与企业家面对面交流，学员可以从中学习到很多丰富有用的管理经验。我们要求 MBA 的每个年级都要组织一到两次的移动课堂教学，组织学员走进当地知名企业，聆听企业高管讲授自己的管理经验以及他们解决实际管理中遇到的突发状况所采取的措施。笔者的教学问卷调查显示，大多数学员对企业实地参访这种课外教学活动非常支持，参加的积极性很高，他们表示每一次参访都有收获，希望将来能够开展更多的企业参访活动。

4.落实"双导师制"培养模式。"双导师制"是一种适合在职硕士专业学位研究生联合培养的导师聘用模式，已经得到了学生和社会的基本认可。很多 MBA 培养院校还没有真正落实"双导师制"。"双导师制"强调理论与实践相结合，实现"产、学、研"的有机结合，更好地适应经济社会发展对高层次、多类型人才的需要。MBA校内导师应从 MBA 任课教师中选拔，必须具有高度的责任心；必须具有扎实的专业知识与合理的知识结构，在学术上有一定造诣，了解本 MBA 专业学位的培养目标；具有专业学习指导能力。MBA 校外企业导师应当具备丰富的企业管理经验和较强的社会活动能力，具备良好的思想道德修养和职业道德，有强烈的事业心、责任感和敬业精神。引进企业导师能够为 MBA 学员提供更专业化的职场指导和就业指导，提升学员的职场竞争力。企业导师可以利用已掌握的社会资源为学员提供在企业实践的机会，表现优秀的学员在企业导师的推荐下可能会与实习单位达成就业意向。企业导师可以在理论联系实际、解决真实问题的实践能力方面给予学员良好的指导。

（三）创新师资队伍建设

在 MBA 教学管理中，师资队伍起到了至关重要的作用，直接决定了培养的质量与层次。师资队伍的实力决定了学校在生源上的竞争力。高层次院校的 MBA 教师不仅在理论上有很深的造诣，在实践教学上也有独到的见解，并且有着广泛的企业实践经验。因此，学校可以利用本身的社会资源为教师提供参加各种教学培训的机会，邀请国际一流大学的专家学者来校交流教学经验，聘请优秀的企业家来校担任兼职教授、客座教授、校外导师，增加专职教师与他们的交流机会，也为教师走进企业、参与管理实践创造更多机会。[4]

参考文献

[1] 宋海清.关于 MBA 教育教学模式的思考 [J].当代教育实践与教学研究，2015（8）：78-79.

[2] 王刚.基于一体化模式的我国 MBA 教育案例教学研究 [J].内蒙古财经大学学报，2016（4）：112-116.

[3] 白君贵，陈连军.市场需求视角下的 MBA 教学管理创新研究 [J].学理论，2010（27）：261-262.

[4] 张璐璐，张高亮，邱咸，朱文征.MBA 教育中"双导师制"的实践——以浙江理工大学为例 [J].经营与管理，2015（5）：150-152.

全日制专业学位研究生实践教学研究 *

廖湘林

（湖南师范大学）

摘　　要　专业学位研究生的培养目标就是培养符合国家、社会需求的高层次应用型人才。实践教学是关键环节，因此，专业学位研究生实践教学研究对专业学位研究生教育改革和发展有着重要的理论意义和实践意义。本文试图在充分了解目前专业学位研究生实践教学现状的基础上，查找出专业学位研究生实践教学存在的问题，结合我国经济、社会和教育发展的要求和趋势，提出适合我国专业学位研究生教育的实践教学改革措施，加强专业学位研究生教育的有效管理，提高专业学位研究生的培养质量，为我国专业学位研究生教育改革提供有益的参考。

关 键 词　全日制专业学位；实践教学；改革

作者简介　廖湘林，女，1989 年 4 月出生，湖南师范大学研究生院，科员、法学硕士。联系电话：18374884071；电子邮箱：491467320@qq.com。

2013 年教育部、人力资源社会保障部联合发布《关于深入推进专业学位研究生培养模式改革的意见》，对专业学位研究生培养模式改革目标作了明确规定，"以职业需求为导向，以实践能力培养为重点，以产学结合为途径，建立与经济社会发展相适应、具有中国特色的专业学位研究生培养模式"，强调了实践能力培养在专业学位研究生培养中的重要性。由此可见，作为实践能力培养主要抓手的实践教学环节，在专业学位研究生培养过程中具有不容忽视的重要地位。

一、全日制专业学位研究生实践教学现状

（一）全日制专业学位研究生实践教学的重要性

专业学位作为培养具有扎实理论基础、具有较强专业能力和职业素养的应用型高层次人才而设立的一种与学术学位相对应的学位类型，设立之初主要招收的是具有特定职业背景的在职人员，是为了满足他们提升理论知识、专业素养和职业能力的需求。随着社会经济形势对研究生教育需求的转变，从 2009 年开始，国家扩大招收以应届本科毕业生为主的全日制专业学位研究生，专业学位研究生教育逐渐形成了以应届本科毕业生为主的全日制型和以在职人员为主的非全日制型并存的发展格局。相对于非全日制型，以应届本科毕业生为主的全日制专业学位具有其特殊性，这类学生从校门到校门，习惯以学术能力训练为主的教学模式，普遍缺乏相应的职业背景和实践

* 本文受湖南师范大学研究生教育教学改革项目"全日制专业学位研究生实践教学改革研究"的资助。

经验，他们的职业技能和实践能力培养主要依靠校内资源。因此，为实现专业学位研究生的培养目标，须着力为全日制专业学位研究生搭建良好的实践平台，提供有效的实践指导与训练，实践教学在全日制专业学位研究生的培养过程中就显得尤为重要了。

（二）实践教学受重视度与实施效果之间的矛盾

随着专业学位研究生教育的发展和培养模式改革的不断深化，实践教学在培养专业学位研究生实践能力和创新精神方面的作用越来越得到各级政府、各高校和教育者的重视。2015 年教育部下发《关于加强专业学位研究生案例教学和联合培养基地建设的意见》，教育硕士教育指导委员会 2015 年召开"全日制教育硕士培养院校实践教学与实践基地建设工作暑期研讨会""全国教育硕士专业学位教育管理案例教学观摩与研讨工作会议"，教育部学位中心组织开展"全国研究生创新实践系列活动"等，都充分体现了国家对专业学位研究生实践教学的重视。

各高校也相继出台专门文件，加强全日制专业学位研究生实践教学和专业实践管理。如西南石油大学 2014 年出台《全日制硕士专业学位研究生专业实践教学管理办法（试行）》，从专业实践时间、内容、方式、组织、考核和经费管理等方面对实践教学进行了规定。山东理工大学 2015 年出台《全日制硕士专业学位研究生专业实践教学实施办法》，规范了实践教学的过程管理与考核评价，创新了实践教学环节，强化了培养目标的职业定向性、培养模式的工程实践性、培养过程的产学研协作性、培养内容的专业领域性等培养属性和特点。北华航天工业学院 2016 年出台的《全日制硕士专业学位研究生专业实践管理办法（试行）》强调：专业学位研究生在学期间，必须保证从事专业实践活动的时间不少于半年，其中应届本科毕业生原则上不少于 1 年。南京师范大学加强专业实践监管，要求各专业学院每年在全日制专业学位研究生专业实践结束后，统一向研究生院提交全日制专业学位研究生实践总结，并根据各专业领域培养方案、专业特点，结合研究生工作站或实践基地及行业对人才培养的实际需要，不断调整《全日制专业学位研究生培养手册》中相关考核环节设计，实现高校人才与行业人才需求的零对接。

实践教学在全日制专业学位研究生培养过程中受到了从教育者到各级政府的高度重视，但实践教学的效果究竟如何呢？从我们对全日制专业学位研究生的调研中可以了解到，学生对实践教学满意度目前并不是很高，他们对实践教学内容、实践教学时间、实践教学与自身岗位结合程度、实践教学师资配置、实践教学经费投入等许多方面还有更高的期望和要求。由此可见，政府、学校重视实践教学与实践教学实际效果未达预期目标之间的矛盾，是目前全日制专业学位研究生实践教学的现状。

二、全日制专业学位研究生实践教学存在的问题

（一）"双师型"导师队伍建设薄弱

专业学位研究生实践教学导师包括校内导师和校外导师。就校内导师而言，他们

的指导理念与方法难以从发展时间较长的学术学位模式中脱离出来，较难实现理论与实践并重；同时，校内导师大部分缺乏相关领域的实践经历，难以根据职业需求对全日制专业学位研究生进行有针对性的实践指导，从而降低了实践教学的成效。就校外导师而言，一方面，学校缺乏有效的选聘机制和激励机制，难以遴选出和留住真正职业技能高、指导水平高、积极性高的校外导师；另一方面，校外导师往往工作繁忙，少有时间能对研究生进行深入指导，实践指导流于表面的结果就是研究生在实践基地的实践内容未能与职业需求实现有效的衔接，降低了实践教学对提高职业技能的作用。不管是校内导师还是校外导师，在实践教学中都有其不擅长的领域，只有两者优势互补才能形成既有扎实的理论基础，又有丰富的实践经验，同时具有较强专业教学技能的"双师型"导师队伍。

（二）实践基地建设有待进一步加强

就目前各高校实践基地建设情况来看，一方面，由于实践基地的利益追求在于希望研究生能短期内为企业创造经济效益，而高校的目标是研究生在实践基地实现理论与实际之间的有效结合，更倾向于希望他们逐步积累实践经验，双方在利益目标、实践期待等方面往往存在不一致的地方，容易在人才培养理念、目标和实践方式等方面产生分歧，从而降低双方的合作有效性。另一方面，多数实践基地的建立依托的是导师、校友等个人关系，建立方式以简单的书面协议为主，在双方责权划分等方面界定不够清晰，从而影响了实践基地的稳定性。再者，实践基地建设水平参差不齐，学校缺乏完善的实践基地管理机制、投入机制和考核机制，未能形成长效工作机制。

（三）实践教学课程设置不合理

实践教学课程设置不合理主要体现在三个方面。一是目标定位不明确，专业学位研究生培养方案脱胎于学术学位研究生培养方案，尚未形成具有专业学位培养特点、符合专业学位培养目标需求的课程设置体系和实践教学方案。二是部分专业学位类别的学制为两年，实践教学的时长难以实现《教育部关于做好全日制硕士专业学位研究生培养工作的若干意见》（教研〔2009〕1号）中"应届本科毕业生的实践教学时间原则上不少于1年"的要求。三是实践教学的内容与职业需求脱节，动态调整的灵活性不足，实践教学特别是校内实践教学过程中，以理论教学为主，淡化课程实用性的情况依旧存在。

三、专业学位研究生实践教学改革具体措施研究

（一）加强"双师型"导师队伍建设

"双师型"导师是指同时具备"教师资格"和"职业资格"的教师，他们是教育教学能力和职业经验兼备的复合型人才，在全日制专业学位研究生培养中发挥着非常重要的作用。全日制硕士专业学位研究生指导教师队伍建设，既要切实发挥校外

实践导师的作用，又要逐步优化校内指导教师队伍的能力结构。"双师型"导师队伍建设首先要充分利用好现有校内导师，建立和完善校内导师培训机制，为校内导师提供到企业实践、交流的机会和平台，增加导师的实践经验，提升其职业技能指导能力。其次，要建立完善校外实践导师的选拔评聘和退出机制，明确导师的职责，保障导师的权益，定期对校外导师进行理论培训和指导，切实提高校外导师的教学指导能力。再次，要分类改革研究生导师的考核评价标准，强调对专业学位研究生导师实践教学能力的考核，适当降低科研学术成果的考核。只有调整了研究生导师的考核评价标准，才能引导专业学位研究生导师将研究生培养重心从学术能力培养转变为职业能力培养。

（二）提高实践基地建设的水平和层次

组织研究生到实践基地进行实践教学，使学生在真实的职业环境中实现理论知识与应用能力的有效结合，是短时间内有效提高研究生职业技能和实践能力的重要途径。提高实践基地的建设水平和层次，首先要修订完善专业学位研究生实践基地管理办法，从制度上规范实践基地的设立、管理与考核，保障实践基地建设的投入，将实践基地对专业学位研究生实践能力的培养落到实处。第二，整合校内资源，完善校内实验室和实训基地的建设，通过建立仿真实验室、实训平台、微格教室、案例教学中心等，为校内实践教学提供平台。第三，探索校外实践基地建设新模式，找准企业与高校之间的利益契合点，建立用人单位参与全日制专业学位研究生培养方案、培养计划制订，参与培养质量评价的协同育人模式。

（三）推进实践教学模式的多样化发展

实践教学是相对于理论教学，旨在帮助学生获得实践经验、掌握专业技能，从职业需求出发设计的多种教学活动的总称，其教学模式应该包括实验教学、案例教学、见习、实习等多种模式。推进实践教学模式的多样化发展，第一要大力加强专业学位研究生案例教学，以案例为基础，将理论与实践紧密结合，引导学生发现问题、分析问题、解决问题，促进教学与实践有机融合。加强案例教学一方面要重视案例编写，注重理论与实际相结合，开发和形成一批高质量教学案例；另一方面要积极开展案例教学培训和交流，帮助导师熟练掌握案例教学的特点、要求和教学方法，提高导师案例教学的能力和水平。第二要深化校企合作，将企业行业优秀者请进来，主动适应企业对人才的需求变化。探索校企联合培养项目，学校根据企业对人才的需求，基于专业学位研究生培养目标，制订适合特定专业领域的人才培养计划；定期邀请行业专家、企业管理者、优秀员工等到学校开展专题讲座，开设实践指导课程，以请进来的方式，为专业学位研究生提供更多了解行业情况的机会，为其进入企业进行专业实践做好准备。

四、专业学位研究生实践教学质量保障体系建设

（一）目标体系建设

调整全日制专业学位研究生培养方案，根据企业、行业对人才的需求，建立以职业需求为导向，以实践能力培养为重点的培养方案。制订科学的实践教学计划，结合学校实际和行业需求，分专业领域，有针对性地制订各具特色的实践教学计划，实现学校人才培养标准和职业资格需求的有效衔接。

（二）教学体系建设

建立和完善校内实践教学和校外实践相结合的实践教学体系。校内实践教学以必要的理论教学为手段，以提高实践能力为目标，注重理论对实践的指导作用，着重培养研究生运用理论知识解决实际问题的能力。校内实践教学既要重视课堂实践教学，又要重视校内实训基地实践教学，为研究生的校外实践提供必要的补充并使其做好充分的准备。校外实践是提高全日制专业学位研究生实践能力和职业技能必不可少的环节，可以让研究生在真实的职业环境中迅速提升实践能力和职业素养。校内实践教学和校外实践应该紧密结合，互为补充，形成完善的实践教学体系。

（三）考核体系建设

提高实践教学的质量离不开考核评价体系的建立。构建全日制专业学位研究生实践教学考核体系首先需要明确考核标准。标准的建立应从实践教学的目标出发，即通过实践教学学生是否获得了必要的实践经验，其实践能力和职业技能是否得到了有效提升。科学的考核不是终端考核，而应该是全过程的考核，需要对实践教学课程设置、内容设置、过程管理、实践报告等进行全方位的考核，并建立相应的调整完善机制。

参考文献

［1］李伟.实践范式转换与实践教学改革［M］.北京：教育科学出版社，2010.

［2］廖湘阳.全日制硕士专业学位研究生专业能力与职业技能协同培养研究［J］.研究生教育研究，2013（5）：74-79.

［3］姜松，刘晗，黄庆华.全日制专业硕士学位研究生实践教学问题及其应对机制［J］.教育教学论坛，2016（18）：153-154.

［4］杜艳秋，李莞荷，王顶明.全日制专业学位研究生实践教学存在的问题与对策——基于专家访谈结果的实证分析［J］.研究生教育研究，2017（2）：69-74.

［5］刘扬，马永红.世界一流大学专业学位研究生培养模式研究——以三所香港高校为例［J］.研究生教育研究，2017（2）：81-88.

PART 4

质量监控与评价

POSTGRADUATE
EDUCATION

湖南省高校研究生教育满意度调查分析

——基于湖南省 23 个研究生培养单位调查数据 *

常思亮　　汤　红

（湖南师范大学）

摘　　要　本项目对湖南省 23 所研究生培养单位研究生教育满意度进行了调查，结果显示：研究生教育总体满意度偏高，其中导师满意度最高，课程满意度最低；不同背景特征研究生对总体及各维度的满意程度均有差异。通过回归分析中各维度对总体满意程度的影响发现：科研与课程的影响力较大，服务管理与人际关系的影响作用较小。综合来看，课程和科研是影响大但满意度低的因素，应给予重视。

关 键 词　研究生教育；满意度；影响因素

作者简介　常思亮，男，1962 年 5 月出生，湖南师范大学教育科学学院，教授、博士生导师、教育学博士。联系电话：13908416957；电子邮箱：1223508588@qq.com。

一、引言

　　自高校扩招与教育改革以来，研究生规模不断扩大，研究生教育也在我国高等教育中起着更加举足轻重的作用。但与此同时，研究生教育质量不断受到大众的质疑。在国家日益重视研究生教育质量的背景下，树立"以学生为中心"的教育理念，注重学生的感知体验是研究生教育质量评价和保障中很重要的一环。[1]美国是最早开始从学生的视角对教育质量进行评价的，而我国的学生满意度调查研究起步较晚。最早进行学生满意度调查的时间是 2001 年，由清华大学刘西教授在我国某著名大学组织进行。[2]之后自 2012 年起，学位与研究生教育杂志社联合北京理工大学研究生教育研究中心连续组织开展全国研究生满意度调查，并且不断改进调查设计，扩大调查样本，丰富调查方法。[3]在此基础上，针对湖南省 23 个研究生培养单位进行调查，以期了解湖南省研究生对研究生教育质量满意度的现状，获得研究生对研究生教育各个环节、各个方面的评价以及各方面对整体满意度的影响，发现研究生教育中存在的问题。

　　研究生教育质量取决于研究生培养单位所提供的课程、教学、科研训练、导师指导、管理服务和学生的人际关系等方面。对于以上各方面的满意度是研究生评价研究

* 本文受湖南省学位与研究生教育教改研究课题"湖南省学位与研究生教育质量研究"［JG2016A004］资助。

生教育质量的重要维度，为研究生教育质量评价提供新的视角与参考。

二、研究设计

（一）问卷设计与调研方法

本研究采用自编的"湖南省学位与研究生教育质量满意度调查问卷"。此次调查问卷分为两部分：第一部分为基本信息调查；第二部分为现状调查，包括课程、教学、指导教师、科学研究、管理服务、人际关系等 6 个维度。根据 Likert 的五级评分法，从"非常不满意""不太满意""一般""比较满意"到"非常不满意"依次计 1~5 分，得分越高表示满意度越高。问卷获得的数据采用 SPSS 21.0 软件进行处理与统计分析。

（二）问卷信效度分析

1. 问卷信度分析

在本次调查研究中，研究生从 6 个维度对研究生教育质量满意度进行评价，利用 SPSS 21.0 对各维度进行信度分析（见表1），得到问卷总体的 Cronbach's alpha=0.916，表明问卷具有良好的信度。（Cronbach's alpha 越高表明问卷的各维度的信度越高，说明该问卷具有较高的内在一致性，可靠性较强。）

表 1　调查问卷各维度及总体信度情况

维度	维度名称	Cronbach's alpha
维度 1	研究生对课程的满意度	0.897
维度 2	研究生对教学的满意度	0.942
维度 3	研究生对科研的满意度	0.726
维度 4	研究生对指导教师的满意度	0.879
维度 5	研究生对管理服务的满意度	0.925
维度 6	研究生对人际关系的满意度	0.892

2. 问卷效度分析

关于问卷的效度，本研究采用了验证性因子分析。得到 KMO 值 =0.943，在 0.01 水平显著，表明适合进行因子分析。主成分分析将问卷题目划分为上面 6 个维度，可以解释总变异量的 65.34%，且每道题在对应维度上的载荷值大于 0.6，说明该问卷有良好的效度。

（三）调查对象分布情况

本研究采用随机抽样的方式，针对湖南省 23 个研究生培养单位进行网络问卷调查。共收集问卷总数 10924 份，去除答题不完整、答题时间过短等情况的无效问卷，共收集筛选出有效问卷 9251 份，问卷有效率为 84.69%。在有效问卷的调查对象中，男生 3941 人（占 42.6%），女生为 5310 人（占 57.4%）；一年级 3626 人（占 39.2%），二年级 2563 人（占 27.7%），三年级 2923 人（占 31.6%），四年级及以上 139 人（占 1.5%）；硕士研究生 8890 人（占 96.1%），博士生 361 人（占 3.9%）；学术学位研究生 5689 人（占 61.5%），专业学位研究生 3562 人（占 38.5%）。

三、数据分析

（一）研究生对研究生教育总体满意度的基本情况

从研究生总体满意度来看，研究生对本专业研究生教育总体满意水平为 3.82，表明研究生对教育质量总体比较满意。不同背景下研究生满意程度有显著差异（见表 2）：在性别上，男生满意程度高于女生；在学历层次上，博士对研究生教育质量的满意水平显著高于硕士；在学位类型上，学术学位研究生的总体满意度高于专业学位研究生；在年级上，随着年级的上升总体满意度也呈现上升的趋势。

表 2　不同背景下研究生的总体满意水平

	性别		学历层次		学位类型		年级			
	男生	女生	博士	硕士	学术学位	专业学位	一年级	二年级	三年级	四年级及以上
满意程度	3.85	3.80	4.11	3.81	3.84	3.79	3.73	3.76	3.97	4.21

（二）研究生对各维度的满意情况

从各维度的满意度来看，由高到低排序为：导师 > 人际关系 > 教学 > 管理服务 > 科研 > 课程。由此可知，导师的满意度最高，课程的满意度最低，而且其中只有课程低于研究生教育质量总体满意度。

1. 课程满意度

高质量的教育源于高质量的课程。不能产生高质量的课程，研究不过是研究，除了分摊捉襟见肘的办学资源，分散宝贵的教学精力，对学生的正面作用很少。[4] 从表 3 可以看出，课程满意度是得分最低的维度，即表明研究生对课程的满意度比较低。其中，尤其是对课程体系的合理性、课程的前沿性的满意度最低。并且在课程作用上研究生认为课程在就业上对学生的帮助并不是很大，无法满足就业需求，因此研究生对课程的满意度较低。利用 SPSS 21.0 对不同背景研究生的课程满意度进行分析发现，在性别上 P>0.05，表明男生和女生对课程的满意度并没有显著差异；从学位类型看，学术型研究生的满意度与专业型研究生之间不存在显著差异（P>0.05）；在学历层次上，P<0.05，即博士研究生与硕士研究生对课程满意水平存在显著差异，博士生对课程的满意水平显著高于硕士生；在年级上，各年级之间对课程的满意水平存在显著差异，并且随着年级的上升课程满意度也上升。

2. 导师满意度

在所有维度中，研究生对导师指导的满意度最高，达到 4.48，超出了全国范围内统计的数据，由此可见研究生对导师指导比较满意。其中，学术型研究生对导师的满意度与专业型研究生没有显著差异（P>0.05）；在学历层次上，P<0.05，博士生对导师满意水平显著高于硕士研究生；在性别上，女生对导师的满意程度显著高于男生。从年级来看，一年级与三、四年级及以上的满意程度存在显著差异，二年级与三、四年级之间也存在显著差异。年级上的满意水平从高到低分别是：四年级及以上、三年级、一年级、二年级。

3. 科研满意度

研究生对科研的满意水平为 3.84，仅高于对课程的满意度。表明研究生对科研训练的满意度有待提升，高校要给研究生更多科研的训练和机会。男生和女生在科研满意度上存在显著差异，男生高于女生；在学位类型上，学术型研究生和专业型研究生之间存在显著差异，学术型研究生对科研的满意度高于专业型研究生；在学历层次上，P<0.05，博士生对科研的满意程度显著高于硕士生；在年级上，一、二年级对科研的满意度并无显著差异，但一、二年级分别与三年级、四年级及以上之间存在显著差异，并且随着年级上升科研的满意度上升。

4. 教学满意度

教学的满意水平达到 4.01，在满意度情况表中列第三。其中研究生对教师的实力和自身的素质满意度较高，但对教师教学设施的满意度较低。研究生对教学满意度方面，性别、学位类型并无显著差异，但在学历层次上存在显著差异，博士研究生显著高于硕士研究生。教学满意度随研究生年级上升而上升，年级之间满意度差异显著。

5. 管理服务满意度

管理服务作为研究生学习、研究和生活的外部条件，其满意度水平为 3.86。其中，研究生对住宿与食堂等方面满意度较低。性别、学位类型在管理服务满意度上均无显著差异，但在年级上，管理服务满意度与年级同步上升。

6. 人际关系满意度

人际关系的满意度较高，达到 4.32，仅次于导师满意度。表明研究生在学校对于与教师、同学的关系比较满意，能够较好地与之相处、沟通和交流，这也为研究生的学习和研究奠定了基础。（见表 3）

（三）研究生总体满意度的影响因素分析

本研究采用 SPSS 21.0 探究研究生总体满意度影响因素。在模型中将性别、学历层次、学位类型、年级、学科等作为控制变量，课程、教学、科研、导师、服务与管理、人际关系作为自变量，因变量为总体满意度。

1. 模型拟合优度及方差分析

表3 研究生对研究生教育各维度的满意度情况

	均值	标准差	方差
总体满意度	3.82	0.862	0.744
课程满意度	3.80	0.906	0.822
教学满意度	4.01	0.823	0.677
科研满意度	3.84	0.849	0.721
指导教师满意度	4.48	0.765	0.585
管理服务满意度	3.86	0.907	0.823
人际关系满意度	4.32	0.741	0.549

计算结果表明，模型的修正自由度的判定系数（调整 R 方）为 0.617，表明模型表示的回归关系能够解释因变量的变异，说明模型拟合良好。另外，方差显示 6 个模型均通过 F 检验，回归模型具有统计学意义。（见表 4）

表4 模型汇总

模型	R	R 方	调整 R 方	标准估计的误差	Durbin-Watson
1	0.786ᵃ	0.618	0.617	0.533	1.990

a. 因变量：总体满意度

2. 回归分析

根据表 5 可以得出研究生教育质量总体满意度与各维度的多元回归方程：

$y=0.181+0.277x_1+0.113x_2+0.325x_3+0.078x_4+0.109x_5+0.029x_6$

表5 回归分析

模型	非标准化系数		标准系数	t	Sig.	共线性统计量	
	B	标准误差	试用版			容差	VIF
（常量）	0.181	0.073		1.163	0.245		
课程	0.277	0.010	0.291	26.369	0.000	0.341	2.937
教学	0.113	0.012	0.107	9.138	0.000	0.299	3.340
科研	0.325	0.009	0.320	34.896	0.000	0.493	2.029
指导教师	0.078	0.010	0.069	7.554	0.000	0.496	2.016
管理服务	0.109	0.009	0.115	12.072	0.000	0.455	2.198
人际关系	0.029	0.011	0.024	2.585	0.005	0.461	2.169

由表 5 可知，控制个体特征后，6 个维度对研究生教育质量满意度均存在正向影响，而且科研、课程、教学、管理服务相较于导师、人际关系影响更大。将各维度影

响力由大到小排序为：科研＞课程＞教学＞管理服务＞导师＞人际关系。

根据上述结论，可知课程显著影响研究生教育总体满意度。课程是研究生教育的基础环节，研究生通过参加课程的学习获得知识与能力，因此课程的质量直接影响研究生对总体满意度评价。综合来看，在所有维度中，满意度最低但影响较大的是课程，由此可见，课程质量有待提高。

研究生与本科生最大的不同在于从事高水平的科研工作，通过参与科研训练提高综合能力。[5]而科研作为影响最大的因素，其满意度仅高于课程的满意度，值得重点关注。

教学不仅向学生传授专业知识技能、培养学生能力，同时也为学生的科学研究等奠定理论基础。其在影响大小中排第三，在满意度上也排第三。科研与研究生培养质量紧密相关，是研究生能力提高的关键。教学正向影响研究生教育满意度，其中影响力最高的是教学方法，它所蕴含的意义即研究生最注重教师的教学方法，但对教学方法的满意度并不高。

管理服务是一个满意度水平低影响作用也不大的自变量。结果显示，管理服务对研究生教育满意度呈正向影响。这说明与学术相关的因素更能影响研究生教育的满意度。管理服务中，研究生对学校的住宿、食堂等外部条件意见较大。外部环境是研究生进行学习和研究的基础，也影响着研究生对研究生教育总体满意度。

导师是满意水平最高而影响作用不高的自变量。调查结果显示，导师满意水平远超过总体满意的水平。而导师对研究生教育质量的满意水平影响作用虽然通过了1%的显著性检验，但影响系数却比较小，这或许和研究生教育的特殊性有关。在研究生的学习过程中，导师作为最主要的指导教师，在学生的科研学习中发挥着举足轻重的作用，对学生进行学术指导，关心热爱学生，使得研究生对导师的评价较高。

人际关系是又一个满意水平高但影响作用小的变量。在研究生对人际关系的满意度评价中，满意水平达到4.32，其中研究生对于与同伴、同学的关系最为满意。这结果符合研究生的心理特点。研究生更多的是选择与同学沟通、交流，因此对人际关系满意度最高。

四、结论与建议

1. 研究生对本专业研究生教育的总体满意度偏高。近年来研究生教育规模的不断扩大与结构的大力调整给我国研究生教育带来了种种问题，社会对研究生教育质量下滑的担忧也日益增加。[6]但调查结果显示，湖南省研究生对自己就读专业的研究生教育质量总体上还是比较认可的。

2. 课程显著影响研究生教育总体满意度，但课程满意水平最低。通过回归分析发现，课程相对于总体满意度而言是一个影响力大但满意度较低的变量，其中课程体系作为课程中影响最大的因素，满意度却最低。因此，课程体系的进一步深化与改革是提高研究生满意度应注意的方面。

3.科研作为影响研究生教育总体满意度的首要因素，也是研究生人才培养的重要环节，应当引起重视。研究生教育以科研与学习的紧密结合为基本特征，科研训练是研究生教育的基础环节。为更好实现培养目标，提高研究生教育质量满意度，要加强科研环境创造，提供更多的科研机会和科研条件。在我国，参与导师主持或参加的科研项目，是研究生接受科研训练的主要途径，研究生在此过程中体验科研过程，学习科研方法与规范，提升科研创新能力，同时可以获得一定的科研补贴。[7]这一举措不仅有利于培养目标的实现，也为研究生积极参加科研提供了环境。

4.在教学上，满意度与影响力都处于居中位置，改进教学方式、提升教学设备设施配置是提高研究生对教学满意度的重要方向。满意度调查结果表明教学维度中教学设备设施、教学方式满意度相对较低，一定程度上说明研究生并不满足于目前的教学方式。当前许多研究生课堂缺乏丰富性、多样性，一定程度上影响了研究生的满意度评价。研究生对教学教师、导师满意度较高，说明高校教师充分发挥了指导作用，并且与研究生建立了良好的师生关系。

5.不同背景特征的研究生在总体满意度及各环节满意度上存在显著差异。年级与研究生教育总体满意度呈正相关，各部分满意度也随着年级的上升而上升，但在导师满意度上，二年级的满意度最低。学历层次上学历越高，满意度越高。从学位类型上看，学术型研究生的总体满意度及六个维度满意度均高于专业型研究生。

根据调查数据分析得出的结论，提出相应建议：（1）进一步深化课程改革。研究生课程应该作为重要的改进部分，研究生对课程的满意度评价低，说明研究生课程改革未达到实际效果，应进一步落实贯彻课程改革。在课程体系上，降低必修课程的比重，注意公共课程的改革，进一步调整学科门类，要重视基础，拓宽知识面，设置交叉边缘学科的课程和综合性课程。[8]高校要为学生提供学科前沿课程或讲座，促进学生对于学科前沿性内容的掌握，为研究生进行学术研究奠定基础。（2）为研究生提供参与科研的机会。研究生对科研的满意度低，说明高校提供的科研训练机会不能满足研究生的需求，研究生未能在科研中获得锻炼与提升。高校应提供更多的科研训练、学术交流机会和科研支持，促使学生积极投入科研之中，培养学生综合能力，提升研究生培养质量。（3）优化教学内容与形式。教学过程中重视学生的主体地位，改善教学设施设备，创造良好的教学和学习环境，丰富教学形式。授课教师做好充分准备工作，讲课条理清晰，区别本科生与研究生的教学内容、教学方法，帮助学生构建合理、宽广的知识结构。教学内容与实践相结合，提高研究生就业竞争力。（4）重视专业学位研究生的培养。明确专业学位研究生的培养目的，根据本校的优点与特色制定专业学位研究生的培养方案，注重教学与实践结合，进行系统的实践训练。建立高校与企业联合培养模式，企业参与专业型人才培养，使人才培养满足社会发展需求。

参考文献

[1] 马永红，张乐，等.全日制专业学位研究生教育满意度的调查分析——基于部分全国重点高校应届毕业生的视角[J].高教探索，2015（12）：89-98.

[2] 何玲，徐延宇，周卫鹏.高校教育服务本科生研究生满意度差异研究[J].四川教育学院学报，2012（07）：1-5+13.

[3] 周文辉，黄欢，等.2017年我国研究生满意度调查[J].学位与研究生教育，2017（09）：41-47.

[4] 游志琴.在校硕士生对研究生教育的满意度研究——基于对S大学在校硕士生的调查[J].高等财经教育研究，2016（02）：25-32.

[5] 王铭，韩晓峰，等.我国研究生科研现状及满意度调查分析[J].研究生教育研究，2013（05）：6-9.

[6] 周文辉，王战军，等.我国研究生教育满意度调查——基于在读研究生的视角[J].学位与研究生教育，2012（12）：34-40.

[7] 杜红梅，王葵，等.高校研究生对研究生教育现状满意度的调查[J].重庆大学学报，2003（06）：161-163.

[8] 周文辉，王战军，等.2013年我国研究生满意度调查[J].学位与研究生教育，2013（10）：24-30.

专业学位硕士研究生教育质量问题分析及对策研究

何忠明

（长沙理工大学）

摘　要　近年来，随着我国研究生教育从学术型向应用型转变，专业学位硕士研究生的数量在整体研究生教育结构中占越来越大的比重。数量增长与质量提高是一对永恒的矛盾，如何做好专业学位硕士研究生教育，提高培养质量就成为一个重要的课题。本文以长沙理工大学交通运输工程专业学位硕士研究生作为研究对象，从学生和学校两个方面进行调研分析，在此基础上对影响我国专业学位硕士研究生教育质量问题的因素进行了探讨，提出了培养高质量专业学位硕士研究生的具体措施。

关 键 词　专业学位研究生；教育质量；培养方案

作者简介　何忠明，男，1980 年 5 月出生，长沙理工大学交通运输工程学院，博士后、教授。联系电话：13055178045；电子邮箱：hezhongming45@126.com。

一、引言

随着我国经济和科技的不断飞速发展，社会迫切需要大量的高层次应用型人才，专业学位硕士研究生就顺应时代而生。专业学位硕士研究生教育是我国研究生教育的重要组成部分，它是一种新型的教育模式，能够很好地将理论与实践结合，加强学校与社会的密切联系，从而有利于人才专门培养和社会的进步。大力发展专业学位硕士研究生教育不仅是经济社会发展的需要，也是学位与研究生教育改革的需要。

通过对《中国研究生教育研究进展报告》的查阅，了解到专业学位硕士研究生人数在整个研究生教育中的比重越来越大，数量急速增长的同时衍生出来一系列的负面问题，其中最重要的一点是质量达不到要求。[1]质量是教育的生命，是研究生教育可持续发展的根本。同时，保障研究生教育质量，对社会公众来说，有利于保证国家对高层次人才的需要，满足公众对专业学位研究生的期望；对高校而言，有利于不断完善高校的教育制度，提高高校的办学品质；对学生而言，有利于拓宽学生知识面，牢固学生的专业基础，培养学生的实践能力，使学生更好地完成学业，为科研事业奉献自己的力量。所以提高专业学位硕士研究生的教育质量已经时不我待。本文以长沙理工大学交通运输工程专业学位硕士研究生作为研究对象，通过问卷调查、走访等方式深度了解影响研究生教育质量的因素，并通过自身多年的教学和培养经验提出解决研究生教育质量问题的措施，期望能为提高我国专业学位硕士研究生教育质量做出一定贡献。

二、研究生教育高质量的体现

专业学位硕士研究生的高质量体现为以下几个方面：专业基础扎实，能力强，个人素质高。首先，高质量专业学位硕士研究生要具备一定的专业知识，没有扎实的理论体系作为支撑，实践操作是很难进行的。专业基础的学习不仅要把握住课堂45分钟，更要利用自己的课余时间学习相关软件，拓宽自己的知识面，夯实自己的专业基础。其次，注重专业学位硕士研究生的能力培养，主要从三个方面着手。一是分析问题解决问题的能力。二是实践能力。"纸上谈兵"式的理论学习方法在专业学位硕士研究生的培养过程中是要被否定的，没有良好的实践能力就凸显不出应用型人才的优势。最后，高尚的道德情操和正确的政治方向是高质量研究生的必要条件。

三、专业学位硕士研究生教育存在的质量问题分析

专业学位硕士研究生在培养过程中存在的质量问题可从社会、学校和个人三个方面进行分析。鉴于社会因素的复杂性，及其主要是对质量具有反馈作用，间接地影响学校和个人教育质量，所以本文主要从学生自身和学校两个方面来分析专业学位硕士研究生培养过程中出现的质量问题。[2]

（一）学生自身原因引起研究生教育问题

1.思想道德素质下滑

研究生教育是高等教育的最高层次，研究生是我国培养的高层次人才，将责无旁贷地担负起建设中国特色社会主义的历史重任，为实现中华民族伟大复兴而奋斗。研究生自身的思想素质不仅决定了个人未来所能达到的成就高度，而且对我国社会乃至整个国际社会的发展有着深远的影响。学生从小学时代就开始学习思想政治理论课程，已对马克思主义的基本观点有所了解，具有了一定的社会辨识力，但随着年龄及阅历的增长，在经济体制改革的大环境下，专业学位硕士研究生的思想会发生变化，出现金钱至上、追求自身利益的趋势。据调查分析，在义利观和个人与集体的关系上，专业学位硕士研究生表现出的功利性要比本科生强，道德境界滑坡更厉害一些。高级知识分子的思想道德素养下滑，会严重影响研究生培养质量。因此，专业学位硕士研究生的思想道德教育不能只走形式，要加强和完善研究生思想道德教育，为社会主义事业培养出优秀的建设者和可靠的接班人。

2.学习动机唯文凭论

专业学位硕士研究生的产生是因为社会分工的需要。专业学位硕士研究生的培养目标是为社会提供高质量的专业型人才，这必须经过严格而系统的训练才可以培养出来。但是，相当一部分学生选择读研并不是为了学习知识，提高自身能力，而仅仅是

为了拿到研究生文凭，好让自己找到工资高待遇好的工作。有的学生对学校的排课有意见，觉得专业学位研究生不需要学习太多理论知识，只需要学习实践操作。有的学生觉得自己交了昂贵的学费进行学习，还要浪费时间做一些无意义的实验和写论文，不合理，认为学校对他们过于严格，他们只不过想要得到一张文凭。学习动机不纯会使学生的学习热情降低，学习态度不端正，会找各种理由逃课、旷课，既影响老师的上课情绪，还会带动身边的同学消极对待研究生生活，直接导致专业学位硕士研究生教育质量的下降。

3. 课程学习不认真

专业学位硕士研究生不仅要有过硬的实践操作能力，也要有扎实的理论基础，课程学习是获取理论知识的最佳方式之一。学校提供给专业学位硕士研究生的学术交流机会很少，课堂学习为专业学位硕士研究生提供了学术交流的机会。而且有很多跨专业的学生，涉及许多本科未学过的专业知识，造成了跨专业学生对专业的不了解，从而产生一种抵触心理，不愿意花更多的时间去弥补自己的专业知识短板，使自己的基础理论知识不扎实。由于社会环境的影响，近年来，用人单位对专业学位硕士研究生的学业成绩并不太重视，更强调实践能力。用人单位的务实态度带来的反馈信息造成了学生对待学业不认真，学生想着考试能通过即可，对待课程知识的学习不认真、不积极，影响了专业学位硕士研究生的教育质量。

（二）学校原因引起研究生教育质量问题

1. 教材短缺，课程缺乏针对性

由于我校交通运输工程专业的自身特性，研究生阶段不统一发放教材，需要学生根据老师所讲的内容自行选择参考书籍。在调查中发现30%的学生上课前没有准备教材，只看老师做的多媒体教学内容，这严重降低了学生的听课质量。有的课程由于老师没有找到适合专业学位硕士研究生使用的教材，所以就选用了学术型硕士研究生用的教材。实际上两者是有区别的，选用同一本教材，会与专业学位硕士研究生的培养目标相违背。学术型硕士研究生的教材理论性强但是操作性差，缺乏对专业运行程序和状况的深入分析，不利于专业学位硕士研究生的学习和发展。

2. 师资队伍结构不够完善

专业学位硕士研究生在教育过程中强调实践为主，理论为辅，这是区别于学术型硕士学位教育的。根据专业学位研究生的培养目标，专业学位研究生的指导老师除了应有一定的学术水平，还要有丰富的实践经验。虽然长沙理工大学目前在教师中推行"博士化、国际化、工程（实践）化"建设，但是部分研究生指导老师在工程实践化方面还是有所欠缺。此外，对于专业学位硕士生的培养，除了有一名高校专职教师外，还应有一名来自专业第一线经验丰富的兼职老师，两者联合发挥各自的优势进行培养。虽然目前各高校都已提出"双导师"制度，但受到工作时间、制度等的影响，企

业导师往往只会象征性地出现在论文答辩会上，很难在培养过程中起到实质性作用。

四、保障专业学位硕士研究生质量的对策

（一）发挥学生主观能动性，促进教育质量稳步提升

我国的教育制度已经发生了变化，素质教育已成为我国教育中的重要部分之一。[3]有的人会疑惑专业硕士研究生不就是为国家培养专门的人才，只需进行专业教育，不需要浪费大量的时间进行素质教育。这是因为人们错误地将素质教育与知识教育等同。素质教育是一个很广泛的概念，它是指人在后天环境影响和实践训练中逐渐形成的相对稳定的基本品质。"打铁还需自身硬"，专业硕士研究生没有良好的道德品质和学习能力，是无法成为国家栋梁的。学生不能因为到了研究生阶段就对学习专业知识有所松懈，应该积极主动地参与到课程学习中。培养计划内的课程应该尽自己最大的努力完成，培养计划以外对自己专业有用的课程，也应该努力学习，以增强自身综合实力。此外，由于专业学位硕士研究生在校时间为两年半，相比学术型硕士研究生少半年，因此专业学位硕士研究生应合理安排好自己的时间，将科研和课程学习协调好，在提高理论知识的同时也要多参加科研活动，锻炼科研能力，提高创新意识。

（二）加强导师队伍建设

加强导师队伍建设，是提高研究生教育质量必不可少的，也是提高学校综合实力的重要一环。由于研究生规模扩大，导师队伍的增长速度远远比不上研究生规模扩大的步伐。所以，我们应该根据实际情况从以下几方面着手解决导师队伍建设问题，以保证专业学位研究生的培养质量。[4]第一，导师应该明白自己肩上的责任。导师是研究生学习阶段的领航人，是他们的指路明灯。导师应该与时俱进，跟上时代的步伐，加强自身修养，不断加强自身学习，积极参加工程实践化项目，为国家为社会培养高质量的专业学位硕士研究生。第二，积极培养青年导师是研究生教育可持续发展的保证。随着一批老导师退休，导师不足的困境凸显，有些专业不得不返聘老教授，但这种做法并不能解决问题。所以说，要提高研究生的教育质量，青年导师的培养不容忽视，但不能盲目扩张，要做到宁缺毋滥，注重质量，保证青年导师在数量和质量上协调发展。

（三）厘清专业学位硕士研究生的教育定位

社会调查结果表明，社会急需专业型人才和专业学位硕士研究生教育滞后之间的矛盾，不可回避的就是如何平衡专业学位中的学术和实践问题。[5]因此，在着重发展学术型硕士学位研究生教育的同时，也要注重专业学位硕士研究生的教育，明确专业学位硕士研究生教育的目的，是为社会培养实践型、应用型人才。国家要做好长远

规划，逐渐加大对专业学位硕士研究生的投入，缩小其与学术学位硕士研究生的教育差距。专业学位硕士研究生应在实践中坚持学术理想，在培养过程中注重发展素质和能力。正确的专业学位硕士研究生教育定位，有利于满足社会发展对研究生专业性和创新性的要求。

五、结束语

专业学位硕士研究生的培养质量是一个发展的概念，要继续推进研究生教育教学改革，才能跟上时代的步伐。特别是在专业学位硕士研究生快速发展的现阶段，重视研究生的发展质量尤为重要。研究生的培养质量是研究生教育的生命线，是研究生可持续发展的内在动力，我们必须进一步强化质量意识，在积极扩大研究生规模的同时，更加注重质量的提高。本文分析了影响专业学位硕士研究生培养质量的问题，提出了一些应对策略，期待对专业学位硕士研究生质量的提高有所帮助，能够有效解决专业学位硕士研究生质量问题，为社会发展和经济建设培养出更多优秀的专业学位硕士研究生。

参考文献

[1]中国学位与研究生教育学会进展报告编写组.中国研究生教育研究进展报告（2014）［M］.北京：中国科学技术出版社，2015.

[2]杨玉，邹凡.我国专业学位研究生教育质量面临的困境及对策研究［J］.滁州学院学报，2015，17（3）：80-82.

[3]别敦荣，陶学文.我国专业学位研究生教育质量保障体系的反思与创新［J］.高等教育研究，2009（3）：42-48.

[4]郭德侠.导师的自我反思与研究生培养质量的提高［J］.学位与研究生教育，2006（4）：18-22.

[5]余艳琴.我国专业学位研究生教育的发展方式及定位分析［J］.亚太教育，2016（11）：83.

中国舞蹈学硕士研究生教育质量调查分析 *

王光辉　李星星

（湖南师范大学）

摘　要　本调查分析报告主要以中国艺术研究院、北京舞蹈学院、中央民族大学等五所高校的舞蹈学研究生为研究对象，通过问卷调查的形式对其教育质量进行分析。研究结果表明，中国舞蹈学研究生在招生录取、学习培养、就业工作等方面存在一些问题，如招生考试制度不合理、培养模式有缺陷、课程设置不完善、培养环节松散等。为此提出以下应对措施：改革研究生的招生考试制度，调整舞蹈学研究生的培养模式，优化课程设置，推行双导师或导师指导小组制度，严格执行培养方案，改革经费管理办法，加大研究生教育和高校科研投入，引导研究生树立正确的就业观，等等。希望通过这一系列措施来提高我国舞蹈学研究生教育质量。

关 键 词　舞蹈学研究生；教育质量；调查

作者简介　王光辉，男，1976 年 6 月出生，舞蹈学博士、副教授，湖南师范大学音乐学院实践中心主任、舞蹈系副主任，主要研究舞蹈教育与表演。联系电话：13908461618；电子邮箱：626130638@qq.com。李星星，女，湖南师范大学音乐学院硕士研究生，主要研究舞蹈编导。

　　研究生教育不仅是未来优秀人才成长的基石，也是一个国家和地区繁荣富强的保障，其教育质量的好坏对学校办学实力的增强、学科方向的凝练、学科结构的调整、学校特色的展现、社会贡献能力的提高等方面都具有重要意义。[1] 随着我国舞蹈学研究生教育规模的迅速扩大，学科教育建设和人才培养虽有了显著发展，但同时也显露了不少弊端，如师资力量薄弱、教学设施落后等。这一系列问题的出现，逐步引起高等教育领域的关注和重视。[2] 因此，加强我国舞蹈学研究生教育的质量意识和对研究生教育质量的管理变得更为紧迫，这也是我国舞蹈学研究生教育改革发展的当务之急。本文通过对中国艺术研究院、北京舞蹈学院、中央民族大学、首都师范大学、上海师范大学等五所高校进行调研，通过定性定量研究，对中国舞蹈学研究生教育质量的现状进行深入分析，并对这一专业领域的发展与改革提出一些思考与建议。

* 本文为 2015 年湖南省学位与研究生教育教学改革研究项目（项目编号：JG2015B039）和 2015 年湖南师范大学学位与研究生教育教学改革研究项目（项目编号：1250207WGH）研究成果。本文已在《北京舞蹈学院学报》2017 年第 5 期发表。

一、研究方法

本研究以中国艺术研究院、北京舞蹈学院、中央民族大学、首都师范大学、上海师范大学等五所学校的舞蹈学研究生为重点调查对象，采用问卷调查与数据统计相结合的方法，收集相关主体对各项问题的认识与评价。通过对舞蹈学研究生的招生录取、学习培养、就业工作等问题展开调查，来分析我国舞蹈学研究生教育环节中存在的不足，并找出提高舞蹈学研究生教育质量的可行性对策与措施。[3]

（一）调查对象

本研究以五所高校的舞蹈学研究生为调查对象，采用了随机抽样的方法，共发放问卷200份，回收161份，问卷回收率为80.5%，其中有效问卷为140份。调查对象中，男生占23.6%，女生占76.4%；20~25岁年龄段的人数占51.4%，26~30岁年龄段占33.6%，31~35岁年龄段占10.7%，35岁以上年龄段占4.3%。研究生之前经历中，应届本科生占40%，有工作经历的在职人员占44.3%，未就业的往届毕业生占15.7%；本科所读专业与硕士所读专业一致者占68.6%，不一致者占31.4%。

（二）调查问卷

本研究调查问卷共分三个部分，即基本情况、基本问题以及就业工作环节。其中基本情况指调查对象的一些背景信息，如研究生之前专业、学历等；基本问题分为招生录取与学习培养两大板块，如报考研究生的主要原因、培养计划、课程的选择等；就业工作环节分析调查对象对就业的看法与设想，如毕业后的打算、未来从事工作的类型等。[4]

（三）分析方法

本研究采取Python软件对问卷数据进行统计分析。

二、调查结果分析

在研究生教育系统中，培养方式、教学条件、科研项目、导师选取、个人态度等诸多因素都影响着研究生教育质量。在舞蹈学领域中，也是一样。在舞蹈学研究生培养的过程中，存在着招生录取、学习培养、就业指导等多个环节。在提高舞蹈学研究生教育质量的措施上，我们应从全局出发，把握整体，构建完善的质量保证体系。与此同时，也应该注重个体的差异，因材施教，培养研究生的独立性与创造性。[5]

（一）招生录取情况分析

招生录取是研究生教育的首要环节，对这一情况进行调查分析，有利于了解学生的报考动机和对专业学习的要求，从而建立更加完善的制度体系。

1.报考研究生的主要原因

（1）数据统计情况

如图 1 所示，61.4% 的人因为热爱舞蹈专业，希望继续深造；13.6% 的人是受学校办学水平、声誉、师资的吸引；12.9% 的人是因为本科毕业不易找到理想工作；11.4% 的人是因为对原来职业不满意，想提高自己的社会地位，改善经济条件；0.7% 的人是因为其他原因。

（2）数据情况分析

大部分人是因为热爱舞蹈专业而选择报考，并且这一因素超过了其他因素的总和，这部分学生有潜力成为未来舞蹈事业的继承者和发展者。因为就业、师资、经济条件等方面因素报考的也不少，这也从侧面说明了当前就业形势比较严峻、学生对理想职业的追求。依据这些因素，我们应根据学生的报考动机与内在需求制订出与之相符的培养与学习计划，激发他们的学习兴趣，并在学习过程中不断端正他们的学习态度，塑造良好的学习环境和氛围。

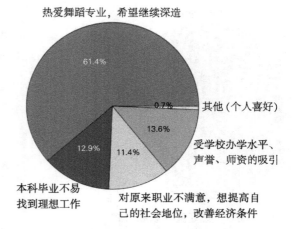

图 1　您报考研究生的主要原因

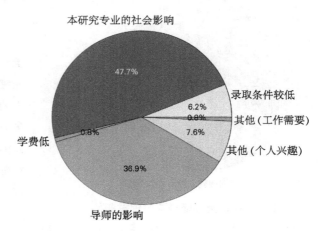

图 2　您选择现研究专业的主要动机

2. **选择现研究专业的主要动机**

（1）数据统计情况

如图 2 所示，47.7% 的人是因为本研究专业的社会影响；36.9% 的人受到导师的影响而选择现研究专业；还有一部分人是因为个人兴趣、录取条件、工作需要等而选择该专业。

（2）数据情况分析

专业的社会影响与导师影响是学生选择舞蹈专业的两个最主要的动机，此外，也有不少人是源于对舞蹈的兴趣与热爱。从以上可分析出，加强学校的师资力量、完善

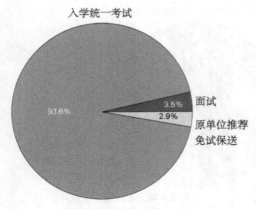

图3　您研究生录取方式

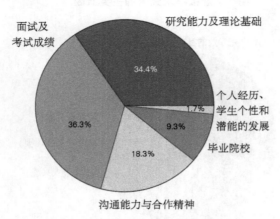

图4　您认为导师录取的侧重条件

各学校这一专业的学科体系、逐步提升舞蹈专业的社会影响力是保证舞蹈学专业生源的重要举措。

3. 研究生的录取方式

（1）数据统计情况

从全国来看，大部分高校对研究生的录取都是通过入学考试的成绩来评定的，舞蹈专业的研究生也是如此。如图3，93.6%的人是通过入学统一考试被录取；3.5%的人是通过面试被录取；2.9%的人是通过原单位推荐免试保送被录取。

（2）数据情况分析

绝大部分的学生是通过入学统一考试而被录取。因此，规范与完善入学统一考试的选拔机制尤为重要。不断完善考试机制，从考生多方面因素来进行考核，不错失富有潜力的人才，对于在某方面具有特殊才能的学生放宽条件录取，等等，都是当前硕士生入学统一考试制度制定所需要研究与考虑的重要问题。

4. 导师录取的侧重条件

（1）数据统计情况

如图4，认为导师录取的侧重条件为面试及考试成绩的占36.3%，认为研究能力及理论基础重要的占34.4%，认为沟通能力与合作精神重要的占18.3%，认为毕业院校重要的占9.3%，认为个人经历及学生个性和潜能的发展重要的占1.7%。

（2）数据情况分析

依据以上数据统计情况可得出，导师看重的录取条件依次是：面试及考试成绩、研究能力及理论基础、沟通能力与合作精神、毕业院校、个人经历和学生个性与潜能的发展。有鉴于此，除了考试及面试成绩外，导师最为重视学生的研究能力及理论基础，其次对学生的沟通能力与合作精神等其他因素也会给予一定的考虑。因此，对学生而言，应提升自己各方面的素质与能力，为进入研究生的学习阶段做好充分的准备。

5. 录取条件或入学考试内容评价

（1）数据统计情况

如图 5，64.3% 的人认为难度适中；25.7% 的人认为偏难；5.7% 的人认为太难；4.3% 的人认为简单。

（2）数据情况分析

对于难易程度，超过半数以上的人认为难度适中，较少数认为"太难"或"简单"。各大高校录取条件与考试内容从考生的实际出发，兼顾考生的整体水平，根据自己的招生需求制定相应的考核标准是入学考试中始终要认真把握的方面。

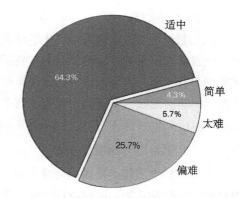

图 5　您对录取条件或入学考试内容的评价

6. 研究生学费标准

（1）数据统计情况

如图 6，调查表明，从学费金额上来看，大部分人每年学费为两万；从支付方式上来看，一半以上的人为个人支付，另有将近 40% 的人为国家支付；从学费评价上来看，41.4% 的人认为偏贵，35.7% 的人认为适中，21.4% 的人认为太贵；从奖学金上来看，超过 80% 的人没有奖学金。

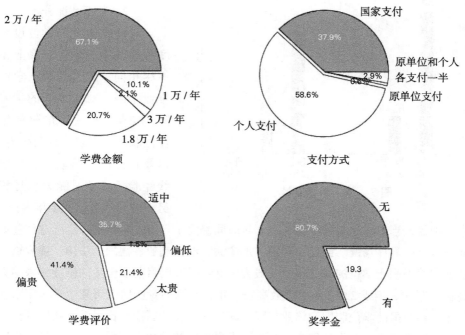

图 6　您的学费情况

（2）数据情况分析

依据数据得出，大部分研究生的学费都是个人支付，大多数学生认为学费偏贵，奖学金覆盖范围偏窄。这可能会影响我国大多数家庭尤其是农村家庭及其子女对高等教育的享有权利，人为造成我国居民高等教育消费上的不公平。因此，为了保障研究生对学习精力的投入，深化学费制度改革是教育部门须考虑的一个重要问题。如可考虑加大对研究生的经济支持，并对参与科研的研究生提供足够的津贴等措施。

（二）学习培养情况分析

研究生的学习培养是提高研究生培养质量的重要环节，在舞蹈学研究生的学习培养过程中，教学方法、课程设置、科研项目、实验条件等因素都十分重要。从实际角度出发，探究舞蹈学研究生培养质量的深层次问题以及对教育机制进行深入彻底的改革变得十分迫切。

1. 研究生学习年限

（1）数据统计情况

如图7所示，82.1%的研究生学习年限为3年，17.9%的研究生学习年限为2年；认为理想年限为2年的占57.7%，3年的占36.5%，1年与4年的各占2.9%。依据数据统计得出，大部分研究生的学习年限为3年，但是一半以上的人认为理想年限为2年。

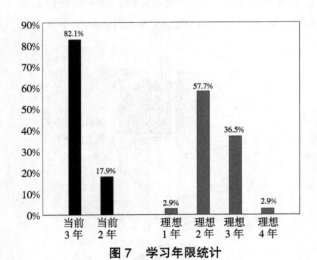

图7　学习年限统计

（2）数据情况分析

研究生教育的学位设置制度各国基本相同，但修业年限不尽相同，尤其是硕士学位的修业年限。对比国外的学习年限，如美国研究生的修业年限往往取决于所攻读的具体专业，以及自己的学习能力、社会实践经验等。学习能力强且相对努力的同学可以在1年内修完1年半的项目，当然，也有同学需要用2年时间修完1年或1年半的项目，这往往取决于同学自己的具体情况。此外，英国、加拿大、澳大利亚、德国、法国、俄罗斯、日本、韩国等国硕士学位的修业年限一般为1~2年。我国目前硕士生的修业年限绝大部分高校控制在3年或2.5~3年，少数高校2年，而舞蹈专业硕士研究生学习年限主要为3年。将我国的学位制度和修业年限与国外一些发达国家对比来看，我国硕士生的修业年限与世界上一些发达国家不一致。世界上一些发达国家主要将硕士学位作为一种过渡性的学位，而我国则将硕士学位作为一级独立学位，要求标准较高。从以上数据调查中得出的"一半以上的人认为理想年限为 2 年"这样一个结果来看，我国舞蹈硕士研究生的修业年限还可对比国外的情况，并结合我国的具体国情进行进一步的论证研究，可以根据学生的具体情况和需要来适当调整。

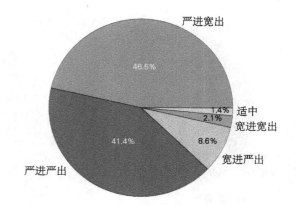

图 8　您认为现行研究生培养模式为

2. 现行研究生培养模式

（1）数据统计情况

由图 8 可知，对于舞蹈学研究生的培养，约 46.5% 的人认为是严进宽出，约 41.4% 的人认为是严进严出，约 8.6% 的人认为是宽进严出，约 2.1% 的人认为是宽进宽出，约 1.4% 的人认为是适中。

（2）数据情况分析

大部分学生（八成以上）认为应"严进"。对是"严出"还是"宽出"则各有争论。我国的研究生培养一直是"严进宽出"，在这种培养模式之下，很多研究生便有一劳永逸的思想，往往放松自我要求，没有将主要的时间和精力放在学习上，甚至是混文凭。同时，在"严进宽出"的模式下，高校也有可能放松对教育质量的要求，盲目扩招，也呈现出诸多的弊端，比如研究生难觅导师踪影，或者成了导师的廉价劳动力。"宽进严出"是国外高等教育招生、培养的主流模式，美国就是高等教育"宽进严出"的典型代表。然而，"宽进严出"应该更多地考虑到具体国情，从教育经济学的角度来看，"宽进严出"往往会使教育的投入与产出之间出现不平衡。再看"宽进宽出"，据日常观察与调查分析，"宽进"的学生，入学后学习缺乏积极性，很少有潜心钻研学术的学生，论文质量普遍较低。从实际来看，教育部门应对研究生"进"与"出"的模式进行进一步的分析、调查与论证，以确立更为合理的"进出"机制来提高教学管理质量，优化人才培养。本文认为，各高校应坚持"严进严出"，并在不同情况下作出适时调整，应该把握好进口关，挑选出精英。

3. 课程内容安排

（1）数据统计情况

如图 9，研究生培养计划中所学课程内容以学院根据各专业统一安排为主占一半，根据专业特色和需要自行选择占 29.3%，导师安排为主占 18.6%，导师指导组安排为主占 2.1%。

（2）数据情况分析

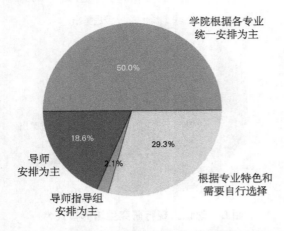

图 9　您研究生培养计划中所学课程内容是

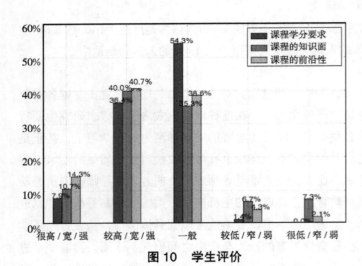

图 10　学生评价

目前研究生培养计划中的课程设置呈现出几种主要模式，其中根据各专业统一安排的课程为主要部分，辅之以根据专业特色和需要自行选择的课程、导师或导师组安排的课程。针对多种模块的课程设置，对其课程内容安排应根据各方面的因素进行综合管理，对如何实现各类型课程之间协调与有效的配合，如何制定出符合人才培养与发展的最佳方案，如何实现课程内容的最优化等都要做进一步的思考与研究。

4. 研究生课程评价

（1）数据统计情况

如图 10，从课程学分要求上来看，7.9% 的人认为很高，36.4% 的人认为较高，超过一半的人认为一般，1.4% 的人认为较低；从课程的知识面来看，10.7% 的人认为很宽，40.0% 的

人认为较宽，35.3% 的人认为一般，6.7% 的人认为较窄，7.3% 的人认为很窄；从课程的前沿性上看，14.3% 的人认为很强，40.7% 的人认为较强，38.6% 的人认为一般，4.3% 的人认为较弱，2.1% 的人认为很弱。

（2）数据情况分析

从以上统计情况来看，课程学分要求、课程的知识面、课程的前沿性这三个方面，还有待调整和改进。

5. 舞蹈学硕士课程调查

（1）数据统计情况

由图 11 可知，45.7% 的人认为方法类课程更重要，20.7% 的人认为理论类课程更重要，20% 的人认为技能类课程更重要，7.9% 的人认为合作类课程更重要，还有少部

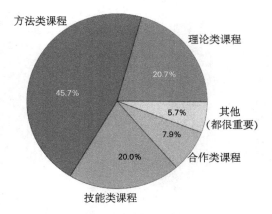

图 11 您认为对于舞蹈学硕士而言，相比之下哪些课程更重要

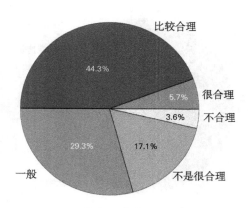

图 12 您认为所学必修课与选修课的比例

分人认为都很重要。

（2）数据情况分析

对舞蹈学硕士而言，在培养方案的制定上，着重于方法类课程、理论类课程、技能类课程的同时，应协调其他各类课程，并根据学生实际需要开展各类课程的学习。

6. 必修课与选修课比例

（1）数据统计情况

如图 12 所示，将近一半的人认为比较合理，将近 30% 的人认为一般，17.1% 的人认为不是很合理，极少数人认为很合理或不合理。同时，如图 13 所示，大部分人认为应加大选修课的比例。

（2）数据情况分析

从以上数据可分析得出，必修课与选修课安排得是否合理对研究生的学习十分重要，在合理安排必修课的同时，适当提高选修课的比例有利于学生满足自己的实际学习需要，促进他们多方面发展。

7. 是否开设舞蹈专业技术的选修课程

（1）数据统计情况

如图 14，在调查对象中，65% 的人所在的专业开设了舞蹈专业技术选修课程，35% 的人所在的专业没有开设舞蹈专业技术选修课程。

（2）数据情况分析

在调研的人中，超过半数的人所在专业开设了舞蹈专业技术的选修课程。

8. 增加专项以外舞蹈专业技术课程的原因

（1）数据统计情况

如图 15，64.3% 的人认为有必要增加专项以外舞蹈专业技术课程的原因是个人全面发展的需要，19.3% 的人认为是社会的需要，15.7% 的人认为是择业的需要，0.7%

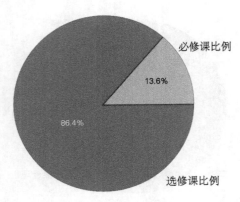

图 13 您认为应该加强

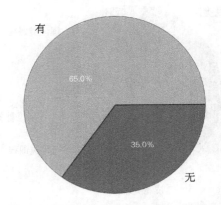

图 14 您所在专业是否开设舞蹈专业
技术选修课程

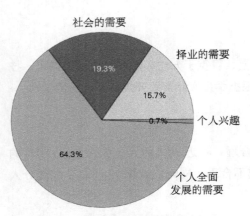

图 15 您认为有必要增加专项以外
舞蹈专业技术课程的原因是

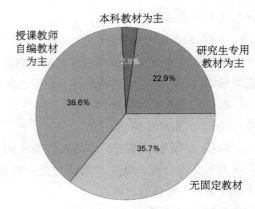

图 16 您在研究生学习期间教材的使用情况

的人认为是个人兴趣。

（2）数据情况分析

大部分研究生认为有必要增加专项以外舞蹈专业技术课程的原因是个人全面发展的需要，还有小部分人认为是社会或者择业的需要。因此，我们应增加专项以外舞蹈专业技术课程，用以促进学生的全面发展，为社会、为国家培养栋梁之才。

9. 教材使用情况

（1）数据调查情况

如图 16，38.6% 的人以授课教师自编教材为主，35.7% 的人无固定教材，22.9% 的人以研究生专用教材为主，还有极少部分人以本科教材为主。

（2）数据情况分析

在对研究生教材的使用上，应制订详细的教材使用计划，针对研究生各个阶段的学习来进行调整。

10. 本专业采用的教学方法

（1）数据统计情况

如图 17，51.4% 的人认为其所在专业的研究生课程普遍采用的教学方法是讲授式，28.6% 的人认为是理论与实践相结合，16.4% 的人认为是启发式，3.6% 的人认为是发表或讨论式。

（2）数据情况分析

超过一半的研究生课程采用的教学方法是讲授式，其他依次是理论与实践相结合、启发式、发表或讨论式。分析可知，研究生课程的教学方法有待改进，在以讲授为主的同时，应结合其他方法来推进研究生的课程学习，尤其是舞蹈专业，教师应注重理论与实践相结合，在言传身教的过程中不断启发学生，加强师生之间的学术交流。

11. 研究生与本科的课程内容重复性

（1）数据统计情况

由图 18 分析可知，47.9% 的人认为研究生课程内容安排与本科所学内容重复较少，有将近 40% 的人认为重复较多。

（2）数据情况分析

47.9% 的人认为研究生课程内容安排与本科所学内容重复较少，这说明研究生的课程学习进入到了一个新的高度，是在本科学习内容基础上的升华；但是，也有将近40% 的人认为重复较多，这也反映出现有课程学习的弊端，学生不能在新的阶段获取更新的知识，这阻碍了学生在研究生这一阶段该有的发展，我们应做出适当调整。

12. 研究生课程的学习收获

（1）数据统计情况

如图 19 所示，通过研究生课程学习，42.9% 的人认为收获较大，30.0% 的人认为

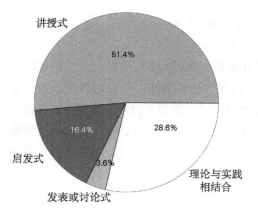

图 17 您所在专业的研究生课程普遍采用的教学方法是

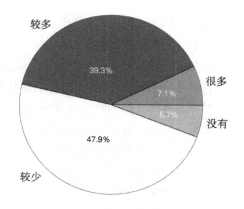

图 18 您目前研究生课程内容与您本科所学课程内容的重复性

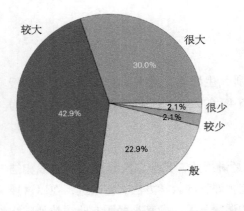

图 19　通过研究生课程的学习，您的收获

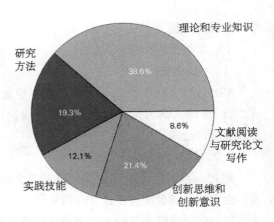

图 20　若有收获，主要体现在

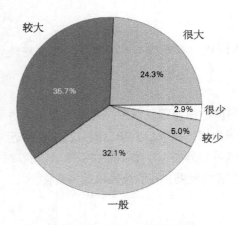

图 21　对论文、研究的帮助

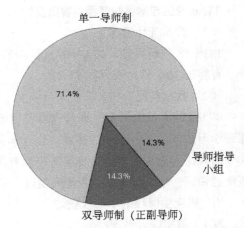

图 22　在研究生期间，您接受的指导方式是

收获很大，22.9% 的人认为收获一般，认为较少或很少的各占 2.1%。

（2）数据情况分析

如图 20、图 21 所示，大部分人认为通过研究生课程的学习收获较大，主要体现在理论和专业知识、创新思维和创新意识、研究方法等方面，并且对课题研究、论文撰写帮助较大。但同时，也能发现其中存在的问题，研究生课程的学习不够有针对性，导致一部分人收获一般，并且对论文、研究的帮助不大。因此，我们应根据学生的不同特点制订不同的课程学习计划，做到因材施教，并根据时代发展的要求，积极培养学生的创新意识。

13. 导师指导方式

（1）数据统计情况

如图 22，71.4% 的人为单一导师制，在剩下的部分中，双导师制与导师指导小组各占一半。

（2）数据情况分析

从对以上数据的分析可得出，在未来的导师指导方式上，应尝试多种模式，也可结合学生的意愿来进行分配。

14. 与导师讨论交流的频率

（1）数据统计情况

如图 23，34.7% 的人与导师讨论学位论文及相关研究工作的频率为每周一次，30.6% 的人为每月一次，15.3% 的人为每两周一次，11.1% 的人很少交流，8.3% 的人为每两个月一次。

（2）数据情况分析

总体而言，研究生与导师之间的交流较少，然而，导师在研究生培养期间具有重要作用，所以，想要提高研究生教育质量，必须加强导师和研究生之间的交流。

15. 参与课题的机会

（1）数据统计情况

如图 24，32.9% 的人认为导师提供参与课题的机会比较多，23.6% 的人认为一般，22.1% 的人认为很多，15.7% 的人认为比较少，5.7% 的人认为没有。

（2）数据情况分析

以上数据表明，导师为研究生提供的参与课题的机会还是比较多的，只有少部分人机会比较少或没有。针对这种情况，导师应注意兼顾不同学习能力的学生，多给予研究生参与课题的机会，并对其悉心指导，逐渐提升其能力。

16. 参与国内外学术交流或实践活动的机会

（1）数据统计情况

如图 25，研究生认为导师为其提供参与国内外学术交流或实践活动的机会比较多

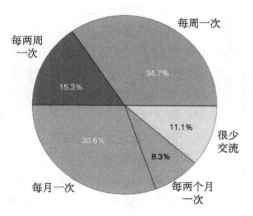

图 23　您的导师与您讨论学位论文
　　　　及相关研究工作的频率大约是

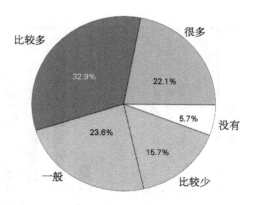

图 24　导师为您提供参与课题的机会

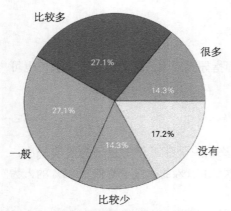

**图 25　导师为您提供参与国内外
学术交流或实践活动的机会**

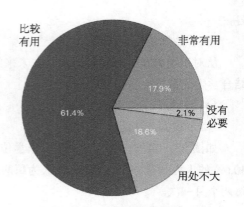

**图 26　您对培养方案中发表学术论文的
要求有何看法**

或一般的各占 27.1%，14.3% 的研究生认为很多，但是，高达 31.4% 的人认为比较少和
没有。

（2）数据情况分析

以上数据表明，在未来的培养计划中，导师应更加重视带领研究生参与学术交流
与实践活动。

17. 论文发表

（1）数据统计情况

图 26 表明，超过一半的人认为在培养方案中发表学术论文比较有用，也有少部
分人认为非常有用或用处不大，只有极少数人认为没有必要。图 27 表明，52.9% 的人
认为发表两篇学术论文比较合适，22.1% 的人认为发表一篇比较合适，也有 8.6% 的人
认为不需要。

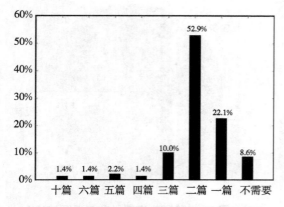

**图 27　您认为所在专业要求发表几篇
学术论文比较合适**

（2）数据情况分析

以上数据统计情况说明，在
研究生培养过程中，要注重端正
研究生的学习态度，不应只是完
成任务，而应高质量、高标准完
成科研。

18. 学位论文选题来源

（1）数据统计情况

如图 28，40.7% 的人学位论
文的选题来源是本人教学经验和
工作经历，22.1% 的人为本人的科
研课题，17.9% 的人为导师的科研

课题，11.4% 的人为老师的教学内容，7.9% 的人为社会的需要。

（2）数据情况分析

由调查数据可得，研究生学位论文选题来源的占比从大到小依次是：本人教学经验和工作经历、本人的科研课题、导师的科研课题、老师的教学内容、社会的需要。由此可见，硕士学位论文选题的来源呈现多元化趋势。

19. 论文选题所遇到的困难

（1）数据统计情况

如图 29，46.4% 的人认为主要困难是理论根底不足，31.4% 的人认为主要是选题角度难定，20% 的人认为主要是选题来源匮乏，2.2% 的人认为主要是同学间选题雷同。

（2）数据情况分析

46.4% 的人认为主要困难是理论根底不足，这对舞蹈专业的学生来说是一个普遍现象，这也为我们日后理论课程计划的制订提供了重要依据。另外还有一部分人认为选题角度难定或选题来源匮乏，这也说明在学习过程中应进一步拓展个人思维与研究领域。

20. 完成学位论文所遇到的困难

（1）数据统计情况

如图 30，研究生认为在完成学位论文过程中遇到的主要困难从大到小排列依次是：自身知识基础和科研能力的制约（占 49.6%）、研究时间不足（占 28.0%）、研究经费不足及实践条件差（占 20.3%）、导师指导不充分（占 2.1%）。

（2）数据情况分析

依据以上数据统计情况，我们应针对问题制定出改进措施，例如对有价值的研究增加科研经费投入，并适当延长研究时间等，为学生顺利完成论文提供支撑。

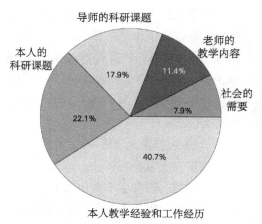

图 28　您学位论文的选题来源是

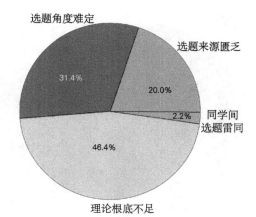

图 29　您论文选题的过程中所遇到的
　　　　主要困难是

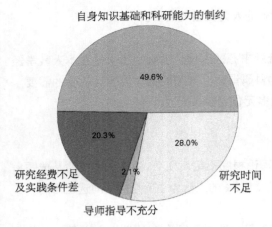

图 30 您在完成学位论文过程中遇到的
主要困难是

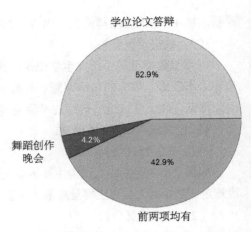

图 31 您的研究生毕业考核形式是

21. 毕业考核形式

（1）数据统计情况

如图 31，舞蹈专业研究生的毕业考核形式分为三种，其中学位论文答辩占 52.9%，既有学位论文答辩又有舞蹈创作晚会的占 42.9%，只有舞蹈创作晚会的占 4.2%。

（2）数据情况分析

依据数据统计可知，目前舞蹈专业研究生的毕业考核方式以论文答辩为主，有的学校既有论文答辩又有舞蹈创作晚会，极少数只有舞蹈创作晚会，这些都要结合学生所学的具体的专业方向来看。总的来看，目前对论文答辩还是比较重视。

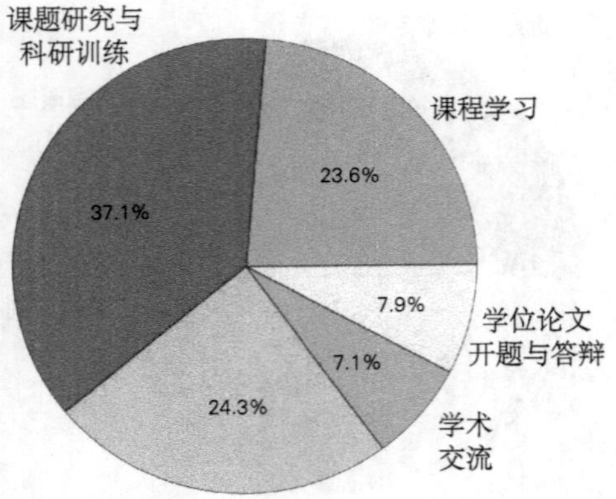

22. 培养环节中的收获

（1）数据统计情况

如图 32，研究生认为在培养环节中的收获占比依次是：课题研究与科研训练（占 37.1%）、实践能力培养（占 24.3%）、课程学习（占 23.6%）、学位论文开题与答辩（占 7.9%）、学术交流（占 7.1%）。

（2）数据情况分析

依据以上数据可得出，课题研究与科研训练仍是研究生培养中最为重视的部分，也是学生认为收获最大的部分，同时实践能力的培养与课程学习也分别占了较大的比重。因此，如何协调各部

图 32 您认为研究生培养环节中收获
较大的是

分的关系，提高学生的科研与实践水平等都是值得关注与思考的问题。

23. 培养环节的重视程度

（1）数据统计情况

如图33，对课程学习很重视的占41%，比较重视的占40%，一般的占18%，不重视的占1%，很不重视和无此环节的占0%；对课题研究与科研训练很重视的占39%，比较重视的占40%，一般的占18%，不重视的占1%，很不重视的占1%，无此环节的占1%；对实践能力培养很重视的占51%，比较重视的占24%，一般的占21%，不重视的占2%，很不重视和无此环节的各占1%；对学术交流很重视的占41%，比较重视的占40%，一般的占18%，不重视的占1%，很不重视的占0%，无此环节的占0%；对学位论文开题与答辩很重视的占39%，比较重视的占40%，一般的占18%，不重视的占1%，很不重视的占1%，无此环节的占1%。

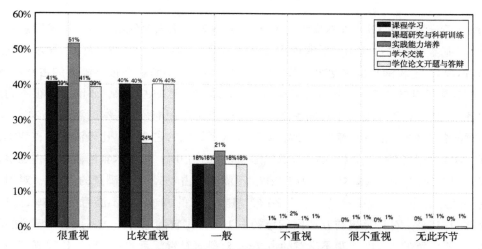

图33 您认为导师重视哪些培养环节

（2）数据情况分析

分析调查结果可知，在课程学习上，大部分人认为导师对这一环节很重视或比较重视；在课题研究与科研训练上，只有极少数人认为导师不重视或无此环节；在实践能力培养上，超过半数的人认为导师对此环节很重视；在学术交流上，大部分人选择很重视和比较重视；在学位论文开题与答辩上，也只有极少数人认为导师不重视。

24. 对在校学习生活的评价

（1）数据统计情况

如图34，图表中的11项，从左至右排列依次是课程内容、教学方法、导师的指导水平、教学效果、教学设备、管理水平、学术氛围、图书资料、计算机与互联网、科研经费、生活水平。对课程内容满意的占35%，比较满意的占28%，基本满意的占

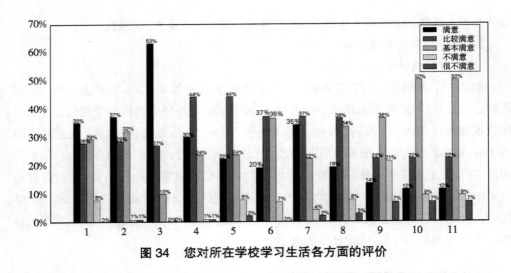

图34　您对所在学校学习生活各方面的评价

29%，不满意的占 8%，很不满意的占 0%；对教学方法满意的占 37%，比较满意的占
29%，基本满意的占 32%，不满意的占 1%，很不满意的占 1%；对导师指导水平满意
的占 63%，比较满意的占 27%，基本满意的占 10%，不满意和很不满意的占 0%；对
教学效果满意的占 30%，比较满意的占 44%，基本满意的占 24%，不满意和很不满意
的各占 1%；对教学设备满意的占 22%，比较满意的占 44%，基本满意的占 24%，不
满意的各占 8%，很不满意的占 2%；对管理水平满意的占 20%，比较满意的占 37%，
基本满意的占 36%，不满意的占 7%，很不满意的占 0%；对学术氛围满意的占 35%，
比较满意的占 37%，基本满意的占 22%，不满意的占 4%，很不满意的占 2%；对图书
资料满意的占 19%，比较满意的占 36%，基本满意的占 34%，不满意的占 8%，很不
满意的占 3%；对计算机与互联网满意的占 14%，比较满意的占 22%，基本满意的占
36%，不满意的占 21%，很不满意的占 7%；对科研经费满意的占 12%，比较满意的占
22%，基本满意的占 50%，不满意的占 9%，很不满意的占 7%；对生活水平满意的占
12%，比较满意的占 22%，基本满意的占 50%，不满意的占 9%，很不满意的占 7%。

（2）数据情况分析

对课程内容、教学方法、导师的指导水平、教学效果、教学设备、管理水平、学
术氛围、图书资料、计算机与互联网、科研经费、生活水平这 11 个方面进行大致分
析，除了计算机与互联网、科研经费和生活水平这 3 个方面满意程度较低以外，大部
分研究生对其他方面的满意度还是较高的。因此，对计算机与互联网、科研经费和生
活水平方面的问题进行解决和改进是当务之急。

25.培养环节中应加强的能力

（1）数据统计情况

如图35，研究生认为在培养环节中还需加强的能力占比由高到低依次为：国际视

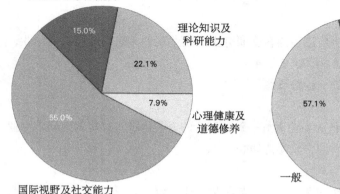

图35　您认为在研究生培养环节中
　　　　还需加强的是

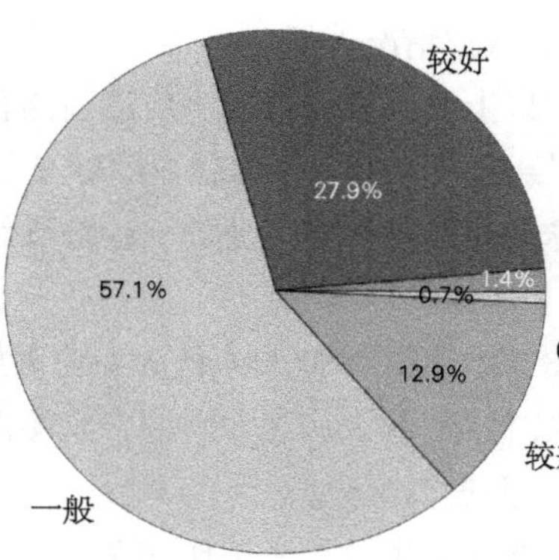

图36　您认为所学专业近年来毕业生的
　　　　就业情况

野及社交能力（占55.0%）、理论知识及科研能力（占22.1%）、专业知识及实践能力（占15.0%）、心理健康及道德修养（占7.9%）。

（2）数据情况分析

依据以上数据可得出，学校应根据学生的实际需求落实好各项培养环节，并注意适当调节各种能力的占比。

（三）就业工作分析

我国当前就业形势严峻，就业任务艰巨。就舞蹈专业来说，就业单位受限是造成就业难的一个重要因素；另外，毕业人数多，行业人才饱和也是因素之一。在工作的选择上，大部分舞蹈专业生都会选择从事舞蹈教师这一职业，也有不少人选择其他行业，或者自主创业、继续深造等。与此同时，毕业生的择业也更加趋于理性化，他们会根据实际情况，调整个人的期望值，从而找到适合自己的单位，实现双赢。

1. 毕业生就业情况

（1）数据统计情况

如图36，57.1%的研究生认为所学专业近年来毕业生的就业情况一般，27.9%的人认为较好，12.9%的人认为较差，极少部分人认为很好或不了解。

（2）数据情况分析

从以上数据可得出，大部分研究生对当前的就业形势不太乐观，如何解决就业形势紧张问题，如何解决研究生培养与社会实际需求脱节，如何提高研究生素质，如何培养研究生的就业观，等等，都是目前我国研究生教育亟待解决的问题。

2. 未来从事工作类型

（1）数据统计情况

如图37，根据调查数据可知，高达72.1%的在校生对未来从事工作类型的选择是高校教师，其他依次是科研人员、编导、管理人员及其他。

（2）数据情况分析

依据以上数据统计情况，应该适当转变研究生的就业观念，鼓励他们自主创业，并在学习期间夯实基础，为就业做好充分准备。

3. 未来工作与所学专业的一致性设想

（1）数据统计情况

如图38，超过半数的人认为专业最好一致，20%的人不强求，15%的人要求专业必须一致，1.4%的人认为无所谓，只要待遇好。

（2）数据情况分析

大多数研究生对未来工作的期望是能够与所学专业一致。如何解决研究生培养与社会实际需求脱节，如何提高研究生素质，如何培养研究生的就业观，等等，都是目前我国研究生教育亟待解决的问题。

4. 所从事职业与培养方向的符合程度

（1）数据统计情况

如图39，35.7%的人认为现在所从事的职业与其培养方向很符合，33.7%的人认为符合，26.5%的人认为一般，还有4.1%的人认为不符合。

（2）数据情况分析

这些数据表明，大多数人所从事的职业与培养方向的符合程度较高，有利于其专业才能在职场上高度发挥。

5. 毕业后是否攻读博士学位

（1）数据统计情况

如图40，37.1%的人选择先工作，以后看情况再选择；22.9%的人选择先工作，

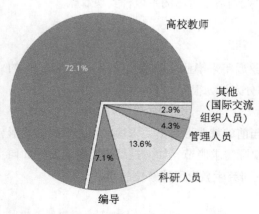

图37 您是在校生，您对未来从事工作类型的设想是

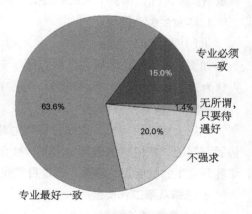

图38 您是在校生，您对未来工作与所学专业的一致性设想是

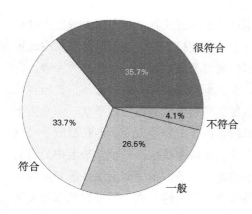

图 39　如果您已经工作，现在所从事的
　　　　职业和您的培养方向相比

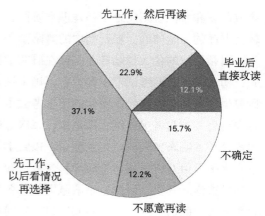

图 40　毕业后，您是否打算攻读博士学位

然后再读；15.7% 的人不确定；12.1% 的人选择毕业后直接攻读；还有 12.2% 的人不愿意再读。

（2）数据情况分析

依据以上数据统计，选择毕业后直接攻读博士学位的只占少部分，多数是选择先工作。做好升学与就业指导，指导学生根据自身特点制定自我发展规划是目前研究生培养需要关注的重要一环。

三、问题与对策

在本次调查研究中，虽然受访群体的范围和数量以及问卷形式的设置对数据采集和宏观研究而言有一定的局限性，但问卷内容的设计是根据受访群体的特殊性而制定，并真实有效。因此，对我国舞蹈学研究生教育质量的实证研究来说，该调查结果的数据分析仍具有重要的参考价值和意义。本文对调查结果进行了立体的全面分析，并对目前所存在的隐患和问题进行了一些思考。通过对各项问题的分析，以学科发展的整体观对各类问题加以归纳总结，并尝试针对所显现的问题提出相应的建议和解决方案。

据各调查项的数据分析得出，目前我国舞蹈学研究生教育培养主要存在以下隐患和问题：招生考试制度和规则不严谨，培养目标不明确，专业方向设定及培养模式不清晰，课程设置不系统，师资质量有待提升等。为了稳固提升中国舞蹈学研究生的全面素质和质量，以及完善培养模式和机制，系统地进行招生和教学，本文根据目前的教育培养现状尝试提出以下应对措施。

（一）完善招生制度和规则

据调查研究，愈来愈多高校新增成为舞蹈学研究生招生点，而研究生招生方案、录取制度和考试规则还处于初建摸索阶段，相对其他发展成熟学科在很大程度上缺乏较为严谨的招生体制。撇开新增的舞蹈学研究生招生院校不谈，在全国范围内占领带头、引领地位的各大舞蹈专业院校在研究生招生制度及录取方案上也须更为完善。首先，初试及复试的考试范围和内容不确定性较大。据调查结果分析，尤其是经历多次研究生考试的考生反映，每年的招生考试虽然简章所列考试科目主题不变，但是由于各项科目并未为考生提供大致范围，每次考试内容由于差异性太大，各科目所设考试内容分科不明晰，知识点相互混杂，以致学生无法适应考试规则，也无法发挥自身的正常水平。由此将导致考生对学科专业认知不清晰，大范围猜题而无法系统复习等一系列后遗症。其次，研究生录取原则须具备科学性和固定性。这一项规则的制定关系着所有考生的命运。当然，不同院校、不同专业方向的培养方案及培养目标不同，录取原则自然有所差异，但根据各院校的培养特点来制定合理、科学的录取原则，将有利于在众多考生中选取最适合该校或某一研究方向的学生。研究生录取原则应是在设置研究生培养点时就要思考并确定的项目。当然一旦确立便不宜轻易改动。完善、严谨的招生制度对于研究生招生工作来说十分重要，院校、部门以及所有参与招生工作的老师都应重视和认真对待。

（二）树立明确的培养目标，设置系统的课程体系

研究生的培养是建立在本科培养之上的连续性培养阶段，所以研究生培养方案应与本科生培养形成一个延续性和进阶性的衔接关系。而对于以舞台实践为主的舞蹈学科来说，本科阶段的舞蹈学科建设大多偏重于实践训练。舞蹈理论课程在本科专业设置中虽有，但并不占据重要位置。由此可见，舞蹈学研究生培养应是建立在本科实践与基础理论之上更高层次和更深层次的培养。而这里所说的更高层次和更深层次并非指舞者肢体语言的高难度技巧表达。由于舞蹈学科的特殊性，我们认识到舞者最珍贵的身体训练阶段并非研究生培养阶段，那么要达到更高层次和更深层次的培养必定是从舞者的思维认知、文化知觉、独立思考、理论研究能力、艺术创造能力等各方面进行培养和挖掘。如此，培养目标定位清晰，那么招生制度、课程设置等其他环节将围绕这一核心目标而逐渐明晰完善。

首先，从宏观的学科专业建设层面来谈。大多数舞蹈专业院校的研究生培养学科分类明确，但是课程往往是以选课制的方式进行，在没有得到合理正确引导的前提之下，学生大多盲目混杂选择，最终导致的结果是学习课程与导师研究方向不相符，所选课程过多，消化不良或半途而废。

其次，从微观的个人专业方向层面来谈。由于每个导师所研究的领域有所差异，从招生到培养都应严格与导师研究方向相应。而目前大多数高校中导师研究方向与各自研究生培养目标和方案形成了错位或不协调的对接模式。如前所述，研究生的课程设置大多采用选课制，而大多数研究生导师也未为各自研究生设置一套符合培养目标

的训练课程，导致学生在研究生学习过程中对自身研究方向模糊，专业能力杂散，学科认知不清晰，甚至毕业论文与自身专业方向无关的不良后果。

明确培养目标是研究生教育的核心。树立清晰的培养目标，确定可行的方案，才能依据预设的成果设置一整套完整、系统的训练培养方案，也才能根据培养目标来判断其他环节设置得正确与否，形成一个清晰的价值体系判断系统。在当前培养目标模糊的研究生培养体制之下，研究生培养的质量将无法达到同类学科的培养高度及水平，也无法满足社会对舞蹈学研究生人才的需求。

（三）导师人选严格把控，师资水平不断加强

目前国内舞蹈学研究生导师大多是以个人职称为依据来进行评选。而大多数高校，尤其是新设置舞蹈学研究生培养点的学校在评选研究生导师时的条件相对较宽松。据数据研究得出，部分研究生导师自身的学术研究水平和能力还无法达到真正的研究生导师的层次和高度，由此而培养出的学生其素质和能力自然较低，缺乏较强的社会竞争力。研究生导师的评定在很大程度上决定了学生自身的能力和水平。所以，研究生导师的评选除了硬性的职称标准之外，还应综合个人的专项学术研究、学术成果、个人学习和研究履历等各方面进行评定。严格的教师把关是培养未来舞者和学者工作顺利开展的保障，亦是对国家文化建设的有力支持。

当然，研究生导师亦是在大量的学生培养和教学中增长经验的。学生的学习过程同样是导师的学习过程，是导师与学生共同成长的过程。但是，时代的进步、学术的进步代表着不变则退。学术研究和学术观点是在否定、推翻、重建的过程中不断变化的，尤其是舞蹈这门创新性艺术，更是在不断演变和发展。所以，导师的学术能力和培养水平也要在时代的更新中不断加强、更新。定期的研究生导师培训、学习、进修能为导师们输入最新的学术研究信息，拓展导师的研究视野和研究能力，紧跟时代的步伐，拉近与世界的距离。

（四）择优录取，全面培养

每年参与舞蹈学研究生考试的考生成千上万，研究生考试虽然尽可能全方位考查考生的综合能力和专业素质，但最终被录取的学生也不乏在专业领域的某些方面是有所缺失的。所以，导师在招生考试，尤其是面试时应根据自身学术研究需要，全面考查学生的专业水平，达到真正的择优录取。当然，能够进入研究生学习阶段的考生自然相较于其他未被录取的考生有其长处。虽然如此，人无完人，再优质的学生也必定有其弱项。所以，进入研究生阶段的学生应该正确认识自己的长短处，查漏补缺，并发挥自己的专业优势，在导师的帮助引领下发挥双向互动作用，达到整体专业素质的全面提升。

（五）加强学习积极性，树立正确的学术态度和学习目标

　　每年一次在全国范围内展开的舞蹈学研究生招生考试，报考人数如千军万马，竞争相当激烈，能在考试中脱颖而出的考生都历经了"千般磨难"才最终获得成功。进入真正的研究生学习阶段时，学生的身体和心理通常会出现一种懈怠状态。由于考试期间过度用力，以至于成功进入到新的学习阶段便出现了松懈、懒散现象。除此之外，大多数研究生在本科阶段通常是在老师的严格指导和教育下才获得一定成绩，进入研究生相对宽松、自由的学习环境时，便无法定义自身的学习目标了。研究生学习阶段是一个相对较短的学习过程，如果无法尽快适应学习环境，确立学习目标，树立正确的学术态度，三年时间将一无所获。所以，进入到研究生学习阶段的学生在学习过程中一定要加强自身的学习积极性，培养自身的学习能力，端正学术态度，制定合理的学习目标，与导师相互沟通，双向努力。只有这样才能真正实现研究生培养目的，为自身适应社会需求打下坚实的基础。

参考文献

[1] 王碧云，陈国平，邱均平. 硕士研究生教育质量调查分析——对全国43所高校硕士生的调查 [J]. 教育与现代化，2010（1）：78-83.

[2] 赵世奎，李汉邦，沈文钦. 北京市属高校硕士研究生教育质量调查分析 [J]. 高等工程教育研究，2013（6）：153-157.

[3] 袁本涛，延建林. 我国研究生创新能力现状及其影响因素分析——基于三次研究生教育质量调查的结果 [J]. 北京大学教育评论，2009，7（2）：12-20.

[4] 袁本涛，赵伟，王孙禺. 我国研究生教育质量现状的调查与研究 [J]. 高等工程教育研究，2007（4）：105-110.

[5] 刘焱，许放. 研究生教育质量影响因素实证研究——以河北五所高校为例 [J]. 学位与研究生教育，2012（6）：55-57.

PART 5

思想政治与
心理健康教育

POSTGRADUATE
EDUCATION

校园"网红"培育与研究生网络思想政治教育新途径*

陈丽荣

（湖南师范大学）

摘　要　随着移动互联网和自媒体的发展，"网红"已成为互联网空间里高度活跃的群体，对高校研究生的思想观念和行为方式产生了重大影响。研究生思想政治工作需要积极适应时代变化，吸收"网红"思维特征和传播经验，因势而新，因势利导，培育一批校园正能量"网红"队伍，充分发挥"网红"资源的建设性作用，打造"网红"传播阵地，熔铸"网红"文化，注重"网红"舆论引导，探索新途径，促进自媒体时代大学生思想政治工作的创新发展。

关 键 词　校园"网红"；研究生；思想政治教育；途径

作者简介　陈丽荣，女，1977 年 5 月出生，湖南师范大学学工部网络教育办公室主任，马克思主义学院在读博士。联系电话：15874089395；电子邮箱：554514547 @ qq.com。

2016 年 12 月，习近平总书记在全国高校思想政治工作会议上指出：做好高校思想政治工作，要因事而化、因时而进、因势而新，要提升思想政治教育亲和力和针对性，满足学生成长发展需求和期待。[1]审视"网红"现象对青年大学生思想的影响，借鉴社会"网红"的形式培育专属高校的校园"网红"，发挥校园"网红"的榜样激励和示范引领作用，引导研究生树立正确的人生理想和价值目标，增强高校思政工作的实效性，是"网红"时代思政工作的创新之举。

"网红"是网络时代下自媒体快速发展的产物，自媒体的全民参与化、自我话语权等加剧了价值观多元化的趋势。在多样化的选择面前，思维活跃、好奇心强的青年研究生极易产生思想困惑和价值选择的迷茫。而仅仅依靠传统上以灌输为特色的思想政治教育则显得苍白无力，需要高校结合当前研究生的思想特点，汲取社会"网红"群体拓展影响力的方法和经验，创新思政工作的形式和载体，因势利导，采取生动形象、学生喜闻乐见的自媒体语言风格，将社会主义核心价值观在内容上具体化，在形式上生活化，在传播上大众化。

---

* 本文受2017年湖南省高校思想政治教育研究课题"校园'网红'培育与大学生网络思想政治教育研究"资助。

一、"网红"的本质与特征

"网红"是网络红人的简称，是 20 世纪末互联网兴起之初就已经萌芽但直到网络发展到自媒体时代方才真正引发全社会关注的一种社会现象。其发展演化与网络的演进相伴相随，经历了以文字吸引关注的"文字网红"时代，以图文博取眼球的"图文网红"时代，再到现今依靠网络视频直播的"播客网红"时代。[2]近些年来，伴随着以微博微信为代表的自媒体迅猛发展，自媒体时代的"网红"影响力也达到前所未有的程度。"网红"就其本质而言与传统明星不同，他们不是通过大众媒体的造星模式自上而下地成名，而是基于社交平台自下而上火起来的。相关学者将"网红"本质归纳为以个性化的网络内容生产来塑造极具传播力与影响力的网络形象。

在自媒体的推波助澜下，"网红"现象渐成社会热点，其发展势头方兴未艾，影响力也前所未见。这些在网络舞台上得到关注、受到追捧的"网红"群体，归结起来具有以下共同特征。

第一，个性化。互联网的扁平化必然使得个性突出者受到推崇。在人人都是麦克风的时代，平庸无奇的大众声音往往容易被湮没在网络信息的海洋里。相反，那些个性突出者更容易凸显出来而成为"网红"。在互联网的光环下，追捧者被"圈粉"，"网红"们被推至舞台中央成为焦点，接受网民们的围观、吐槽。如凤姐、芙蓉姐姐、papi 酱等均以其明显的个性化特点而受到网民的关注。个性化如同一条线，连接了网民与"网红"。个性化特征迎合了网民张扬自我个性，用另类的方式表达自己情绪的诉求。

第二，娱乐化。互联网的草根特征为其娱乐化倾向提供了基础。再加上资本的推波助澜，"网红"往往沦为娱乐的"附庸品"。一些"网红"通过视频直播，或分享化妆视频教程，或直播无关痛痒的无聊时刻，或用照片展现平时的生活，为人们在平淡的碎片化生活里，营造轻松的娱乐氛围。

第三，社交化。"网红"是依赖于社交平台发展起来的，其信息的传播具有从众和倍增效应。由于网络信息量大面广，一般网民不可能熟悉所有领域，从而容易形成以社交群落为主体的网络信息接受的从众效应，而每个人都有自己的社交群，一传十，十传百，短时间内就能引发舆论热潮，"网红"正是借此得以迅速扩大影响。

第四，移动化。移动互联网的发展促成了手机端、PC 端的"跨屏传播"，使得内容分享更加便捷和广泛。

二、"网红"对大学生的影响

在关注"网红"的人群中，25 岁以下网民占比 86% 以上。高校研究生作为这个年龄群体的重要组成部分，"网红"对他们的影响力不容小视。"网红"现象证明了普通人通过展示个人特长而实现自我价值这个路径的可行性，多元的氛围促进当代学生现代意识的形成。正能量"网红"体现出社会责任与担当，在网络空间发挥着传导正气、振奋精神、沟通情感和滋润心灵的积极作用。"最美乡村教师""最美医生"等系列人物成为高校研究生学习的榜样，符合社会价值导向的成功事迹和高尚行为给社会带来了"真善美"的正能量，为研究生做出了良好的示范，他们高尚的道德品质和积极向上的形象使学生在心理上产生强烈的认同感，并主动学习和效仿他们，激励自己成长。

与此同时，负能量"网红"的消极影响也不可小觑。研究生的价值观正处于发展的关键期，"网红"在网络上进行的自我呈现，构筑起的令人艳羡追捧的"精彩"世界，通常是过度包装设计后的"伪日常"，在人人都是表演者的"网红"浪潮下，青年学生极易迷失在"网红"建构出的精致生活方式中，从而助长了虚荣的风气。同时，许多"网红"为了博眼球，不惜满足受众的低级趣味来求得关注，向青年学生传递了许多负面和不健康的价值观。

三、培育校园正能量"网红"，创新思想政治教育途径

习近平总书记在 2014 年 5 月与北京大学师生座谈时指出："青年的价值取向决定了未来整个社会的价值取向，而青年又处在价值观形成和确立的时期，抓好这一时期的价值观养成十分重要。"[3] 因此，在"网红"时代，有必要通过借鉴社会"网红"的运作形式，从校园"网红"团队建设、校园"网红"传播阵地建设、校园"网红"思想政治教育活动建设、利用校园"网红"的榜样作用加强网络舆情建设、开发校园"网红"文化产品等五个方面，创新研究生思政工作，引导青年学生树立正确的价值观。

（一）培育"网红"队伍，树立网上正能量榜样

加强思想政治教育工作队伍建设，培养优秀的教师、辅导员、学生工作者、学生干部成为校园"网红"，建立一支校园"网红"师生队伍。校园专属的师生"网红"必须是拥有正确价值取向，能够在生活、学习、工作或其他方面起到模范榜样作用的人。同时要有鲜明的个人风格，具有品牌效应和受众黏性。

校园师生"网红"团队要有固定的人员，并完善运行机制。要立足于"内容为王"的生产机制，在符合社会主义核心价值观的要求下，寻求独辟蹊径和展现个性。要善于驾驭多平台联动的传播造势策略，将校园"网红"的特长风格与校园的传播渠道有机结合。提高校园师生"网红"主体自身的能力和素质，师生"网红"主体也应结合自身特点，运用校园交互平台，扩大自身的影响力和传播力，保证团队曝光度和曝光频率，运用各类网络热点事件进行延伸，在师生中保持黏性和连接，发挥校园"网红"自身的榜样效应，引导青年大学生追求科学人生理想和正确价值目标。用校园"网红"的成长经历、励志故事形成贴近大学生实际的个性创意，通过宣传运作、

团队协同，助推校园"网红"成长，充分发挥校园"网红"群体的凝聚力和影响力。

（二）建设"网红"阵地，形成教育互动平台

网络思想教育运行离不开网络平台，自主搭建的校园"网红"阵地是开展网络思想政治教育工作的新载体。自媒体是"网红"的主要传播媒介，微博、微信、腾讯QQ及网络直播平台等具有大众性、交互性强等特点，人人都有自己的流量入口，可以随时随地进行个性表达、自主运营、圈层传导。在实践中可充分使用这些空间和平台，教师"网红"网上授课，学生榜样"网红"讲述个人成长故事，辅导员"网红"网上答疑增强与学生之间的交流互动，等等，实时关注校园动态，引导和帮助青年学生树立积极向上的人生态度，增进同学、师生之间的情谊，以爱为桥梁和纽带，变被动为主动。

建设主旋律"红色"网站，如全国高校校园网站联盟、教育部中国大学生在线、易班网、南开大学觉悟网、湖南师范大学星网等校园网站；建设校园"网红"专题栏目，通过校园微信、微博推送"网红"专栏节目，在校园"网红"传播中发挥作用，形成多方平台互动、功能互补、协调发展的良好态势，有力推动校园"网红"的传播。

（三）开展网络活动，熔铸"网红"校园文化

发挥"网红"资源在大学生思政工作中的作用，要因势利导，使"网红"的内容输出符合党和国家的教育政策和社会主义人才培养的要求，自觉与社会主义核心价值观相衔接。高校通过积极开展网络思想政治教育活动，深化学生对社会主义核心价值观的认识，提高学生的社会主义认同感、荣誉感和归属感，熔铸特色"网红"文化。

借鉴"网红"的发展模式，网络教育活动也不再是枯燥空洞的说教，而是以活泼化、生动化、人格化的形式展现在受众面前，活动的开展深化了思想教育，思想教育也因活动的开展更加深入人心。在此过程中打造独具特色的集社交、娱乐、教育、时政为一体的"网红"文化。组织"我为社会主义核心价值观代言""向党说句心里话""学生原创红色微博评选"等活动，引导广大青年学生充分利用微博等新媒体，表达祝福，为党的发展建言献策，在活动中增进对党和国家的认识。

（四）发挥"网红"舆情引导，清朗网络舆论空间

青年学生在各个新媒体平台上呈现出互动性强、交往频率高等特点。每当新的舆论热点出现时，他们往往成为发表观点的最积极人群。从微博观点与主流观点的差异性，可以看出网络信息多样、多维度的特性使青年学生思想观念和价值观的冲突更加剧烈，价值观取向更加多元化。校园正能量"网红"以优秀品质和突出成绩展示良好形象，引起青年大学生的情感认同和心理共鸣，激励其学习效仿，从而实现思想引领和行为激励。

发挥"网红"的校园影响力和渗透力，及时对校园网络媒体上的正确言论予以支

持和肯定。对别有用心歪曲事实，影响校园和社会稳定的网络流言，第一时间作出回应和驳斥，增强和彰显校园舆论引导的针对性、时效性。校园"网红"通过微信、微博等网络媒体，利用网络的开放性与交互性强的特点，把校内外各方面热门话题，以"分享议题"的方式传播到各大校园网媒，帮助学生提高辨识能力，在舆论引导中发挥积极作用。

（五）研发"网红"文化产品，丰富网络文化成果

通过研发"网红"特色文化产品，引导高校研究生培育和践行社会主义核心价值观。通过铸造融思想性、知识性、趣味性、服务性于一体的先进校园网络文化，引导学生树立正确的世界观、人生观、价值观；积极研发校园"网红"微视、微刊、微评、微课堂等文化产品，积极开展"网红"红色微活动，倡导微公益，将社会主义核心价值观的内容用视频、图文等形式生动形象地展示，通过"网红"这个新媒体时代的载体多途径、全方位的辐射作用，传递正能量，弘扬社会主旋律，引导学生树立正确的价值导向和积极践行社会主义核心价值观。近年来，国内一些知名高校纷纷以校园形象片为载体，通过制作形式精美、内容丰富的形象片集中向外界展示办学理念和办学成就，起到了良好效果，成为高校文化软实力的重要体现。如北京大学、清华大学等高校的形象片在网络上以动辄超千万的点击量引发舆论关注热潮，片中参与演出的学生也一跃成为校园"网红"。前不久湖南师范大学推出的《麓山下，我的大学——湖南师范大学》微视频也深得学生的喜欢。以校园宣传片、校园微视频等为代表的校园网络文化产品，是展示大学精神和师生风貌的良好载体，受众面广且传播效果明显，宣传片中的校园"网红"也因此成为网络传播青春正能量的符号和标签。

参考文献

[1] 把思想政治工作贯穿教育教学全过程 开创我国高等教育事业发展新局面 [N].人民日报，2016-12-09.

[2] 孙博逊，初明利."网红"的发展脉络及其对青少年的榜样效应 [J].中国青年研究，2016（11）：24-30.

[3] 习近平在北京大学师生座谈会上的讲话 [EB/OL].http://www.xinhuanet.com//politics/2014-05/05/c-1110528066.htm.

基于微信平台的研究生思想教育模式创新研究

——以南华大学"药生云支部"为例 *

喻翠云　刘宇峰　周　爽

（南华大学）

摘　要　信息技术的发展和新媒体的普及，使得微信成为新的强大社交工具，微信对人们交往的影响越来越深刻。美国重返亚太后，我国思想意识形态领域的斗争因互联网的新发展而日趋激烈，必将对研究生思想教育的时效性和有效性带来新机遇和新挑战。本文在分析新媒体特征的基础上，充分挖掘新媒体的教育功能，从南华大学药学与生物科学学院研究生党支部微信平台"药生云支部"研究生思想教育工作出发，探索开创研究生思想教育工作的新局面。

关键词　高校研究生；思想教育；微信平台；新模式

作者简介　喻翠云，女，1978 年出生，南华大学药学与生物科学学院，研究生党支部书记、药物药理研究所副所长、教授。联系电话：18674748618；电子邮箱：yucuiyunusc@hotmail.com。

为适应国家社会和经济快速发展，近年来我国研究生教育增长速度较快。研究生教育肩负着为国家现代化建设培养高素质、高层次创造性人才的重任。保证和提高研究生的培养质量，思想教育工作的指导作用至关重要。研究生的思想教育是一种个性化教育，对学生的个性化和国际化指导是研究生教育最显著的特征。[1] 随着科学的日新月异，信息技术的不断进步与变革，以网络和手机为代表的新媒体正日益影响和改变高校学生的思维方式和学习与生活，也给高校研究生思想教育工作带来了新的机遇和挑战。

一、新媒体为载体的研究生思想教育工作新形势

伴随着网络技术、通信技术的快速发展，新媒体传播主体泛化，凸显个性，有信息传播的"碎片化"倾向。[2] 高校研究生可以在这样一个高度开放自由的网络社会，自由地、无时间无地域限制地进行思想交流，新媒体环境给高校研究生思想教育工作带来了巨大的冲击。

* 本文受湖南省学位与研究生教育教学改革研究项目"基于微信平台的研究生思想道德教育模式创新研究（2015GJ038）"资助。

自美国推行亚太再平衡战略以来，在政治、经济、军事和外交上，对中国进行了全方位的遏制、围堵。当前意识形态领域的斗争出现新的形式，国内的新自由主义者配合国外敌对势力和敌对分子，通过新媒体技术利用门户网站、微博、微信，散布历史虚无主义，丑化英雄人物，抹黑开国领袖，高校一些教师在社会主义的讲堂上"呲必中国"，其实质是否定中国共产党执政的合法性。2014年台湾的太阳花事件，以及香港的占中事件，闹得最凶的还是青年学生，对大陆高校来说，是一个警示。2015年1月，中共中央办公厅、国务院办公厅印发《关于进一步加强和改进新形势下高校宣传思想工作的意见》强调指出，意识形态工作是党和国家一项极端重要的工作，高校作为意识形态工作前沿阵地，肩负着学习研究宣传马克思主义，培育和弘扬社会主义核心价值观，为实现中华民族伟大复兴的中国梦提供人才保障和智力支持的重要任务。[3]其次高校思想教育与专业研究能力培养处于脱节状态，高校思想教育缺乏生动的形式。应寻找一个结合点，既提高思想政治水平，又提高专业研究能力。以该结合点作为突破口，让科学的马克思主义武装研究生的头脑，发展他们的批判性思维、逻辑和哲学素养，提高他们明辨是非的能力，使其真正成为一个人格独立的人，有能力分辨并自觉抵制有害思想。

高校思想教育体制需要不断地跟上时代的步伐。高校思想教育工作者应当认清形势，迎接这场"非暴力战争"的较量，拿出切实可行的解决之道。创新高校研究生思想教育工作理念，拓展研究生思想教育工作新途径、新载体已成为高校研究生思想教育工作的新形势。应建立"研究生思想教育工作新媒体平台"，主动占领网络意识形态"微"领地，牢牢占据新媒体载体阵地对研究生进行思想政治教育。[4]

近年来，以微信、微博等社交平台为重要媒介的新媒体载体，已被高校群体接受。[5]高校微信公众平台已成为校园新媒体。例如南华大学药学与生物科学学院在最近的全覆盖工作中调查发现，高达98%的在校生使用手机微信。这为当前形势下高校开展思想教育工作带来了新契机，高校微信公众平台的出现为思想教育提供了新的路径，有助于突破目前高校思想教育的瓶颈。[6]

我们从微信公众平台的运营特征出发，将其应用在研究生思想政治教育当中，建立南华大学药学与生物科学学院研究生党支部微信公众号"药生云支部"，加强对研究生信息的全面整合，展现了研究生思想教育的时效性和有效性，在促进研究生思想政治水平和专业研究能力共同发展方面，展现出显著优势，可望创新地推动研究生思想教育工作的开展。

二、南华大学"药生云支部"研究生思想教育工作创建和高效性评估

（一）微信平台"药生云支部"搭建思想教育新运营模式

秉承着"微信搭台，以史为鉴，强化思想"的宗旨，南华大学药学与生物科学

学院研究生党支部"药生云支部"微信公众号和"药生云支部"微信群于 2015 年春建立，目前运行良好，并发挥了研究生思想政治教育工作的微信功能的教育长效机制（如下图）。

"药生云支部"研究生思想政治教育工作的微信功能的教育长效机制图

多途径的思想正能量传播和多通道的信息反馈。在运行初期，收集全体研究生党员、预备党员信息及联系方式，并邀请他们加入"药生云支部"微信群，呼吁大家关注"药生云支部"微信公众号，实践成熟后推广至全院。建立研究生官方微信和微信公众号，及时发布极具吸引力的相关信息，组建公共沟通平台，开展丰富多彩的线上教育活动，如：每周一党的基本知识回顾和上一周党建要闻；周三先进事迹、重要历史事件回眸；周五互动交流和党的知识有奖竞答。保持同步更新具体内容。为研究生思想教育提供多途径的正能量传播和多通道的信息反馈。

量化研究生思想道德教育培养质量体系，以网上党日活动为代表，打造学生党支部活动新形式，构建高校研究生思想政治教育工作的微信功能的教育长效机制。自 2015 年 9 月以来，研究生支部在新二教 B-411 室以学习实践"两学一做"为主题召开了一系列现场会议。考虑到部分研究生在外校联培，分布相对分散等实际情况，最后支部小组决定依靠微信平台开展相关内容的征文征诗和演讲活动，形式不限，时间地点不限，讲述鲜为人知的建党或长征故事，还以手工作品的形式募集建党或长征的创意作品，并依托微信及公众号平台落实组织工作。2016 年 9 月 14 日支部全体成员又在微信群中召开了语音会议，会议中再次向同学们详细讲述了"两学一做"教育精神。最后支部书记或支部委员及时将包括科研协作和名人励志类、思想政治类等正能量内容的相关论文、报导精选并上传到"药生云支部"，及时有效地构建了高校研究生思想政治教育工作的微信功能的教育长效机制。

"药生云支部"为历史学习提供了现实性。依托"药生云支部"，可以了解世界和中国历史。历史学习是提高研究生党员思想政治水平的重要途径。利用"药生云支部"进行思想政治教育具有方便快捷、互动方便的优势。有了"药生云支部"这个舞台，有了演员，还要有好的剧本。这个剧本就是真实的历史，红色影视剧是历史的艺术化载体。2016 年 9 月 28 日晚 7 点 30 分，研究生党支部全体在校党员、预备党员、积极分子在新二教 B-411 室集中观看了《长征》精选集，回顾了中国共产党领导中国人民进行艰苦卓绝的革命战争的光辉历程。

历史学习与专业研究能力培养有机统一，以提高学生党员思想政治水平和专业研究能力。历史研究以文献和考古实物为证据，药学、生物等理论研究以现有文献报导和实验数据为证据，都需要详细地占有材料和去伪存真、去粗取精、由表及里的加工制作。所以，历史学习对研究生而言不但没有耽误时间，还能促进研究生专业能力的提高。

（二）量化"药生云支部"指标的高效评估

"药生云支部"微信公众号充分调动相关的微信成员积极性，主动地阅读转载、撰写分享精彩的正能量内容，在促进研究生创新科研工作的顺利开展方面取得了可喜的成效，成功获得湖南省学位与研究生教育教学改革研究项目资助，以及南华大学基层党组织活动立项"应用网络平台创新党建活动模式"的支持。支部成员获得各类奖学金 27 项，其中国家级奖学金 6 项，获得各项奖励 30 项，支部成员共计发表论文 25 篇，获得专利 1 项。成员所在的微信群及所有微信朋友圈扩展了高校研究生思想教育工作影响范围，使高校研究生思想政治教育的积极影响飞速扩大，在广泛传播正能量方面成效显著。

三、微信平台的研究生思想教育新模式内涵

（一）传统高校研究生思想教育工作方式的有益补充

随着社会发展和时代变迁，特别是在网络"微"时代背景下，思想教育需要改革，特别是在高校，学生最能感受时代脉搏，也最反感陈旧落后的教育形式。微信平台在发布文字信息的基础上，还增添了图像、图表信息和语音讯息，这样的设计不会让学生感到枯燥乏味，他们会发自内心地想参与到研究生思想教育的各项活动中。这种高参与度对于提高高校思想政治教育工作的管理水平、学生党员的党性修养具有不容忽视的作用。新型媒体的"交互式"传播，可生动形象地强化对高校学生的教育、管理与引导，容易达到研究生思想教育工作的预期效果，成为传统研究生思想教育工作方式的有益补充。

（二）研究生的思想"引路人"

微信公众平台将成为高校学生日后接触社会、了解社会的重要途径。"高校研究生思想教育微信平台"指导学生运用马克思主义立场和方法评价不同的观点。重点是分析不同观点所持立场，支撑材料的客观真实性，论证的逻辑性。其使用改变了以往

高校研究生思想教育工作的模式。学校研究生思想教育工作借助微信公众平台发布研究生思想教育工作信息，将大学生身边的案例、新闻、故事等融入党的理论政策，增强了思想理论宣传的亲和力，提高了学生接受理论的自觉性。通过不断了解学生的反馈意见，及时调整教育内容与方式，将共产主义理想与高校学生关注的热点难点问题结合起来，进一步贴近学生的实际需求，使学生不再觉得研究生思想教育工作只是学校变相教育的载体，发现原来学校研究生思想教育工作充当的是身边引路人的身份，从而产生更强的依赖感。

（三）研究生思维训练的基地

提高思维水平和科学素养，是研究生培养的应有之义。高校研究生思想教育微信平台提供不同的观点，不同观点的论证和各自的支撑材料，引导学生进行批判性思维，创造性思维，得出尽可能符合实际的结论。可以成为研究生批判性思考、科学思维的训练场地。遵循一切从实际出发，具体问题具体分析，理论联系实际，认识根源于实践，实践检验真理等原理，能够很好地指导研究生思维训练。研究生的学术能力的培养，要重实验，重数据，决不能伪造数据，决不能根据伪造的数据发表论文，决不能脱离实践；在图书馆搞文本研究，要注重实证，要注重证据，要注重主张与证据的逻辑关系。要树立马克思主义的知行统一观。《资本论》从人们日常生活中的商品出发，而不是从西方经济学中大量的有待于证明的假设出发，来分析商品、货币、资本和经济，资本主义生产关系，揭示资本主义生产方式的弊端。从学术的角度看《资本论》，《资本论》的学术成就和学术思维对研究生学术能力的培养有着重大的借鉴价值。研究生也应当从人们习以为常的现象着手，找出其中隐含的规律。

在专业研究与马克思主义理论素养之间寻找契合点，展开批判性思维训练，自觉地掌握马克思主义理论，树立辩证唯物论的知行统一观。把思想教育与专业能力培养结合起来。微信平台提供了资料库、辩论场和"指南针"。这样就避免了对学生进行干巴巴的思想教育。马克思主义理论强调一切从实际出发，注重实践。这些原理对学生提高自身思想素质，提高就业竞争力有指导意义。有的毕业生走向社会竞争力不强，不适应社会，眼高手低，满足于书本知识，不能很好地分析社会需求和自身条件，没有明确自身定位，与社会需求严重脱节，甚至到了"除了读书什么都不会"的地步。因此，高校研究生思想教育工作者应当在学生毕业之前对他们进行比较系统的科学思维训练，提高他们适应社会的本领。

四、结语

在当今时代新媒体环境下，高校研究生思想教育工作机遇和挑战并存。高校微信公众平台的建设在大学生思想政治教育工作中体现出了独特的优势。结合高校自身发展的实际需求，合理利用微信公众平台，把握其规律，探索科学有效的思想政治教育方法，开辟思想政治教育工作新途径，与时俱进，保持鲜明的时代特色，可以有效提升研究生思想政治工作水平和专业研究能力，为社会培养更多的优秀人才。

参考文献

[1]李凯歌.我国研究生教育国际化研究的现状及发展趋势[J].国际高等教育研究,2013(4)：1-6.

[2]汪颐.新媒体对"90后"大学生思想政治教育的新挑战[J].思想教育研究,2010(1)：71-74.

[3]中共中央办公厅、国务院办公厅.关于进一步加强和改进新形势下高校宣传思想工作的意见[EB/OL].[2015-01-19].http://news.xinhuanet.com.

[4]陈伟超.新媒体环境下大学生思想政治教育工作创新探索[J].产业与科技论坛,2015(3)：226-227.

[5]徐海波.高校思政教育中微信对大学生的影响探讨[J].延边党校学报,2014(6)：126-128.

[6]郭志勇.新媒体环境下大学生思想政治教育的新路径——以高校微信公众平台为例[J].理论视野,2015(1)：84-86.

隐性教育：研究生生态文明教育的重要途径 *

何京玲 杨小军

（湘潭大学）

摘　　要　隐性教育是高校开展研究生生态文明教育的重要途径。通过精心设计校园景观营造浓厚的"隐性"育人环境，借助新媒体实现生态文明教育的隐性教育功能，发挥高校环保社团在生态文明教育中的渗透功能，发挥教师在生态文明教育中的隐性作用，对于促进研究生生态文明观的形成以及加强研究生生态文明教育实效性具有重要作用。

关 键 词　隐性教育；生态文明；研究生

作者简介　何京玲，女，1980 年出生，湘潭大学哲学系，管理学硕士、中级职称。联系电话：15207324608。

隐性教育重在通过环境氛围、人格魅力、情感沟通、人文关怀等使受教育者由非认知心理获得教育性信息，在潜移默化中受到思想观念、道德情操的影响。隐性教育有助于弥补显性教育的不足，对于促进研究生生态文明观的形成以及加强研究生生态文明教育实效性具有重要作用。

一、隐性教育的内涵

隐性教育主要是相对于显性教育而言的。一般来说，显性教育主要是指通过开设生态文明必修课或选修课而进行的课堂教育。隐性教育的概念源自隐性课程。美国学者杰克逊在《班级生活》一书中首次提出"隐性课程"。他认为，学生在学校中受到的影响，不只是来自正式的课堂，还能从学校生活中获得态度、动机、价值观等方面的影响。隐性教育是一种无意识教育，通过环境氛围、人格魅力、情感沟通、人文关怀等使受教育者由非认知心理获得教育性信息，在潜移默化中受到思想观念、道德情操的影响。隐性教育有利于个体自觉地进行价值选择和价值认同，增强价值观内化的主体性。进一步来说，隐性教育对个人的影响主要是一种价值性的影响，而生态文明教育的深刻内容和精神实质主要是价值性、规范性的理论体系。因此，通过隐性教育的途径和方法，有利于当代研究生生态文明教育的开展。

* 湖南省教育规划项目"大学生生态文明教育的'微'路径研究"（项目编号 XJK051BDY009）和湖南省社科联项目"习近平关于生态文明建设的方法论思想研究"（项目编号 16ZDB016）的阶段性成果。

隐性生态文明教育是一种客观存在的实践教育活动，相比通过传授课本知识为主的显性生态文明教育手段而言，偏重于对学生情、意、信等非智力性因素的开发，使学生在潜移默化中修身养性、锤炼意志、坚定信念。总的来说，隐性生态文明教育，是教育者将教育目的、意向渗透于受教育群体的日常学习生活环境和各种实践活动中，使研究生在潜移默化中接受教育的一种教育实践主题活动。在这一过程中，以影响受教育者的"无意识"作为教育过程的开端，通过一系列的活动使之破茧化蝶为"有意识"的结果。显性教育多采用灌输的方法，忽视受教育者的个性特征，所授内容有时难以被受教育者接受，且容易引起受教育者的逆反心理。还有，在新媒体时代的背景下，人们的世界观、人生观、价值观受到各方面的影响和冲击而呈现多元化的特征，特别是网络上充斥着良莠不齐的海量信息，对显性教育的挑战更加严峻。为了弥补显性教育的不足，在开展系统的生态文明理论显性教育的同时，通过隐性教育来弥补显性教育的不足，把两者结合起来，对于提高生态文明教育的科学性、实效性具有重要意义。

二、隐性教育在生态文明教育中的作用

（一）隐性教育填补了生态文明显性教育的缺陷

一般而言，显性教育是指教育者通过有计划、有目的、有组织的教育活动，使受教育者在学问、技艺、才能和修养等方面获得提升的有形教育。生态文明显性教育主要以相关课程的开设来让受教育群体获得教育。显性教育突出"显"，是指通过正规的课堂渠道系统地进行教育。显性教育以直接、渗透的形式将教育理念传达给学生，其特点是系统、正规、计划性。借助显性教育途径开展研究生生态文明教育，能够让受教育群体掌握系统的生态文明知识体系，从而提升生态道德素质。隐性教育相对于显性教育最大的不同是"隐"，通过间接和渗透的方法将教育理念传递出来。隐性教育可以通过除了课堂之外的一切渠道开展教育活动，其特点是潜隐性、渗透性、熏陶性、持久性。针对在校研究生群体进行生态文明隐性教育，可以通过除正规课堂渠道之外的多种方式，如利用环境熏陶、媒体宣传、社会实践等多种途径对研究生进行"潜移默化""润物无声"的生态文明教育。正是由于隐性教育在教育形式上的丰富多样性，教育目的及过程体现出的"隐"的特点，恰好弥补了显性教育的不足，使高校研究生生态文明教育的开展更加富有成效和影响力。

（二）隐性教育回应了生态文明教育的时代诉求

发挥隐性教育的功能，是加强社会主义生态文明建设的现实诉求，对于推进研究生践行社会主义生态文明价值观，参与建设美丽中国具有重要意义。高校研究生是生态文明教育的主要群体，也是生态文明建设的主要承担者。一方面，开展研究生生态文明教育，可以让研究生群体获得自律认知和树立人与自然平等的意识，逐渐养成人

与自然和谐发展的理念，建立起一种绿色健康的生活方式。另一方面，能够让研究生更理性地处理环境保护问题，懂得在重视人类自身发展的同时，必须尊重自然，尊重万物的生存权、发展权；懂得必须站在自然的角度来考虑发展，树立起正确的生态责任伦理观，增强受教育群体在生活中的生态忧患意识。

（三）隐性教育是创建生态和谐校园的需要

在新媒体环境下，把生态文明融入校园文化建设，通过引导学生开展社会实践活动等间接的、渐进的、无形的、渗透的柔性教育方式，让受教育者在潜移默化中接受教育，不仅能够让学生把生态文明教育"内化于心"，更能够使他们把生态文明教育"外化于行"。发挥隐性教育的生态文明教育功能，既能够提升大学的实体景观，凸显生态文明理念，同时也有助于构建底蕴丰厚的人文氛围，培育良好的校园生态文化，能够潜移默化地内化受教育者的个人素质，并外化为他们的言行举止，从而形成绿色文化氛围，构建生态和谐校园。

三、隐性教育在研究生生态文明教育中的路径选择

隐性教育对研究生生态文明教育具有持久的影响力，高校要积极探索和挖掘隐性教育资源，发挥隐性教育这一形式对高校受教育群体生态文明教育潜移默化的影响，努力探索出有效的教育路径。

（一）精心设计校园景观，营造浓厚的"隐性"育人环境

一所具有良好环境的高等院校，既是个人不断自我成长自我完善的摇篮，也是传播正能量和先进文化的重要场所。优良的大学校园氛围和内涵丰富的文化底蕴，能够激发当代研究生的发展潜能，能够有效帮助受教育群体心系校园生态文明建设，获得正确的生态文明观，并投身到实践中。当前高校生态文明教育实效性不强的重要原因，就在于没有充分利用诸如校园文化、校园生态环境来对研究生进行生态文明教育，这对学生在日常学习生活中形成良好的生态意识与行为非常不利。具体来说：一方面要重视校园景观设计，用景观感染人。现代高校应重视校园生态环境的使用功能、审美功能和教育功能，针对校园整体布局、建筑风格、景观设计等制定切实可行的建设方案。例如完善校园道路、楼宇、绿化等功能区的路标指示说明，完善环保标语牌和宣传警示牌，这对于学生形成正确的生态文明观念起到了寓教育于无形的效果。另一方面需要重视校园生态文化建设，用美好的生态文化熏陶人。高校要积极做社会主义生态文明建设的"先行者"，努力将生态文明建设理念贯彻到校园文化建设中，培育富有时代意义的校园生态文化。例如，将有关生态文明教育内容的微电影、摄影、动漫、文学作品等嵌入到学生经常浏览的校园网络的相关板块中并及时更新，尤其在植树节、节能宣传周、爱鸟周、世界水日、世界地球日、世界气象日、世界环境日等特定时节开展与生态保护联系紧密的主题教育活动，持续地吸引大学生浏览这

些网页，使其加深对生态认知与生态观念的了解。

（二）借助新媒体实现生态文明教育的隐性教育功能

如今我们已经迈入"互联网＋"时代，生态文明建设与互联网进行深度融合是我国当前重要的发展方向。高等院校要运用好网络和手机等媒介的功能，与研究生的个人需要相结合来开展隐性生态文明教育。"新媒体指数"是一个发展较为完善的大数据平台，这一平台对微信绿色公众号的各项指标进行汇总，并定期发布相关统计结果，其中包括了具体绿色微信公众号平台的影响力指标的统计。同时，权威大数据研究表明，新媒体应当能够在生态文明建设中承担不可替代的任务和历史使命。新媒体的任务，从根本上说是要加强新媒体对公众的积极影响，在全社会营造生态文明建设的和谐氛围。一方面，高校须大力发展生态文明教育主题网站来着重对高校受教育群体开展隐性生态文明教育，高校各院系的宣传部、团委等重要部门的新媒体平台要贴近研究生的需求，通过富有正能量的言论和形式来激发广大研究生的热情，在学校论坛等平台中发表正当言论，使其成为开展研究生生态文明教育的重要平台。另一方面，QQ、WeChat、sina 微博、Baidu 贴吧、Headlines Today 等 App，已成为研究生常用的新媒体载体，高等院校要用好这些创新型工具，通过新媒体这一有效载体开展研究生的隐性生态文明教育。例如各高校可以将绿色校园主题活动等编辑成微信公众号新闻，便于全体师生转载阅读，突破传统媒体在时间和空间上的限制。高校老师也可开设个人的微信公众号有效发布最新的生态文明教育理论，也可组建全系学生 QQ 官方群通过交流讨论即时得知学生的心理动态，并加以引导。研究生学生会社团组织可以通过百度贴吧、QQ、微信公众号等新媒体平台发布活动信息，让有兴趣的研究生及时知晓并积极主动参与生态文明教育主题实践活动。社交平台上网络舆论也需要用合理合法的规范加以引导，如负能量的图文和言论要加以整改，为高等院校开展研究生生态文明教育营造良好的网络环境。

（三）发挥教师在生态文明教育中的隐性作用

当前社会存在着这样一种误区，认为研究生只需把所学专业的文化课搞好就行了，研究生生态文明教育那只不过是思想政治工作，是学工部门的事情，这样就忽视了高校教师对研究生日常生态环保良好行为习惯的培养和熏陶责任。而从现实情况来看，教师主要是在专业知识方面予以指导，对学生思想道德教育、生态文明教育方面似乎无暇兼顾了。因此，要充分发挥教师"隐性教育"的正能量，这有利于广大研究生在日常学习生活中潜移默化地养成良好的生态意识与行为。首先，高等院校须强化制度建设，教师在传授课本知识外，更要注重学生的全面发展，学生综合素质也应该是教育者考核的一项重要指标，使教师在教学任务中主动发挥隐性生态文明教育功能。其次，高等院校可通过定期举办相关主题活动评选教师环保先进人物，并对其优秀事迹在校园内，乃至全国院校通过多种渠道进行广泛宣传报道，发扬生态文明榜样的示范作用，营造生态保护的优良环境。广大受教育群体与环保先进教师进一步接触，学习他们的课程或者聆听他们的事迹，通过获得书本知识和面谈对话无觉察地接受生态文明教育理念与知识。最后，高等院校要着重加强对广大青年教师学者的师德师风培养，培养他们从初登教学讲台起就能够发挥隐性生态文明教育的功能。

（四）发挥高校环保社团在生态文明教育中的渗透功能

依托高校环保社团，开展校内、校外环保实践活动，已经成为了重要的隐性教育方式，在培育研究生生态文明意识方面发挥了重要的作用。一方面要利用好校内文化资源，通过落实环保实践活动来渗透生态文明教育理念。比如，围绕当今社会关切的热点问题，与时俱进地举办环保主题活动，如组织拍摄环保微电影。如今社会可谓是"微"风弥漫在社会各个方面，微博、微信、微电影、微头条等势不可当，受到了研究生的推崇。环保微电影通过通俗、生动的艺术形式表达对自然的热爱、对环保的关切，不仅与当代研究生精神文化需要和接受心理相贴近，而且突出了隐性教育的效果。另一方面要开拓校外相关资源，开展校外环保实践来渗透生态文明教育。比如，建设生态文明教育基地。高校环保社团可以发挥地域资源优势，与当地的环保部门开展协同合作，共建生态文明教育基地。比如可以与环境监测站、污水处理厂、大气监测中心等部门共建高水平的生态文明教育基地，定期组织学生去参观和调查，从而使高校研究生进一步加深对生态资源和生态问题现状的认识，激发广大受教育群体对环保的兴趣和热情。高等院校环保社团可以通过网络媒介这一载体与其他高校环保社团或机构加强沟通合作，交流实践工作经验或共同发起相关活动，形成协同化发展格局。

总之，在大力推进社会主义生态文明建设的大环境下，各高等院校应该积极开展研究生生态文明教育。为了弥补显性生态文明教育中方式方法和成效的不足，在开展系统的生态文明理论显性教育的同时，要将隐性教育的创新途径融入到研究生生态文明教育中，将二者有机结合起来，从而实现绿色生态发展的理论意义和现实意义。

参考文献

［1］吴青林，董杜斌.高校生态文明教育的现实诉求与路径选择［J］.学校党建与思想教育，2013（05）：63-65.

［2］杨小军，何京玲.大学生生态文明教育的四个"结合"［J］.老区建设，2015（14）：42-44.

［3］孙淑秋.基于隐性教育的大学生党员社会主义核心价值观教育研究［J］.广西青年干部学院学报，2015（01）：39-42.

［4］李春光，权玉平.论大学生生态文明观教育中的高校环保社团作用与责任［J］.环境科学与管理，2009（11）：191-194.

［5］杨小军，杨明华.高校环保社团：大学生生态文明教育的重要阵地［J］.环境教育，2017（4）：64-67.

对新形势下高校研究生心理健康教育的几点思考 *

梁爱君

（湖南师范大学）

摘　要　心理健康教育是研究生培养教育中不可或缺的环节，在新形势下尤为重要。研究生心理健康水平直接影响研究生人才的培养质量，事关国家和民族的宏图大业。高校教育工作者应从转变教育观念、明确教育目标、遵循科学原则、健全教育制度、营造良好氛围等方面开展研究生心理健康教育工作，努力促进研究生的心理成长和健康发展。

关键词　研究生；心理健康；教育

作者简介　梁爱君，女，1967年1月出生，湖南师范大学旅游学院，科研办秘书。联系电话：0731-88872077；电子邮箱：969222034@qq.com。

习近平总书记在党的十九大报告中指出："青年兴则国家兴，青年强则国家强。青年一代有理想、有本领、有担当，国家就有前途，民族就有希望。""中国梦是历史的、现实的，也是未来的；是我们这一代的，更是青年一代的。""中华民族伟大复兴的中国梦，终将在一代代青年的接力奋斗中变为现实。"研究生是十分宝贵的精英人才，是民族的希望，是祖国的未来。研究生的身心健康对其成长成才有着重大影响。高校研究生心理健康教育是研究生素质教育的重要组成部分，在研究生培养过程中具有举足轻重的作用。为深入贯彻党的十九大精神，适应新形势、新任务的要求，应加强和改进高校研究生的心理健康教育，促进研究生全面发展。本文拟对进一步加强和改进新形势下高校研究生心理健康教育作一些探讨。

一、转变教育观念

研究生作为高校培养的高学历人才，在人们眼中，是天之骄子，他们大多具有扎实的专业知识及分析解决问题的能力。人们容易对其产生认识上的偏差，认为研究生是高学历者，必然具备良好的心理素质，从而忽略了对他们心理健康状况的关注，造成研究生心理健康教育的弱化。另外，研究生教育的体制、教育目标的设定，也导致教育管理者对研究生的心理问题认识不足，容易造成研究生心理健康教育的盲区。高校教育工作者在处理研究生的心理问题时，往往充当"消防员"的角色，

＊本文受湖南师范大学研究生教育教改项目"新形式下加强和改进研究生心理健康教育研究"的资助。

重在事后介入，即当研究生个体发生严重心理障碍问题时，才采取措施应对，而忽视事前对整个研究生群体进行心理问题预防，存在头痛医头、脚痛医脚的倾向，在认识上混淆了对研究生心理健康教育的功能定位，忽视了它能促进整个研究生群体发挥潜能、完善人格这一主要功能，教育效果不尽如人意。

近年来，随着我国高等教育的快速发展，研究生招生规模逐步扩大，社会竞争日趋激烈，研究生面临前所未有的压力，心理健康问题日益凸显。因此，要提高思想认识，转变教育观念，充分认识研究生心理健康教育的重要性，加强和改进研究生心理健康教育，将研究生心理健康教育纳入研究生培养的全过程。要高度认识到，高校培养的研究生不仅是各学科专业的创新人才，更为重要的是要具备健康的心理素质和健全的人格品质。

二、明确教育目标

诸多教育者的调查研究表明，目前我国高等学校研究生的心理健康状况总体上正常，发展趋势良好。但有少数研究生存在意志消沉、精神抑郁、性格孤僻、言行偏激等不良现象，如果任由发展，势必导致其出现自我评价不当、人际交往不畅、家庭生活不和、社会行为失范、学习研究失趣等各种人格障碍，如不及时妥善解决，可能会发展演变成各种异常行为甚至心理疾病，给研究生本人和社会带来损害。因此，开展研究生心理健康教育势在必行。

早在 2004 年，中共中央、国务院《关于进一步加强和改进大学生思想政治教育的意见》中就明确指出："要重视心理健康教育，根据大学生的身心发展特点和教育规律，注重培养大学生良好的心理品质和自尊、自爱、自律、自强的优良品格，增强大学生克服困难、经受考验、承受挫折的能力。要制定大学生心理健康教育计划，确定相应的教育内容、教育方法。要建立健全心理健康教育和咨询的专门机构，配备足够数量的专兼职心理健康教育教师，积极开展大学生心理健康教育和心理咨询辅导，引导大学生健康成长。"依照以上中共中央、国务院的文件精神，研究生作为独特的大学生群体，其心理健康教育的目标是：以心理学的理论和技术为主要依托，根据研究生的身心发展特点和教育规律，结合学校日常教育、教学工作，有目的、有计划地培养研究生良好的心理素质和优良品格；增强研究生克服困难、经受考验、承受挫折的能力；有针对性地帮助研究生处理好学习成才、择业交友、健康生活等方面的具体问题，提高研究生的心理素质和心理健康水平，促进研究生健康成长、成才。

三、遵循科学原则

研究生心理健康教育是具有独特意义的教育领域，是研究生教育内容的重要组成部分。它是根据社会发展的需要、教育改革的要求和研究生心理发展的规律而提出的，具有一定理论基础，与发展心理学、教育心理学、心理测量、心理咨询、心理辅导等多门学科融合，以实践和应用为主的教育活动，应遵循科学的原则。这些原则主要包括如下几个方面。

1. 系统性原则

研究生心理健康教育是一个复杂的系统工程。在开展研究生心理健康教育时，要深刻认识研究生这一群体的特点和发展规律，要充分发挥研究生管理部门、研究生辅导员、导师、研究生班级、研究生干部、家长、研究生自身和相关教育工作者的作用，多方协调配合，形成强大合力，从教育主体、教育内容和教育对象三个方面同时着手，构建一个最佳的研究生心理健康教育系统，才能使研究生心理健康教育真正发挥其育人功能，收到实效。

2. 主体性原则

内因是事物发展的根本原因，在事物发展过程中起决定作用。在研究生心理健康教育这一系统工程中，起决定作用的内因应该是研究生自身，再者研究生又具有较强的自我意识和自我教育能力，因此在对其进行心理健康教育时必须遵循主体性原则。尊重研究生的主体地位，以人为本，积极调动研究生的主观能动性，充分发挥他们在心理健康教育过程中的主体作用，才能真正起到教育的效果，达到教育的目的。对研究生而言，外在的鼓励、引导只有通过其自身内在的接纳、改变才能产生显著的效果，才能促进研究生的全面成长成才。在遵循这一原则时，特别要注意尊重学生的隐私，要真诚、平等、友爱地对待每个学生。

3. 发展性原则

万事万物都在不断的发展变化之中。发展性原则是指教育活动要有利于受教育者的知、情、意、行的发展，审美的发展，以及行为策略的发展。发展性是研究生心理健康教育必须关注的一个重要问题。研究生心理健康教育的最终目标是促进研究生的心理健康发展，提高研究生的基本素质和心理品质，增强其社会适应能力，促进其自主发展。因此，开展研究生心理健康教育，应遵循和贯彻发展性原则，坚持科学发展观，以发展的眼光看待研究生的心理成长。研究生虽然是一个高学历的知识分子群体，但其心理品质的可塑空间还很大。研究生正处于学业、恋爱、求职、婚姻等人生的关键时期，因此，必须高度关注他们的心理健康状况，坚持"面向全体、注重发展"，选择具有普遍意义、有代表性的心理健康教育主体内容，并运用符合研究生心理和行为特点的教育方法，重视教育效果，进行跟踪调查，及时掌握研究生的心理发展动态，不断改进教育内容，从而有效地发挥心理健康教育的预防与促进发展的功能。

4. 差异性原则

影响研究生心理健康的因素很多，不同的心理健康问题，其形成的原因亦不同。研究生心理健康水平存在明显的差异，不仅有个体差异，还有不同专业、不同年级、不同性别之间的差异；不同年龄阶段、不同家庭、不同学历背景的研究生，他们的个性化发展需求也不尽相同。因此，研究生心理健康教育要遵循差异性原则，对不同特点的研究生群体进行分类指导，对不同个体采取不同的预防和教育方法，以确保心理健康教育落到实处，取得成效。例如，面对不同年级、不同专业的研究生，所讲授的知识内容、所列举的教育案例都该有所区别，所涉及心理训练的内容、活动和方案也应有所侧重；根据研究生不同的个性特点、不同的心理层级需要、不同的发展方向，设置不同的教育方案，采取相对应的措施，充分调动学生在受教育过程中的主体意识，激发学生的积极性，促进学生养成良好的心理素质和个性品质。

5. 预防性原则

研究生心理健康教育要以预防为主，防治结合。在工作中应将重点放在心理疾病的前期预防上，做到尽早发现问题，采取及时而有效的措施干预，防微杜渐，将问题化解在萌芽状态。

四、健全教育制度

1. 设立心理健康教育机构

研究生作为一个独特的群体，心理问题和解决问题的方法与本科生有所不同，高校应针对研究生的特点制定研究生心理健康教育执行方案，将心理健康教育真正纳入研究生教育教学活动的整个体系和过程之中，切实提高研究生的培养质量。应成立专门的心理健康教育机构。要有一定数量的受过专业教育、具备扎实心理学专业知识的教师担任该机构的主要成员。学校要提供相应的办公场地和活动经费，为该机构的正常运转提供必要条件。

2. 开设研究生心理健康教育课程

开展心理健康教学是进行心理健康教育的重要途径。深入开展心理健康教育，必须将心理健康教育列为研究生的必修课或限选课，通过课堂教学或者专家讲座，使全体研究生掌握基本的心理健康知识，学会自我管理和自我调适，积极应对心理问题，提升每个学生的心理健康水平。

3. 加大普及性宣传教育力度

积极开展心理健康知识的普及和宣传，通过发放心理健康刊物、心理健康手册等方式，向学生普及心理健康知识，增强他们的心理健康意识。邀请知名心理学者或长期从事研究生心理健康教育的教育工作者，对研究生进行以心理健康为主题的讲座，讲座内容要尽量联系实际，避免空洞说教。通过开展心理健康宣传周、宣传月活动，举办心理健康知识竞赛、心理健康征文比赛，制作心理漫画，演绎心理剧等方式，让广大研究生积极参与，自觉维护自身的心理健康，提高心理素质。

4. 完善心理辅导机制

学校应设立研究生心理咨询中心，聘请专业的心理咨询专家坐镇；各二级学院应设心理咨询室，开设心理咨询热线、心理信箱，开展网上心理咨询等有效的心理咨询活动，让学生在遇到心理问题、面临心理困境时有比较畅通的求助渠道，能够及时寻求帮助，缓解心理压力，排除心理障碍。开展常规性的心理健康检测，建立研究生心理健康档案，对有心理问题的研究生积极采取有效措施，进行心理疏导，使之尽早走出心理阴霾，找回勇气和自信，积极应对困难和压力，快乐学习和生活，对未来充满希望。

五、营造良好氛围

1. 建立和谐融洽的师生关系，营造良好的学术氛围

我国目前研究生的培养实行导师培养制，导师不仅是研究生科学研究的指导者，更是研究生人生道路的引领者。研究生在求学期间，与导师联系最多，关系最密切。导师要积极承担育人职责，与学生建立良好互动的师生关系，使学生对导师产生信赖感，培养他们积极向上的心态和攻坚克难的科研精神。同时，导师应注重提高自身素质，增强在学术成就和人格魅力等方面的影响力，激发学生的学习兴趣，挖掘学生的学习潜能，带动和引领学生积极思考和探索，潜心学术研究。

2. 搭建各种各样的交流平台，营造良好的学习生活氛围

研究生学习、生活的方式与本科生相比有较大区别，研究生学习相对分散，生活相对封闭，同学之间缺乏广泛深入的接触和交流，不利于良好人际关系的建立。因此，高校应充分发挥校院两级研究生会、研究生社团、研究生基层班级等的桥梁纽带作用，为研究生搭建多渠道多层次的交流平台，通过开展丰富多彩的课外活动，扩大学生的交往圈子，加强学生之间的联系，增进学生之间的了解和互信，建立团结和睦友善的人际关系环境，营造互帮互助互爱的学习生活氛围，助力研究生不断自我教育和自我完善，提升自身综合素养和心理健康水平。

3. 建设和谐优美的校园环境，培育良好的文化氛围

优美和谐且文化气息浓郁的校园环境，可以激发学生的自豪感，增强其认同感、幸福感和归属感，对研究生的行为举止和品格塑造将起到不可估量的重要作用。因此，要大力加强校园文化建设，开展丰富多彩、积极向上的学术交流和文体娱乐活动，使研究生在良好的校园文化中，不断提高认识、砥砺品行、陶冶情操，从而培养他们健康的人生态度和稳定的心理品质，促进研究生身心健康成长和综合素质全

面提升。

　　目前，我国正处于中国特色社会主义建设新时期，研究生毕业之后将是社会的高级人才，担负着创新科学技术、推进现代化建设、实现伟大的中国梦的重要任务。心理健康对研究生的正常学习、个人成长、家庭生活和社会和谐都具有重要意义。加强和改进研究生心理健康教育，每一位教育工作者都必须高度重视并身体力行。我们只有提高思想认识，转变教育观念，明确研究生心理健康教育的目标，遵循教育原则，健全教育制度体系，营造良好教育氛围，多管齐下，才能促进研究生心理健康教育的良性发展，为培养高素质人才保驾护航。

参考文献

［1］曾贤虎，李常锋，彭清斌.研究生心理健康问题分析与对策研究［J］.当代教育论坛（综合研究），2011（11）：74-75.

［2］张琴，刘永莹.论研究生心理健康教育及其心理健康服务体系的构建［J］.四川教育学院学报，2007（6）：11-13+58.

［3］教育部社会科学司.普通高校思想政治理论课文献选编（1949—2008）［M］.北京：中国人民大学出版社，2008.

［4］北京高校学生心理素质教育工作研究中心.研究生心理健康教育读本［M］.北京：经济管理出版社，2008.

［5］李达丽.研究生心理健康教育的特点和原则［J］.中国成人教育，2006（7）：59-60.

研究生压力管理中生态疗法提升压力适应性作用探究

刘建兰　宋　科　郭　婕　唐　谊

（吉首大学）

摘　要　现代化人工环境、信息轰炸，更多的精神和物质的需求，以及学业、求职求偶、经济等方面的问题导致研究生普遍存在较大的精神和心理压力。我国目前在研究生管理体制上并无专门的心理疏导组织，研究生压力管理相对薄弱。生态疗法，是生态心理学原则与心理治疗相结合，置身于大自然的环境中，配合治疗师的作用让人得到治疗。在自然环境中，人更容易敞开心扉，也更容易疗愈。

关 键 词　研究生；压力管理；生态疗法；压力适应性

作者简介　刘建兰，女，1966 年 6 月出生，吉首大学林产化工工程湖南省重点实验室，副教授、森林疗养师。联系电话：0744-8231386；电子邮箱：172170287@qq.com。

随着社会经济的发展，人们的物质精神生活水平越来越高，人们对自己的预期也越来越高。在这个过程中，每个个体都承受着不同程度的压力，成就越高责任越大，预期越高压力也就越大。

一、研究生压力管理的现实需要

心理压力是人类生活中一种必然的存在，各种各样的生活事件都能引起不同程度的心理压力。研究生面临的学业、择业、择偶以及经济等方面的压力更多，[1]他们的压力管理尤为重要。

（一）心理压力的产生与适应

1. 心理压力的定义和特点

在心理学中，压力是压力源和压力反应共同构成的一种认知和行为体验过程。压力源是现实生活要求人们去适应的事件，压力反应包括主体察觉到压力源后表现出的心理、生理和行为反应。压力源的存在及个体的生理状态、心理背景和社会生存环境，都是产生压力的必要条件，但是这些条件本身并不构成心理压力。[2]压力是一种中性的客观存在，压力事件本身并不会对人产生危害，伤害人的是我们对压力的认知和态度。同样的压力事件下，有人会感到压力特别大，有人会觉得没什么压力。

当我们感知压力时，我们的生理、心理、认知和行为都会做出一些反应，比如说生理上心跳加快、血压升高，心理上产生焦虑、恐惧、愤怒等情绪，思维和行为也会出现反应，如无法完成工作、频繁出错等。

2. 压力与人的内心冲突

压力实际上是我们的内心冲突和伴随而来的强烈情绪体验。我们面对和处理生活学习中各种各样矛盾时，这些互不相容甚至针锋相对的事件会让我们左右为难、无所适从，形成内心冲突，此时体验到的苦恼和焦躁不安就是我们所说的压力。心理冲突（mental conflict）是两种或两种以上不同方向的动机、欲望、目标和反应同时出现，由于莫衷一是而引起人们的紧张情绪。现代人的多重角色直接导致人们会经常遇到需要判断、选择或放弃的冲突，像忠孝不能两全、鱼和熊掌不可兼得等。

3. 压力的适应

适应通常会有恐惧的情绪和防御的动作两种成分，是指个体在与环境相互作用的过程中，不断调整自我欲望与现实之间的矛盾，使情绪上的痛苦和焦虑程度可以接受。压力产生后人们就会采取一定的方式应对，人类有两种基本应对方式：宣泄和自我保存本能。

宣泄是以一种被允许的行为方式释放内心压力，如大声喊叫、运动等；自我保存本能是当个体感觉到危险的时候，产生焦虑的同时主动调动自己的认知，对危险和自己能调动的力量进行分析，做出逃避、防御或者进攻的判断，以保存自我。

适应是相对的，不适应是绝对的，因为环境和个体都在变化之中。

在个体应对事件、调控身心适应压力的过程中，会大量消耗个体内在的生理和心理资源，这是应对压力所必须付出的代价。当个体既不能消除压力也不能适应压力时，此时个体如果能量消耗殆尽，将处在疾病或临近死亡的危险之中。因此，对压力的管理与有效应对是需要管理者密切关注的问题，应避免压力长期存在。

4. 压力管理及常用方法

从生理心理学的角度来看，人若长期、反复地处于超生理强度的压力状态中，会严重扰乱机体内部的平衡，不仅危害个体的身心健康，还会对组织群体产生消极影响。压力管理（stress management），就是个体用有效的方法应对在压力情况下的生理、心理唤起。当感到压力和紧张的时候，我们需要寻找一种鲜活有效的方式，放下压力，触及心灵，或提升抗压能力。常见应对压力的方式有宣泄、倾诉和咨询、寻求引导三种方式。

（1）宣泄是一种效果不错的压力释放方式。当感到压力的时候，到没人的地方大叫、唱歌、剧烈运动等都可以有效释放或者减轻内心的压力。

（2）倾诉是一种廉价而有效的调整压力方法。不论被倾诉对象能否为自己排忧解难，伴随着倾诉压力都会随之减轻；向专业心理咨询人员倾诉就是咨询，这是效果较好的倾诉。专业心理咨询人员通过专业的方法可以有效调整咨询者心理、情绪以及对压力的看法，使其正确保持身心健康，提高生活质量。

（3）寻求引导是指找管理者或其他人帮助自己改变心态和行为方式，确立正确适当的目标，通过努力达到此目标，使相关压力消失的方法。当人们遇到压力时投入到兴趣爱好中，可以很快转移注意力，从中陶冶情操、保护身心健康，心态亦会平和，压力也会减轻直至消失。

（二）研究生压力认知与分析

压力是把双刃剑，适度的压力会成为我们成功的动力。人人都会面临压力，生活事件、挫折、心理冲突和不合理的认知等都会引起压力，需要我们花费心神和精力认真对待。

1.研究生压力认知

压力是客观存在的，适度的压力可以让我们对周围的环境更加警觉，可以帮助我们加深对自我的认识，帮助我们设立更现实的目标，使我们增强自信心和成就感。心理学家研究发现，造成压力的事件中，有40%的担忧永远不会发生，比如世界末日的到来；有30%的担忧是过去所做决定的结果，是无法改变的；只有8%是合理的。因此无论研究生个体还是管理者，如果过于忧虑，为了那些永远不会发生的事件担忧就会消耗更多的心理和生理的资源；但是假如我们忽略细节，又可能会导致细小的压力累积成患，遇到叠加性压力时突然崩溃。虽然压力客观存在，但是通过分析压力来源及压力性质，可以提前干预，避免压力造成不可避免的后果。工作中对压力来源和研究生个体的特点具体分析，改变研究生的认知可以有效减小压力的负面影响。

2.对研究生压力的分析与管理

压力事件本身不能引起压力体验，所有的压力事件都会通过个体的中介系统使压力增加或者消减，所以压力管理的重点在于个体的认知。事实上并非所有的压力都可以消除，并不是所有的压力都会带来负面影响，正确认识这些问题有助于我们的研究生压力管理工作。

研究生管理者可以首先尽量从源头消除那些有必要消除的压力，比如同学间的交往和矛盾引起的压力；对于那些没有必要消除的压力，不管可不可以消除都应该保留。汉斯·塞利认为，有一些压力可以激发人们的成就动机和潜在能量，推动人们去达成目标。比如追求成功、完成预期学业等。对于那些很难或者不可消除的压力，需要采取措施，提高研究生抗压能力，增强研究生身体素质和增加心理能量，降低或减少其压力感受，比如毕业期限的压力、学位论文的压力等。通过改变研究生对这些事件的认知和看法，重新评估后做出合理预期，激发自身的积极情绪和行动动机，是压力管理的关键。

二、生态疗法的理论及应用

在生态世界观中，世界成为人与现实环境相互联系与相互依赖的场所。在生态心理学的推动下，心理疗法发展到了自然环境中，产生了生态疗法。生态疗法认为接触和亲近自然对人具有疗愈效果，[3]是一种心理治疗方法。

（一）生态心理学的发展

1. 生态心理学的缘起

以经验主义和实证主义为模板的科学心理学，受自然科学的影响，以"物"的方式，对研究对象进行"生物性个体"探索研究；随后心理学家发现将人拆解，进行碎片式的研究，不能代表系统的人的复杂性，主张以整体分析法作为心理学研究的基本方法，将人作为一个有机整体，提出了"整体动力论"；之后生态主义心理学提出生态整体论，将人与物纳入统一框架中，认为动物与环境是有机的交互整体，其中任一部分的改变都将引起另一部分的改变。同期"自我"研究，也从"生物"的自我发展到"生态自我"。

生态心理学家不仅看重人的有机整体的统一，同时也将自然系统，包括物理系统、生态系统和社会文化系统纳入人的心理整体中。简单地说，生态心理学就是在心理学研究基础上，将环境纳入心理学研究范围。[4]

2. 自然环境可以进行心理疏导

人类在潜意识里有一种与大自然亲密连接的属性，在自然对人的作用研究中，认为森林环境对人具有明显的心理疏导作用，譬如接触自然、接触森林可以缓解人的压力，愉悦心情等。在心理康复实践中，用无言森林来包容特定目标是很重要的一类手段。有研究表明接触自然可以产生神经医学疗效，刺激脑回路，降低压力激素，以及提升思维和认知能力。健康生活离不开自然和艺术，在森林疗养实践中，大地艺术疗法融合了艺术疗法和自然疗法，同时改善人的生理和心理状态，体验者总体反映不错。[5]

（二）生态疗法的理论和实践

生态疗法是一种在生态心理学发展背景下应运而生的新兴疗法，是利用自然对人体的有益作用进行身心治疗。目前这类方法在很多国家和地区已经得到应用[3-9, 11]。

1. 生态疗法的理论

研究人员通过科学系统地探讨自然与人心理和行为的关系，发现接触自然对人有很多积极的作用。目前主要有以下理论从不同角度进行了研究和阐述。

（1）亲生命假设（biophilia hypothesis）认为，人类在潜意识里，有一种与大自然其他生物亲密联系的属性，喜欢大自然是人类的遗传特质。人类越多参与到自然中，则越能与自己的进化本源建立联系。这种特质有利于人类生存，会给人类带来积极影响。

（2）注意力恢复理论（attention restoration theory）认为，当个体身处自然环境中时，除了能引起无意注意之外，还能达到降低使用定向注意的目的；自然环境有助于个体从注意疲劳中复原，有利于集中注意力，可以彻底释放自己。但是注意力的恢复是一个缓慢的过程。

（3）压力恢复理论（stress recovery theory）认为，当个体身处自然环境中时，大自然中的一些环境因素会引导个体的注意力从原有的生活状态中抽离，从而远离压力源。自然环境会给个体带来积极情绪的转变，诱发个体心理、生理以及行为上的良好反应，达到缓解个体压力的目的。

2. 生态疗法的概念和主要内容

生态疗法是基于生态心理学理论和研究发展起来的，虽然研究领域对生态疗法的称谓和定义有差异，但它的核心内涵是共同的：亲近大自然本就是人类的基本属性，自然因素具有一定的疗愈功能，人们可以从大自然获得平静与心灵慰藉，人类越多参与到自然中，则越容易变得健康安乐。生态疗法包括了森林疗法、园艺疗法和荒野疗法等多种自然形态疗法。

自然辅助疗法（nature assisted therapy）也叫生态疗法（eco-therapy），这是一种运用自然植物材料，或者户外环境（不包括其他的动物或生物）来治疗和康复有身心疾病患者的疗法（Berger & Mc Leod, 2006; Annerstedt & Wαhrborg, 2011）。其本质是将生态心理学的原则与心理治疗相结合，将咨询从城市中的咨询室发展到自然环境中，将自然的环境因素纳入到心理健康的标准中，是一种以自然环境为背景的心理治疗方法。这种治疗方法侧重于人与自然的和谐相处，以及全身心的融合，让人们在与自然的链接中，体验生活的意义，从而产生一些幸福的感觉和积极的情绪，达到心理治疗的目的。[7]

3. 生态疗法的实践

生态疗法是一种新兴疗法，不同的机构、不同的研究者在进行着不同的研究和实践。主要是针对压力人群、社区老年人和残障人群开展一些疗愈活动。森林疗养更多的是通过公开招募的方法在森林环境开展活动，[8]园艺疗法则主要通过社区活动进行。[9]据报道，均取得了良好的社会反应。

目前，国内森林疗养由北京园林绿化国际合作项目处发起，正在进行人员培训和项目实施；园艺治疗联盟（中国）开展园艺治疗理论研究、应用实践和人才培养，香港和台湾等地有机构在国内进行培训和实践活动；荒野治疗目前国内实施者比较少。

三、研究生压力管理中生态疗法实施建议

压力是压力源和个体认知反应的结果，在进行压力管理时不要仅从压力源考虑问题，因为造成心理问题的压力源绝大多数是综合的，面对这类复杂的事情不仅需要专

业的人员还需要个体的配合，不能简单对待。如果从个体的认知和反应入手，我们可以利用自然对人类的有益作用，从给人的生理心理补充能量角度切入，让人们尽快从压力中恢复，从而做好自身的压力管理工作。在国外众多森林疗养产品中，森林心理疏导是最成熟的产品之一。[10]

（一）团队定期开展森林疗养活动

相对于园艺治疗而言，森林疗养活动范围更广，自然环境更多彩，可以做的活动更丰富。所以我们可以根据研究生群体情况，确定主要需要解决的问题和目标，由森林疗养师进行活动设计，双方对活动目的和问题解决方案达成一致后，每年定期进行两次森林疗养活动。

森林疗养活动在打开视听味触等感觉的情况下，可以设计团队建设活动，比如增强信任感的毛毛虫活动；可以设计个体的放松活动，比如森林漫步、冥想、森林瑜伽和身体扫描活动等；可以设计个体的倾诉宣泄活动，比如我的树、森林运动和森林音乐；可以设计提高个体自信心的活动，比如森林手工、大地艺术和奇思妙想等。森林疗养活动可综合运用园艺治疗、音乐治疗、绘画治疗等多种方法，有效降低参与者压力感，提高参与者的成就感，帮助参与者处理情绪，恢复平静。

（二）个体或小团队的园艺治疗活动

相对于森林疗养而言，园艺治疗的场地较小，更适合个体或者是小团队的治疗活动。我们可以鼓励或者是规定，学生每月定期进行一次园艺治疗活动，有压力感要及时去做园艺治疗。园艺治疗师根据来访者的情况，进行评估和项目设计，安排具体的园艺治疗方案。可以是一系列的，从种子的播种到养护到开花结果，也可以是一次单独的园艺活动，比如压花、插花，或者仅仅是一次除草浇水的活动。通过这些活动，让研究生获得生理、心理、精神与社会交往方面的帮助，恢复他们的身体机能与精神状态。

生态疗法，除了自然环境的负氧离子、植物精气等对人的益处外，还可以让我们绕开语言，直接通过某种活动进入来访者的内心。因为当情绪体验作为一种负向能量藏匿或者呈现的时候，语言就不可能达到，而生态疗法具有让我们整个人身、心、灵全部卷入的能力，借此来治疗身心疾病便更容易。

参考文献

[1] 王剑，牟孟钧，曲兆华，等.新时期研究生管理工作面临的困境与对策[J].齐鲁师范学院学报，2017，32（2）：52-56+139.

[2] 中国心理卫生协会，中国就业培训技术指导中心.心理咨询师（基础知识）（修订版）[M].北京：民族出版社，2015.

[3] 陈晓，王博，张豹.远离"城嚣"：自然对人的积极作用、理论及其应用[J].心理科学

进展，2016，24（2）：270-281.

[4] 朱辉，朱建军.生态疗法与生态疗法系统模型 [J].心理技术与应用，2016，4（6）：376-382.

[5] 南海龙，王小平，刘立军，等.森林疗养漫谈（第一版）[M].北京：中国林业出版社，2016.

[6] 陈晓庆，吴建平.园艺疗法的研究现状 [J].北京林业大学学报（社会科学版），2011，10（3）：41-45.

[7] 安倩.生态心理治疗研究综述 [J].科教文汇，2015（12）：180-181+190.

[8] 张哲，李润楠.森林公园的康体效益研究综述 [J].林产工业，2017，44（3）：60-62.

[9] 李树和.园艺疗法在社区和学校的实施 [J].现代园林，2013，10（4）：15-19.

[10] 程希平，陈鑫峰，叶文，等.日本森林体验的发展及启示 [J].世界林业研究，2015，28（2）：75-80.

[11] 王涛，李伟伟，刘璇，等.园艺疗法与中医药理论结合应用研究 [J].现代园艺，2015（17）：43-44+45.

理科研究生校园文化活动调查与分析

何玉云　何　方　江德浩　史滋福

（湖南师范大学）

摘　　要　研究生是高层次人才，不仅要具有渊博的知识、强健的体魄，也要拥有健康的心理。积极、健康的校园活动可以有效引导学生并缓解学生的心理障碍。本文对理科研究生进行校园文化活动调研，试图了解校园文化活动开展现状并分析其原因，以便更好地开展高效的校园文化活动，以促进学生身心健康发展。

关 键 词　研究生教育；校园文化活动；心理健康

作者简介　何玉云，女，1970 年出生，湖南师范大学数学与计算机科学学院科研办主任。联系电话：17700799825；电子邮箱：411621481@qq.com。

一、前言

研究生教育是高等教育体系中的一个重要组成部分，是教育的最高层次，在人才培养中具有很重要的意义。培养研究生要"学品"与"人品"同时培养，不仅要重视学术知识、科研水平的培养，也要重视研究生思想政治品德的培养。作为国家建设、经济发展的支柱，须具有渊博的知识、强健的体魄和健康的心理，才能承担起这份社会责任。否则成为"人品"差的人，最终会给社会带来很严重的负面影响。

在我国，父母比较看重儿女，视为"掌上明珠"。儿女小时大多都是"饭来张口，衣来伸手"。部分人缺少磨砺，心理娇嫩，一旦面对挫折，便无法承受。一挫即败，一败即"疯"，继而做出过激行为，甚至触犯法律。近几年来，随着研究生教育规模不断扩大及社会竞争日趋激烈，特别是在新的经济环境冲击下，研究生的压力增大，如学业、就业、情感需求及经济状况等各方面，心理问题就愈加凸显，从而引发出各种心理、行为问题，像抑郁、自杀等现象，时有发生。现阶段就出现了清华投毒、复旦下毒、南航刺杀、湘大掐脖子等恶性事件。这些表明部分研究生的心理健康问题，已经严重地影响了他人正常学习、生活和工作，影响家庭幸福，影响社会稳定。研究生教育管理者应实时关注研究生的心理健康问题，把这项工作当作日常工作来管理。

心理健康，从广义上来讲，是指一种高效而满意的持续的心理状态。从狭义上来讲，是指人的基本心理活动的过程内容完整、协调一致，即认识、情感、意志、行为、人格完整和协调，能适应社会，与社会保持同步。心理健康的基本特征，是个体能够适应发展的环境，具有完善的个性特征，且其认知、情绪反应、意志行为处于积极状态，并能保持正常的调控能力。生活实践中，能够正确认识自我，自觉控制自己，正确对待外界影响，使心理保持平衡协调。

如何疏通、引导、化解研究生面临的各种压力，方法有许多，其中积极健康的校园文化，可以有效地陶冶学生的情操、启迪学生的心智，促进学生的全面发展。本文试图通过调查问卷来了解并分析校园文化活动对学生心理健康的影响程度，希望能给教育工作者在改善研究生心理健康水平措施上提供些许参考。

二、研究方法

研究生对校园文化如何评价？本人长期在理科研究生的管理岗位上，利用工作便利，对本院理科研究生进行了校园文化活动的问卷调查，并进行了问卷分析。本次调查共发放有效问卷 122 份，调查对象包括研一至研三三个学习阶段的学生，主要收集了校园文化活动满意度、校园文化活动需求、活动期望三个方面的信息。本文通过 SPSS 软件对调查数据进行分析，试图了解校园文化对理工科研究生的心理影响及其效果。

三、调查数据分析

本次问卷共 14 题，主要采集了研究生对校园文化活动满意度、校园文化活动需求、校园文化活动预期三类指标下的相关信息。本文也主要以所采集的相关信息为支撑，进而分析校园文化活动对研究生的影响。

（一）校园文化活动满意度

良好的校园文化活动在一定程度上能够促进研究生的健康成长。一方面，参加校园文化活动能够让学生更好地融入校园生活，提高自身交际能力；另一方面，校园文化活动所具有的积极因素能够提高学生的专业水平，缓解学生学习疲乏状态。然而学生是否积极参与校园文化活动与活动本身的多样性、趣味性息息相关，调查学生对校园文化的满意度能够帮助判断开展校园文化活动的意义。

校园人文环境反映了校园文化的基本情况，它主要包括校园的观念、态度、信仰以及文化知识。表 1 中研究生对人文环境满意度的调查信息，非常满意的学生占样本总量的 16.4%，选择满意的学生占总人数的 57.4%，选择一般与不满意的学生分别占总人数的 23.8% 与 2.4%。从数据上看，学生对校园人文环境满意度较高。

校园文化活动的丰富性、多样性是吸引广大学生积极参与的主要因素。面对所参与的校园文化活动，持满意态度的学生人数相对较高，如表 1 所示。对校园文化活动非常满意的学生占总人数的 13.1%，而持满意态度的学生人数最多，占总人数的 42.6%，认为校园文化活动一般的人数占总人数的 36.9%，另有 7.4% 的学生觉得校园

表 1　人文环境与活动情况满意度

	人文环境（人）	百分比（%）	活动（人）	累计百分比（%）
非常满意	20	16.4	16	13.1
满意	70	57.4	52	42.6
一般	29	23.8	45	36.9
不满意	3	2.4	9	7.4

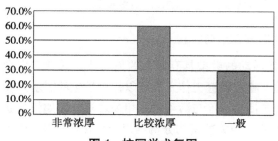

图 1　校园学术氛围

文化活动并不令人满意。数据显示，满意校园文化活动的人数相对较多，但是持一般和不满意态度的人也不少。可见，学校相关部门依然需要努力改进校园文化活动的丰富性，以吸引更多学生参与。

校园学术氛围是影响研究生学术能力的关键因素，良好的学术氛围能够激发学生的研究动力。图 1 反映的是校园学术氛围浓厚度情况。不难看出，认为校园学术氛围浓厚的人数占优，其中选择非常浓厚的学生占 10%，选择比较浓厚的学生占 60%，仅有 30% 的学生认为校园学术氛围一般，还有待提高。可见学校对校园学术文化的建设相对比较重视，学校可以进一步组织学术活动不断加强校园学术氛围。

（二）校园文化活动需求

校园文化活动以满足学生各方面需求，培养学生综合素质为目的。从供需的角度看，校园文化活动只有满足学生自身成长的需求才能顺利进行，只有明确活动的宗旨才能更具吸引力。本文通过调查了解学生自身的兴趣、参加校园活动的原因及影响因素等几个方面来探讨校园文化活动如何满足学生的需求。

图 2 显示的是学生年级与校园文化类别的柱形图。其中校园文化类别包括学术研究、就业实践、文艺体育、心理指导、交友联谊和公益服务。从图中可以看出，研一的学生对就业实践活动比较感兴趣；研二学生对学术研究、就业实践、文艺体育等几个方面较有兴趣，选择的比例均超过 50%；研三学生除对学术研究、就业实践、文艺体育较感兴趣外，值得注意的是对交友联谊类的校园活动也比较感兴趣。从不同年级感兴趣的校园文化活动分布情况看，大力开展学术研究、就业实践方面的校园文化活动能够吸引广大研究生参与，而对于高年级的学生来说，文艺体育活动也具有一定的吸引力。针对研三学生也可以多开展交友联谊方面的活动，以提高学生的人际交往能力。

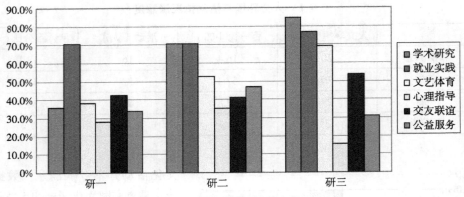

图2　不同年级活动兴趣

　　学生是否参与校园活动与校园文化活动的类型具有很大的关联性，通常学生会选择感兴趣或者与自身需求相关的活动，相关教育工作人员可以针对学生的需求开展活动。从学生自身角度看，是否参与校园活动，除与活动主题相关之外，诸如信息获取、时间安排等因素也是与之息息相关的。相关数据的分析结果（表2）表明，活动主题、信息获取、时间等都是影响学生参与校园活动的主要因素，而对于研三阶段的学生，有否同学陪同也是影响其参与校园活动的因素之一，可见该年级学生参与校园文化活动的独立性有待提高。从信息获取的角度看，校园文化活动传播范围越广，参与该项活动的人数就越多。因此，提高活动传播能力是提高学生文化活动参与度的重要方面，可以通过网络、海报等多种媒介来提高活动信息传播的广度。从时间角度看，低年级同学课程任务重，时间安排紧凑，学生往往无暇参与有意愿的校园文化活动。因此，活动组织部门应合理安排活动时间，确保学生们可以利用课余时间参与校园文化活动，丰富校园生活，提高综合素质。

表2　不同年级活动参与影响因素

	活动主题	信息获取	时间	同学陪同
研一	50.0%	44.4%	52.2%	32.2%
研二	58.8%	52.9%	64.7%	23.5%
研三	69.2%	53.8%	46.2%	61.5%

　　综合分析校园文化需求的各类数据可知，提高理工科研究生参与校园文化活动的积极性可以通过丰富活动主题、扩大活动信息传播、合理安排活动时间等几个方面进行。首先，针对不同年级的需求，开展不同主题的活动；其次，通过多种途径提高活动信息传播的广度；最后，合理安排校园文化活动时间。

（三）活动期望

　　开展校园文化活动，其目的是提高学生的综合素质，促进学生身心健康。成功的校园文化活动应当满足学生参与活动的需要，达到学生的预期。从提高学生综合能力方面考虑，只有能够促进学生某方面能力提高的文化活动才能体现其开展的意义。如果将综合能力细分为学术研究能力、社会实践能力、沟通表达能力、团队协作能力、个人心理素质等几个方面，那么，所开展的校园文化活动也应在一定程度上实现相应能力的提高。

图 3 是关于不同年级学生能力提升期望的柱形图。在学术研究能力方面，选择百分比从研三到研一依次呈下降趋势，其中研三学生在该项的选择比例占总选择次数的88.9%，研二学生的占比为 75%，研一的学生仅占 53.8%。在社会实践能力方面，研一学生选择比例最高，占该年级总次数的 81.3%，研三学生的选择次数最少，占该年级总选择次数的 66.7%。在沟通表达能力方面，研二年级学生的选择比例最高，占总次数的 93.8%。团队协作能力的被选次数在三个年级中都不高，仅研三年级的学生期望提高自己团队协作能力的比例相对较高，选择次数占 66.7%。针对不同年级的提升期望，研一年级的学生可以从提高学生实践能力出发，开展相应的活动；研二年级则可以开展提高沟通表达能力及学术研究能力的相关活动；而对于研三年级的学生而言，组织相关活动以提高其学术研究能力、团队协作能力是有必要的。

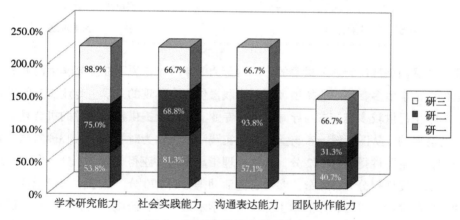

图 3   不同年级能力提升期望

图 4—图 7 是关于学生各项综合能力的频数分布图。图 4 代表学生个人学术能力中各项学术活动的重要性分布，图 5 代表沟通表达能力的各项活动重要性分布，图 6代表的是实践操作能力中各项活动的重要性分布，图 7 代表的是心理素质方面的各项活动重要性分布。有关个人学术能力的各项活动中，参加课题项目和参加学术讲座被认为是相对重要的，其中课题项目重要性得分为 381 分（各项调查数据中，活动最重要得 4 分，第四重要得 1 分），参加学术讲座活动重要性得分为 300 分，其余两项活动重要性得分均未超过 300 分。由此可见，学生认为开展学术讲座或相关会议及参与导师课题项目有助于提高学术研究能力。在沟通表达能力重要性的相关图形中，参

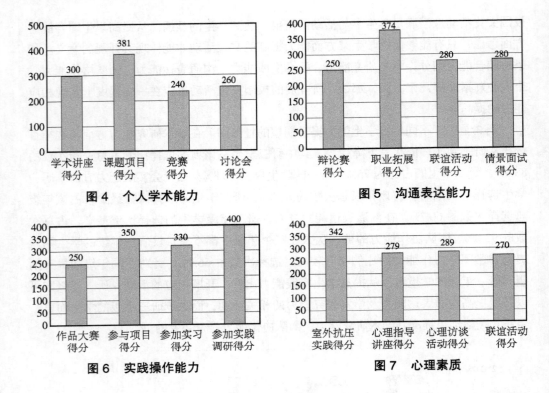

图4　个人学术能力

图5　沟通表达能力

图6　实践操作能力

图7　心理素质

与职业拓展训练被认为是最重要的，其得分为 374 分。这说明在提高学生沟通表达能力上可以让学生多参与职业拓展训练。实践操作能力体现的是学生专业实务的基本能力，为学生提供较多机会参与导师项目、专业实验以及提供校外实习的机会是当前研究生所需要的。从图 7 看，参与室外抗压实践活动被认为对提升个人心理素质具有重要作用，其重要性得分为 342 分，参加心理指导方面讲座得分为 279 分，参加心理访谈活动的重要性得分为 289 分，参加联谊活动得分为 270 分。从学生的期望及活动开展的重要程度看，研二研三的学生比较适合学术讲座和科研项目之类的活动，研一的学生则比较适合社会实践方面的活动。另外针对研二学生，开展职业拓展训练及室外抗压实践等活动也是十分必要的。

四、结论与建议

（一）相关结论

研究生的集体活动比本科生少，一般在第一年集中上课，其余几年的学习、科研都是在实验室、资料室里度过。平时交往的范围狭窄，交流的对象主要是同一个专业、同一个实验室，或同一个宿舍的人，缺乏与他人的接触与交流。他们大部分时间专注于查文献、做实验和写论文，而较少参加社团文化活动及其他集体活动。通过问卷调查理科研究生参与校园文化活动的情况，发现研究生对我校现有的校园文化活动是认可的、满意的、积极的。具体的调查结果可以总结为如下几点：

第一，理科研究生对当前校园人文环境较为满意，校方组织的文化活动也得到了广大研究生的认可。校园文化活动及其带来的学术氛围给我校研究生带来了正面的影响，但校园文化活动还得进一步推广与完善。

第二，不同年级的研究生对校园文化的需求不同。研一学生热衷于就业实践活动，研二学生热衷于学术研究、就业实践等方面的活动，而研三的学生则对学术研究、就业实践、文艺体育三方面的活动都感兴趣。

第三，影响学生参与校园文化活动的因素是多方面的。首先，活动主题是否有吸引力是影响学生参与活动的主要因素，能够满足学生一定需求的活动通常具有更大的吸引力；其次，信息传播的广度与深度也是学生是否参与校园活动的原因之一，就高年级学生而言，其日常生活比较单一，获取活动信息的机会相对更小；最后，时间也是制约学生参与校园活动的因素之一。

第四，从对校园文化活动的预期上看，研一学生希望提高社会实践能力，研二学生则希望提高自身的学术研究能力和沟通表达能力，而研三的学生则更加希望在学术研究能力上有所突破。

（二）相关建议

根据调查研究所得的几点结论，本文提出下列建议，以期能够对改善和推广校园文化建设有所帮助。

第一，加大校园文化建设力度，改善我校人文环境，促进理工类研究生在参与校园文化活动的过程中开阔视野，走出自我，以积极、愉快的情绪来学习，确保身心健康，全面发展。

第二，努力提高文化活动的参与率。首先，丰富校园活动主题，组织多元化的校园文化活动，以满足学生的自身需求，实现能力上的提高；其次，提高活动传播的力度，通过多种媒介平台进行活动信息的宣传；最后，合理安排活动时间，保证学生能够抽出时间参与其中。

第三，有针对性地开展校园文化活动，使参与其中的学生在综合能力上有所提高。首先，针对研三年级学生可以开展学术讲座、课题研究等活动，以提高学生的学术研究能力；其次，针对研二年级学生可以更多地组织职业拓展训练、室外抗压实践活动以提高该年级学生沟通表达能力和心理素质；最后，针对研一年级的学生可以给予更多参与导师项目、专业实验及校外实习的机会，从而提高研一学生实践操作能力。

研究生心理健康教育是一项长期而复杂的系统工程，适当开展丰富多彩的校园文化活动，可以改变研究生单调的学习、生活模式，增加他们与外界的交流与沟通。依据研究分析的相关结论，建议加强校园文化建设，让校园文化活动的辐射作用、引导作用发挥到极致，从而提高研究生综合能力，促进研究生身心健康发展。

参考文献

［1］武晓会.研究生心理压力及应对方式的特点调查［J］.社会心理科学，2012（6）：100-123.

［2］黄红梅，张妮.硕士研究生心理健康教育现状及对策探析［J］.华章，2011（26）：158-159.

［3］张治国，金永升.研究生心理健康教育体系与途径探索［J］.中国科技信息，2010（10）：298-299.

［4］胡淑芳，王晓峰，等.PATS 心理检测系统的建立与应用［J］.西北国防医学杂志，2002（6）：439.

［5］赵蕾.理科研究生心理健康问题及其对策［J］.长江工程职业技术学院学报，2008，25（2）：1-4.

PART 6

研究生专栏

POSTGRADUATE
EDUCATION

习近平总书记关于学习方法讲话精神的启示

冀 景

（湖南师范大学）

摘 要 习近平总书记的系列讲话高度重视学习问题，对于广大青年学生在学习中要注意的问题作出了重要指示。在学习方法上，要处理好学习和思考之间的关系；在学习态度上，切实发扬理论联系实际的优良学风；在学习思维上，随着时代的发展，要贯彻中华民族与时俱进的创新精神；在学习过程中，青年要坚持不懈地努力奋斗。

关 键 词 习近平总书记；学习方法；学习启示

作者简介 冀景，女，1995 年出生，湖南师范大学马克思主义学院思想政治教育专业硕士研究生。联系电话：18874208440；电子邮箱：357214550@qq.com。

十八大以来，习近平总书记高度重视学习问题。"学所以益才也，砺所以致刃也。"在发表的一系列重要讲话中，习近平总书记运用平实的语言阐述着蕴含深刻道理的学习大智慧。在学习讲话精神中，作为一名研究生的我，对于如何学习以及学习中应注意哪些问题有深刻的体会。

一、关于学习方法讲话精神的内容

习近平在中央党校建校 80 周年庆祝大会暨 2013 年春季学期开学典礼上的讲话中提出："有了学习的浓厚兴趣，就可以变'要我学'为'我要学'，变'学一阵'为'学一生'。""正所谓'学而不思则罔，思而不学则殆'。你脑子里装着问题了，想解决问题了，想把问题解决好了，就会去学习，就会自觉去学习。"

习近平总书记借用孔子之言充分阐明了学习应具备的要素。习近平总书记这一讲话揭示了下列几点精神内容。

（一）学习与思考要相辅相成

"学而不思则罔，思而不学则殆"是习近平总书记讲话精神中关于学习必提及的一句话，涉及如何处理学习与思考的关系。同样，在北京大学师生座谈会上的讲话中也指出"博学之，审问之，慎思之，明辨之"，强调勤学与善思是互为补充、紧密相连的环节，也是成人成才的第一步。"感性无知性则盲，知性无感性则空。"西方哲人康德的这句话可谓与习近平总书记的讲话精神"勤读书""善读书"有异曲同工之妙。

学习与思考是习近平总书记讲话精神中的首要问题。借古人之言"学而不思则罔，思而不学则殆"指出学习和思考是不可分离的兄弟俩。若是只学习书本知识而不去思考其中真正的含义，就如同没有读书，更何谈收获；但只是一味地坐在那里空想而不去学习知识，那满满的疑惑也只能躺在心底而无法解答。

如何体味习近平总书记讲话精神中勤学在学习方法中的位置？"学而不思则罔"，身为万世之师的孔子将其具体化为："吾尝终日不食，终夜不寝，以思，无益，不如学也。"指出只是苦想，即便不吃不睡，大脑不停运转，结果依然是无所获，必须贯以学习这一手段才能解决思考的问题。同样，孔子的后继者荀子在《劝学》文章中也指出："吾尝终日而思矣，不如须臾之所学也。"勤奋的思考是没有错的，但单单只是做到勤思，并无实际用处，结果只会徒增烦恼。"只可胡思乱想，也算不得知识。""学如弓弩"是习近平总书记在多次讲话中所提及的学习应有的一种状态，也就是要求学习要如饥似渴，在"学而思"的努力下，做学问如满月弓弩似的有志青年。

当然，在学习的基础上学会思考，切勿"思而不学"是习近平总书记讲话精神中关于学思并重的另一方面，也是广大学子所欠缺的。这一问题在严复先生首任北京大学校长时便已指出，他认为西方文明、民主、富强的根本原因就在于逻辑的发达，中国人要学习西方文明，首先就要从学习逻辑开始！习近平总书记同样在哲学社会科学工作座谈会上的讲话中也对思考的重要性进行了强调："为学之道，必本于思。"思考作为学习的根本，是得到真知的必经之途径。否则，结果便是"不深思则不能造于道，不深思而得者，其得易失"。这样读书岂不是白读？所谓的勤学也只是过了一遍眼，凑了凑热闹，只有同时在思考上下功夫，才可达到习近平总书记所说的，"思所以睿，睿所以圣也"。学习在思想的光辉下前行，是走向睿智、圣人的第一步。追求"思而学"，开动大脑紧跟习近平总书记讲话精神的精髓。

（二）发扬理论联系实际的学风

"变'学一阵'为'学一生'"不仅要学习怎么读书、怎么学习理论知识，还要学习怎样实践、如何在实践中学习。学习和思考的结合可以说是做好理论的前提，这是联系实际问题、解决实际问题的第一步。"变'要我学'为'我要学'"是将现实的疑问与困惑作为学习的出发点，并以解决疑问和困惑为实践任务的结点。为此，习近平总书记指出："要发扬理论联系实际的马克思主义学风，带着问题学，拜人民为师，做到干中学、学中干、学以致用、用以促学、学用相长，千万不能夸夸其谈，陷于'客里空'。"在这段话中，习近平总书记旨在强调学习时要发扬理论联系实际的马克思主义学风，要有说干就干的勇气。

将理论与实际相联系，不是找关联，而是要发挥理论的作用，运用于实践中。习近平总书记讲话精神中强调"凡贵通者，贵其能用之也"，指出可贵之处便是"用"，是将理论作用于实际问题实际情况，提出有针对性有可行性的办法，"能用之"。知道多少都不及将知识用于实践所发挥的作用大，在学习中获得的知识用于行动中，所谓"行之，明也"。知而不行，"虽敦必困"。"行"不仅是科学理论的出发点，更是理论发挥作用的归宿。在讲话精神中，习总书记也同样指出不要绕弯路，要有实干的魄力，在科学理论的指导下进行实践。这也是对革命导师恩格斯的时代回应，我们的理论不是教条，而是行动的指南，是可以用理论来解决实际问题的。

习总书记所说的坚持理论联系实际的学风，不是照搬书本上的理论、过去实践中所得经验，若这样就犯了"本本主义""教条主义"错误，不但解决不了问题，反而会造成更大的问题。也就是李立三、王明在领导中国革命过程中在战略上所犯的错误。也不是将马克思主义中的只言片语连缀起来，玩文字游戏，这样就犯了只姓马而不信马的错误，会助长浮躁的学习风气。这些都是万万不可取的。

（三）注重创新精神

想把问题解决好光靠过去理论上和实践中的经验教训总结是不够的，还需要针对问题进行理论创新与实践创新。"创新是民族进步的灵魂，是一个国家兴旺发达的不竭源泉，也是中华民族最深沉的民族禀赋。"创新能力是 21 世纪最珍贵最富有价值的能力。"'苟日新，日日新，又日新'是对中华民族创新精神的最好写照。"习近平总书记讲话精神中，深刻地揭示了创新作为学习中的必备品质，是对思想的洗礼、品德的修行和精神上升到新境界所提出的要求。

"逝者如斯夫，不舍昼夜。"处于日新月异的现代社会，处于瞬息万变的时代长河中，"不日新者必日退"。"周虽旧邦，其命维新。"革新是维持生命体的生存路径，也是维持强大思维逻辑能力、追求崭新自我的变革之路。"变者，天下之公理也。"正如恩格斯所说，社会主义是"经常变化和改革的社会"。学习也是如此。寻求不断超越与创新是学习进步的常理。创新没有真正的完成时，只有持续的进行时。创新不是尊老祖宗之法不可变，不是今日坚守"昨日是"，也不是后日遵循"今日是"，而是要不断打破思维定式，更新理论观念，打破旧束缚的阻碍。

习近平总书记的讲话精神中不厌其烦地提到毛泽东思想与中国特色社会主义体系，两者不就是在理论上创新的最好佐证吗？不仅继承了马克思主义的立场、观点、方法，而且与中国现实国情相结合，丰富和发展了马克思主义。正所谓"穷则变，变则通，通则久"。当代中国的伟大社会变革，不是简单延续我国历史文化的母版，不是简单套用马克思主义经典作家设想的模板，不是其他国家社会主义实践的再版，也不是国外现代化发展的翻版，不可能找到现成的教科书。在中华民族实现伟大复兴中国梦的过程中，不断推进实践基础上的理论创新，这种与时俱进的理论品格，是我们党始终保持蓬勃生命力、创造力的关键所在。创新的思维、创新的理念在我们日常的学习中也同样重要，对所学知识持有批判的态度，用敢于怀疑一切的精神作为学习的准则，有利于促进大脑机能的发展与保持积极向上的生命活力。

（四）发扬坚持不懈的精神

"变'学一阵'为'学一生'"这中间必不可少的是坚持不懈的精神。习近平总书记在接受采访时说道："我不是痛并快乐着，是累并快乐着。"累总是会出现在生活中，似乎已经是我们的一种常态。的确，累表明我们在奋斗，在前进，在走上坡路。这其中就必不可少要有坚持不懈的精神，不轻言放弃，久久为功的恒心。

同样，毛泽东同志也说过："下苦功，三个字，一个叫下，一个叫苦，一个叫功，一定要振作精神，下苦功。"下苦功也可谓坚持不懈的同义语，是要接受长期坐冷板凳的现实，是要坚定自己的信念，做好打持久战的准备，发扬坚持不懈的精神品质。正如习近平总书记在《滴水穿石的启示》中讲到的，我们需要的是立足于实际又胸怀长远目标的实干，而不需要不甘寂寞、好高骛远的空想；我们需要的是一步一个脚印的实干精神，而不需要新官上任只烧三把火希图侥幸成功的投机心理；我们需要的是锲而不舍的韧劲，而不需要'三天打鱼，两天晒网'的散漫。这些话正是对坚持不懈的最好诠释。

"行百里者半九十。距离实现中华民族伟大复兴的目标越近，我们越不能懈怠，越要加倍努力，越要动员广大青年为之奋斗。"这是习近平总书记在 2013 年 5 月 4 日，同各界优秀青年代表座谈时讲的话。"行百里者半九十"就如同"多加一盎司定律"，表达了越是到了紧要关头，离既定目标越近时，我们越要坚定自己内心的信念，拥有多走一步的坚持，坚持必胜的自信。"风雨浸衣骨更硬，野菜充饥志越坚。官兵一致同甘苦，革命理想高于天。"在漫漫长征路，在弹尽粮绝的困境中，毛泽东与广大官兵尚如此坚毅，我们在探索知识的路上也要记住"不积跬步，无以至千里；不积小流，无以成江海"，持之以恒地钻研学术。再长的路，总要一步一步地走；再短的路，也得迈开双脚。要静下心来精益求精搞学术，把最好的精神食粮奉献给人民。

二、关于学习方法讲话精神的启示

（一）要做到学思并重

习近平总书记讲话精神中，"学而不思则罔，思而不学则殆"，辩证地处理学习与思考这对矛盾，很多研究生已听得耳朵有了老茧，但我在学习习近平总书记讲话精神中，有了新的体会。在研究生学习中，终日忙碌，看似大有"悬梁刺股""凿壁偷光"之势，当问及他看了什么、做了什么之时，看见的却是迷茫的双眼或是一大段谁谁谁所喊的虚空口号。这种大搞"形式主义""教条主义"的人，也只能归为别人的复读机，毫无见解，没有想法，用战术上的勤奋掩饰战略上的懒惰。或是看到现实生活中的问题，脑袋里偶有灵感，但不去追寻，不去探索，不去学习，可谓是浪费大好时光。

在此，我们应以习近平总书记为榜样。在七年的知青岁月中，年轻的习近平总是手捧图书、"痴迷"读书，每时每刻都在汲取知识，有思考、有借鉴、有批判。在日理万机的总书记生涯中，他仍不忘读书与思考。

在初获研究生这个身份时，曾问研究生是什么？其实很简单，是"研"与"究"。"研"是研究书本知识、研究现实生活、研究宇宙万物，也就是学习，是习近平总书记讲话精神中的"博学之"。"究"是身体力行地就问题去寻找答案，要求学会思考，也就是习近平总书记讲话精神中的"审问之，慎思之"。这两者缺一不可，否则就不能叫作学会学习、学会思考的研究生了。这就要求有善于发现的眼睛，带着问题去钻研课本，发现新情况、新问题，深学真学，既"知其一"，也"知其二"；既"知其然"，也"知其所以然"。特别是作为思想政治教育专业的研究生，要明白习近平总书记讲话精神中的"思想政治教育不是冷冰冰的宣传灌输，而是用真理说话、靠知识说话。必须自觉加强教育理论、方法、技巧的学习"。当然，也必须将勤学与善思结合起来自觉学习，要思考应如何渗透、应如何结合、应如何联系等问题，以增强教育的吸引力。"衣带渐宽终不悔，为伊消得人憔悴。"这般勤奋学习加上坚持积极主动思考，日日学习、日日思考，学思并重，方不辜负研究生的身份。

（二）要拥有实干精神

习近平总书记讲话精神中理论联系实际的原则无处不在。大力提高理论水平，大力提高理论联系实际能力，是马克思主义学风的本质要求。从书本上得来的知识终究有些肤浅，彻底认识事物还得在实践中探索。正如歌德所说："光有知识是不够的，还应当运用；光有愿望是不够的，还应当行动。"将实干精神贯串于研究生的学习生活中，特别是思想政治教育专业，更要将马克思主义的理论与实际相结合，并应用于实践中去。

在此，我们应以习近平总书记为榜样。在七年的知青岁月中，年轻的习近平做事情有一个很大的特点：他一旦担起了责任，就有自己的想法，敢干事，敢干大事。他在梁家河当书记，就能脚踏实地处理梁家河的事情，带领好村里人，齐心协力搞工作。如今的习近平总书记在中央也是不停地干事情，中国梦、一带一路、亚投行、G20，一个接着一个，不停地干事情，干大事情。我们要学习习近平总书记做一名真真切切的实干家，发扬实干精神。

"不干，半点马克思主义都没有。"在全面建成小康社会决胜阶段，中国特色社会主义进入新时代的关键时期，中华民族努力实现伟大复兴的中国梦的大环境下，对广大劳动群众，特别是对三观尚未明确的青少年进行思想政治教育要有技巧、有方法，要将马克思列宁主义、中国特色社会主义理论体系"灌输"到人们的自觉行为中，发挥文以化人的教化功能，以使主旋律更加响亮，正能量更加强劲。

我们在做思想政治教育工作中，要以习近平总书记讲话精神为指导，要及时总结实践经验与教训，并将之上升到理论的层次，以此来丰富自己的知识素养与实战经验。在此过程中也可促进学以致用、学以促用、学用相长等真正的"知行合一"。

（三）要做到开拓创新

习近平总书记讲话中提到："昨日是而今日非矣，今日非而后日又是矣。"在提倡大众创业、万众创新的时代，创新已成为热点话题。但说起研究生在学术上的创新成果，则是寥寥无几。出现这种状况，究其原因要不就是研究生眼高手低，对经典理论分析不透彻，含糊其辞；要不就是研究生不会另辟蹊径，总是人云亦云，一味"老生常谈"；要不就是研究生缺少批判意识和怀疑精神，缺少强烈的创新意识和创新精神。

为此，寻找创新的榜样，"那人却在灯火阑珊处"，便是我们的习总书记。自党的十八大以来，习近平总书记在系列重要讲话中，提出了创新社会治理的新思想新理念。这些新思想和新理念对于推进社会治理创新具有重大的现实意义和指导意义。

创新不仅关乎国家的发展，也涉及每个人的发展。要贯彻与落实习近平总书记讲话精神。作为思想政治教育专业的研究生，若想"日日新"，甚至是"又日新"，就要努力研读马克思列宁主义、毛泽东思想、中国特色社会主义理论体系等各种文献，特别要认真学习和贯彻习近平新时代中国特色社会主义思想，接受无产阶级思想的洗礼，增加创新的资本。在知识呈几何速度增长的时代，研究生要十分注重对中国传统文化采取取其精华、弃其糟粕的态度，促进道德品质的不断修行。在不断强化自身的学习能力的过程中，一切刻舟求剑、照猫画虎、生搬硬套的做法都是无济于事的，要积极面对竞争激烈的社会，培养自身的创新思维与创新能力。同时，也需要发扬中华民族自强不息的精神品格，关注国内外的思想政治教育前沿问题，避免知识老化、能力僵化、思想钝化，要不怕吃苦、迎接创新，敢于吃苦、敢于创新。在逢山开路、遇河架桥精神的支撑下，在实践中不断有所发现、有所创造、有所前进。

（四）要做到锲而不舍

"学一生"、锲而不舍地行进是习近平总书记讲话精神中对我们的号召。"不要失去信心，只要坚持不懈，就终会有成果的。""中国航天之父""火箭之王""中国导弹之父"钱学森鼓舞道。半途而废不得不说常见于生活、工作中，虽说好的开头是成功的一半，但做到善终才是硬道理，要做到习近平总书记讲话精神中的抓铁有痕、踏石留印。刚开始看书胸怀大志，信心满满，随着页数的增加，文章越显复杂，懒惰的小心思也随之膨胀，畏缩不前。这等小事总是缠绕在研究生学习中。

为此，我们要以习总书记为榜样。当年他上山下乡，坚持每天下地干活回来看书。晚上，他就点一盏煤油灯看书，煤油烟经常熏得他脸上、鼻子上都是黑的。就是在这样艰苦的环境下，习近平总书记每天都要看到大半夜，困得不行了才睡觉。现在整天忙于国家大事，他仍坚持读书，并将读书作为一种生活方式。

作为研究生，在研与究中要发挥坚韧的精神。习近平总书记在讲话中多次说道："没有比人更高的山，没有比脚更长的路。"凡事总要一步一步来，做学问也是。要坚定自己所选的学术这条路，执着于自己所选择道路的勇气，文献要一本一本读，发挥愚公移山的精神。面对学术中的疑惑和实践中的困难，首先决不选择逃避，正如中国的每一步前行，无不是迎难而上。其次要想办法解决。"世上无难事，只要肯登攀。"困难并不可怕，只要我们锲而不舍地前进，迈着坚定不移的步伐，就会有实现目标的那一天。

三、总结

"以青春之我，创建青春之家庭，青春之国家，青春之民族，青春之人类，青春之地球，青春之宇宙，资以乐其无涯之生。"习近平总书记在系列讲话中震耳欲聋的呐喊是对青年责任的呼唤。作为研究生的我们，要深刻领悟习近平总书记讲话精神中关于学习方法的讲话，认真贯彻习近平总书记讲话精神中关于学习方法的要点，对原著要读通读会，要乐于并善于学习，讲究博学、审问、慎思、明辨、笃行，崇尚"士以弘道"的价值追求；理论知识要回归实际，不可做空中楼阁，应该立时代之潮头、通古今之变化、发思想之先声，积极为党和人民述学立论、建言献策，担负起历史赋予的光荣使命；面对不断变化的大环境，要勇于创新、敢于创新，必须吐故纳新、与时俱进，在创新中赢得主动权，不断走在时代的前列，勇闯千难万险。坚持不懈终会柳暗花明，耐得住寂寞，经得起诱惑，守得住底线，才能做大学问、做真学问。

参考文献

[1] 习近平.在中央党校建校 80 周年庆祝大会暨 2013 年春季学期开学典礼上的讲话［EB/OL］.（2013-03-01）［2013-03-03］.http://politics.people.com.cn/GB/n/2013/0303/c1024-20655810.html.

[2] 蒋寅.金陵生小言［M］.桂林：广西师范大学出版社，2004.

[3] 习近平.在哲学社会科学工作座谈会上的讲话［EB/OL］.（2016-05-17）［2016-05-18］.http://politics.people.com.cn/n1/2016/0518/c1024-28361421.html.

[4] 习近平.在全国政协新年茶话会上的讲话［EB/OL］.（2013-12-31）［2013-12-31］.http://politics.people.com.cn/n/2013/1231/c1024-23993815.html.

[5] 人民日报评论部.习近平用典［M］.北京：人民日报出版社，2015.

[6] 习近平.在纪念中国人民抗日战争暨世界反法西斯战争胜利 69 周年座谈会上的讲话［EB/OL］.（2014-09-03）［2014-09-04］http://cpc.people.com.cn/n/2014/0904/c64094-25599907.html.

［7］习近平.摆脱贫困［M］.福州：福建人民出版社，1992.

［8］中共中央宣传部.习近平总书记在文艺工作座谈会上的重要讲话学习读本［M］.北京：学习出版社，2015.

［9］习近平在全国高校思想政治工作会议上强调把思想政治工作贯穿教育教学全过程开创我国高等教育事业发展新局面［N］.人民日报，2016-12-07.

［10］人民日报评论员.大力提高理论联系实际能力——学习胡锦涛同志在中纪委十七届三次会议上重要讲话之三［N］.人民日报，2009-02-11.

［11］新华社评论员.坚持理论联系实际 学以致用真抓实干——学习贯彻党的十八大精神之七［EB/OL］.［2012-11-22］.http://news.xinhuanet.com/politics/2012-11/22/c_113764466.htm.

［12］习近平：决胜全面建成小康社会 夺取新时代中国特色社会主义伟大胜利——在中国共产党第十九次全国代表大会上的报告［N］.人民日报，2017-10-18.

［13］习近平在省部级主要领导干部学习贯彻十八届三中全会精神全面深化改革专题研讨班开班式上发表重要讲话［N］.人民日报，2014-02-18.

研究生教育在区域经济发展中的嬗变

——以湖南地区"双一流"高校建设为例

郑国华

（南华大学）

摘　　要　研究生教育在区域经济发展中有其独特的贡献和存在价值。区域经济发展是动态的，随时代的变化而变化，这就要求研究生教育要适应这种动态趋势，以嬗变求适从。"双一流"高校建设为研究生教育嬗变提供了机遇和要求，对研究生教育在新时代经济建设中能否起到积极作用是一次考验。本文从探究湖南地区"双一流"高校建设下研究生教育与区域经济发展的协调关系出发，结合湖南地区研究生教育现状、区域经济发展态势、"双一流"高校构建下的区域经济发展，论述湖南地区研究生教育的时代嬗变。

关　键　词　研究生教育；区域经济；"双一流"；嬗变

作者简介　郑国华，男，1995 年出生，南华大学设计艺术学院硕士研究生。联系电话：15074730661；电子邮箱：1979596651@qq.com。

一、前言

2015 年 8 月，中央全面深化改革领导小组第十五次会议审议通过了《统筹推进世界一流大学和一流学科建设总体方案》，并于 10 月由国务院正式印发：这是在我国经济建设大转型期间对教育所提出的具有时代性的新要求。建设好"双一流"大学对当前我国科教兴国战略具有举足轻重的作用。世界一流大学之所以为"一流"，就是因为它们在知识创新方面持续性地作出了巨大贡献，高度重视科学创新，不断引领世界科学技术发展潮流，为人类发展提供强大的源泉和动力。[1]湖南地处中南地区，是中部教育大省。跟随国家对研究生教育的改革，一方面，湖南地区的研究生培养规模正随着经济建设的新需求进行调整；另一方面，在研究生培养过程中更加注重质量和内涵，突出地域特色学科专业。就区域经济与研究生教育的关系而言，总体来说，区域经济为研究生教育提供经费，研究生教育为区域经济发展提供高层次人才和技术支持。[2]

一定区域范围内的研究生教育往往反映了该地区的科技水平和科研潜力，是该地区智力因素的集中体现。高校"双一流"建设的大潮兴起，湖南地区更是奋力创建。

目前，已有中南大学、国防科技大学、湖南大学、湖南师范大学被评为"双一流"大学。就研究生教育而言，这些学校在教育领域不乏成功之经验，其科研潜力巨大；而对于在"双一流"建设的大环境下，研究生教育如何在区域经济发展之中"依时求变"却有待我们进行深入探讨。

二、研究生教育与区域经济发展现状

（一）研究生教育在"量"上保持总体增长

湖南省教育厅公开资料显示，湖南省共有研究生培养单位 23 个，截至 2016 年，全省在籍研究生总计超 10 万人（包括非全日制研究生在内），研究生教育规模全国排名第十，与经济总量排名基本匹配。湖南地区研究生教育在总体趋势上是蓬勃发展的。湖南省统计局目前公开的数据显示，湖南地区 2009—2015 这七年的研究生教育在数量上基本持平。我们从湖南地区的研究生招生人数、研究生毕业人数以及研究生在校人数这三个数据可以看出，2009—2015 年湖南地区的研究生招生人数基本稳定在20000 人左右，变化不大；研究生毕业数量逐步小增；而在研究生在校人数上出现了波浪式增长。2009—2012 年稳步增长，2013 年陡然下降，下降人数为 8000 人左右，自 2014 年以后，又呈缓慢增长，但增长速度相比于 2009—2012 年要慢。总的而言，研究生在校人数基本稳定，依然保持在毕业人数三倍左右。（见图1、图2）这说明湖南地区研究生培养规模依然控制在"平稳结构"范围之内，且当前湖南地区的研究生在数量上仍然保持有相对优势，且这种优势还在不断增强。比较毕业人数与招生人数，毕业人数虽然都略低于前两三年的招生人数，但总体差距不大，由此说明，我国研究生教育基本还处于"严进宽出"的大背景下，湖南地区也不例外。

湖南地区的研究生教育在数量上的增长应当依据地区的经济社会发展需求和总体趋势有计划地进行控制。当前，研究生教育规模越来越大，研究生数量也越来越多，而我国正处于"供给侧"改革的关键期，经济发展以高科技、高质量、低规模为时

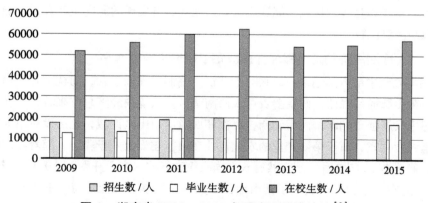

图 1 湖南省 2009—2015 年研究生规模统计[3]

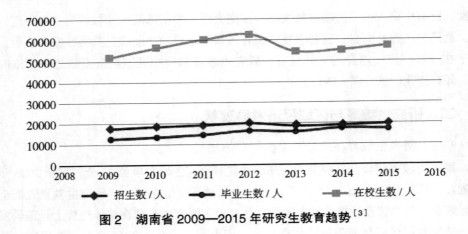

图2　湖南省2009—2015年研究生教育趋势[3]

代特征，传统以劳动力"取胜"的经济特征已经成为过去，区域经济所要求的是专业型、深入型、适应型的新型高科技人才。

（二）"双一流"背景下的研究生教育对"质"的要求更高

研究生教育规模合理优势是湖南作为一个中部大省的强有力发展动力。就湖南地区的教育建设而言，保证了基数上的充足。在当前的教育形势下，建设"双一流"高校已然如火如荼，这对于湖南来说，是重要的战略机遇期，应抓住机遇，发展好区域内智力建设，建设具有地域特色的科技文化强省，支援经济建设。作为中部教育大省，资源和地理都不具有优势的情况下，大力发展科技文化是必然选择，而发展科技就离不开高层次的科技人员，必须大力培养能为社会经济建设服务的高级知识人才，增强湖南地区的智力竞争优势，促进社会发展与进步。

研究生教育在数量上满足了与区域经济发展相适应的要求后，应追求"质"的提高。高质量的研究生才是建设内涵经济的主要动力。正因为湖南地区的研究生教育规模与北边的湖北和南边的广东相比有一定的差距，就更要发展内涵教育，以提高规模竞争力。发展具有地域特色，能够适应湖南地区经济发展的研究生教育，才能更好地为区域经济建设服务。

（三）区域经济的发达程度直接决定了研究生教育水平

湖南处于中部内陆地区，北边靠近武汉，临洞庭而通长江，南枕南岭而通广东，东依罗霄山脉而邻江西，西接黔贵可入西南诸省。从境内经济总体来看，长沙发展居首，湘中发展强于湘北，而后湘南，再次湘西及周边山区诸域，地区发展不太平衡。湖南是农业大省，属于第一产业的农业往往在科技建设上处于弱势。随着经济结构的转型，截至2015年7月，湖南共有6个国家级高新技术产业开发区，9个省级高新园区。[4]这在一定程度上刺激了湖南地区的高科技发展，也为湖南经济建设带来了新的强有力的生机。这些高新技术园区的设立，引领了地区经济建设的发展方向，为区域内部产业结构的调整指明了方向，吸引区域研究生向这些高新技术产业岗位就业，在一定程度上引导了区域内研究生教育方向。高新技术产业的发展，实际上是以高科技、高智慧为主导的经济创造，往往代表了一个地区的科技生产力水平。表 1 是湖南地区 2015 年第一、第二、第三产业增加值的统计。

表 1　湖南地区 2015 年主要经济指标情况[3]

区域	土地面积/km²	常住人口/万人	生产总值/亿元	第一产业增加值/亿元	第二产业增加值/亿元	第三产业增加值/亿元	人均地区生产总值/元
长株潭城市群	28096.0	1425.6	12548.34	661.95	6604.48	5281.91	88543
环长株潭城市群	97606.0	4134.9	23391.28	2170.93	11670.25	9550.11	56768
大湘西地区	81691.0	2019.4	4897.05	800.43	1951.66	2144.95	24318
湘南地区	57217.0	1749.74	6031.82	900.94	2778.74	2352.14	34580
洞庭湖生态经济区	46088.0	1588.3	6949.71	923.95	3254.62	2771.14	43846

区域经济规模对研究生教育规模具有决定性作用。湖南地区的研究生培养单位主要集中在长株潭城市群区域，无独有偶，长株潭城市群区域的地区经济在湖南地区发展居于首位，区域经济与区域研究生教育水平呈正相关发展态势。全省 23 个研究生培养单位中，有 18 个在长株潭城市群地区，占到了全省研究生培养点总数的 78.3%，由此可见长株潭城市群地区的科研水平相对于省内其他区域要高，从而说明了经济水平决定了研究生教育规模。

由表 1 我们可以看出，与高科技教育关系密切的第二、第三产业增加值中，长株潭城市群及环长株潭城市群所占比重最大。长株潭城市群的第二、第三产业增加值分别占全省比重的 45.3%、42.1%，环长株潭城市群的第二、第三产业增加值分别占全省比重的 80%、76.1%；而长株潭城市群的人均地区生产总值 88543 元，比环长株潭城市群的 56768 元高了 31775 元。说明长株潭地区的人均生产值要远高于其他地区，即平均单个人创造生产值的能力相比其他区域要高。这就表明长株潭地区的科技教育水平所带来的社会经济效益远高于环长株潭城市群。反之，长株潭城市群的第一产业增加值位居全省五个区域的最后，说明长株潭地区的经济结构已经在湖南地区率先由劳动力型向科技信息型过渡；无可争议的是，长株潭地区的科教文化结构相比其他地区更完善，所占比重也比其他地区要大。

（四）现代型经济需要强有力的科技智力支持

目前湖南省进入 ESI 排名前 10% 的学科数位列全国第十，居中部省份前列，研究生已经成为科技创新的一支重要"方面军"。2016 年，湖南省在校研究生共发表

SCI、CSSCI、EI 等核心期刊论文或高级别索引论文 14872 篇。[5] 科技部通报了 2016 年度 147 个国家高新区评价结果，湖南有五大高新区跻身前 100 名，排名较上年度整体提升。其中长沙高新区产业升级和结构优化能力排名第 7，可持续发展能力排名第 8。[6] 就湖南省 2014—2015 年三种专利申请与审批情况来看，均有大幅增长（见图 3、图 4）。综合表明湖南省科技智力能力正全面向上拓展。科技对经济的支持主要体现在科技提供高新技术，发展先进生产力，提高生产效率；湖南地区的科技发展为地区经济发展提供新技术、新智力。科技强地区经济才强已经是经过实践检验的真理，世界各个经济强国和地区无一例外都是科技强国和地区。湖南地区的科技要结合其地域特色，发展其独有优势，弥补其缺陷，双管齐下，促进地区经济发展。

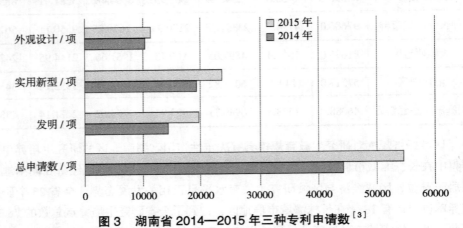

图 3　湖南省 2014—2015 年三种专利申请数[3]

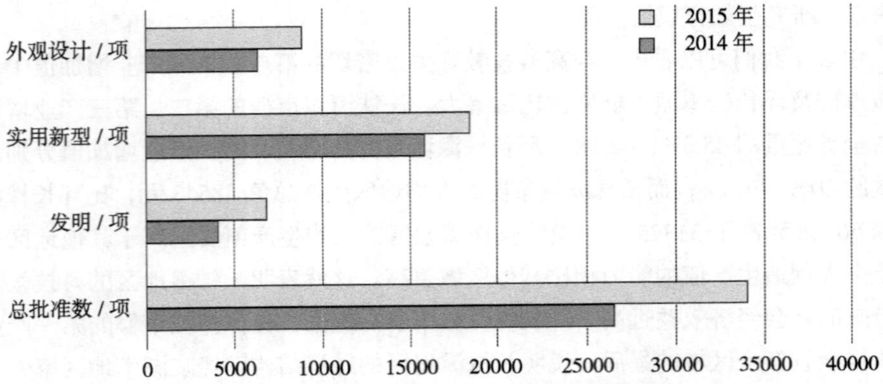

图 4　湖南省 2014—2015 年三种专利批准数[3]

三、"双一流"体系构建下的研究生教育与区域经济

（一）区域经济与研究生教育二者间的"刺激"与"反应"

研究生教育和区域经济发展两者之间联系非常密切，区域经济的发展和进步离不开教育、科技，特别是高层次人才的培养。一个地区研究生良性、健康发展，能为区域经济发展及科技创新提供更多的高层次从业人员和优良的科技保障，进而促进区域经济良性、健康发展。[7]一方面，区域经济基础决定了教育规模的大小，教育依靠经济基础的支持，经济为教育发展提供现实基础；另一方面，经济对教育具有刺激作用，经济发展的繁荣趋势引导教育的发展方向。就目前湖南地区而言，湘中地区的经济发展居湖南之首，相应地，湘中地区的高校科研院所也位居全省第一，这就说明区域经济对教育规模的发展具有积极作用。

区域经济对教育的选择是经济对教育方向把握的最好说明。"双一流"高校建设离不开经济基础的支持，经济的发展方向往往引导了教育的发展趋势，经济从物质层面刺激教育，吸引教育的"目光"，激发教育对发展经济的动力，从而把握教育的发展方向。我国社会主要矛盾已经转化为人民日益增长的美好生活需要和不平衡不充分的发展之间的矛盾，经济建设是当前形势下国家建设的中心依旧没有改变，从而经济与教育地位依旧是经济居于主导，教育居于从属。

教育对经济的反哺作用体现在教育促进科技发展，间接地提高生产力，改变传统生产关系，调整生产结构。根据区域经济建设要求，研究生教育应当在适应当下及今后经济发展趋势的基础上适当调整方向，大力为经济发展提供高质量的专业型人才，研究生教育要大力扶持新兴学科和特色学科发展，鼓励学科交叉融合，促进学科知识系统化，通过集中资源，自主设置培育一批与新的经济模式和业态发展相匹配的高水平优势特色学科。"双一流"建设不是一蹴而就的，其发展必然要经过一个曲折的过程，在这种发展趋势下必然要求在建设"双一流"高校过程中有一个"先导趋向"。所谓"先导趋向"就是要因地域和自身特色而异，发展优势学科和优势专业，以求局部带动总体建设，最终由"单一"走向"繁荣"。

（二）抓住"双一流"高校建设对研究生教育和区域经济发展提供的机遇

"双一流"高校建设带来的不只是在教育上的机遇，还包括为建设"双一流"这个中心所蕴含的外围机遇，包括文化、经济、科技等等。在研究生教育上，湖南地区的"双一流"建设所带来的机遇包括学科发展、学科建设、多学科交叉融合、学科调整、学科更新等；传统的学科建设在新的经济模式下必然存在需要调整的部分，其发展需要有更强大生命力的注入，而"双一流"高校建设正好提供了一次难得的历史机遇。对于湖南地区来说，把握经济发展的大趋势，以区域内主导产业链为导向，构建多批多层次多梯队的现代型学科，才是"双一流"高校建设下地区研究生教育的战略主导。

区域经济有其历史的沉淀性和现实的基础性，地区内经济结构往往是由该地区历史、文化、政治、人口等因素所决定的，有其必然性和合理性。湖南地区由于缺乏资源与地理优势，其经济结构和规模还有很大的发展空间，而当今世界经济已然全球化，抓住"双一流"高校建设机遇发展区域内科技水平，提高科技生产力，为经济建设打开技术动力阀门，促进"双一流"高校建设学科产业落地和现实化，才是对区域经济建设机遇的战略把控。

（三）从区域内部调整研究生教育与经济结构之间的"良性模型"构建

我们所说的"良性模型"的构建，实际上是区域内经济、教育与发展的协调平衡关系。教育对区域经济发展的促进表现在教育促进科技进步，科技发展生产力，改变社会生产关系，从而发展区域经济；保持湖南地区良好的经济规模和发展趋势，控制研究生教育规模使之适应经济发展，保证"双一流"高校建设为经济发展提供强大的支援，提供源源不断的科技智力，反哺经济建设；形成经济促进研究生教育发展和研究生教育拉动经济建设的"循环互选"良性结构，并且要保证其结构合理性和良好运行性，最终推动湖南地区社会经济快速发展前进。

良性模型的构建还要考虑地域特色和地域空间。我们所说的良性模型不只是经济与教育在形式上的统一，也不是宽泛意义上的统领性模型，而是具有地域特色和地域文化的"研究生教育－区域经济"模型结构。湖南地区要抓住机遇，树立目标，提高研究生教育发展战略眼光，优先将基础雄厚、科研实力强大、研究生教育质量高的高校建设成为地区"双一流"高校。在此基础上要大力培养后续"双一流"高校建设梯队，以求在"先锋"的带领下，形成一批各具特色的"双一流"高校。

四、总结

"双一流"高校的建设，是党和国家站在战略层面上提出的具有时代性的目标，对国家教育建设和综合建设具有重大的不可替代的作用，能为中华民族伟大复兴提供强有力的智力支持和时代生命力。地区高校的"双一流"建设要服从国家总体目标，紧密结合地区经济发展特色，建设好高层次的研究生教育。湖南地区的研究生教育就总体而言，对地区经济发展起到了积极作用，有其必然的存在现实性，但也存在诸多可以完善的空间，尤其是"双一流"高校建设开展以来，带来了更多的核心机遇、外围机遇。

当前研究生教育要在经济发展中嬗变，要随经济建设的趋势而进行调整，尤其是在"双一流"高校建设大背景下，应抓住机遇，整合研究生教育和地区经济发展的结合点，使二者携手共进。一是研究生教育规模要适应地区经济发展规模，要保证能为地区经济建设提供充足的高科技人才，但又不能出现人才"供大于求"的现象。二是"双一流"高校建设下对地区研究生教育提出了更高更严的要求。湖南地区的"双一流"高校建设要处理好学术型和专业型两个方向的协调关系，学术型研究生的培养要能为地区经济建设提供理论指导和思想源泉；专业型研究生要为地区经济建设提供技术支持和方法支持，讲究实践性的应用。研究生教育要更加注重规模上的合理，质量上的高要求，要逐步控制传统型的"严入宽出"现象，提升研究生教育的内涵建设，努力建设"双一流"高校。

参考文献

［1］杨兴林，刘爱生，刘阳，等."双一流"建设笔谈［J］.重庆高教研究，2016（2）：115 - 117.

［2］孙洁.研究生教育规模与经济增长关系之研究［D］.苏州大学，2011.

［3］湖南省统计局.湖南统计年鉴 2016［J］.北京：中国统计出版社，2016.

［4］陈焕明.湖南新增 3 家省级高新园区　全省共有 9 个省级高新区［N］.长沙晚报，2015-7-7.

［5］黄京，刘会平，王潇.湖南省研究生教育规模全国第十［N］.三湘都市报，2017-2-21.

［6］杨羽.湖南创新综合实力居全国第 11 位，高新技术产业逆势增长［N］.新华网，2017-9-19.

［7］王晓硕.论研究生教育模式与区域经济协调发展［J］.沿海企业与科技，2017（2）：7-8+33.

"双一流"视角下地方高校研究生创新教育探析

张敬业　　祝建鹏

（湘潭大学）

摘　　要　加快一流大学和一流学科建设，实现高等教育内涵式发展是党的十九大提出的重要高校发展理念。对地方高校而言，"双一流"建设既是重大机遇也是重大挑战，意味着必须加大对研究生教育投入力度。但地方高校发展本身面临诸多局限，研究生创新教育为地方高校提供了行动指南。本文结合创新教育理念对地方高校研究生教育所面临的一些关键问题进行探讨并就面临的问题提出了发展思路。

关 键 词　双一流；地方高校；研究生；创新教育

作者简介　张敬业，男，1994 年出生，湘潭大学商学院教育经济与管理专业硕士研究生。联系电话：15773267827；电子邮箱：491117860@qq.com。

2017 年 10 月，习近平同志在十九大报告中指出，要加快一流大学和一流学科建设，实现高等教育内涵式发展。内涵式发展对于高校而言，要求注重高校理念、高校文化、教育科研、师资队伍、人才培养等方面的建设工作。"双一流"的建设无疑为我国地方高校发展提供了机遇，其目标也为地方高校建设提供了工作指南。地方高校建设一流大学和一流学科，一方面在目标定位上应当向国际一流大学和一流学科看齐，另一方面必须以研究生教育作为重要支撑，细化办学特色、学科优势、社会服务等评价指标。研究生教育资源配置以人才培养绩效为标准，[1]这对地方高校研究生教育提出了新的要求。为此，本文在"双一流"视角下结合创新教育理念对地方高校研究生教育所面临的一些关键问题进行分析和探讨。

一、地方高校研究生教育现状

2014 年，全国共有研究生培养点 788 个，研究生导师 33 万多人，在校研究生近 185 万人。[2] 2016 年达到了在校研究生 198.1 万的规模。我国目前共有部属院校 75 所，其余均为省属院校，地方高校研究生占全国研究生的绝大多数。研究生教育是人才培养的重要途径，地方高校研究生教育在研究生教育体系中占据重要地位。但地方高校发展相比部属高校而言，有着如资金配置、师资力量、生源等方面的劣势。特别在研究生教育层次，部属院校的资金优势、雄厚师资以及优质生源使其教育科研优势发挥得更加明显，在"双一流"竞争中处于更有利地位。因此，如何根据办学历史、区位优势和资源条件，确定有鲜明特色的办学定位、发展规划，从而建设高水平有特色的地方高校，在"双一流"竞争中取得比较优势，成为摆在地方高校发展上的一道难题。

教育部、国家发展改革委、财政部《关于深化研究生教育改革的意见》（简称《意见》）为地方高校"突围"提供了思路。《意见》强调应当构筑研究生创新教育体系，加快研究生创新能力培养步伐，发挥服务当地经济发展的功能。利用高校优质资源，培养研究生创新思维和实践能力，为国家建设培养好高层次复合型创新型人才。由此可见，地方高校可以通过构筑研究生创新教育体系，例如，优化学科专业，改革研究生培养模式，加强实践育人环节，增强高校社会服务能力等，促进高校区域协同创新能力，使之成为区域知识创新的主体，技术创新的引领者，人力资本的提供者，[3] 彰显地方高校办学特色，展现一流的社会服务能力。就目前来看，地方高校的研究生创新教育建设至少存在以下几大问题。

二、地方高校研究生创新教育面临的问题

（一）对研究生创新教育认识不够

研究生创新教育要求继承和发展传统教育模式，在教育实践活动过程中，始终秉持以不断提升研究生的创新意识、创新知识、创新能力和创新精神为目标的研究生教育创新活动。[4] 通过营造良好环境使每个人都有施展能力的空间，从而发挥个人优势，在充分自由的环境中实现创新意识和创新能力的提升。将研究生创新教育融入高校治理体系之中，有利于建立起研究生、高校、区域三者之间的良好互动关系。

近年来，地方高校认真贯彻落实教育部的决策部署，在改革研究生教育模式上取得了一定成绩。但是，应该清醒地认识到，地方高校对于研究生创新教育的认识仍然不足。研究生创新教育不仅应开设研究生创新创业课程，改革培养计划，增设毕业条件，更应进一步解放思想、更新观念，进一步构筑研究生人才工作格局，形成工作合力，注重长效机制建设，切实做到研究生院牵头抓总、相关部门密切配合。人才资源开发在经济社会发展之中有着基础性、战略性、决定性的作用，对于高校而言更是立校之本。"双一流"背景下的研究生创新教育有其重要性、战略性和紧迫性，对于高等教育质量提升、区域经济发展等具有重大意义。

（二）研究生创新教育目标不明晰

地方高校研究生创新教育可以提高人才培养质量，创新驱动区域经济发展，但这一目标的达成并不是一蹴而就的，而是总体性的、层级化的、细分化的。总体性要求"双一流"的建设并不意味着地方高校在办学方式上全面向世界一流看齐，地方高校并不具备资金、师资以及生源上的优势，应当找准切入点，设定合理的教育目标，突出地方特色，争创一流。层级化即是阶段性地达成教育目标。对于本科院校而言即是

从教学研究型向研究教学型、研究型大学发展，逐步达到一流目标；对于专科院校而言应当突出地方特色，以应用型人才培养为目标，校企合作，缩短人才培养周期，向社会输送优质人才。因此，研究生创新教育目标需要进行长期规划。细分化体现在具体培养方式上，研究生创新教育需要培养创新型人才，根据专业不同可以分为技术人才、科研人才、管理人才等，学术硕士与专业硕士，在培养方式上也应有差异，须制定不同的培养目标，解决研究生创新教育的定位问题。

（三）相关主体发挥作用不明显

研究生创新教育实践，需要指导教师及研究生等主体的有效参与，凝聚教育中的智能、情感，通过获得知识与技能，运用于自身科研、情感、人格之中去获得创新。[4]导师与研究生间应当是共同探索的关系，将导师自身综合素质融入到研究生学习生活的方方面面，在潜移默化的环境中使得学生有所成长与感悟。

目前研究生的培养过程中，相关主体未能充分发挥作用，限制了研究生创新教育的开展。研究生培养不仅仅在于导师的教学和科研，导师的学识涵养能极大地影响研究生的主体性表现。为研究生设置个性化培养方案也能够帮助研究生找准人生定位，使之具有自我超越意识，不断提高创新能力。目前各大高校研究生培养机构都在积极探索研究生创新教育模式，并取得了一定成绩。如何通过有效的创新机制来发挥相关主体的主观能动作用，提高研究生创新能力，成为目前需要解决的问题。

（四）社会服务能力不突出

教育部《关于全面提高高等教育质量的若干意见》要求各高校主动服务地方经济发展方式转变和专业转型升级，加快高校科技成果转化和产业化，加强高校技术转移中心建设，形成比较完善的技术转移体系。这意味着地方高校需要加强校地产学研合作体系建设，与相关部门合作，设立咨询机构，进行科学研究，着力解决区域发展问题。目前，各地高校相应组建起了校地合作办公室，着力于产学研合作，服务地方经济发展，提高区域创新能力。但在培养体系中，并未对创新科研给予足够的重视，激励作用不明显。主要体现在研究生横向课题研究成果不在培养考核标准之中，研究生仍然专注于传统的论文写作。地方高校的产学研合作体系并未得到细化落实，在应用型学科中，没有形成政府统筹、企业重视、团队进驻的发展格局。地方高校与地方经济互动不够，限制了高校社会服务能力的发挥，区域协同创新能力没有得到体现，而研究生创新教育的革新，能够为提升区域产学研合作起到积极作用。

（五）外部环境未能进行有效支撑

国务院办公厅《关于深化高等学校创新创业教育改革的实施意见》从国家层面作出系统设计、全面部署，各地也有深化落实高校创新创业改革政策出台。但从目前来看，缺少针对研究生创新教育的具体政策和整体规划。地方也缺乏系统的工作机制，财政投入不够，在各区和各乡镇一级并没有与高校建立相衔接的协同育人工作机制，没有落实具体的财政资金、责任单位、总负责人、工作目标等内容。对参加创新创业学生的跟踪评价机制不健全、不完善,跟踪机制的统计口径匮乏,相关数据难以获取,不利于进行数据统计分析和跟踪考核评价。人才供给与需求匹配存在缺陷,高校的专业设置与用人单位所需要的专业人才不匹配,用人单位招不到合适的人才,在一定程度上造成了人才浪费的问题。要进一步发挥市场在资源配置中的决定性作用,建立并完善人才服务体系,形成人才合理流动机制。这就需要突破人才市场在编制、经费、管理上的制约,发挥人才中介的桥头堡作用。

三、地方高校研究生创新教育建设思路

(一)完善研究生创新教育顶层设计

高度重视、上下思想统一,把人才发展作为重要战略。一方面要出台人才工作意见、细则等一系列方案,学院配套实施,完善服务体系,为人才工作开展提供支撑与保障。如依托当地产业规划及发展,与政府政策相配合。抓好落实,充分发挥工作成效,加大宣传力度。另一方面立足当地,实行有侧重点的实施方案,打造"全员、全过程、全方位"的研究生创新教育工作体系。即聚焦研究生创新教育人才培养、社会人才需求以及当代大学生核心特征,建立覆盖全面、内容层次多元、实操性强的创新实践培养体系。利用教师科研团队,整合教师队伍、教学资源平台以及科研项目资源,全时段、全过程、全方位关注研究生发展,[5]使学生在创新育人环境中自主规划、自由成长,迸发出强大的创新造血功能。

(二)科学规划研究生创新教育发展

加快一流大学和一流学科建设的最终目标是达到世界一流大学和一流学科层次,这意味着高校的教育理念、科研成就、社会贡献等都要处于世界领先水平。中国高校发展是不平衡的,所属不同、资金投入不同、所处区域不同、高校类型不同等都是造成中国高校发展不平衡的原因,建设成为世界一流大学不应当只是少部分高校的目标,地方高校也应以建设世界一流学科为目标,在实现路径上,根据高校内外部环境,制定阶段性目标,从地方一流学科、中国一流学科向世界一流学科努力。在"双一流"建设中,地方高校在区域内享有一定的声誉和特色,各所高校特别是具有行业背景的高校可以选择"小而精"的办学理念,根据自身内外部环境设置专业,而不是着力热门专业的开设,避免与高水平高校同质竞争。坚持政企校相结合,促进本校优势学科发展。注重研究生创新教育,在师资、教育资源、科研平台、人才质量、对外交流等方面向优势学科倾斜,提高一流学科建设水平。目标过程化,依据高校发展目标规划,制订研究生创新教育发展计划,通过逐步推进研究生创新教育建设,在培养、平台、机会、实践等方面给予支持,注重研究生过程性培养,改变一场考试进门毕业论文出门的现状,切实提高研究生科研质量,内外联动,建设具有地方特色的一

流学科。

（三）实施研究生创新教育基地计划

在"大众创业，万众创新"的号召下，各高校都纷纷开始建设创新创业基地，但研究生创新教育并不完全在创新创业学院职责范围之内。以项目研发和科研团队建设为基础，以培养研究生创新能力、创新精神为目标，建立研究生创新教育基地，有利于实现高校与企业间资源共享、优势互补、联合攻关，形成区域协同创新体系。[6]利用基地资源优势、平台优势，满足研究生开展科研与社会实践需要，培养研究生解决问题能力，提高研究生科研能力，提升研究生培养质量。创新型成果应当成为研究生科研成果的一部分，加快研究生课程体系改革，提高研究生实践课程学分，激励研究生多元化发展。营造良好的创新环境，打破原有师生间的封闭模式，加强研究生跨领域间的学术交流，提高学术水平。对于优秀成果，可以进入国内案例库，最大限度地发挥成果作用，加强与国内外的交流学习。探索联合培养模式，推动高校向世界标准看齐，为研究生创新教育建设提供内部支持。

（四）以研究生创新教育支撑区域经济发展

在创新驱动发展战略引领下，要求高等教育支撑区域经济发展，明确发展目标，以特色为核心，实现高校与区域经济协同发展。调整高校专业结构，理清地方高校专业发展思路，使地方高校专业结构与区域经济发展有机结合起来，使地方高校成为服务区域经济发展、培养区域优质人才的重要阵地。一个社会所需人才是多元的，有技能人才、管理人才、科研人才等等，同时，人才也要适应不断变化的岗位要求。在此情况下，建立研究生创新教育体系，变革原有的培养方式，创新教育形式，实行产学研合作，对于特定专业增加实践分数，提高高校服务社会效果，形成高校区域特色，为区域人才提供学习平台，为区域发展输送人才。面对外地人才引不来、本地人才留不住的问题，可以在人才培养期间即与企业进行精准对接，实行订单式培养，这样可以简化就业流程，减少管理费用，使人才获得归属感，减少人才流失，更好地支撑区域经济长远发展。

（五）凝聚多方共识，提升服务质量

地方各级各部门必须统一思想，凝聚共识，将人才发展作为战略核心。以改革创新的精神推动人才集聚，创新创业繁荣发展。高度重视人才工作，充分认识到人才对于促进区域经济发展的重要性、战略性、紧迫性，聚焦突出问题，把人才工作放在经济社会发展的重要位置。加强领导，做好人才工作，锐意改革，具有大局观，构建区域人才制度体系，明确职责，落实责任，精准对接，着力解决好地方高校研究生创新教育建设所面临的各种问题，提高财政资金投入力度，解决高校与相关部门对接问题，建立政府与高校间信息服务平台，减少人才交流所遇到的信息不对称现象，提高服务能力，创新工作机制，多方发力，协力推进区域经济又好又快发展。

参考文献

[1] 盛明科，蔡振华.面向"双一流"建设的研究生教育综合改革路径探析——以公共管理学科为例［J］.研究生教育研究，2017（2）：57-61+95.

[2] 研究生教育质量报告编研组.中国研究生教育质量年度报告（2014）［M］.中国科学技术出版社，2015.

[3] 王钱永，任丽清."双一流"建设视角下地方高校区域创新能力建设［J］.中国高教研究，2016（10）：38-42.

[4] 张建林，赵继承.关于研究生创新教育的述评及其体系的构建［J］.现代教育科学，2009（4）：29-34+153.

[5] 常硕，李章勇，左娅菲娜，王岫鑫."双一流"视野下地方高校创新教育模式探究［J］.福建广播电视大学学报，2017（2）：15-18.

[6] 刘泽军，李艳，丁亚红，赵同谦.地方高校研究生创新教育体系的构建——以河南理工大学研究生教育为例［J］.教育教学论坛，2016（22）：112-113.

"双一流"建设背景下学术型硕士研究生学术能力培养 *

朱 磊

（吉首大学）

摘　要　从培养主体、课程选修和学术交流平台的构建等几方面阐述了在"双一流"建设背景下如何进行学术型研究生学术能力培养。认为培养主体的责任定位清晰，选修课程体系构建科学合理，有针对性地安排学术讲座和自由、开放的学术沙龙等对研究生学术能力的培养起到了很大的促进作用。

关键词　双一流；硕士研究生；学术能力；科研能力

作者简介　朱磊，男，1993年出生，吉首大学商学院硕士研究生。联系电话：18317713713；电子邮箱：rudy0821@163.com。

2015年10月，国务院公布了《统筹推进世界一流大学和一流学科建设总体方案》（简称《方案》）。《方案》中明确提出，要着力培养富有创新精神和实践能力的优秀人才，并以国家重大需求为导向，提升科学研究水平，建立健全具有中国特色、中国风格、中国气派的哲学社会科学学术评价和学术标准体系。对我国高等教育的人才培养提出了更高的要求，尤其是研究生教育。研究生科研创新能力的高低是高校科研水平最直观的体现。为了提升我国高等教育综合实力和国际竞争力，早日实现大国崛起和民族复兴的伟大目标，研究生有责任、有义务举起"双一流"建设的旗帜，走在科研培养团队的前列。

学术（科研）能力，即学者从事学术（科学）研究的相关素养。仅以发论文的能力来判定学生学术水平的高低，是对学术能力的片面理解。学生的学术能力不仅指学生在读研期间发论文的水平，更多的是指学生对研究领域进行研究所必需的知识层面和经验层面的素质和能力。[1]"双一流"建设背景下，如何提高研究生学术能力以满足国家对优秀人才培养的现实要求？在此，笔者以人文社科类学术型研究生为例，结合读研期间的心得体会，从培养主体、课程选修以及学术交流平台的构建等方面来谈谈对该问题的认识。

一、定位清晰的培养主体责任

《方案》中将培养拔尖创新人才作为重要的建设任务。培养高质量的硕士研究生

* 本文受湖南省学位与研究生教改项目"湖南省研究生培养创新基地可持续发展研究（JG2015B095）"资助。

关键在于导师的指导和学生自身的修行。前者要求老师有高度的责任感和起到指明灯的作用，后者则要求学生要有吃苦耐劳、勤奋主动和学思进取的精神。创新人才的培养关键在于创新，而具体到学术创新能力的培养和提高关键在于老师的正确引导和学生善于发现问题、思考问题的能力培养。

导师并非传统意义上的老师，导师的任务不仅是教学，关键在于指导。如何指导学生正确地走在学术道路上，并在此基础上进行创新性研究？这就要求导师具备扎实的理论基础和深厚的专业知识背景，并在学术研究道路上凭借自身多年的科研经验和远见引导学生在本领域进行创新性研究。[2]知识不分国界且人人平等，导师应当尊重学生的劳动成果，并在此基础上对学生的创新成果予以奖励，构建一个博学、包容、共享的师生关系。

作为一名硕士研究生，尤其是跨考生，首先应当努力认真完成研究生期间的课程，并利用课余时间熟悉或补修自身研究领域的专业基础课程，努力成为一名基础扎实、导师放心的高质量硕士研究生。其次，利用课余时间充分与导师沟通交流，寻找自身在专业领域上的盲点和误区，同导师一起解决学习上遇到的各种问题。"一日为师，终身为父。"学生要充分尊重自己的导师，努力完成导师交予的各项任务，并在此期间认真学习和总结导师传授的知识和经验。再者，学生应当锻炼自身发现问题的能力，要做到观察事物产生自己的想法和见解，还应锻炼自身的表达能力，做到"敢想敢说"。最后，学生应当了解自身的长处和劣势，发掘自身潜力。在自身擅长的专业技能基础上结合研究的领域"做文章"，同时，努力向身边同学学习，以弥补自身的不足。

二、构建科学的选修课程体系

研究生的课程选修尤其是研一期间繁多的课程选修，是为了让研究生从事学术研究工作打下夯实的基础，因此课程的选修理应符合学生研究方向和研究兴趣的现实要求。而目前许多高校以一级学科专业面向社会招生，进入学校后虽然可以自主选择二级学科研究方向，但研究生课程的选修均由学院按照培养要求统一对各专业安排。这种做法犹如一把"双刃剑"，一方面可以帮助学生了解更多的相关专业知识，拓宽知识掌握的广度，从而提高自身的眼界；另一方面，对于与自身研究方向不同且对该类课程不感兴趣的学生来说，该类课程的选修对学生的整体学术能力的提高帮助不大。因此，高校的研究生教育的课程选修工作应当由学生同自己导师在确定自身研究方向的前提下，结合学生的兴趣点共同商量选择哪些研究生课程，为以后的研究工作打好基础。

对于跨考生而言，研究生课程的选修更为重要。多半跨考生在本科学到的专业知识领域同研究生所要研究的领域完全不属于同一范畴内，迫切需要对研究领域基础知识的了解和掌握。导师在将学生"领进门"之前，需要对该类学生以前的课程学习情况、科研经历以及个人特长和爱好等进行充分了解，指导学生在完成研究生课程选修的基础上，选择一些专业基础课程进行补修，补修课程里包括本科生课程。如本科获得工学学位的工科生，跨考至工商管理方面研究的学生，需要补修至少两门本科生课程，具体课程内容由导师结合研究方向，同学生协商共同选定。跨考生对研究领域基础知识的掌握尤为重要，不然，学生可能无法看懂或理解透彻该专业领域前沿的学术成果。此外，虽然跨考生对专业知识掌握的起点低，但并不代表原有专业知识对今后的研究工作没有帮助。关注原有专业同现有专业的交叉领域，跨考生完全可以从交叉领域入手，萌生出问题研究的新思路。

研究生课程选修主要是为了帮助学生在其研究领域建立基础的知识架构，为以后的研究工作打下夯实的基础。因此，研究生课程的选修应该因人因专业而异。

三、搭建丰富的学术交流平台

（一）学术讲座

学术讲座是思想碰撞的场所，是以专家和学者为主讲、师生公开交流的主要平台。我们可以在这里接触到来自不同行业不同研究领域的各路专家，可以向他们了解到当今社会某学科领域研究的前沿动态以及他们对该领域研究难题的见解和看法，还可以向他们请教在研究方面自身遇到的问题或不解。正所谓"师者，所以传道授业解惑也"，讲座的各路专家均可以称之为师。

结合研究生不同学习阶段，学院应当为学生安排不同类型的讲座。如研究生初期阶段，刚踏入研究生生活的学生对专业文献的阅读方法了解不多，多会出现文献阅读抓不住重点、论文写作能力明显不足等现象。针对这些现象，学院在研究生初学阶段应当为他们安排几场关于文献查找、论文写作的学术讲座，目的是帮助研究生掌握快速查找所需文献的技能、提高论文写作的水平。此外，学院还可以组织老师在讲座上分享自身在学术道路上行走的经历，这样既能增进师生间的感情，又能让学生在学术道路上少走弯路。如吉首大学商学院创建的风雨湖大讲堂，该平台旨在"加强教师之间的学术交流，增强学院科研氛围，提升研究生培养质量"，并弘扬"平等、自由、开放、共享"的学术传统，设有原创交流、理论前沿、现代方法、热点争鸣、专家讲座五个栏目，以本院教师为主体，并适时邀请校内外专家、学者作为主讲人，定期开展讲座。根据学生的不同学习阶段，讲堂设有从论文写作基础到相关领域研究前沿等不同主题。每次讲座期间，学生将讲堂的关键问题记录下来并对其内容作出总结，提出自己的见解，课后以学术活动登记表的形式交予院里检查和审阅。学院再根据登记表的内容了解学生目前的学习状态和学术水平，据此安排下一次的讲堂主题，以达到提高学生学术能力的目的。

随着学术研究的深入，我们认为学院为学生安排一些交叉学科类型的讲座对学生的帮助意义更大。因为每一个学科都有自身的研究难题，人文社科类难题运用自然科学领域的理论和方法得以解决的例子不在少数，如协同学理论和研究方法、工具的应用等。

（二）学术沙龙

学术沙龙，即小范围的学术研讨，一般是由机构、老师或学生以学术问题讨论的形式发起的"聚会"。相比学术讲座，学术沙龙显得随意、非正式一些。研究生学术沙龙活动旨在加强研究生学术交流，提高研究生的实践能力和学术素养，提升研究生的整体学术水平，营造良好的学术氛围，在相互交流的过程中不断提升研究生的专业能力和学习能力。

研究生学术沙龙应以学生为主体，定期开展并设置不同的主题供学生们讨论和学习，这样不仅有利于学生专业素养和学习能力的提升，还可以锻炼学生的演讲和逻辑思维能力。研讨会由学生作为主讲，主讲期间老师和其他学生负责听讲并从中发现问题和指出问题，由此找到主讲人的不足并予以改正，从而不断提升自身的学习能力。如吉首大学商学院每两周固定举行名为"齐鲁研论"的学术沙龙。齐鲁研论是依托学院和武陵山片区扶贫与发展协同创新中心资源，于2012年元月创建的常规性院级学术交流平台，以本院研究生为主讲并适时邀请校内外研究生作为主讲人，在老师的指导下共同完成每一期主题的研讨任务。研讨会旨在加强研究生之间的学术交流、增强学员科研氛围、提升研究生培养质量、提高学生自主创新研究质量，并弘扬"平等、自由、开放、共享"的学术传统。沙龙自创办以来已举办了十多期，学生收获良多。每一期安排两名学生作为主讲人，主讲人结合自己的研究方向提前两周开始准备自己的演讲主题（包括研究领域的前沿动态介绍、自身研究的问题讲解等），并于研讨会的前一天共享所做的报告以及相关文献等供大家阅读了解。沙龙研讨会的举行极大地激发了我院研究生的学术兴趣，培养了学生的批判性思维（观察和思考的能力），以和谐的方式促进师生沟通交流，增进了师生友谊，特别是学生之间的友谊，提高了凝聚力。

以学生为主体的学术沙龙，本着自由、开放的学术包容态度，为学生提供了一个思想碰撞的平台，不仅可以培养学生对学术研究的兴趣、促进学生之间的学术交流，还可以增进师生间的了解、培养师生感情，共同营造一个良好的家庭式学术氛围，收益颇多。

四、结束语

"双一流"大学建设是研究生教育快速发展的大好时机，各培养单位应当借助这一"潮流"，从培养主体责任的定位、选修课程体系的构建以及学术交流平台的搭建等几方面着手培养有担当、勇创新、勤实践的高素质人才。中国高校应当积极吹响统筹推进"双一流"建设的冲锋号，以早日实现中国大学走向世界的目标。[3]

参考文献

[1] 梁岩.教育学硕士研究生学术能力发展过程研究［D］.首都师范大学，2012.

[2]李朋军."双一流"建设背景下博士生培养相关问题探析[J].研究生教育研究，2017(03)：23-25+46.

[3]人民日报政文谈"双一流"目标与"985、211"是何关系［EB/OL］.（2015-11-05）［2016-04-06］.http://www.thepaper.cn/newsDetail_forward_1393134.

浅谈"双一流"建设背景下地方院校研究生的培养

谭君妍

（湖南工业大学）

摘　　要　国家"双一流"建设总体方案的公布，进一步推动了高校的改革，为地方院校带来了跨越式发展的机会。地方院校要善于识别与把握"双一流"建设的机遇，加强导师队伍的培养，突出优势，打造特色学科，优化学科专业结构，提高学校硬件设施，加强研究生心理健康教育，产学研相结合，努力建成世界一流大学和一流学科。

关 键 词　"双一流"建设；地方院校；研究生培养

作者简介　谭君妍，女，1992年出生，湖南工业大学在读研究生。联系电话：15973196531；电子邮箱：xiaowanzi68@qq.com。

一、中国研究生教育现状分析

（一）硬件实力不足

在竞争激烈的21世纪，人才的竞争已成为主流，大学生选择考研既是提高自身素质的方式，也可以看作是规避严峻就业形势的途径。学生个性化培养是研究生教育与本科教育的不同之处。各大高等院校的研究生扩招，导致研究生人数剧增，而硬件条件、实验设备、试验场地明显不足，教材以及教学方式方面相对落后，特别是对一些重点学科以及新兴的科研，由于研究条件和手段远远达不到所要求的水平，抑制了创新思维。

（二）导师资源缺乏

由扩招引起的学校导师资源紧缺，迫使部分高校采取缩短学制的办法。虽然学制缩短，但随之而来的是学生培养质量的降低，表面上看是节约了培养成本和学习成本，但实际上得不偿失。学生研二就要忙着找工作，无法把全部的时间和精力放在学习上，研究生培养质量自然难以得到保障。另外，由于一个导师带多个学生，指导老师在专业上没有过多的精力和时间对学生进行个性化设计和培养。

（三）心理健康疏忽

现阶段由于社会各方面竞争越来越激烈，研究生面临巨大的压力，学校在培养研究生全面发展的过程中，往往较侧重学术方面的研究，而疏忽了学生思想心理的变化，从而忽略了他们的思想教育与心理素质培养。因无法面对竞争的残酷和教育体制的一些弊端，"研究生跳楼自杀"现象多有出现。

（四）区域经济影响

经济发达地区与经济落后地区由于其区域经济发展的不均衡，其教育资源存在差别。经济发展水平较高的地区，省、市政府的各级部门都非常注重培养高层次人才，会加大对科研部门和高校的研究生教育在财政和政策上的扶持和投入。处于该地区的高校，在教育经费的投入和基础设施建设上有着更加明显的优势。同时经济发展水平高的地区对智能高端人才的需求量更大，研究生有更多的机会学习、实习、培训，有利于提高研究生的培养质量。而经济不发达地区，这些方面明显弱势。所以，区域经济的发展状况影响着政府财政对研究生教育的支出，决定了区域高校研究生教育水平及发展前途。

二、"双一流"建设及其对地方院校的影响

（一）提供发展利好政策

在 2015 年 10 月公布的《统筹推进世界一流大学和一流学科建设总体方案》中，国务院决策部署：加快建成一批世界一流大学，建设一批一流学科名列世界一流学科前端。由此，我国的"双一流"建设拉开帷幕。2017 年 9 月 21 日，国家公布了一流大学及一流学科名单。建设"双一流"高校，重点在建设，建设有了成效，才能进军世界。"两个一百年"的奋斗目标与习近平总书记提出的"中国梦"，成为引领中国前行的时代号召。知识就是力量，"双一流"建设以学科为基础，以高校核心竞争力为本质要求，地方高校应充分把握住这一利好政策，建成有特色的学科，提升学科的学术生产能力。

（二）拥有平等发展机会

"双一流"建设，打破了"211""985"高校与地方院校的等级分类，鼓励学校间的公平竞争，强调统筹推进。只要地方高校不断加强自身建设，取得明显成效，就能较过去易于获得发展的资源，同样可以得到社会、公众的认同。"双一流"建设，还创造了新的财政支持方式，地方高校发展过程中，所需的相关资金先由中央财政支持引导，再由地方财政统筹安排。国家建设"双一流"大学，不是针对少数的重点高校，而是转向了整个高等教育系统，所有高校都拥有平等发展的机会。

（三）产教融合成果转化

"双一流"建设背景下，地方高校应根据本校学科特点，不断创新学科的组织模式，利用学科优势，充分优化学科构架。避免资源投入低效浪费和专业重复，努力在建设一流学科上实现重点突破。国家发改委、教育部、人社部在 2016 年联合发布了《关于编制"十三五"产教融合发展工程规划项目建设方案的通知》，为深化产教融

合的建设，国家投入 50 亿元，将社会经济发展同高校的"双一流"建设紧密结合，培养应用型人才。高校研究生应抓住机遇，在导师的指导下多方面开展横向课题，积极地把理论研究的创新成果变成企业技术变革的实践指引。

三、"双一流"建设背景下地方院校研究生的培养——以湖南工业大学为例

（一）加强导师队伍建设

一流大学必定集聚着一些在各个学科领域中有自己独特造诣的专家学者。卓越的学术环境，能吸引最优秀的学者，并营造自由进步的学术氛围，释放大家的创造潜力，研究出最优质的学术成果。良好的学术氛围以及和谐共进、积极向上的精神思想碰撞，易产生新的学术。高水平的导师团队才能打造出一流的学科。湖南工业大学实行产学研相结合，首先打造校内导师队伍，通过加强"创新团队"培养、实施博士培养工程、加快"双高"人才汇聚等措施切实加强校内导师队伍建设；其次实行双导师制，聘请校外相关职业界具有较强影响力和良好社会声誉的兼职实践导师，通过"渌江学者计划"，资源共享，为研究生提供一对一实践平台，为优秀人才的成长构筑平台。2017 年 10 月 16 日，湖南工业大学土木工程学院的院士工作站举行了揭牌仪式，标志着学校在推进产学研合作、汇聚高层次人才方面开启了新的篇章。

（二）打造特色水平学科

学科是知识的分类。在知识迅猛发展的 21 世纪，人们不断开拓创新，探究知识。学科的分门别类，就是知识的研究、传播、发展。学科建设是"双一流"的核心，要实现"双一流"的终极目标，仅靠几所大学的双一流建设是不可行的，应该激发各个高校的创新活力来完成。湖南工业大学包装艺术设计实验教学中心被评为国家级实验教学示范中心，学校的"包装工程""印刷工程""包装设计"三门学科在我国高等院校的学科排行榜中独占鳌头，是包装研究的先锋，在国内外均享有盛誉，培养了众多行业领军人物与优秀企业家。他们为中国包装工业现代化建设、湖南新型工业化建设起到了支撑和引领的作用。学校通过加大投入，以"双一流"建设为引导，继续保持包装技术设计优势学科在全国高校中的领先水平，必将提高教育的竞争力和整体水准，带动学校综合改革的全面深化，产生卓越的学术和教育，建成一流的特色学科。2017 年 10 月 23 日，在湖南工业大学新校区，第四届包装技术与科学国际会议暨第17 届全国包装工程学术会议隆重召开。此次全球性包装技术与科学领域的盛会吸引了海内外 200 多名知名专家学者参加。学校还与英国、美国、新西兰等多个国家建立了中外合作办学项目，引进了外国的开放课堂教学模式和多门特色优势课程，利用专业实验室及产学研基地，资源共享，加强跨文化交流能力，开阔了学生的国际视野，提高了学校国际化水平。

（三）提高硬件设施建设

"世界一流大学"是前沿技术发展、尖端科学研究、高等教育教学的中坚力量。"世界一流大学"拥有卓越的科研成果，具有良好的学术氛围和国际先进的实验设备，为尖端科技产业的创建和发展起到了引领作用。湖南工业大学充分利用现有的各种硬件设施，发挥它们的最大效用，同时还投入资金加大了对学校教学、科研设备的建设。为使学校未来发展赢得更大空间，落实国家创新驱动，推动学校"双一流"建设，湖南工业大学在株洲河西新建湖南省内连体面积最大的大学校园，占地面积215公顷。学校配置资源合理，加强和改善了现有东、西校区的办学条件和环境。新校区图书馆是目前湖南省属高校单体建筑面积最大的图书馆。图书馆为全开架模式，大量阅览、外借、典藏的国内外图书可供选择，数据库检索和电子阅览室等电子图书馆琳琅满目，为实现学校人才培养和"双一流"建设提供了优质服务。新校区的音乐大楼、艺术设计楼、包装印刷实验楼、包装创意产业园、国际学院大楼、工程实训中心等具有文化特色的现代建筑群，为学校的"双一流"建设提供了基础保障。

（四）提升素质关注心理

想要成为"世界一流大学"，学校必须培养出一流的人才。研究生是国家创新发展的高端人才，是促进社会文明进步的中流砥柱。研究生的综合素质的培养，不仅是智商培养，情商能力的培养也至关重要，要求德智体全面发展。只有全方位发展，才能成为社会的栋梁之才。近年来，来自媒体和网络报道，研究生中情绪管理差、抵抗挫折能力低、存在心理健康问题的学生有所增加，因心理亚健康或心理病态导致无法顺利完成学业、休学甚至跳楼自杀等事件时有发生。科研强度、经济窘困、人际关系、就业压力、情感变化等对研究生的心理状况有很大影响。因此，关注研究生心理健康教育和心理素质培养是现代教育发展的亟需。湖南工业大学不仅培养研究生全面提升创新能力和科研素质，还重点关注研究生心理健康教育。学校一方面培养学生分析、研究、解决问题的能力，着重智力的开发；一方面还注重学生情商的培养。学校在新生开学后就创建档案数据库，填写研究生心理健康状况普查表，心理健康老师对档案进行汇总评估并制定应对方案。根据心理健康档案里评估的结果，重点关注情绪低落、可能存在心理问题的学生，及时进行心理干预，引导学生正确调节情绪，排除危机；对存在的共性问题有计划地开展普及和宣传活动。心理健康中心还有外聘的专业心理医生坐诊，可通过电访、面谈、心理行为训练等多种形式，为有需要的学生及时提供专业有效的心理健康辅导。为促进学生心理健康成长，展现研究生精神风貌，研究生会心理健康部在开学后会组织开展绿色健康的彩跑活动，以加强学生间的相互交流，传递青春正能量。2017年10月，研究生院组织"点燃中国梦，青春正当时"演讲比赛活动，引导研究生树立伟大理想和正确的"三观"，提高研究生课余主动参与文化活动的热情。同月，包装设计艺术学院举行"喜迎十九大"朗诵比赛，充分展示了研究生积极向上的青春风采，促进了研究生德、智、体、美、劳等的全面发展。

（五）区域优势开放办学

湖南工业大学坐落于中国南方最重要的铁路枢纽之一的株洲。株洲是国家的老工业基地，有着深厚的工业文化底蕴。在株洲市，轨道交通装备企业多达320家，并成为了全国首个产值过亿的轨道交通装备新兴产业聚集发展城市。湖南工业大学充分利用区域优势，坚持开放办学。首先，学校开展双导师制，经常邀请校外的不同导师专家来校讲座或指导，提高研究生对企业实践和社会的认识。其次，学校与中车集团等数十家国内500强企业建立了长期的校企合作关系，并与多个高新技术企业建立了省级联合培养研究生的创新研发基地，让研究生走出校园，进入企业，参加实践锻炼，使学生更早地接触社会，产学研相结合，同时也为区域经济发展培养输入技术人才，为株洲大力实施创新中心建设、高端装备创新、智能制造、绿色制造等提供一流服务，也是双一流建设下地方院校研究生教育的特色培养方式。

参考文献

[1]周然.研究生心理健康教育的问题分析与解决办法[DB].周然工作室，2015.

[2]王瑜，沈广斌."双一流"建设中的大学发展目标的分类选择[J].江苏高教，2016（02）：44-48.

[3]王晓硕.论研究生教育模式与区域经济协调发展[J].沿海企业与科技，2017（02）：7-8+33.

论文科硕士研究生批判性思维的自我培养

祝艺菲

（湘潭大学）

摘　要　批判性思维能力对文科硕士研究生学术研究十分重要，但局限于学术研究中发展该能力，可能会降低文科硕士生的主观能动性，因而应打破这种局限，对比传统思维模式，将批判性思维能力与文科硕士生人生整体发展紧密联系。分析文科硕士生批判性思维自我培养的动因：好奇、不惑、成长；提出文科硕士生批判性思维自我培养的方法及步骤：发现问题、解决问题、复盘问题。

关键词　文科硕士研究生，批判性思维，自我培养

作者简介　祝艺菲，女，1993 年出生，湘潭大学外国语学院，2016 级英语语言文学硕士研究生。电子邮箱：zoe199305@163.com。

一、引言

批判性思维在学术研究中发挥着重要作用，硕士研究生批判性思维的培养是一个广受关注的话题。然而，一方面，大部分硕士生在读研之前对学术研究并未有深刻了解。以厦门大学为例，67% 的硕士生在研究生阶段自我定位并不清晰，无法确定今后的发展方向。[1] 因而，对硕士生而言，仅仅将批判性思维与学术相连接，不能给其充足动力去培养批判性思维。另一方面，文科硕士研究生（下文简称为"文硕生"）进入研究生阶段后，面对学术研究任务，亟须培养发现问题、解决问题的能力，其核心为批判性思维能力。这种急迫性使得很多文硕生误将学术研究仅当作批判性思维培养的目的和结果，割裂了批判性思维与人生整体发展的联系。这种错误的认知将降低文硕生培养批判性思维的主动性。实际上，研究生阶段学术研究的根本目的是培养发现问题解决问题的能力，学术研究不仅体现培养批判性思维的结果，更是培养批判性思维的方法和手段。

目前，专论文科研究生批判性思维培养的论文并不太多，原因在于大部分论文就研究生整体进行讨论，如黄朝阳的《批判性思维：研究生能力培养的必然需求》；或在英语、临床医学、护理等细分专业的领域下讨论，如冯蕾、吴红云的《英语专业硕士研究生批判性思维能力与自我认同关系的实证研究》，且主要关注课程设置、课堂教学以及科研能力等方面；也有的将批判性思维能力的培养与科研相联系，从教育部门、校方及教师的角度提出培养研究生能力的方法，如张梅、印勇的《批判性思维：

研究生开启科学创新之门的钥匙》。因此，尚未有在文、理、工大学科的背景下，从批判性思维能力与文科硕士研究生人生整体发展紧密结合的角度出发，论述文科研究生批判性思维自我培养的研究成果的。现论述如下，以期能为提升文硕生批判性思维能力尽绵薄之力。

二、批判性思维的定义

（一）批判性思维的内涵

"批判性思维"的概念最早由美国哲学家约翰·杜威（John Dewey）提出，在他看来，批判性思维要求根据信仰或假定的知识背后的依据及可能的推论来对它们进行主动、持续和缜密的思考。[2]美国批判性运动的发起者罗伯特·恩尼斯（Robert Ennis）认为它是为决定相信什么或做什么而进行的理性的、反思性的思维。[3]国内学者李瑞芳认为批判性思维有一个"收"的过程。它有一个明确的思维对象，并对这个对象的某个方面提出质疑，然后根据自己所掌握的知识、证据等对其作出合理的判断。[4]学者刘儒德将批判性思维分为批判性思维技能和批判精神两个方面。批判精神就是有意识地进行评判的心理准备状态、意愿和倾向。批判性思维必须以一般性思维能力为基础，同时还要具有一些特定的批判性思维技能。[5]

综上所述，批判性思维强调笛卡儿所说的"怀疑精神"，要求人具有高度主观能动性，去不断辨别信息、发现问题，分析问题、解决问题。

（二）批判性思维与传统思维的差异

文硕生读研前已习得的传统思维大多是"海绵式思维"，被动接受教师给定的知识，就如海绵盲目吸收水分，知识量大却不稳固，难以发挥效用。[6]批判性思维又名淘金式思维，即抱有"淘金"目的，在众多鱼龙混杂的信息中不断主动观察、分析，甄辨淘出所需"金子"。

以提升写作能力为例，传统思维即海绵式思维下人会盲目积累、练习，而批判性思维下人首先会主动去思考，什么是好的习作？标准众说纷纭，因而要限定范围区别体裁。明确问题的外延限定体裁后，搜集相关信息，辨别信息的真伪有效度。接着将搜集的信息知识进行归纳总结，理清层次，形成系统。最后将其与已有知识体系相连接，并落实训练，在实践中将知识转化为能力，有效解决问题。可以看出，批判性思维不仅有助于吸收知识，更有助于将知识转化成能力去解决问题。

其实，海绵式思维和批判性思维各有优势，应相互结合。知识储备中需用到海绵式思维，不断识记、理解、吸收；而搜寻信息、整理知识时，需利用批判性思维，对找寻到的材料进行去粗取精，提高材料的效用。但在信息爆炸的当下，就文硕生惯用海绵式思维的现状而言，批判性思维的培养更迫在眉睫。

三、自我培养的动因

针对文硕生，批判性思维的自我培养首先应认识到批判性思维的存在，了解批判性思维于己的意义。只有拥有强大的驱动力，被动学习才会转化为主动学习，这样不仅可以提高课堂上学习批判性思维的效率，在课堂之外也会持续训练批判性思维。

（一）好奇

批判性思维源于对世界的好奇。众人皆赞同提问的重要性，但却常常无问可提，这反映出好奇心丧失、思维固化的现状。长期被动接受知识的教育环境导致我们天生具有的好奇心不断消减，但是，只有拥有好奇心——想要探究的强烈愿望，才会发现问题，主动解决问题，感受到探索的乐趣，形成好奇心的正循环。好奇心是批判性思维发展的根本动力。

好奇心也是批判性思维自我培养的根本动因。在有"提高自身批判性思维能力"的想法时，反思为何出现这一想法，可能会出现：明白了批判性思维的重要性，想看看其提升后对个人有何帮助。其实，这就是好奇心——对自我成长的好奇。好好呵护自身的好奇心，便能体会学习和日常生活的点滴乐趣，也能更好地培养批判性思维。

好奇引发提问，提问正是批判性思维的开端。同时，好奇是批判性思维培养的原始驱动力，对自身能力的好奇越是强烈，越能克服自我培养过程的困难，有效地提升批判性思维能力。

（二）不惑

21世纪是信息时代，从纸质到电子，从权威中心传播到去中心自媒体传播，信息越发丰富透明。但同时，信息鱼龙混杂，每天以井喷的速度充斥在每个人的生活中，也让人不堪其扰。批判性思维能力弱甚至没有批判性思维的人越发难以分辨海量信息，甚至将分辨的权利交付媒体及意见权威。

失去批判性思维，迷信权威意见已然造成伤害，2016年沸沸扬扬的魏则西医疗事件给我们敲响了警钟。2016年4月12日，西安电子科技大学21岁学生魏则西因滑膜肉瘤病逝。他去世前在知乎网站撰写治疗经过时称，在百度上搜索出武警北京总队第二医院的生物免疫疗法，随后在该医院治疗后致病情耽误，此后了解到，该技术在美国已被淘汰。2016年5月2日，国家网信办会同国家工商总局、国家卫生计生委成立联合调查组进驻百度公司，对此事件及互联网企业依法经营事项进行调查并依法处理。[7]百度搜索的结果与商家有直接利益关系，但人们习惯于信任它作为"权威"给出的结果，而不用批判性的眼光去思考搜索结果的真实准确性，从而酿下悲剧。

《学会提问——批判性思维指南》中提到，没有批判性思维的人"始终相信其最后接收的信息"[6]。在信息爆炸的互联网时代，为求得最大限度地接近事实，避免更多错误，只有不断强化自己的批判性思维，探究其证据是否合理充分，成为不受人惑的人。

（三）成长

批判性思维不只是与知识性的学习或某个人生阶段挂钩，而是贯穿了人的整个发展阶段，对个人成长大有裨益。

辜向东教授曾说，她四十岁左右遇到了发展瓶颈期，因为四十岁女性晋升空间几乎为零，生活似乎只待退休，但她到剑桥考试部访学时，同事都感叹她很年轻，八十岁的人生才过一半，还有四十年可以做研究。于是她开始批判性看待现状，不再一味重复固化思维——女人到了四十只等退休，而是去找证据分析：真的所有证据都表明年龄限制了个人发展吗？答案为否，四十岁后的她可以继续做研究，培养学生，甚至圆她的作家梦。于是，十多年过去，五十出头的她拿下国家课题，做着更扎实的学术研究，培养硕士博士，每年两个月在剑桥考试部担任顾问，不时开办学术讲座分享经验 *，创办了"人生 GU 事"公众号成为作家。这些都是四十岁时的她无法想象的，而一切改变的原因，在于用批判性思维去认真论证人生的命题。

对于正处于人生黄金期的文硕生而言，批判性思维能力越强，人生的河流就会愈发宽阔，经受得住更多起起落落，尤其在信息时代，知识的飞速更迭带给文科研究生强烈的焦虑与困惑，这时，训练好自身的批判性思维能力，便能以不变应万变，持续学习思考应对万变的信息知识，享受探索的乐趣。

四、自我培养的方法

研究表明，个体在课堂内外的思维模式都将对批判性思维的发展产生影响，仅仅在学术研究中注重培养批判性思维并不利于研究生的整体发展。欧内斯特·帕斯卡雷拉（Ernest T. Pascarella）建议批判性思维的培养应该在学术和社会生活中同时进行，并多种措施结合运用，如向导师或前辈请教，个人自学、实践等，不应局限于一种方法或一种场景。[8] 因此，文硕生在课堂内学习批判性思维的同时，更要在课堂之外、生活之中主动训练自身批判性思维。批判性思维的自我培养可以分三个步骤进行：发现问题、解决问题、复盘问题。

（一）发现问题

卡尔·波普尔（Karl Popper）将知识增长的模式概括为 P1 → TT → EE → P2 这样一个四段图式，P1 和 P2 分别表示问题和新的问题，TT 表示试探性的理论，EE 表示试探性排除错误。从这一四段图式可以看出，知识增长始于提出问题。[9]

根据人们组织信息的方式，问题可分为以下几类：事实性问题、解释性问题、分

---

* 2016 年 11 月 15 日，重庆大学辜向东教授在湘潭大学作专题讲座，题为"如何在教学过程中发现科研选题——兼谈从科研零起点到国家社科基金重点项目"。

析性问题、综合性问题、评价性问题、应用性问题。[10] 由于文科生长期处于"授—受"学习状态，学习内容主要为学科经典，在全盘接受知识的过程中往往忽略了对其质疑。因此，文科研究生可从以下两方面发现这几种问题。

一方面是在常规处发现问题。以奥斯汀（John Langshaw Austin）的言语行为理论为例，奥斯汀认为，文学语言是不恰切的语言，不具有述行性。[11] 面对语言学的金科玉律，希利斯·米勒（J. Hillis Miller）却没有全盘接受，而是提出事实性问题：文学是不恰切的语言吗？文学不具有述行性吗？他发现用恰切与否来判断述行性本身就存在问题，不恰切言语依然可以产生作用，促使某事发生，因而文学具有述行性。米勒继而又提出分析性问题：文学怎样具有述行性？继而创立了文学言语行为理论。

另一方面是在障碍处发现问题。文硕生在研究生阶段会遇到各种障碍，常以否定句形式出现，如这个选题不行、这篇论文不行、这个方法不行等。文硕生应学会将否定句变为疑问句：为什么这个选题不行？具体是哪方面不行？怎样将其变得可行？通过不断提问，不断强化批判性思维。

（二）解决问题

顾力行教授（Steve J. Kulich）指出：我们生活在一个信息爆炸的时代，想要获得成功就需要有批判性思维的技巧，而批判性思维的技巧又取决于在信息处理和管理上的技巧。[12]

信息爆炸也带来了层出不穷的问题，因而解决问题的第一步是筛选问题。模仿王德春教授科研工作三线法，[13] 需要解决的问题也可分为三线。第一线的问题是意义重大、思考成熟、掌握众多信息、可短期内有效解决的问题。对这种问题，应集中时间和精力，按时完成。第二线的问题是正在思考、尚未掌握充足知识信息的问题。不一定在最佳时间去做，但一有需要，或第一线问题解决，随时可提到第一线限时完成。第三线的问题为随时随地、有意无意之间所得。凡有所得，即暂时存入大脑。以后又碰到第二个、第三个类似的问题，即把它们进行比较，加以分析。日积月累就会觉得有个问题值得研究，逐渐形成轮廓，慢慢进入第二线。就这样，三线问题交叉循环，形成有序的解决问题状态。

解决问题的核心在于克服自身偏见，因为"我们所作的每个决定都有自己的个人印记——经历、价值观、训练和文化的习惯"。在解决问题时，选择某个信息可能在于它符合"我"的价值观，得出"这就是对的"判断，面对有悖个人印记的信息或观点时，可能产生反感、排斥等情绪，不假思索对其否定。但是，如果未觉察个人意识中的偏见，整个信息处理的过程便会是不全面的、部分封闭的。只有尽可能悬置个人印记，信息处理和管理的过程才会呈开放状态。

在解决问题中培养批判性思维，一方面将给人成就感有助于持续训练，另一方面只有在实践中才会发现自身批判性思维的不足，得到有效提升。

（三）复盘问题

复盘式反思不夹杂个人的情感偏好和价值取向，是一种纯度相当高的批判性思考模式。[14]

复盘问题是对问题的进一步思考和系统化。解决问题是一个动态的过程，由于个人能力和思维的局限性，问题永远无法彻底得到解决，及时复盘将使人更加理性地看待解决问题的整个过程，对问题的理解更加深刻，也将更明晰下一阶段的解决策略。

复盘问题分为客观评价和主动学习。客观评价在于要用局外人的眼光评价整个发现问题、选择问题、搜集资料、解决问题的过程。脱离解决问题的环境能够更加客观地进行思考。需要强调的是，复盘问题不仅是发现不足，正如"批判"二字不是狭隘地找出缺点，而是客观地理性判断，客观地看待自身在整个过程中的优缺点，对待不足持可持续发展态度，即承认现阶段它的现实存在，又认识到它的可塑性，相信在发展中能够克服。主动学习让客观评价发挥最大化作用。认识到自身不足后若是弃之不顾则得不到真正改善，整个处理问题的过程也成了浪费时间。客观评价辨别出了自身不足后，我们要主动学习，对症下药，解决不足。

复盘问题可用笔头记录的形式，随着不断地发现问题、解决问题、复盘问题，个人批判性思维能力将得以提升，这时，通过阅读以往复盘记录，对问题认识将更加深刻，也能更加准确地判定今后方向。

五、结语

批判性思维的培养不能一蹴而就，不仅需要在课内学习，更得在课外生活的方方面面积极锻炼运用。将批判性思维放置于整个宏大的人生图景中，而非仅将其与学术研究相联，更明确批判性思维与文硕生整体人生联系密切，文硕生自我培养动力将更强烈，会更加主动去培养自身批判性思维能力，批判性思维能力提升的同时学术研究取得成果便水到渠成。

参考文献

[1] 朱贺玲. 我国硕士研究生自我发展定位现状调查研究——以厦门大学为例 [J]. 学园, 2012（2）: 40-45.

[2] John Dewey. How We Think [M]. Boston, New York and Chicago: D. C. Heath, 1910.

[3] Robert Ennis. Critical Thinking: A Streamlined Conception [J]. Teaching Philosophy, 1991, 14（1）: 5-25.

[4] 李瑞芳. 外语教学与学生创造性和批判性思维的培养 [J]. 外语教学, 2002, 23（5）: 62-66.

[5] 刘儒德. 论批判性思维的意义和内涵 [J]. 高等师范教育研究, 2000（1）: 56-61.

[6] M. Neil Browne, Stuart M. Keeley. 学会提问——批判性思维指南 [M]. 赵玉芳, 向晋辉,

等，译.北京：中国轻工业出版社，2006.

[7] 360百科.魏则西事件[EB/OL]. https://baike.so.com/doc/23848728-24405374.html.

[8] Patrick T, Terenzini, Leonard Springer, Ernest T. Pascarella and Amaury Nora. Influences Affecting the Development of Students' Critical Thinking Skills[J]. Research in Higher Education, 1995, 36（1）：23-39.

[9] 卡尔·波普尔.猜想与反驳——科学知识的增长[M].上海：上海译文出版社，1986.

[10] 何云峰.论批判性思维[J].社会科学辑刊，2000（6）：15-18.

[11] 陈勋.论希利斯·米勒的文学言语行为理论[D].湘潭大学，2012.

[12] 郑新民.研究生外语教育：批判性思维与科研创新能力——上海外国语大学跨文化研究中心 Steve J.Kulich 教授访谈录[J].中国外语，2012（3）：85-89.

[13] 王德春.科研工作分三线[J].外语与外语教学，2001（2）：1+封三.

[14] 谷振诣，刘壮虎.批判性思维教程[M].北京：北京大学出版社，2006.

《王者荣耀》与论文写作

麻湘琳

（湖南科技大学）

摘　要　当下手游中《王者荣耀》最为火爆，同时也带来了一系列的负面影响，媒体争相声讨，而大部分学者辩证地看待这一问题，也有少数学者对此持批判态度。本文从《王者荣耀》与论文写作的共性出发，探究《王者荣耀》带来的论文写作灵感。通过对比研究发现，就《王者荣耀》而言：（1）不同角色应相互配合；（2）等级不同选择不同；（3）赛制不同要求不同；（4）顺逆风打法不同。而对于我们论文写作来说：（1）擅长领域不同，应当相互协作；（2）论文要求不同，详略程度不同；（3）论文类型不同，写作内容不同；（4）难易程度不同，应对策略不同。本文建议突出《王者荣耀》的文化引导，加强个体对游戏的良性反馈。

关 键 词　《王者荣耀》；论文写作

作者简介　麻湘琳，女，1993 年出生，湖南科技大学商学院硕士研究生。联系电话：13574097299；电子邮箱：837503439@qq.com。

一、引言

《王者荣耀》是时下最火爆的手游之一，已经成为全球第一大手游，甚至被称为"国民游戏"，但也因为不少学生沉迷游戏，导致媒体、家长、老师的口诛笔伐，[1] 甚至有人戏称其为"农药"。大多数新闻媒体一方面报道《王者荣耀》的火爆程度，另一方面批判其对青少年以至整个社会带来的一系列不良影响。如：2017 年 6 月 22 日，杭州 13 岁男孩因玩《王者荣耀》被父亲教训后从四楼跳下险些丧命；2017 年 6 月 26 日，杭州夏衍中学老师蒋潇潇的文章《怼天怼地怼王者荣耀》；2017 年 11 月，《王者荣耀》主播孤王因过度劳累不幸猝死。

笔者走进《王者荣耀》一年有余，经历过四个赛季，见证了其一次次的整改，发现《王者荣耀》确实有其独特的吸引力，但更多的感受是，从"农药"到生活，其实每一局的游戏就跟我们的生活一样，跟我们写论文一样，尤其是写论文毫无头绪时，来两把《王者荣耀》，往往会有一些灵感产生。哲学家伯纳德·苏茨（Bernard Suits）也曾对游戏下过一个定义："玩游戏，就是自愿尝试克服种种不必要的障碍。"

二、研究现状

大多数学者辩证地看待《王者荣耀》。如：张莹莹选取极具代表性和典型性的

《王者荣耀》作为研究对象，从传播游戏理论的视角探析用户在手游娱乐中的行为动因、游戏的传播机制，并提出《王者荣耀》所引领的游戏文化可能带来的媒介伦理问题。[2]朱艳琳从网络游戏的界定与发展入手，以《英雄联盟》与《王者荣耀》为例分析网络游戏的特征，研究如何理性看待网络游戏文化。[3]王春晖认为，网络游戏是数字经济时代重要的网络文化业态，是广大人民群众在互联网上消费娱乐的重要文化产品，但需坚持两大优先原则：社会效益优先和保护未成年人优先。[4]

少部分学者批判地看待《王者荣耀》。如：汤称奇认为《王者荣耀》占用大量时间，迷惑思想观念，混淆视听常识。[5]翟文婷认同人民网对《王者荣耀》的批判：释放负能量，毁灭人生。[6]

近年来，由于《王者荣耀》活跃于青少年中，同时也引发一系列的问题，学者们以《王者荣耀》为例的网游或手游方面的研究较为丰富，大多数学者辩证地看待《王者荣耀》，也有少部分学者持批判态度，但现有研究普遍只局限于论述《王者荣耀》的好坏，以及从商业或网络文化方面去探究《王者荣耀》火爆的原因，并没有具体分析如何让《王者荣耀》来引导青少年更好地学习或生活。因此，本文拟从《王者荣耀》与论文写作的共性出发，探究《王者荣耀》带来的论文写作灵感。

三、《王者荣耀》与论文写作的共性

（一）不同角色应相互配合

起初被吸引是因为《王者荣耀》中团队协作的存在，就像我们写一篇论文，有时候不是每个人都能把一篇论文的所有知识点都了解透彻，这就需要不同知识领域的学者相互合作，就像《王者荣耀》每局游戏里，通常都要有几种召唤师存在才合理一样。《王者荣耀》中的召唤师有法师、刺客、坦克、射手、辅助，每种召唤师属性不同。一般来说，坦克适合作为前排近身攻击，而法师和射手则远程消耗，辅助一般是团队增益，而刺客则作为最后的收割者。就论文写作而言，对于理科生，较为擅长的是模型构建及实证分析部分，但文字方面的论述就较为粗糙了，而若其合作伙伴是个文科生，文字功底非常深厚，相互协作撰写一篇论文，就能取得论文的最终胜利。有些召唤师是具有多重身份的，如：貂蝉是法师又是刺客，东皇太一是法师又是坦克。论文写作亦如是，有些人既擅长收集资料又擅长模型构建，有些人既擅长野外调查又擅长实证分析，具体选什么样的人（召唤师）去合作完成这篇论文（这局游戏）就要针对具体的论文（不同的游戏局）来进行不同的选择。

（二）等级不同选择不同

《王者荣耀》中三条路线 5v5 的地图中，游戏分匹配赛和排位赛两种。排位赛依据游戏赢的次数累积而达到不同的段位，依次是：白银—黄金—铂金—钻石—星耀—王者。在打了比较高段位的排位赛之后，去低端局就会发现，有时候段位太低的局，是不需要每种类型的召唤师都存在的，只要有一个很厉害的人物能够带动全场，那么这一局也是可以赢的。就像我们写论文，小论文、本科论文、硕士论文、博士论文的要求各不一样，小论文通常只把理论介绍、概念分析、背景描述作一个大致的分析，只要突出整篇文章的研究重点或者创新点即可，而硕士论文或者博士论文则要求我们把整篇文章的各个知识点都论述清楚，把论文研究主题分析透彻。

（三）赛制不同要求不同

在《王者荣耀》里，还有大乱斗的赛制，与普通赛制不同的是，召唤师只有在死亡时才可以购买装备和恢复到满血状态，这个赛制在人物出装时（出装：通过击杀小兵或敌人获得经济，用以购买不同的装备。装备：用来增加人物属性的物件，如鞋子加移动速度，防御加抵抗能力等）就跟普通赛制有所不同了。如：法师就应当出圣杯（用来补充蓝条，持续输出）和噬神之书（用来吸血，增加续航能力）。同样，论文分为四大类：（1）专题型论文：分析前人研究成果的基础上，以直接论述的形式发表见解，正面提出某学科中某一学术问题的一种论文。（2）论辩型论文：针对他人在某学科中某一学术问题的见解，凭借充分的论据，着重揭露其不足或错误之处，通过论辩形式来发表见解的一种论文。（3）综述型论文：在归纳、总结前人或今人对某学科中某一学术问题已有研究成果的基础上，加以介绍或评论，从而发表自己见解的一种论文。（4）综合型论文：这是一种将综述型和论辩型两种形式有机结合写成的一种论文。因此，我们在撰写不同类型的论文时，侧重点也不同，如：在撰写综述性论文时，大篇幅进行模型构建及实证分析显然是不恰当的。

（四）顺逆风打法不同

顺风指我方一直压制敌方，优势较为明显，经济、出装、人头都优于对方的一局游戏，逆风则相反。当我方顺风时，应该充分发挥现有优势，拉大差距，如：击杀暴君（可拉大经济差距）和主宰（可帮助推掉对方防御塔），入侵对方野区（以获得更多经济）；而逆风时，则需要猥琐发育（尽量躲开敌方攻击，不主动挑起团战）以积累经济，在适当的时候进行反击，或者抱团捉单（几个人共同击杀对面单独行走的敌人）。而在论文写作中，"顺风"指我们需要写的是一篇在我们研究领域且非常擅长的文章，在这个情况下，我们更应当发挥自己优势，如：擅长建模的学生接到一篇实证型文章的撰写任务，就要充分在自己熟知的模型中选择更好的模型去对论文进行分析，同时对论文进行有效的检验，以保证论文的可信度；而"逆风"在这里是指我们接到的是一篇我们从未涉及过的领域或者不擅长的文章，在这个时候，我们就需要"猥琐发育"，通过多方搜集这个领域的文章、最新研究进展等资料，积累"经济"，才能更好地去撰写这篇文章，或者通过"抱团捉单"的办法，跟不同领域的学者合作，更好地完成这篇文章。

四、结论

就《王者荣耀》而言：（1）不同角色应相互配合；（2）等级不同选择不同；（3）赛制不同要求不同；（4）顺逆风打法不同。而对于我们论文写作来说：（1）擅长领域不同，应当相互协作；（2）论文要求不同，详略程度不同；（3）论文类型不同，写作内容不同；（4）难易程度不同，应对策略不同。

《王者荣耀》的好坏，本文不作过多评价，但更应当引起重视的，不是人们是否玩《王者荣耀》，而是《王者荣耀》中的正向文化引导，以及玩家对于《王者荣耀》的良性反馈。

参考文献

[1] 黄力之.能让"王者"不再荣耀吗？[N].社会科学报，2017-10-19（006）.

[2] 张莹莹.传播游戏理论视域下的手机网络游戏爆红现象研究——以《王者荣耀》为例[J].新闻传播，2017（18）：115-116.

[3] 朱艳琳.从《英雄联盟》到《王者荣耀》：理性思考网络游戏文化[J].新媒体研究，2017（14）：105-106.

[4] 王春晖.警惕网络游戏给青少年带来的负面影响[J].通信管理与技术，2017（04）：15-17.

[5] 汤称奇.军人精武志 岂能戏人生——谈《王者荣耀》对军营的冲击与对策[J].政工学刊，2017（10）：70-71.

[6] 翟文婷.王者荣耀之痛[J].中国企业家，2017（14）：40-45+6.

研究生毕业论文写作的三点思考
——基于勒温的场理论

甘 露

（湖南师范大学）

摘 要 毕业论文的写作，基于小家，是研究生的个人使命，是学校科研质量的重要标志；基于大家，是占领科技制高点，提高国家综合实力的重要途径。基于我国研究生存在较大弊病的毕业论文写作现状，探究深层次原因，可从作者自身与环境两个因素进行探讨。而这两个因素与著名心理学家勒温的场理论高度契合。本文基于勒温场理论，从这两个因素出发，为改善毕业论文的写作现状提出有关思考。

关 键 词 场理论；毕业论文；思考

作者简介 甘露，女，1995 年 3 月出生，湖南师范大学文学院，学科语文硕士研究生。联系电话：18907431821；电子邮箱：496494243@qq.com。

一、现状之思

（一）价值功利化

一般来说，合格的毕业论文是研究生成功拿到学历的必备条件，而研究生学历又是进入社会更高层次的跳板。就业难度加大，社会对人才要求越发之高。许多学生基于现实的考虑，选择了继续深造。带着功利思想进入学校，试图混个两到三年，顺利得到高学历的文凭。这批研究生戴着"功利"眼镜看待研究生学习，在毕业论文写作的时候自然是功利性的深化。考虑得更多的是如何凑够字数，如何混过答辩，而不是将自己的论文放在整个研究的大环境下，考虑如何去深化，如何去突破。综上所述，无论是带着功利思想入校还是将这种思想付诸行动的写作，都是功利化的明显体现。

（二）内容狭隘化

内容狭隘化是研究生论文写作的一大弊病。他们的视野往往会限定于一个小的领域，但是在这个小的领域中往往不能进行深层次的延伸、广层次的扩展。更多的是限定在自己所画的圆圈中对前人有关研究进行无限度的咀嚼，换一种方式进行前人有关研究的陈述，自然而然地将其归为所有。缺乏一种站在巨人的肩膀上向前看的意识，更多的是被所谓的巨人所阻挡。视野偏窄，往往立足于自己所熟悉的领域，并且将其所属的领域与外界进行高强度无限制的隔离。这样就违背了知识领域的内在规律，割裂了知识领域间的相互贯通，阻碍了知识领域的相互交融，造成毕业论文内容的狭隘化。

（三）效果表面化

效果表面化则是研究者功利化、研究内容狭隘化共同造成的结果。用功利的眼光看待研究，用狭隘的内容去填充写作，即使成功，也是表面的成功，顺利混毕业，顺利拿到毕业证而已。其论文的价值随着时间的流逝必将无法接受实践的检验。正如社会中出现的快餐文化，自然逃不了成文快消失也快的命运。

二、理论之思

研究生论文写作不容乐观，存在较大弊病的现状，主要原因可以归结为研究者自身与外部环境两个因素。而这一看法则与著名心理学家勒温的场理论有了高度的契合。德国著名心理学家勒温基于物理学中"场"的概念，提出了 $B=f(PE)$ 的行为公式。在这个公式里，B 代表行为，f 表示函数关系，P 表示个体，E 表示环境。该公式表明，行为随着个体和环境这两个因素的变化而变化，行为是个体和环境的函数。[1]将勒温这一公式类推到研究生毕业论文写作中，则是写作这一行为随着作者自身与写作环境的相互作用而变化。所以写作行为的提高基于研究生个体，基于环境。

三、操作之思

（一）个体

1.求思。毕业论文的写作少不了思维的参与，思维的参与可以从理、情两个方面来进行论述。理之思，著名哲学家亚里士多德在《论灵魂》中强调了人的理性。"人具有理性，人不同于动物，高于动物。能否用理性领导欲望，使欲望服从理性，是人与动物区分的标志。"[2]研究需要精密的数据来说明，需要确凿的证据来证明，要求不断创新，环环相扣，层层递进，自然离不开理性思维的指导。有理性思维参与，经得起检验、受得住考验的研究才是对科学的莫大尊重。情之思，情感的参与，是让自身处于一个生命体本来的地位，将自己的情感投入于论文写作之中，有了情感参与的写作相应会少几分死板，多几分活力。理性思维的参与并不否定感性思维的存在，两者无明确的轻重好坏之分，可以共存。值得注意的是，感性思维的参与并不代表可以恣意妄为，而是在尊重科学、尊重研究的基础上，多了情感的渗透。理性思维与感性思维两者在写作中交融才是该有的状态，才能在严密的逻辑思考中散发生命该有的光辉。

2.求忠。论文写作少不了忠诚的参与。要恪守梁任公所倡导的"为学术而学术"的原则。在具体的论文写作中，就是要忠于良心，忠于内心。忠于自己的良心，尊重科学，坚持写作的严肃性，坚信它是无限光荣的事，远离数据造假、论文抄袭等学术歪风。同时要尽量持价值中立的立场，不在某种政治或功利目的的压力下论证不证而明的"伪命题"。[3] 而是永远怀着一颗敬畏之心，坚持数据的自我探究、资料的自我搜索，对他人研究成果无限尊重基础上，更加重视自我的深入探究。与此同时，不过分地将论文成果与自身的利益挂钩，而是忠于自己的良心，坚信获得与付出成正比。在忠于自己的良心的基础上还要忠于自己的内心。在当今研究界盛行着这样一种状况：研究者对红极一时的方向会蜂拥而入，出现一大批的论文写作，而较偏、研究成果较少的方向便少人问津。而当时火热的方向却只是昙花一现，在研究界难以长青。并且随波逐流的研究并没有太大的价值，因为偏离自己内心的写作往往不会有所突破。冲破不了前人的观点，只能是做着无关紧要的解释。不随波逐流，全身心投入才会有突破的可能。

3.求深。毕业论文写作正是个体冲破表面知识的束缚，寻求内部规律，获得更深的理解，开辟一片属于自己的新天地的过程。它需要追本溯源的精神，不能困于表面，若是简单地进行表面触碰，难以抵达内部深刻之处。所以在写作过程中要有追求深入的精神。如矛盾处求深，基于他人现有的写作成果，从自身的知识领域出发，着眼于他人观点与自己观点的矛盾处进行研究。试图冲破他人的观点，并且用他人的成果作为证实自己观点的补充，在两者之间进行深入化。如空白处求深，研究者先确定一个大的写作方向，然后对大方向进行辐射式的发散，散为小方向。基于这一方面现成的成果，试图寻求所在方向的空白处。接着对这一方向进行补白。基于矛盾处，始于空白处，永怀求深的精神将论文写作深入化。

4.求新。毕业论文写作是检验学生研究力的重要指标，自然强调新颖。我们要把求新意识当作一条主脉络，用反证意识当作手段，将求新渗透于写作的全过程中。论前课题求新。研究者要不甘平庸，追求不凡，敢于在研究领域寻求新道路，开辟新视界，运用反证意识，将旧的课题翻新，挖掘潜在课题。论中准备求新。突破常规的围绕论题进行资料检索的方式，另辟蹊径，搜集与课题矛盾的资料，运用反证意识，在论证过程中探究出矛盾资料的弊端，采用对比的形式，引入相关资料，使论证有理有据。论后评价求新。关于研究价值的评判，通常是：（1）论文选题要有现实基础和理论意义；（2）论文要有充分的论证，立论正确，证据确凿，数据可靠，能够体现作者在本学科领域坚实的基础理论和系统深入的专门知识。[4] 运用反证的意识，将评价原则多方位发散，注意引发了哪些问题，带来了哪些反面影响，等等，给予毕业论文更加全面的评估。从论前的准备到论后的成果，研究者将求新意识永怀于心，用求新的反证手段，将整个写作过程新颖化。

（二）环境

基于勒温的场理论，写作个体这一因素已经从求思、求忠、求深、求新四个方面进行了激发，配套的写作环境也要跟上步伐，共同促进论文写作现状的良性转化。行为公式中的环境，不是指纯客观的环境，所以将写作环境分为硬性与软性两个方面进行探究。

1. 硬性环境。研究生写作的主要阵地在学校，所以学校需要完善自身的硬性环境。

（1）设施的保障。"写作的问题必须从一开始就贯穿到整个实验设计中去。"[5]一般来说，毕业论文的写作需要实验，高度精确的实验之后，得出一系列的数字，提供一系列强有力的论据。这种研究自然容不得半点差池。所以学校在构建设施环境中则需要提供精细的研究设备，补全相关的研究器材。同时，永怀平等的理念对待文科与理科，给予两者同样的尊重。予以实验必要的设备，并且设备的安排强调配套化，避免在实验的过程中出现设备缺乏而导致低端错误。与此同时，在完善设备的同时还需要将设备现代化。永怀全球意识，将我国研究与国际研究相接轨，将我国的论文成果放在现代化、全球化的大背景下，用现代化的设备作为辅助，将我国之研究立足于全球，向世界发出属于中国的声音。

（2）图书的保障。毕业论文的写作除了设备的支撑外，还需要相关理论知识的支撑，所以学校要积极地构建有关的图书环境，把好全、智两关。一方面，图书要全。写作的过程中需要引用大量的资料，研究的结果也需要知识去验证，而知识不是相互孤立的，而是融会贯通的，对于每一个方向的研究，古今中外都有着不同的论述，所以图书的购置也应考虑到这一点。基于一个大的研究方向，对有关书籍进行筛选、补全，将相关方向的研究进行专题化罗列。在图书全的基础上还需要配件全。如相关教学工具的提供，纸笔供应，图书旁桌椅的陈设等。另一方面，管理要智。运用网络等高效手段，将图书管理与网络进行有机的结合，从而使图书管理智能化，图书管理网络化。少了人力资源的浪费，也给予研究者一个相对自由的空间，实现借阅过程高效化，减少了不必要的时间。

2. 软性环境。学校"软硬兼施"，共同构建良好的写作环境。

（1）相容的保障。思想自由，兼容并包。摒弃高压的紧张环境，在闲暇孕育出高质量的论文，让每一个研究者处于一种自然轻松的状态，真正做到想我所想，思我所思。创建出一个包容的环境，这里主要是指包容疑、异两个方面。存其疑，学校需要构建存疑的环境，"反对是古，主张问难"，提倡学生多问多思。鼓励他们发问的同时尊重他们提出的疑问，并且给予一定程度的重视，从而让每一个学生都敢于打破规则的桎梏，提出真正有效的问题。在敢于发问的基础上，还要提倡勇于发问，采取竞争的形式让每一个学生都能自主自动地参与其中，共同构建存疑的环境。研究者敢于发问，勇于发问，在存疑处触发提问，在发问处触发研究，从而构成研究的良性循环。存其异，学校需要构建存异的环境，不强制统一，而是尊重不同，试图在不同中找到独特点。调整研讨课式、教授主讲式、教授直接指导式的比例。不做有目的、要答案的探讨，而是重视探讨的过程，过程中不同见解的激发。基于独立思考，培养快速概括和明确表达的能力。始于发问，异议提出，深入研究。有了敢于发问的基础，包容环境的构建，疑与异相存，恰似百家争鸣式的当代稷下学宫。

（2）相通的保障。这里的相通指的是不同门类知识的贯通。而学校基于这一点，自然需要建构一个知识相通的课程环境给予学生必要的支撑。从理论上来说，学校如果过分强调课程之间的界限，只会让每一个知识领域都处于封闭状态，与外界割裂。知识的相互割裂状态自然会映射到软性环境中，在孤立的环境中的个体，也难以将自身所获得的有关知识系统化。构建知识相通的环境，树立知识相通的观点，立足全面来看待。从实践上来说，学校可以多举办知识探讨会，鼓励学生围绕某一方向相互沟通交流，将知识清晰化、关联化。将知识相通的理论用于实践当中，并且尝试用各自的知识领域来联系所在学科的知识领域，共同推进研究。

（3）相长的保障。古人强调教学相长，教师的教与学生的学相互影响和促进。这一观点同样适用于论文写作过程。在写作过程中，学生也有着向师性的特点，会自然地靠近比自己更为优秀的研究者。教师应抓住学生的这一特点，勉励学生在论文写作中有自己独特的见解。教师要用自己对事业的热忱之心为学生构建教学相长的良好环境，真正做到教师的教与学生的学共同成长，携手共进。

用思想自由之环境触发学生，用知识相通之环境助力写作，用教学相长之环境予以莫大支撑。基于勒温的场理论，激发个体的写作意识，构建相关的写作环境，让毕业论文的写作在个体与环境相互作用下不再是一道难题。

参考文献

[1]库尔特·勒温.拓扑心理学原理［M］.竺培梁，译.杭州：浙江教育出版社，1997.

[2]吴式颖.外国教育史教程（缩编本）［M］.北京：人民教育出版社，2003.

[3]辛逸.文科研究生学术精神的培养——以研究生毕业论文为例［J］.中国高教研究，2008（07）：25-27.

[4]王忠烈.学位与研究生教育比较研究［M］.北京：中国人民大学出版社，1999.

[5]师领.高等教育中的研究生培养问题——对心理学家赫伯教育思想的评述，并论中国研究生教育中存在的问题［J］.武汉大学学报（人文科学版），1999（4）：142-145.

全日制专业学位研究生教育服务质量满意度提升体系研究

康思

（中南林业科技大学）

摘　　要　全日制专业学位研究生教育是满足社会对高层次应用人才紧迫需求的重要保障。现阶段的专业学位研究生教育，在教学实践过程中暴露出教育服务体系不完善，学生对专业学位研究生教育质量满意度不高等问题。本文以中南林业科技大学专业学位研究生为调查对象，从宏观质量管理与微观质量管理两大方面，构建了专业学位研究生教育服务质量提升体系。相关研究结果可以为全面提高专业学位研究生教育服务质量满意度提供针对性的理论指导与决策支持。

关 键 词　教育服务质量；满意度；提升体系

作者简介　康思，女，1994 年出生，中南林业科技大学商学院，硕士研究生。联系电话：15574942616；电子邮箱：544853288@qq.com。

在我国，全日制专业学位研究生教育开办时间短，教育质量评价体系不健全。高校在专业学位研究生教育实践中，时刻都要以学生为中心，因此在评价研究生教育服务质量时，应该高度重视学生对教育服务的满意度。

本文以中南林业科技大学研究生作为调查对象，调查问卷涵盖研究生教育服务的过程质量与结果质量两大方面。总计发出问卷 300 份，有效问卷 276 份，有效率92％。经实证研究发现，全日制专业学位研究生对教育服务的实际满意度与期望之间普遍存在差距。这些差距主要体现在专业学位研究生教育服务过程质量中的培养特色、基础设施与结果质量中的实践能力、就业发展方面。因此，提高教育服务质量满意度，提供符合社会发展新时期要求的研究生教育，应是今后高校教育工作的中心任务。

在教育实践中，政府、社会、高校三个层次有机结合，同抓共管研究生教育，并且在教育质量管理上，形成以高校自我管理为主体，以政府宏观调控为辅助的体系。基于当前专业学位研究生教育管理的现实状况，提升全日制专业学位研究生教育服务满意度可从提高政府与社会宏观保障和高校自身微观质量管理两方面着手。其中，高校微观层面的研究生教育发展是提高专业研究生教育服务质量满意度的根本方法。

一、宏观服务质量管理

（一）充分发挥政府的政策调控与监管作用

第一，在政府对专业学位研究生教育的监管中，坚持把学生作为工作中心，不断提高教育服务质量满意度。政府可通过制定规则、财政拨款、提供信息服务和咨询等方式为专业学位研究生教育的发展管理提供指导，加大对研究生的扶持力度，使高校在政府政策的引导下，提供高质量专业学位研究生教育服务。

第二，提升高校在招生、培养、就业等环节的自主性，以学术自由为中心开展政策支持。对研究生招生数量、学科专业设置、教育经费分配等减少硬性规定，更多地提供科学指导，将办学规范和自主权有机结合，同时密切关注职业供求。

第三，在保障高校灵活教学、特色办学的基础上，政府应建立起相应的监管体系，以保证高校不会跨越监管红线，同时完善符合本地区实际情况的专业学位研究生教育体系，建立高校教育服务质量满意度评价标准和准入退出机制，倡导高校为自身学术地位与长期发展负责。

（二）积极引导企业与高校开展联合培养

政府应为专业学位研究生的实践提供多元化的政策支持，健全企业对接专业学位研究生的实习体系。在研究生实践过程中，提供充分的实践机会，实施全方位的实践管理，提高对学生的服务意识。同时要积极鼓励企业甚至某些政府部门接受学生进行专业实践，要求国有大中型企业每年接纳一定数量的研究生完成实践实习任务，对接纳研究生实践的企业进行减免税，或设立专项企业合作激励基金。

二、微观服务质量管理

（一）优化课程体系，突出专业学位研究生课程特色

专业课教学环节是影响学生对专业学位总体满意度评价的最关键因素。高校要兼顾教学质量与企业需求，对以往的专业课授课方案进行深入修改和全方位优化，明确与学术学位研究生的不同，打造有专业学位研究生特色的高质量培养体系。对某些实践性较强的专业课，高校应加强与企业的联系，组织或聘请有实践经验的工程师、企业家进行授课，同时应从培养方案制定、教案设计、授课、考试等环节严格把关，着重提升专业课老师的教学水平。

（二）加强校内外导师队伍的建设，强化双导师制

导师的指导质量和学术水平对专业学位研究生的培养质量起到关键作用，因此高校应重视组建高质量的导师梯队，并加强对导师队伍的管理。高校在实际管理中，要加强导师的日常管理与培训，使导师积极提升研究生教育水平。让有实践经验的工程师、企业家等积极参与到全日制专业学位研究生培养环节中来，对"双导师制"中校

内导师和校外导师职责进行细化，实行各自负责、有机协作的培养新模式。突破以往高校独自培养研究生的局限性，推广校企联合培养专业学位研究生，让企业成为研究生提高综合素质的舞台。同时高校导师在指导过程中，应提供完善的科研环境，锻炼学生的科研水平，鼓励学生发表高水平论文，为培养符合企业要求的高层次应用型人才打下基础。

（三）加大高校教学及实验设备投入力度

我国的专业学位研究生教育是在短期内迅速发展起来的，在校专业学位研究生数量与日俱增，辅助的物质支撑条件却没有同步改善。地处湖南长沙的中南林业科技大学，由于经济原因和地理环境的制约，在物质方面更是严重不足，学生可用的教室、图书报刊资料都比较缺乏。这一问题的解决，不仅需要政府部门实行政策倾斜，在资金分配上给予相应的照顾，更需要高校管理者转变思路，走产学研相结合的道路，不断提高教育服务水平，主动争取各种社会资金的支持。

（四）突出专业学位研究生的主体作用

长久以来，研究生教育质量评估由政府主导，没有重视学生的主体作用。因此，必须关注学生满意度，让专业学位研究生积极参与到评估中去，坚持以学生满意度作为评价教育服务质量高低的重要依据。专业学位研究生培养单位应积极引导学生参与到教育服务质量评价中，在高校培养方案的制定、课程体系的设置、学校相关管理制度及措施的优化等方面，承担并发挥监督员和考评员的主体职责。由于专业学位研究生没有经过专门的评价训练，易受个人因素的影响，因此，专业学位研究生培养单位要正确引导学生切入评价过程，及时了解学生的需求，征求学生意见，同时正确认识和处理学生评价的结果，综合提升研究生教学质量满意度。

（五）强化媒体宣传力度，扫除专业学位研究生认识误区

我国专业学位研究生教育开设时间短，大量考生在报考时，对学术学位研究生与专业学位研究生的区分度不足。因此，应该通过高校、媒体等扩大宣传，强化宣传对象对专业学位研究生的培养目标和培养特色的了解，突出其综合实践优势，保证生源的数量与质量，为全面提升专业学位研究生教育服务质量打下坚实的基础。综合以上分析，建立全日制专业学位研究生培养框架体系如右图所示。

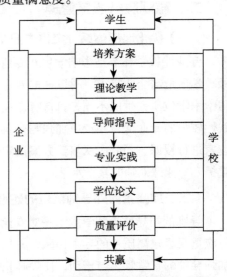

专业学位研究生培养框架体系图

三、总结

全日制专业学位研究生教育是培养高级别应用人才的首要途径，对社会人才质量的提升具有深远的影响。本文以学生满意度评价为切入点，深度挖掘现行培养体系中存在的桎梏，从政府宏观质量管理与高校微观质量管理两个维度，探索提升全日制专业学位研究生教育服务质量的关键架构体系，为社会的转型与发展提供新活力。相关研究结论对于明确学生在教育服务中的主体地位，提高专业学位研究生综合教育服务质量，具有一定理论指导与推广应用价值。

参考文献

［1］孙梦遥.全日制专业学位研究生教育服务质量研究［D］.南昌大学，2014.

［2］彭金栓，王珂，等.全日制专业学位研究生教育服务质量满意度实证研究［J］.现代交际，2016（17）：179-180+178.

［3］胡莹，杨雪.全日制专业学位研究生教育质量管理与质量评价的思考［J］.研究生教育研究，2012（2）：66-70.

［4］马永红，张乐，等.全日制专业学位研究生教育满意度的调查分析——基于部分全国重点高校应届毕业生的视角［J］.高教探索，2015（12）：89-98.

以"双一流"建设引领研究生思政课改革
与区域经济发展

严圆圆

（湖南师范大学）

摘　　要　建设一流大学和一流学科，是党中央、国务院在新的历史时期为提升我国高等教育发展水平作出的重大战略决策。习总书记在十九大报告中提出，加快一流大学和一流学科建设，实现高等教育内涵式发展。可以说，"双一流"建设恰逢其时。在此背景下如何抓好研究生教育以及如何对接区域经济发展值得我们深入探讨和思考。新时代，要在一流学科建设的契机下，进一步推进研究生思政课改革，同时，一流大学的建设也应助力区域经济的发展。

关　键　词　"双一流"建设；研究生思政课改革；区域经济发展

作者简介　严圆圆，女，1994年9月出生，湖南师范大学马克思主义学院，思想政治教育专业2017级硕士研究生。联系电话：15211196827；电子邮箱：1019376482@qq.com。

新时代，在一流学科建设的背景下要把研究生思政课教学质量提升到一个新的水平，必须探索"因事而化、因时而进、因势而新"的思政课教学新方式，让学生能够"入脑入心"。

服务经济社会发展是高校的重要职能，因此，高校要主动对接国家和地方的重大战略需求，强化学科发展特色，积极服务区域经济发展。一流大学建设要培养一流的人才，也要为社会作出一流的贡献。

一、以一流学科建设引领研究生思政课改革

思想政治理论课是巩固马克思主义在高校意识形态领域指导地位、坚持社会主义办学方向的重要阵地，是高校对研究生进行思想政治教育的重要途径，是全面贯彻落实党的教育方针和立德育人根本任务的主渠道，也是进行社会主义核心价值观教育的核心课程，肩负着学习研究宣传马克思主义以及培养研究生正确的世界观、人生观和价值观的重要任务。

长期以来，思政课就被贴上了"枯燥""没用"等标签，虽然党的十八大以来，我国研究生思政课建设取得了一定的成效，但是也应该看到，部分高校的思政课流于

形式，少数研究生思政课教学还存在讲不活、讲不出兴趣等问题。这就要求高校认真贯彻落实习总书记在全国高校思想政治工作会议上的讲话精神，加大研究生思政课的改革创新力度。

在一流学科建设的契机下，加快推进研究生思政课改革，高校需要从教学理念、教学内容、教学方式、师资队伍等方面主动作为。

（一）教学理念：有心有爱

爱是教育的灵魂。我国近代教育家夏丏尊说，教育之没有情感，没有爱，如同池塘没有水一样。没有水，就不成其池塘，没有爱就没有教育。一个厌恶教育的人，肯定不可能成为好老师；一个能够从工作中发现幸福的教师，肯定会更乐于投身教育。仁者爱人，因爱人而互爱，教育从而拥有了生命的温度。

德国著名哲学家雅斯贝尔斯在《什么是教育》中提到："真正的教育是用一棵树去摇动另一棵树，用一朵云去推动另一朵云，用一个灵魂去唤醒另一个灵魂。"教育是春风化雨、潜移默化的，是教师和学生共同成长的过程。到底什么是好的教育？显然不完全是教给学生具体的知识，更重要的是挖掘其内在潜能，让学生自己去认知世界。尤其对于研究生群体，更要注重培养其自主学习思考和研究创新的能力。

对于研究生思政课，"要坚持把立德树人作为中心环节，把思想政治工作贯穿教育教学全过程，实现全程育人、全方位育人"。习总书记在2016年12月全国高校思想政治工作会议上的重要讲话，回答了高校培养什么样的人、如何培养人以及为谁培养人这几个根本问题，为做好新形势下高校思想政治工作指明了方向。而研究生思政课是高校思想政治工作的重要内容，是高校贯彻落实立德树人根本任务的重要渠道，也是新形势下加强研究生思想政治工作的关键环节。因此，抓好研究生思政课建设，对于培养广大研究生科学的世界观人生观价值观具有重要的现实意义。高校要始终坚持立德树人，"立德"为"树人"，"树人"先"立德"。立什么样的德决定了树什么样的人。立德使人成人，树人使人成才。就是要先教人"为人"而"成人"，后教人"为学"而"成才"。

就如习总书记强调指出的，"思想政治工作从根本上说是做人的工作，必须围绕学生、关照学生、服务学生"。本质上讲，就是要爱学生。我们说，爱是教育的永恒主题，没有爱，就没有教育。

（二）教学内容：有滋有味

习总书记在2016年12月全国高校思想政治工作会议上强调："要用好课堂教学这个主渠道，思想政治理论课要坚持在改进中加强，提升思想政治教育亲和力和针对性，满足学生成长发展需求和期待。"当代研究生究竟需要什么样的思想政治理论课？正如企业提供的产品和服务必须符合消费者的需求一样，作为供给主体的思政课教师也必须考虑研究生的现实需要。也就是说，好的思政课要能回应学生的需求。因此，思政课教师要俯下身子，倾听学生的需求，强化"精准供给"，也就是要大力推进思政课教学供给侧结构性改革。

此前，笔者通过问卷调查的形式了解到，大部分学生觉得思政课教材内容枯燥抽象；语言不生动，套话、老话过于冗长；教材文字过于烦琐。因此，希望老师能多讲些接地气、生活化的话语，这样学生会更感兴趣，也更容易理解和接受。其实，真正能让学生一节课听下来很少开小差的课程，教师的教学必定是有魅力和接地气的。这种效果主要体现在讲课内容中。

我们说毛主席是语言大师，说的话很贴近群众，所以能被广大人民所接受和广为流传，比如没有调查就没有发言权。十八大以来，我们的习近平总书记也说了很多让大家感到特别亲切的话，比如打铁必须自身硬，撸起袖子加油干，等等，有感染力、号召力且深入人心。

因此，研究生思政课要吸引学生必须做到教学内容有滋有味，同时不能高高在上、悬浮在空中，只有落地生根，学生才会愿意去接受和亲近，也才能让学生感到教学内容有用、能用、好用、管用、受用。

马克思说："理论只要说服人，就能掌握群众；而理论只要彻底，就能说服人。"思想政治理论课还必须关注新的现实问题，也就是要提倡问题导向，培养研究生的问题意识和创新研究的精神，要实现课堂教学内容的"内化"，培养研究生自主思考问题、分析研究问题的习惯。对于学生关注的新的现实问题要善于用马克思主义中国化的最新理论成果来分析，因此，要大力推进新时代习近平中国特色社会主义思想进教材、进课堂、进头脑，同时通过提出并解答学生当下关注和困惑的一些理论和现实问题，提高其学习兴趣和教育获得感。

此外，在教学内容上，可以结合域内文化资源优势、本校特色和学生的需求，比如，可以因地制宜、用好用活长沙红色文化资源激发学生的学习兴趣，同时传播湖湘文化，增强学生的认同感，促进理论与实践相互结合、课内与课外相互配合，通过接地气的讲授提升思政课的"趣味"。

（三）教学方式：有虚有实

我们这一代大学生是伴随着互联网长大的，所以，在教学方式上应结合现代信息技术手段以提升学生学习兴趣。习近平总书记在2016年12月全国高校思想政治工作会议上强调："要运用新媒体新技术使工作活起来，推动思想政治工作传统优势同信息技术高度融合，增强时代感和吸引力。"这就要求思政课教师在教学中把传统教学方式与新媒体技术结合起来，有虚有实，虚实结合。因此，要努力探索"互联网＋思政课"的教学模式，构建线上线下相互支撑的思政课教学体系。

一方面，可以充分利用微博、微信等网络新媒体的便捷性、交互性特点，以学生喜闻乐见的形式，创新思想政治教育形式，有效开展网络思想政治教育。

另一方面，要积极推动思想政治理论课的教学创新。可以结合教学实际以当前的现实问题为导向联系教材内容开展专题式教学，并增加课堂内外的实践教学环节。

此外，要积极探索契合研究生特点的教学形式，通过学生喜闻乐见的方式把课讲好、讲活，让学生愿意上、愿意听，让学生有更多的教学获得感。也就是说，要让高校思政课活起来，教学方式必须因事而化、因时而进。

理论只有注入时代的火花才能散发思想的光芒。思政课很大一部分内容在讲历史，但思政课教师不能就历史而讲历史，而应结合当下的一些时政热点，让学生充分思考和讨论。也可以播放一些视频，如纪录片《辉煌中国》。这样既能配合思政课的教学，也能提高学生的学习兴趣，同时丰富教学形式，但不能为看视频而看视频，应该从中挖掘其与思政课的联系，启迪学生思考，让课堂真正"实"起来、"活"起来和"动"起来，进而增强思政课的吸引力和亲和力。

总之，新时代，思政课教学要以提高学生对思政课的满意度和获得感为目标，使教学真正做到入耳、入脑、入心。

（四）师资队伍：有情有才

思想政治理论课的教学效果关键在于教师，优质的师资队伍是保障思想政治理论课价值引导作用的重要因素。为此，新时代高校要按照十九大报告中"加强师德师风建设，培养高素质教师队伍"的要求，培养一批特色鲜明、结构优化、深受学生喜爱的优秀思政课教师。

习总书记在北京师范大学师生代表座谈会上提到："全国广大教师要做有理想信念、有道德情操、有扎实学识、有仁爱之心的好老师。"这就要求打造一批有情有才的教师筑梦队伍。尤其思政课教师要一岗双责，既要有扎实的专业学识，更要承担起培养学生正确的世界观、人生观和价值观的重要职责。

以笔者自身来说，我喜欢的思政课教师是有才又有情的。"有才"就是有渊博的学识，能把思政课讲好、讲透、讲活，同时，注重以学术促教学、教学与科研相互支撑；"有情"就是老师不是高高在上的，而是真诚地和学生做朋友，帮助学生扣好人生的"第一粒扣子"，不忘"育人"这一初心，同时做学生学术上的引领者和合作者。以心换心，我想，只有老师走心，学生才会入心。

2017 年是教育部确定的"高校思政课教学质量年"，教育部部长陈宝生同志明确提出，要打一场提高高校思政课质量和水平的攻坚战，切实增强大学生对思政课的获得感。因此，高校要认真贯彻中央及教育部的有关要求，以踏石留印、抓铁有痕的精神抓工作落实，找准问题，精准发力，在一流学科建设中，把研究生思政课教学水平提升到一个新的高度。

要提升研究生思政课的教学水平，必须以习总书记系列重要讲话精神为指导，贯彻落实好全国高校思想政治工作会议精神，把握好培养什么样的人、如何培养人以及为谁培养人这几个根本问题，坚持问题导向、效果导向、学生导向，通过综合改革和创新实现教学理念、教学内容和教学方式的与时俱进，同时打造一批一流的师资队伍。

总之，提升研究生思政课教学质量是一个系统工程，也是一个永远在路上的长期工程。探索思想政治理论课教学改革和建设永远在路上。

二、一流大学的建设助力区域经济发展

新时代，一流大学的建设必须面向经济社会主战场、主动对接区域经济发展战略，全面提升高等教育在人才培养、科学研究、社会服务、文化传承创新等方面的综合实力。同时，高校要坚持特色发展，积极服务需求。

（一）高校特色发展是区域经济发展的重要保障

习总书记在 2016 年 12 月全国高校思想政治工作会议中指出："我国有独特的历史、独特的文化、独特的国情，决定了我国必须走自己的高等教育发展道路，扎实办好中国特色社会主义高校。"因此，扎根中国大地办大学，办好中国的世界一流大学，必须有中国特色。可以说，特色是一所大学核心竞争力的重要因素。

学科是学校发展的龙头，学校的特色在于学科，学校的水平也在于学科。一流学科是一流大学的基础，也是一流大学建设的重要内容。其实很多大学之所以有名，主要是重点学科有名。比如，我们提到湖南大学，首先会想到土木工程这一优势学科。如果离开一流学科来谈一流大学，无异于纸上谈兵。因此，在"双一流"建设的背景下，高校更要结合自身的特点和优势，重点打造一批特色优势学科，实现特色发展。

以笔者所在的湖南师范大学为例，它是一所以文科见长的大学，在此次"双一流"建设中，语言与文字入围了一流学科建设，其中以伦理学为代表的传统优势学科，在一流学科建设的背景下，更应该抓住这个契机，立足学校优势特色学科建设，积极打造一流学科群，形成新的学科特色。当然，我们马克思主义理论专业也要在一流学科建设中，积极探索完善学科体系，增强学科自信、理论自信和专业自信。

湖南师范大学校长蒋洪新指出：大学与城市共生共济、互生互长，两者历来是荣辱与共、休戚相关的命运共同体。要借大学科技城建设的东风，推进校园环境的提质改造，把学校建设得更加美好，助力岳麓山国家大学科技城提升品质、丰富文化内涵。岳麓山国家大学科技城围绕打造创新创业高地的目标，坚持以自主创新策源，以成果转化为主线，以品质提升工程为引领，以合作共创工程为支撑，实现校区、城区、景区、园区"四位一体"发展，将大学科技城打造成全国领先的自主创新策源地、科技成果转化地和高端人才集聚地。这也是新时代"双一流"建设背景下湖南师范大学坚持特色发展、服务地方的一种努力。

（二）服务区域经济发展是一流大学建设的强大动力

习总书记在 2016 年 12 月全国高校思想政治工作会议上的讲话指出："我国高等教育发展方向要同我国发展的现实目标和未来方向紧密联系在一起，为人民服务，为中国共产党治国理政服务，为巩固和发展中国特色社会主义制度服务，为改革开放和社会主义现代化建设服务。"

可以说，任何国家或地区的高等教育都是适应一定社会需求的，学科建设从来都是与国家发展战略和区域经济社会发展同向同行的。特色发展要服务需求、注重创新，高校要不断强化服务意识，主动对接经济社会发展需求。

当然，区域经济社会发展也呼唤"一流"。决胜全面建成小康、让湖南更加出彩，迫切需要创新驱动发展与一流的人才，也特别需要一流大学的支撑。

2017 年 9 月 27 日，湖南省委书记杜家毫在中南大学与学生交流时提出，中南大学作为一流大学建设高校，是湖南高等教育的领头羊，必须深化综合改革，加快创新发展。检验"双一流"不是看学校规模有多大、楼有多高，而是看培养了多少一流学生。要坚持面向国民经济主战场、改革创新最前沿、改善民生第一线主动作为，力争产出更多标志性成果，为湖南和全国经济社会发展发挥重要作用。

可以说，服务地方的发展需求是高校义不容辞的责任，地方大学与区域发展有着天然的联系。因此，高校要立足区域发展，回应和服务国家与地方的重大发展战略需求，这也是建设一流大学的强大动力。

总之，"双一流"建设是一个长期的过程，需要国家、社会、学校、教师、学生们共同努力，以形成教育合力。新时代推进研究生思政课的改革与建设，要坚持以马克思主义为指导，抓好马克思主义理论教育；也要推进思政课教学的供给侧改革。同时，一流大学的建设要顺应国家和地方的发展，要通过内涵建设，提升服务能力和水平，也要回应现实问题。此外，高校必须根据自身的发展特色制定一流学科建设目标，以特色一流学科引领发展，建设世界一流大学，从而为经济社会发展、为新时代中国梦的实现领航、助力。

参考文献

［1］李旭炎.立德树人实践论［M］.北京：中国文史出版社，2014.

［2］习近平.把思想政治工作贯穿教育教学全过程 开创我国高等教育事业发展新局面［N］.人民日报，2016-12-09（1）.

［3］马克思，恩格斯.马克思恩格斯选集（第 1 卷）［M］.中共中央马克思恩格斯列宁斯大林著作编译局，译.北京：人民出版社，1995.

［4］杜家毫与中南大学学子问答互动全记录［N］.湖南日报，2017-10-14（2）.

新时代公民意识视野下的研究生法律教育初探*

李泽坤

（湖南工业大学）

摘　要　研究生法律教育是指高等院校对非法律专业研究生进行的以了解和掌握国家法律、法规和校规、校纪等为主要内容，以公民意识养成为目标的教育过程。新时代公民意识视野下研究生法律教育存在课程设置单一，缺乏案例化教学，研究生法律教育部分缺位，公民意识培养面临困境，法律教育师资失衡，教育理念短视化等诸多问题。要解决这些问题，就需要构建"法律+"范式，开展多元化法律教育，完善案例化教学体系，普及研究生法律教育。

关键词　新时代；公民意识；研究生法律教育

作者简介　李泽坤，男，1994年出生，湖南工业大学法学院硕士研究生，研究方向宪法学与行政法学。联系电话：15570788868；电子邮箱：137710048@qq.com。

公民意识的养成是指使公民认识自己在社会中的主体身份和法律地位，理解公民权利和义务的教育活动。对研究生进行公民意识的培养，能够引导他们树立民主法治、自由平等、公平正义理念，对他们的工作方式、思维方式、行为方式、生活理念等产生直接或间接的影响。研究生法律教育的目标是提高研究生的法律素养，其实质是公民意识的养成。因此，公民意识的养成也是研究生法律教育的根本目标，是研究生法律教育的重要命题。

一、新时代公民意识视野下研究生法律教育的内涵

（一）新时代视野下公民意识观

党的十九大报告明确指出：经过长期努力，中国特色社会主义进入了新时代；全面依法治国是国家治理的一场深刻革命，是中国特色社会主义的本质要求和重要保障。党的十八大报告中指出：要推进公民道德建设工程，引导人们自觉履行法定义务。党的十七大报告明确要求：加强公民意识教育，树立社会主义民主法治、自由平等、公平正义理念。党的报告对我国研究生的知识结构和综合素质提出了更高的要求。公民意识已经成为衡量一个国家法治现代化水平的重要标志。

*本文系湖南省"十三五"教育科学规划项目"公民意识视阈下大学生法律教育问题研究"（XJK016BGD018）成果。

目前，在学术界关于公民意识的内涵已经形成了几种代表性的观点。叶飞从哲学的角度概括：首先，公民意识是人的一种理性独立的意识；其次，公民意识是一种"人是目的"的意识；再次，公民意识是人的一种反思的意识。姜涌从政治学的视角解读："它是一定国度的公民关于自身权利、义务的自我意识和自我认同的总称。""公民意识是社会政治文化的重要组成部分，它集中体现了公民对于社会政治系统以及各种政治问题的态度、倾向、情感和价值观。公民意识同时又是一个复杂的观念形态系统，有它自身内在逻辑联系着的层次结构。"马长山从法治进程的角度认为：公民意识是人类自由自主活动内在精神的自觉反映和要求，包括合理性意识、合法性意识和积极守法精神。公民意识一般被认为是公民在民主社会中所形成的对于自身主体性、权利和义务、社会身份、政治地位等的理性自觉，是公民对于公民角色及其价值理想的自觉反映。公民意识强调的是人在社会生活中的责任意识、公德意识、民主意识等基本道德意识。笔者认为，公民意识是公民对权利和义务的一种主观认知和价值了解，是个人意识和社会意识的结合，既包括公民对自身权利义务的认识和维护，也包括对社会公共事务的维护。

（二）我国研究生法律教育现状

高校对研究生的法律教育是不同于以往阶段的，因为在大学本科时期所接受的法律教育只是一般层面上的通识教育，并没有对其进行分析思考。而研究生法律教育在社会主义现代化强国建设中具有重要的战略地位，重在培养研究生的公民意识、法治精神和法律情感。在高校中推进法律教育进程，不仅要丰富其内容，还要培养高素质综合人才，为法治社会的建设不断输入新鲜血液，这才是法律教育的目的。因此，研究生法律教育实质是指高等院校对非法律专业的研究生进行的以了解和掌握国家法律、法规和校规、校纪等为主要内容，以公民意识养成为目标的教育。

（三）研究生公民意识培养与法律教育之间的关系

随着我国社会主义市场经济的蓬勃发展和民主法治建设的深入推进，研究生法律教育也取得了长足发展，法律教育在建设社会主义法治国家中具有极其重要的战略地位，探讨研究生公民意识培养和法律教育之间的关系成为了新时代高校法律教育的应有之义。

研究生法律教育是高校研究生学习法律知识、养成公民法律意识的主要途径，同时也是公民意识培养的核心路径。在法理基础上，公民意识中的法律要素在研究生法律教育中得到了重要体现。公民意识属于社会意识的一种形态，是对社会存在的反映，是公民对自身在国家中的地位和享有的权利、承担的义务的现实感受和应有认识。公民意识的形成过程本来就应该是心灵的陶冶过程，公民意识教育寓于具体学科，融入课堂教学，通过实践和环境熏陶，内化为公民的道德品质。研究生法律教育通过课堂教学等途径培育研究生主体意识、权利意识、义务与责任意识、程序意识等法律要素，不断增强研究生的公民意识。

　　研究生公民意识培养的基础是法律教育，两者之间是正相关关系。研究生法律教育的终极目标是培养公民意识，即培养其与当代民主政治和现代法治社会相适应的公民意识并使之成为合格公民。在政治基础上，公民意识和法律教育的发展实质是与公权力的博弈。站在法律的角度，权利和权力自始至终就没有停止过这种博弈。从某种意义上来说，这种贯穿法治社会始终的博弈就是一种社会成员争取和实现自身权利的法律教育过程和公民意识养成过程。

二、新时代公民意识视野下研究生法律教育问题及其成因

　　研究生群体代表着一个国家的未来和希望，研究生群体的公民意识对于一个国家的发展走向有直接的影响作用。费孝通先生说："社会学的资料在哪里呢，是在人的生活本身。每个人都在社会里边生活，没有一刻能离开它。"笔者采用深度访谈的定性研究与问卷调查的定量研究相结合的实证调查方式，就所在株洲大学城做过一次"新时代公民意识视野下的研究生法律教育问题"随机问卷调查，发出问卷300份，收回问卷268份。通过调查问卷数据分析，我们得知当前研究生法律教育教学从对公民意识养成的认识到教学内容、方法、环节、管理等都存在诸多问题，公民意识养成在法律教学中没有得到很好落实。

（一）课程设置单一，缺乏案例化教学

　　"对法律的认知来源"问题，由被调查者进行测评。结果显示，对于"来源于本科阶段《思想道德修养与法律基础》课堂教学"，认为全部的占"94.1%"，认为主要的占"3.7%"，认为部分的占"2.2%"。可见，非法律专业研究生对法律的认知来源较为单一，大学生法律教育教学几乎成为了非法律专业研究生获取法律认知的唯一来源。新一轮基础教育课程改革后，法律基础课与思想道德修养课合并为一门课程。《思想道德修养与法律基础》全书包括绪论在内共九章，涉及法律基础知识是第七章、第八章，其他的章节涉及具体单行法。教育部门规定该课程3到4个学分，依据1学分对应16到18学时，该课程是48到54个课时（按3学分算），这样均分每章最多6课时。用这么少的课时普及法律基础教育，任务是繁重的，研究生养成法律思维的成效也微乎其微。再者，《思想道德修养与法律基础》中法律知识以法律概念为主，缺乏具体生动案例阐述，研究生难以真正运用法律基础知识认知事物，解决实际生活中产生的法律问题。

（二）研究生法律教育部分缺位，公民意识养成面临困境

　　通过了解被调查者"对法律教育的看法"发现，对于"研究生阶段设立法律课程"，93.3%的研究生认为"无"，6.7%的研究生"不清楚"。由此得知，被调查者普遍认为研究生阶段法律教育部分缺位，相关法律课程培养方案欠缺规范。研究生阶

段获取法律教育呈现碎片化发展趋势，大都通过讲座、新闻报道、影视剧等方式碎片化获取。在高校，研究生公共教育以《中国特色社会主义理论与实践研究》《马克思主义与社会科学论》《研究生英语阅读与写作》《研究生英语视听说》等政治教育和英语教育为主。法律教育在研究生教学阶段没有得到有效落实，大大削弱了公民意识的养成。

（三）法律教育师资失衡，教育理念短视化

了解被调查者对"研究生法律教育师资力量"的看法，综合问题答卷得出：92.5%的研究生认为"研究生法律教育师资薄弱"，其原因为"研究生法律教育由非法律专业老师指导"。而7.5%的研究生认为"研究生法律教育师资均衡"，其原因为"部分与法律有关的专业课程由法律专业老师指导"。92.8%的研究生认为"法律教育课程设计是为了应付考试"。不难发现，其中7.2%的同学与财经、会计、金融等专业相关，部分涉及法律与自身专业交叉学科。同时，反映出各高校法律教育师资不均衡，大部分研究生无法接受专业化法律教育，对法律认识处于懵懂状态，容易产生抗拒心理。

三、新时代公民意识视野下研究生法律教育的路径选择

习近平总书记在 2017 年 5 月 3 日考察中国政法大学的讲话中指出：全面依法治国是一个系统工程，法治人才培养是其重要组成部分。我们要坚持走中国特色社会主义法治道路，坚持以马克思主义法学思想和中国特色社会主义法治理论为指导，立德树人，德法兼修，培养大批高素质法治人才。而研究生法律教育是培养高素质法治人才的重要途径。研究生法律教育中，法律教育内容的更新，最终都要依靠有效的途径和方法来实现。科学有效的途径和方法将会有力促进研究生公民意识的增强，实现高校研究生法律教育的育人目标。

（一）构建"法律+"模式，开展多元化法律教育

研究生法律教育总是与时代的发展联系在一起。以公民意识养成作为主线，实施"法律+"教育战略，顺应了新时代发展，体现了新时代价值。

以"法律+互联网"为例，可以开展在线咨询，构建相关法律在线服务网站，使研究生足不出户就可以找到法律专家，及时解决生活中遇到的法律问题，切实增强研究生法律教育的实际运用。

通过引入"法律+心理教育"模式，提高研究生接受法律教育的积极性，实现研究生公民意识全面发展。首先，要开设关于心理健康教育的必修课程，并且将课时适度延长，加大心理教育的强度、梯度和力度。其次，将心理教育与公共必修课深度融合，例如将思想道德修养与法律基础课融合在一起，将心理教育的观点融入法律教育。这样，通过疏导研究生心理，使研究生在潜移默化中受到法律教育的熏陶。

倡导"法律＋第二课堂"，丰富法律教育开展方式。美国著名教育家杜威先生曾提出"学校即社会，教育即生活"的命题，在对研究生进行公民意识的教育过程中，我们要开发研究生法律教育资源，利用其所处的学校和社会这两大环境，结合研究生实际情况，充分发挥研究生的自主性，在具体的校内外活动中实施体验式公民意识教育。"法律＋第二课堂"模式是以研究生体验式教育为中心，通过拓宽课堂渠道，走出教室，在草坪、操场、走廊、寝室甚至校外第二课堂进行法律教育。学校可以设立听证会、参议会、交流会、学术论坛和文化沙龙，让研究生参与学校管理，在参与中体验公民的权利和义务。也可以组织"普法进校园"活动，邀请法学专家学者为各大学院开展与本学院相关的法律教育活动，采用座谈、交流会等形式，为研究生普及合同法、消费者权益保护法、劳动法等与研究生切身利益息息相关的法律。"法律＋第二课堂"形式是多样化的，法律教育方式是多元化的，从而凸显以研究生为中心的权利本位理念。

当然，有条件的院校可以采用"法律＋第二学位"制度，让更多的非法律专业研究生提高自身的法律素质，增强法治信仰，接受更为专业化、系统化、全面化的法律教育。

（二）完善案例化教学体系，普及研究生法律教育

在诸多高校调查中，发现"思想道德修养与法律基础"这门公共基础课存在课堂教学以理论为主，缺乏贯穿整个课程的案例资源的问题。而案例化教学带动了研究生的学习积极性和主动性，增强了研究生与老师的互动。在法律教育中，引入案例化教学不失为一种有效的方法。第一步，教师通过演示典型案例设置情景导入课堂，激发研究生兴趣。例如，展现近些年来发生的法律热点问题引导研究生学习相关内容。第二步，带领研究生在实现案例的过程中讲解相关知识点。例如，带领研究生学习法律热点案例时，讲解相关民法、刑法、行政法等知识点。第三步，采用拓展案例巩固知识点。例如，以作业的形式要求同学们完成发生在自身周边的法律事件和问题介绍。第四步，提供实践案例，开展模拟法庭。通过案例化教学方法激发研究生主动探知法律的欲望，进一步提升研究生的公民意识。

党的十九大报告中指出："青年兴则国家兴，青年强则国家强。"习近平总书记在考察中国政法大学的"五三"讲话中提出，建设法治国家、法治政府、法治社会，实现科学立法、严格执法、公正司法、全民守法，都离不开一支高素质的法治工作队伍。研究生作为青年队伍的精英群体，是建设中国特色社会主义社会的重要力量。因此，"十三五"时期应当以实现研究生教育治理体系与治理能力现代化为目标，深化综合改革，加强研究生教育治理，健全治理机制，完善研究生教育立法。探索符合研究生教育的法律课程体系，是呼应依法治国、依法治校的时代要求，同时也是全面培养研究生公民意识的客观要求。因此，必须普及研究生法律教育，使研究生提高法律

素养，增强法律意识，适应社会主义法治现代化的需要。

参考文献

[1] 叶飞.公民教育与公民意识的培养——兼论公民教育在学校德育中的实施[J].思想理论
　　教育，2008（5）：14-17.

[2] 姜涌.中国的"公民意识"问题思考[J].山东大学学报（哲学社会科学版），2001（4）：
　　82-87.

[3] 马长山.公民意识：中国法治进程的内驱力[J].法学研究，1996（6）：3-12.

[4] 宋庆侠，陈绪新.我国公民意识培养的反思与建构——以教育学为视角[J].合肥工业大
　　学学报（社会科学版），2016（2）：140-144.

[5] 许玉琴.大学生法律教育若干问题的思考——以完善《思想道德修养与法律基础》中法律
　　教育为视角[J].安徽警官职业学院学报，2013（3）：102-104.

[6] 肖冬梅.浅谈加强高校心理学教育的策略研究[J].读与写（中旬），2016（2）：89-
　　90.

[7] 谭丽媛.大学生体验式公民意识教育的探讨[J].科教文汇，2016（25）：12-14.

[8] 周晓青.浅谈案例化教学在《计算机应用基础》教学中的应用[J].吕梁学院学报，2014
　　（2）：88-89.

[9] 别敦荣，易梦春，李家新."十三五"时期研究生教育发展思路[J].中国高教研究，
　　2016（1）：83-90.

法学硕博研究生导师互助指导模式创新

刘爱良

（湖南师范大学）

摘　要　法学硕博研究生导师面临着指导的学生多、指导的难度大、指导的时间少的困境。李爱年教授结合自己的学科特点，探索环境法硕博研究生互助指导模式，搭建了环境法学术梯队、环境法博士论坛、环境法案例研讨会、环境法读书报告会等四个互助指导平台，均取得了很好的效果。从法学教育上来说，李爱年教授的这一套模式在法学硕博研究生培养定位、教学模式、教学评估上均有较高的借鉴意义。

关　键　词　法学硕博研究生导师；互助指导；法学教育

作者简介　刘爱良，男，1985 年 3 月出生，湖南师范大学法学院，博士研究生。联系电话：18173561327；电子邮箱：ailiang-liu@126.com。

一、引言

法学硕博研究生导师是指具有博士后、博士、法学硕士（含在职）、法律硕士培养（指导）资格的研究生导师。法学硕博研究生导师一般具有如下几个方面的特点：一是指导的研究生多，从博士后、博士，到法学硕士、法律硕士，法学硕士又包括在职和全日制两种类型。考虑到正常的培养年限，一个法学硕博研究生导师同时指导的硕博士生一般都在 20 人以上。二是指导的难度大，不同层次、不同类型的研究生需要不同的培养定位、教学方式。如法学博士后、博士的培养定位应当是科研型人才，而法学硕士、法律硕士应当是应用型人才。在硕士层面，法学硕士的教学应当以理论教学为主，案例教学为辅；而法律硕士则应当以案例教学为主，理论教学为辅。具体到法学硕士，在职的和全日制的学生在教学时间、培养方式上也应当体现差异。因此法学硕博生导师面临着多层次多类型的指导，指导的难度较大。三是指导的时间少。时间首先与人数相关，人数多分配到每个学生的指导时间自然少，另外时间少往往还体现在法学硕博生导师除了指导硕博生之外，往往还承担着较为繁重的行政事务、本科教学任务以及科研任务。[1]因此，法学硕博生导师真正用于指导硕博生的时间就更少了。综上，如何在人数多、难度大、时间少的情况下取得优质的培养效果，这是

---

[1]以湖南师范大学法学院为例,法学硕博生导师共计13人,其中绝大多数同时有行政管理人员、科研骨干、本科教学骨干多重身份。

摆在每一个法学硕博研究生导师面前迫切需要解决的重大课题。湖南师范大学法学院环境法学科带头人李爱年教授作为一名资深的环境法硕博研究生导师，在多年的教学科研活动中，探索出了一套针对多层次多类型环境法硕博士生的互助培养指导模式，取得了较好效果。

二、李爱年教授硕博士研究生互助指导模式及其效果

李爱年教授系湖南师范大学法学院副院长、二级教授，2005 年取得环境法硕士、法律硕士指导资格，2011 年取得环境法博士指导资格，2015 年开始招收博士后，现由其指导的在读（在研）环境法博士后 2 名、环境法博士 7 名、环境法学硕士（含在职）15 名、法律硕士 9 名，共计 33 名。从 2015 年开始，李爱年教授逐步探索不同层次不同类型环境法硕博士生互助指导模式，分别搭建了环境法学科科研梯队、环境法博士论坛、环境法案例研讨会、环境法学硕士读书报告会共计四个互助指导平台，形成了导师带团队、团队带博士、博士带硕士、博硕士互助指导的良性互动格局。

（一）搭建环境法学科科研梯队

近年来，湖南师范大学法学院环境法学科建设成效显著，1995 年开始在法理学硕士点下培养环境法硕士，1999 年正式取得环境法硕士点，2005 年获得法律硕士授权点，2011 年获得环境法博士点授权，2011 年增设法学博士后流动站，开始招收环境法方向博士后。随着学科建设日益健全，李爱年教授着力建设环境法学科科研梯队。环境法学科科研梯队以李爱年教授为核心，以科研项目为基础，分为四个层次，各司其职。第一层次是李爱年教授。她作为团队的核心，在湖南环境法学界，乃至全国环境法学界都享有一定的知名度，具有很高的科研能力和课题管理水平，主要负责课题统筹、协调课题申报、项目立项、重大科研成果结题的把关审核。第二层次是环境法青年教师，包括教授 1 人、副教授 2 人、讲师 1 人。该部分青年教师科研热情高，学术能力较强，但是在项目申报和管理方面经验不足，所以该部分教师在李爱年教授的指导下着力培养项目申报和管理能力，并主要负责课题申报书的撰写、统稿以及主要学术成果的指导、写作。第三个层次是环境法博士后、博士生，共 9 人。该部分学生具有一定的科研能力，但是科研能力有待提升、课题申报缺乏经验。该部分博士生主要在青年教师的指导下从事一般课题申报书的初稿和重大课题申报书的文献综述撰写，以及完成中等级的学术成果。第四个层次是环境法硕士、法律硕士，共 24 人。该部分学生对科研项目具有较高的参与热情，但是科研基础薄弱，主要由博士生指导完成科研资料的收集整理、一般课题文献综述的写作以及尝试完成较低等级学术成果。上述四个层次的学术梯队具有三大特点：一是项目带动，研究内容集中。李爱年教授的科研方向集中，课题选题也主要集中在生态补偿、湿地保护、环境司法、流域治理等环境法重点难点问题。项目立项后，硕博士生均根据导师所分配的课题方向

撰写科研、硕士论文，经过长期的课题研究能够形成良好的学术基础，对日后的系统性研究具有重要意义。二是梯队层次科学合理，具有强有力的科研冲劲。四个梯队既有环境法学界具有较高知名度的教授抓总，又有青年教授抓细，还有博士生作为科研后备，配合研究生的科研辅助力量，整个团队科学搭配，生机勃勃。三是团队科研互助，减轻导师指导负担。在团队梯次下，李爱年教授负责总体统筹，在宏观上指导学生养成学术思维，掌握学术方法。而青年教师则在中观上指导博士后、博士生撰写学术成果、提升科研能力。博士后、博士生则在微观上指导硕士生进行资料收集、整理，完成文献综述，初步养成学术兴趣和习惯。一级带一级，层层有进步，在整个环境法学术梯队中，每个人都能找到自己的学术定位，获得学术能力的提升。2015年，李爱年教授探索建设环境法学术梯队以来，该团队共计立项国家社科基金重点项目2项、一般项目2项，省部级课题35项，先后结项课题28项，无论是立项课题的层次，还是立项课题的数量以及资助经费的规模，均在湖南环境法学界名列前茅。

（二）创立环境法博士论坛

法学博士生应当具备较强的科研能力，并且应当形成具有较高质量的学术成果，包括湖南师范大学在内的大部分高校对博士生的毕业都有硬性的高水平期刊发表科研成果指标[2]，未达到指标的不准开题、答辩。高水平期刊需要高质量的论文，如果没有一个有效的指导、交流、督促机制，很多博士生很难在规定的培养期限内毕业。李爱年教授针对博士生的科研成果要求搭建了环境法博士论坛。环境法博士论坛的具体运行模式：（1）论坛成员由9名环境法博士后、博士生组成，每月举办一次，博士后、博士生确定顺序后轮流担任论坛主持人、主讲人，李爱年教授及学术团队内的青年教师作为点评嘉宾，全体环境法硕士生列席观摩。（2）论坛以学术成果为载体，每一名主讲人在论坛举办前先行撰写论文，并在论坛举办前一周将论文电子稿发给导师和论坛其他成员，主讲时结合PPT用15分钟的时间介绍自己论文的写作背景、主要内容以及创新之处。主讲人介绍完之后，由论坛其他成员以及点评嘉宾就论文的不足之处提出修改完善建议，环境法硕士生可以就论文进行提问发言，最后由导师综合各方意见确定修改思路，并明确修改时间。（3）主讲人将修改的论文稿件交给导师指导，导师认为修改不到位的返修，必要时可以再次提请就该学术成果进行讨论，经过多轮修改后方可定稿。（4）作为激励机制，对于经过论坛修改定稿的学术成果，由导师向相关期刊进行推荐。凡是未经博士论坛讨论确认的学术成果，导师一律不予推荐。在培养期间未主讲过博士论坛的博士，在开题答辩的学术评价上从严控制要求。

---

[2] 根据文件规定，湖南师范大学博士生必须发表一篇CSSCI期刊论文方可开题，发表两篇CSSCI期刊论文才能答辩毕业。

博士论坛的主要特点：一是以学术为主线，以成果为标尺。强调博士、博士后的学术定位，以博士论坛的形式督促他们从事科研，并且要形成学术成果。二是强调学术交流，内部互助。主讲自己的学术成果后，接受导师、点评嘉宾以及其他论坛成员的修改建议，通过学术交流碰撞思想火花，通过自我管理推动博士间内部互助。三是倡导学术批评，追求卓越成果。博士论坛的点评嘉宾以及论坛其他成员的意见都是以问题为导向的，指出论文的不足，提出论文的修改建议，反复斟酌，多次修改，这对于形成自由的学术批评之风，产出较高质量的学术成果大有裨益。博士论坛从2015 年 9 月份开始运作以来，先后举办博士论坛 9 期，讨论学术论文 9 篇，共计发表论文 9 篇，其中 CSSCI 期刊论文 6 篇，《新华文摘》"论点摘编" 1 篇，其他期刊论文 3 篇。

（三）举办环境法案例研讨会

法学是一门应用性很强的学科，尤其是对于法律硕士而言，其培养目标定位就是要成为法学应用型人才，因此对于环境法方向法律硕士的培养应当着重于环境法案例教学，以培养法律硕士应用法律解决问题的能力。李爱年教授针对环境法案例教学搭建了环境法案例研讨会平台。环境法案例研讨会的具体运作模式：（1）环境法案例研讨会由李爱年教授宏观指导，一名具有长期司法工作经验的全日制博士负责具体组织指导，全体环境法方向法律硕士作为案例研讨的主体成员；（2）环境法案例研讨会每周举办一次，轮流确定一名法律硕士作为主讲人，导师、博士负责人以及其他法律硕士对案例的编写提出修改建议；（3）案例修改后，第二次案例研讨会先由案例修改人汇报案例修改情况，再由其他人对修改情况进行点评，并提出进一步修改建议，然后再由主讲人汇报自己编写的案例，并接受评判；（4）案例的选取应当具有典型性，案例的撰写严格按照基本案情、争议焦点、法理分析、结论的格式，案例的法理分析应避免陷入理论纷争，强调依据案情事实、运用法律依据解决案件中的争议焦点。

环境法案例研讨会的主要特点：一是以应用为主线，以案例为载体。环境法案例研讨会是更高层次的案例教学，传统案例教学的案例是现成的，而环境法案例研讨会的案例是自己选取、编写的，运用真实案例，结合法律依据分析解决案例中存在的问题，对法院的生效裁判作出自己的评价，这对法学应用能力的提升具有重要意义。二是以博士带硕士，强调学生间互助。环境法案例研讨会具体由具有司法经验的博士负责组织，充分发挥其司法实务经验，锻炼其组织协调能力，形成博士与硕士间的互助指导。法律硕士之间通过相互批评，提出建议，能够形成同学间的互助学习。三是突出案例转化运用。以现有机制为基础，对于成型案例建立案例库供日后案例教学使用，鼓励学生将类型化案例归纳总结为环境司法方面的学术成果，下一步将案例成果汇编成册，编著一本环境法案例教材。2016 年 5 月建立案例研讨机制以来，共计举办案例研讨会50余次，共形成成型案例20余个，学生发表环境法案例论文2篇，环境法案例库建设初具规模，环境法案例教材正逐步推进。2016年环境法案例库被确立为湖南师范大学专业学位课程案例资助项目。

（四）创设环境法硕士读书报告会

现阶段，法学硕士阶段的培养容易走入两个极端，一种是放羊模式，即指导老师任由学生自主学习，学生自律性差的，就会养成懒惰、厌学的习惯；另一种是速成模式，即指导老师给学生压任务、定指标，学生由于基础不牢，要么陷入低水平循环，要么走向复制粘贴的邪路。要避免这两种极端，就应当充分考虑硕士培养阶段学生特点，循序渐进，注重法学基础知识储备，强化对经典著作的阅读，提升学生环境法的学识和素养。为了建立法学硕士阅读法学、环境法学经典著作的督促机制，李爱年教授创设了环境法硕士读书报告会。环境法硕士读书报告会的运作流程：（1）读书报告会由全日制博士负责组织，全体环境法硕士、法律硕士参加；（2）读书报告会每个月举办一次，举办前先确定书籍，每次由一名硕士生就一本法学或者环境法学经典著作的基本框架、主要内容、核心观点以及读后感进行汇报，其他同学围绕该著作充分发表自己的意见，并可以就与其他同学观点冲突的地方展开讨论；（3）会后，形成全面的读书纪要，群发至每一个参会成员，鼓励学生结合读书报告会的心得撰写论文。

环境法硕士读书报告会的基本特点：一是以夯实基础为主线，以法学经典为载体。读书报告会将法学、环境法学经典著作作为读书的范围，通过阅读经典、讨论经典、观点对抗，不断夯实硕士生的法学基础知识，为其学术研究和法学应用提高理论底蕴和科学素养。二是强调传帮带，学生自我管理。读书报告会由全日制博士生负责组织，锻炼博士带团队的能力，同时一起读书、相互讨论、相互学习，激发了同学的读书热情、互助意识。2015年9月开始读书报告会以来，共组织读书报告会10次，发布读书会议纪要10期，学生依托读书报告会心得发表学术论文5篇，卢志文同学结合读书报告会思考撰写的论文获得中国法学会征文三等奖、湖南省生态文明研究会征文一等奖。

三、硕博士研究生互助指导模式的法学教育意义

李爱年教授探索的硕博士研究生互助指导模式的法学教育意义在于：

一是因材施教，用多样化的教学平台实现多样化的教学目的。环境法人才培养具有层次多、类型复杂的特点，不同层次不同类型具有不同的教学目的，单一的教学手段很难解决多样化的培养定位。因此，李爱年教授探索设置多样化的教学平台，打造多层次科研梯队，希望解决环境法学术团队的核心竞争力问题。博士论坛着力于提升博士的学术能力，形成高质量的学术成果；环境法案例研讨会着力于提升法律硕士的应用能力，形成高质量的案例汇编；环境法硕士读书报告会着力于夯实环境法硕士的

学术基础，形成较好的理论底蕴和学术素养。

二是自我管理，用互助指导增强学生的主体意识和批评之风。四个平台，李爱年教授作为导师均处于宏观指导的地位。学术梯队建设强调青年教师带博士，博士带硕士，一级带一级，层层抓落实，通过项目的任务分解，做到恰如其分的榜样示范和实践指导；博士论坛强调博士的自我管理、内部互助，以同学间的相互批评作为学术成果反复打磨的激励机制；环境法案例研讨会和环境法硕士读书报告会则是双向互助，一方面是博士带硕士，以博士在案例教学、理论基础方面之长帮助法律硕士、法学硕士成长，另一方面是硕士同学间相互批评、共同讨论的内部互助。可以说，互助指导是四个平台的核心要义，没有互助指导，任何一位导师都无法在有限的时间完成对所有学生有针对性的指导。

三是经世致用，用激励和督促强化学术产出的绩效和能力养成的自信。导师培养的人才最终要面向社会，社会需要的是能解决问题的人才。环境法硕博士从校园走向社会，如果不能就业，不能适应社会的需要，那怎么都很难说培养是成功的。李爱年教授创设的互助教学平台针对的就是环境法硕博士普遍存在的自律性差的缺点，用定期约束的手段和成果激励的方式来实现能力养成和成果产出的目的。环境法学术梯队以课题立项为指针，多立项多产出，在完成课题中实现学术团队、学术成果、学术能力的三提升。环境法博士论坛以高水平论文为指针，每个人都要上，每个人都要写，写了还要改，改了才能发，在不断的撰写和修改完善中，学术成果逐步成型。环境法案例研讨以高质量的案例为指针，自己选案例、编案例、讲案例、改案例，通过反复讨论修改，认定事实、适用法律的能力逐步养成。环境法硕士读书报告会以法学经典著作为指针，先阅读，再汇报、再评论、再对抗，在读经典、讨论经典中逐步夯实自己的法学基础。

浅谈"双一流"背景下硕士研究生自身该如何发展

谭 娟

（南华大学）

摘　　要　在"双一流"背景下，从一名硕士研究生新生的角度出发，分别从学术态度问题、学术诚信问题以及能力问题三个方面分析，就高校研究生尤其是地方高校研究生如何抓住机遇，将自身塑造成高素质、高水平，创新型和综合型的合格毕业生谈谈自己的见解。

关 键 词　学术态度；学术诚信；能力培养

作者简介　谭娟，女，1994 年出生，南华大学土木工程学院 2017 级硕士研究生。电子邮箱：tanjuan0907@163.com。

"211""985"，这两个数字一直以来被广大师生家长熟知，在人们心中，这代表着中国最好的高等教育资源。多年来，国家通过实施"211 工程""985 工程"等重点建设，推动一批重点建设高校的综合实力和国际影响力显著提高，带动提升了我国高等教育的整体水平，有力支撑了经济社会持续快速发展。同时，重点建设也存在身份固化、竞争缺失、重复交叉等问题，迫切需要加强资源整合，创新实施方式。2015 年 10 月国务院提出"建设世界一流大学和一流学科"的重大战略决策，这对于提升我国教育发展水平、增强国家核心竞争力、奠定长远发展基础，具有十分重要的意义。"双一流"建设对建设过程实施动态监测和管理，根据测评有进有出，打破了身份固化和终身制。在"双一流"背景下，笔者从一名硕士研究生新生的角度，就高校研究生尤其是地方高校研究生如何抓住机遇，将自身塑造成高素质、高水平，创新型和综合型的合格毕业生，联系以下三个问题谈谈自己的见解。

一、学术态度问题

《中华人民共和国学位条例》规定："高等学校和科学研究机构的研究生，或具有研究生毕业同等学力的人员，通过硕士学位的课程考试和论文答辩，成绩合格，达到下述学术水平者，授予硕士学位：（一）在本门学科上掌握坚实的基础理论和系统的专门知识；（二）具有从事科学研究工作或独立担负专门技术工作的能力。"可见，学术水平在研究生教育中的重要地位。与本科毕业生只要求掌握初步能力相比，硕士研究生需要实实在在地具备学术研究的能力，这是硕士研究生教育的目标和方向。

教育部公布的数据显示，2017 年全国共有 201 万人报名参加研究生考试。与 2016 年相比，报名人数增加了 24 万，增幅 13% 以上。而相关人士预测 2018 年报考将会持续走热，报名人数预计会有小幅上涨。中国教育在线针对 2017 年全国硕士研究生报考动机进行的调查显示，35% 的被调查者选择"本科就业压力大，提升就业竞争力"。因想"继续深造，提高学术研究能力"选择考研的人紧随其后，达 31%。另外有 19% 的被调查者是"为了获得学历、学位证书"而考研。同时，超六成的被调查者认为研究生学历对工作薪酬的影响较大，认为研究生学历对工作薪酬没有影响的只占 4%。

随着当今时代的知识爆炸性增长，高等教育也越来越普及，面对重重的就业竞争压力，许多大学生选择继续接受硕士研究生教育。但是受后现代主义知识观的冲击，研究生培养机构的缺陷，浮躁社会风气的感染以及学术型硕士精英意识的式微等影响，当前学术型硕士生知识观出现偏离。[1] 这种功利心驱使下的研究生学习，无非给我们传达一种"混文凭"的错误观念。这种观念的直接后果就是平常成为学术的"混子"，到头来就剽窃他人作品，企图蒙混过关，拿到毕业文凭。千里之堤，溃于蚁穴，这种想要在硕士研究生教育阶段搞假学术混日子的想法，一旦发现就必须扼杀在萌芽中，否则任其繁衍扩散，等到东窗事发的那一天已经为时晚矣。无论出于何种目的读研，都不应该让这股"浮躁之风"对学术态度造成影响，端正学术态度是作为一名硕士研究生新生应有的认识。

腐蚀研究生阶段学术研究的另一不正之风就是学业拖延。1984 年 Solomon 和 Rothblum 关于学业拖延是这样定义的：学业拖延是不必要地延迟完成任务以至于产生心理不适感的行为。硕士研究生的学业拖延成因机制由八个维度构成：自我管理、行事风格、苛求完美、冲动冒险、压力忍受、强化不够、任务性质和缺乏果断。[2] 研究表明拖延所带来的影响大都是负面影响，拖延所带来的时间紧迫，会影响自身水平发挥，导致任务质量下降；长期学业拖延，会使个体呈现出焦虑紧张的状态，从而影响身心健康。针对学生本身，要冷静分析造成拖延的原因，对症下药，时刻谨记拖延造成的危害，加强时间管理，养成遇事马上做的良好习惯。

二、学术诚信问题

诚信，即为诚实守信，诚实守信既是中华民族的优秀传统美德，也是我国公民道德建设的重要内容，更是做人的基本道德底线。各行各业都需要诚信来规范日常行为，学术界也不例外。学术诚信，是高校学术欣欣向荣的保障。而在今年年初，学术出版商施普林格·自然出版集团一次性撤销了涉嫌造假的 107 篇文章，论文作者均来自中国。涉及的单位不乏全国知名的三甲医院和重点高校。此次撤稿事件让学术界深感震惊，也在社会上引起广泛关注。每年的学术造假事件屡见不鲜，这不禁让我们反思，学术诚信何在？

对于研究生而言，学术不端主要有以下三种形式：（1）伪造和修改实验数据；（2）抄袭和剽窃他人研究成果；（3）一稿多投和署名"搭便车"。[3]导致研究生学术不端、学术诚信缺失的原因，既有社会风气的影响，又有体制机制的不完善，更有主观诚信意识的淡薄。第十二届全国人大常委，国家自然科学基金委党组书记、主任杨卫院士表示："针对当前科研诚信问题所呈现的新形式、新问题和新挑战，我们清醒地认识到，科研诚信建设工作永远在路上。"

在学术问题上，研究生要有自己的诚信底线，在加强自身学术诚信意识和培养严谨求实的学术态度的同时，要做到对他人研究成果的尊重，坚持不抄袭、不剽窃。对学术研究要树立学术责任感和使命感，始终保持求真务实的学术精神，创新学术思路，推动学术诚信的建立，进而促进学术的繁荣发展。

三、能力问题

（一）自主学习能力

联合国教科文组织出版的《学会生存》一书中说："未来的文盲不是不识字的人，而是没有学会怎样学习的人。"人的一生中在学校的时间以及老师陪伴的时间毕竟有限，更多情况下要靠自主学习。作为高层次人才，研究生的素质和能力直接关系国家未来的建设与发展，因此，在具体的研究生教学活动中，培养学生的自主学习能力和发现问题、分析问题、解决问题的能力成为一种有益的探索和尝试。[4]

培养自主学习的能力，要化被动为主动。"我要学"和"要我学"是两种截然不同的学习态度，与本科学习不同，研究生在培养过程中，更多的是由导师引导，导师和学校共同制订培养计划，这就更需要自主学习能力发挥其作用。硕士研究生经过本科基础课、专业基础课和专业课的学习后，对本专业的专业技能、基础理论等有了基本的了解，但对于一名合格的硕士毕业生，还远远不够，这就需要研究生们充分利用学校内外各种资源，积极发挥自主学习能力。

摆在首要位置的"资源"是导师。由于导师要兼顾科研和教学双重工作，个别导师还身兼行政职务，再加上有的导师会同时培养其他学生，那么分给每个学生的时间并不多。在与导师每次见面之前，提前做足功课是必要的，这样在与导师的交流解惑中，才会达到事半功倍的效果。

学校给硕士研究生们提供了很多学习资源和学习平台。每年各大高校都会邀请其他学校的教授或国内外顶尖的学者专家来学校进行交流演讲，这为研究生的学习提供了很大的便利，研究生不仅能了解本专业在当今世界的最新科研成果，还能和教授们进行面对面交流，在增长见识的过程中，开拓思维，何乐而不为？但是在某些方面，听报告成了一种加分途径或者是为了毕业而听报告，这是对学校资源的浪费，这种现象应该引起足够的重视，相信所有解决事情的办法都逃不过"认真"二字。而学校提供的数字图书馆信息平台，是硕士研究生获取文献的重要来源。

除了学校提供的数字图书馆信息平台还有可以在网络上自主学习的网站：常用的科技文献数据库有 Springer Link、Wiley-Blackwell、CNKI 中国知网和万方数据库等；常用的专利数据库有美国专利数据库（USPTO Patent Databases）、欧洲各国专利（EPO）、日本专利数据库（Japan Patent）、加拿大专利数据库（Canadian Patents Database）和中国国家知识产权局网站（http://www.sipo.gov.cn/zljsfl）等；科学家或实验室的网站；专业知识网站；学术报告视频；科技项目报告，如国家科技报告服务系统（http://www.nstrs.cn/）和国家自然科学基金资助项目信息共享服务网站（http://npd.nsfc.gov.cn）等。同时网络上还有各种论坛类资源和其他科技类资源。[5]

（二）创新能力

江泽民曾指出：创新是一个民族进步的灵魂，是一个国家兴旺发达的不竭动力；一个没有创新能力的民族，难以屹立于世界先进的民族之林。2012 年 11 月召开的中国共产党第十八次全国代表大会明确提出："科技创新是提高社会生产力和综合国力的战略支撑，必须摆在国家发展全局的核心位置。"近年来，我国着力提高自主创新能力，并取得了一系列举世瞩目的科技成就，其中包括世界最大单口径 500 米球面射电望远镜、"墨子号"量子科学实验卫星、中微子振荡、超级计算机……硕士研究生教育作为较高层次的教育，担负着培养和造就高层次创新型人才的重任。

但是硕士研究生的学习依然走在老路上，写论文，完成学业，顺利毕业，在象牙塔内闭门造车，为工作而四处奔波，身心疲惫，徘徊在创新与自我实现的门外，循环遨游在以往知识的江河间，干涸的创新池塘无力成为江河湖海的形象代言人。[6]随着我国建设创新型国家的步伐大步迈进，以及人才强国战略的逐步实施，在政府及教育部门大力推进创新型人才培养的背景下，硕士研究生该如何培养自身创新能力成为日益突出的问题。

培养创新能力，首先要树立创新意识。研究生教育阶段不再是简单的知识积累，更注重学术与科研能力，要勇于打破禁锢思想的牢笼，要"不唯上、不唯书，只唯实，交换、比较、反复"。其次，要夯实基础理论和专业知识。坚实的专业知识结构是创新能力培养的基石。在平时的学术研究、论文撰写等方面，会暴露出自身的短板，应正视自身的不足，通过查阅资料，阅读大量文献，发现制约知识面的障碍，进而发现创新点，进行创新型研究。从小就听说"天才是百分之一的灵感，加上百分之九十九的汗水"，创新虽然难，但只要付出那百分之九十九的汗水，就可能发现常人所不能发现的问题，毕竟提出问题是个好的开始。最后，要不断加强学术碰撞，开拓学术视野。创新能力的培养需要不断开拓学术视野，增加对前沿学科的了解。在各类学术会议中，与学术前沿接轨，增强思维碰撞。[7]

（三）团队协作能力

随着现今科学研究向着多学科交叉发展和国际竞争越来越激烈，能否培养出既有深厚专业知识，又有团队精神的新世纪创新型人才，成为衡量高等教育工作成绩的标准之一。[8]当今世界，最著名的国际科研合作莫过于人类基因组计划。人类基因组计划与曼哈顿原子弹计划、阿波罗计划并称为三大科学计划，被誉为生命科学的"登月计划"。人类基因组计划由美国、英国、法国、德国、日本和我国科学家共同参与，预算高达 30 亿美元。计划目标是要把人体内约 2.5 万个基因的密码全部解开，同时绘制出人类基因的图谱。换句话说，就是要揭开组成人体 2.5 万个基因的30 亿个碱基对的秘密。这项看似不可能完成的计划，截止到 2005 年，测序工作其实已经完成。现今人类基因组计划已经把它的成果医学化，在医学方面为人类造福。这项伟大计划的完成离不开各国之间的团结协作。国与国之间尚且如此，在研究生教育中更应该培养团结协作的能力，促进团队交流，凝聚团队力量，共同攻克学术难题。当然，在一个团队中，既要充分肯定共性的重要性，又不能忽略个性的发展，根据个性和共性的辩证关系可知，个性中包含共性，共性寓于个性之中，没有个性就没有共性，两者在一定条件下可以相互转化。只有平衡好团队成员之间共性和个性之间的关系，才能使团队合作发挥出最大的作用。

（四）实践能力

2014 年，国务院学位委员会制定了《一级学科博士、硕士学位基本要求》，其中除了仪器科学与技术、城乡规划学和风景园林学 3 个学科外，其他 35 个学科均在硕士研究生应具备的基本学术能力中提出了实践能力的共性要求，这充分体现出实践能力在硕士研究生能力培养方面的重要作用。[9] 研究生在学习阶段要注意培养的实践能力来自两个方面，一是科研实验中的实践能力，二是社会实践能力。

对于硕士研究生来说，在进行科研训练之前，必须掌握好坚实的理论基础，熟知各种常用的实验器材的正确使用，实验药品的使用条件以及实验方法等。在此基础之上，通过实验课程训练，慢慢过渡到实验室的自主实验，进而真正获得科研实验的实践能力。

虽然高校不断组织研究生参与社会实践活动，但实际上往往只是"走过场"，违背了社会实践的真正意义，严重影响了社会实践的质量和效果。[10]造成当前局面的原因诚然有教育体系方面的问题，但更大的问题还在于研究生自身观念，当意识到学习需要认真的时候，才是研究生把握机会、增长实践能力的时候。当今研究生教育更加注重立足于社会经济发展，并且大力推广校企双方"协同创新"和"产学研"一体化模式。在这种机遇下，研究生没有理由不参与到这种机制中，开阔知识面，培养社会实践能力，使自己成为适应社会经济发展的全面型人才。

作为促进未来社会经济发展的中坚力量，研究生自身素质和能力培养至关重要。

青年兴则国家兴，青年强则国家强，祖国对下一代接班人寄予厚望，研究生们要端正学术态度，树立正确的诚信道德观，努力培养自主学习能力、创新能力、团队协作能力以及实践能力等，为实现中华民族伟大复兴的中国梦而奋勇向前。

参考文献

[1] 张巍 . 学术型硕士生知识观的重塑——以 S 大学为例 [D]. 西南大学，2015.

[2] 胡春宝 . 硕士研究生学业拖延分析 [D]. 华东师范大学，2008.

[3] 贾宝余，刘红 . 研究生学术道德和学术规范教育的趋势与途径 [J]. 学位与研究生教育，2010（05）：46-50.

[4] 芦小龙，魏艾 . 研究生自主学习能力的培养 [J]. 开封教育学院学报，2015，35（10）：135-136.

[5] 岳丽娜，邢光南，吴智丹，付鹏 . 引导研究生充分挖掘网络资源 提高自主学习能力 [J]. 中国教育信息化，2016（08）：51-54.

[6] 高鸽 . 制约我国硕士研究生创新能力的成因及对策研究 [D]. 兰州大学，2010.

[7] 梁赛江，马鹤，王学武 . 理工类硕士研究生科研创新能力培养研究 [J]. 教育教学论坛，2017（34）：181-182.

[8] 李亚林 . 团队精神与地球科学研究生团队精神培养 [J]. 中国地质教育，2007（01）：85-87.

[9] 王瑞红 . 立足特色 协同创新 提高研究生实践能力 [J]. 实验室研究与探索，2017，36（06）：172-175.

[10] 陈闻，杨丽媛 . 论研究生社会实践与创新能力的培养 [J]. 广西师范大学学报（哲学社会科学版），2007（05）：101-104.

"響應计划"之马田方言调查小记

曾 思

（湖南理工学院）

作者简介 曾 思，女，1994 年出生，湖南理工学院中国语言文学学院 2016 级硕士研究生。联系电话：18273010039；电子邮箱：834612385@qq.com。

一、序言

为了适应改革开放、经济建设和社会发展的需要，1986 年国家把推广普通话列为新时期语言文字工作的首要任务，1992 年确定推广普通话工作方针为"大力推行、积极普及、逐步提高"。近几十年来，随着口号的宣传和政策的实行，我国各地普通话得到了大力推广。但是，随着以普通话为主流的交际趋势发展，方言日渐衰微，各地方言的影响力正逐步减小，有些甚至消失。

方言作为古汉语的"活化石"，承载着中国古老的历史文化，重要性不言而喻。2015 年 7 月汪涵发起了湖南方言调查项目之"響應计划"，其主要目的是保护乡音，保护方言。该计划主要是针对湖南方言进行的一次调查分类与整理，建设相应的数据库，将学术性、文化性、大众性及趣味性结合起来，服务于地方文化事业。方言城市选点包括长沙、湘潭、韶山、岳阳等湖南 53 个地市。各方言点调查材料全部制成文本、音频、视频存入计算机建立成果档案及有声语料库，最终形成《湖南方言有声语料库》和《湖南方言语音研究》《湖南方言词汇研究》《湖南方言语法研究》《湖南方言语料》等四部专著，还会建立湖南方言有声语料库网站，直接服务于地方文化事业，并为刑侦语言识别、计算机语音识别、语言教学、App 等应用学科提供大力支持。

为继续开展"響應计划"方言调查活动，2017 年 8 月 8 日，"響應计划"调查研究团队之永兴小分队（"響應七组"）在日本静冈大学张盛开博士的带领下，前往湖南省郴州市永兴县马田镇进行方言录制。

二、马田方言

永兴县地处湖南省东南部，其境内语言被学界认为是赣方言耒资片，在当地则被称为"永兴话"。永兴境内有一条便江，以便江为界，永兴话又分为江左片和江右片。号称湘南第一大镇的马田镇位于永兴县西部江左片区域，因此马田方言属于江左片永兴话。马田方言声母包括零声母在内共计 18 个，韵母共计 32 个，声调有阴平、阳平、上声、去声和入声五个调。

三、方言录制

此前张盛开博士带队的方言调查研究团队采用的是田野调查的方式，在发音志愿者的家中进行方言录制，但由于大部分发音志愿者的家在农村，而且靠近马路，有些自然因素（家禽鸟兽）和社会因素（农家的吆喝声和汽车声）不可控制，录音的时候很容易进入设备，导致录音文件不过关，因此，此次马田方言录制吸取以往经验，选择了环境清幽的永兴县和悦宾馆，在宾馆进行方言录制。

马田方言正式录制的前一天，我和另外两名实习生把墙布和摄像机整理好并摆放到指定位置，把灯光调整好，然后老师们进行电脑和录音设备的调试。调试工作很复杂，模拟录音的时候出现很多状况，经过老师们的不断努力，录音效果终于达到了数据库文件要求。

次日早上 8 点，"录音室"迎来了老年男声发音志愿者刘富荣先生，经过简单的介绍，大家便投入了方言录制中。录制的内容大致分为三部分，第一部分为自由话题，围绕话题，用马田方言说 3 分钟。第二部分为词汇朗读，以方言调查字表为纲，把字表中的词转换成马田话。第三部分为句子朗读，这部分内容最难，不仅要把句子中的词转换为马田话，句子的语序也要按照马田话的语法重新组合。由于时间的限制，后来的青年男声发音志愿者刘辉廷先生只录制了自由话题和词汇朗读的内容。

作为实习生之一，我的主要工作是录音和拍照。为了方便后期的复核工作和保证方言转写成文字进入数据库的准确性，需要把发音志愿者的音频和影像如实录制下来。音频录制完的当天晚上，再将成段录制的音频按照一定的格式编辑成文件保存。

四、心得体会

近半个月的调查录制过得很快，也很充实。感谢段勇义老师引领我进入这个有爱的"響應七组"，让我有机会参与方言的录制和学习，开阔了视野。白天紧张的录制工作结束之后，晚上开了学习小课堂，每天晚上整理完当天的音频、视频资料后，张盛开博士会教大家一些实用软件的操作，例如如何在电脑上看音频质量；如何将成段的文字自动切分为汉语词；如何利用 Toolbox 软件将方言转写为文字做成词典，实现方言和不同语种的互译；如何将切分好的汉语词与方言词典对应起来，把普通话转译成方言；等等。大部分软件是英文版本的，学习起来有一定的难度，张盛开博士在讲授时，我的眼睛都是紧盯屏幕，一步一步按照张博士的解说操作，反复练习，练习出现问题时再向张博士请教。连续几天，大家都学习到凌晨一两点才收工。

老师们严谨的治学态度和踏实的工作作风，给我们几名实习生留下了非常深刻的印象。这些来自全国不同地区、不同高校的老师利用自己宝贵的假期时间，不辞辛苦地带领我们进行方言调查工作，为"響應计划"助力，尤为不易。张盛开博士更是不远万里从日本飞来与团队成员聚在一起，指导大家方言录制与软件学习，让人钦佩。老师们的言行时刻感染着我们、激励着我们，督促我们不断努力、不断前进。马田方言的采录不仅是一次方言调查活动，也是一次探索文化、追溯历史的实践，让我们切身体会到了理论联系实际的重要性和学以致用的无限乐趣。

方言作为普通话的地域分支，是中华民族传统文化的重要组成部分。正是这些方言的存在，才使中国的古老文明得以传承，使中华文化没有在战争岁月被异族同化。保护方言就是传承历史文化，就是保护文化多样性。关于方言的传承和保护，首先要正确处理好方言和普通话的关系，给予方言一定的生存空间，推广普通话的同时，也要注意方言的保护，尤其避免方言的永久消失。其次，要有体系、有重点、有计划地保护方言，像汪涵发起的湖南方言"響應计划"一样，借助现代先进的科技手段对方言进行光盘保护，编辑方言词典和图书，送到图书馆或博物馆妥善保护。最后，作为语言学及应用语言学的学生，要打好专业基础，掌握辨音记音的技能，将理论应用到实践当中，积极参与方言调查，呼吁身边的人保护方言，为方言保护助力。

五、结语

语言是文化的载体，是最重要的交际工具和思维工具。散布于华夏大地的各种方言，以极为鲜活的形式，塑造和展现了独具魅力的民族文化和地域文化。如今，普通话的全面普及，虽然让不同方言区域的人们能够更加方便地沟通交流，但同时也给弱势方言的传承带来前所未有的冲击。"響應计划"的实施目的，就是使式微的方言得到更好的保护和传承。我真切希望有越来越多的有志之士参与到"響應计划"中来，为方言文化的保护和传承贡献一份力量。我也相信经过大家的共同努力，方言这颗文化明珠能够重新焕发出璀璨的光芒，与普通话一起，促进社会交际，维护国家统一，增强民族凝聚力。

对国际关系专业学习中价值观建设的几点感悟

李易珊

（湘潭大学）

作者简介 李易珊，女，1992 年 8 月出生，湘潭大学历史系，国际关系专业硕士研究生。联系电话：13091119919；电子邮箱：liyisn@126.com。

一、不能纸上谈兵，夜郎自大

不管是哪一类专业的学习，其过程都可以概括为"知易行难"，而其中以社会科学中国际关系专业学习体味更甚。国际关系专业由于与时事联系密切，很容易被理解成就是电视上的时事评论。当然，我在最初接触这门学科时也是一样的感觉，认为很通俗易懂。后来，随着学习的不断深入，大量阅读本专业的经典理论书籍后，我越来越发现其实国际关系专业是有着非常高的"门槛"的，绝不能单纯根据某一种现象就直接作出评论，这样只能是脱离了相关背景的"纸上谈兵"，结果也只能出现"长平之败"。在明白了这些道理后，我积极主动地调整了自身专业学习的认识论和方法论。

首先，要明确认识论的阶段性，并及时融合于国际关系专业的学习中。比如，国际关系的经典代表作《大国政治的悲剧》一书中认为，由于国家都想活着，而在一个无政府状态下的国际社会，大国一般会采取损人利己的行为，最大限度地追逐权力和财富，最终成为国际社会中"支配型"国家行为体，而在此过程中大国间必然产生冲突，这就是国家的悲剧。这是对冷战后特殊历史背景下的世界分析，倘若现阶段仍以这本书作为理论支撑，进行专业学习及相关时事评论，显然就有些局限。因为，随着全球化进一步发展，国家间相互合作、相互依赖程度日益加大，国家即使以追求核心利益为目标，但由于国家间已经出现的"复合相互依赖"形势，最终也不会如《大国政治的悲剧》中所说的不择手段。因此，只是单纯依赖于书籍所反映的特定内容进行内化从而指导实践，而不将认识进行实时更新，结合相关的"田野调查"及理性预判，最终结论将无法被认可也无法指导实际工作。

其次，重视方法论及实践的重要作用。众所周知，方法论对于开展科学研究的意义，国际关系学习中同样也有方法。比如，变量选择，保证科学研究结果的客观性；定性与定量分析方法的有效结合，可以保证研究中结论的科学性；等等。另外，实践在世界观形成中起着重要作用，有的实践不仅可以规范相关理论的适用范围，更可以为国家的战略规划提供有益尝试，以减少误判。比如，某些东南亚国家与中国产生摩擦、制造麻烦，或者与美国结成战略同盟包围中国等，中国国内一片愤慨。其实，这些国家也只是落入"照搬书本"的窠臼中，其渊源就是对于政治学理论观点之"修昔底德陷阱"认识不全面。"修昔底德陷阱"认为"崛起国"必然要挑战现存"守成国"，而现存"守成国"也必然会回应这种威胁，这样战争变得不可避免。而这些国家之所以感到恐惧，是没有深入了解中国，单方面地将中国视为假想敌。中国始终倡导的是"与邻为善，以邻为伴"的周边外交理念，强调"双赢"而非"零和博弈"，因此，如果只是将书中的理论泛化理解，只做到"纸上谈兵"而不与具体实际相结合，最终只能造成一些国家对这种存在假象的持续恐惧。

二、不能盲目附和，不求真相

人云亦云，的确可以在发展中实现保全，但也必然会最终丧失自身独立性。在国际关系学习中，很容易进入一种"潜规则"式的固性思维，随波逐流，盲目附和，至于事情真相则可能因其他利益性因素而选择无视绕过。美国充当"世界警察"肆意干涉别国内政或直接进行武装干涉时，国际上多数国家其实是当了美国的"帮凶"。以美国小布什政府出兵伊拉克为例，其向全世界声明在这里发现了生化武器，继而立刻派出大量美国地面部队进行武装干涉，造成大量无辜百姓伤亡，而伊拉克至今也没有稳定政权，教派冲突、恐怖主义使这个昔日富裕国家沦为难民国。之所以会出现这种现象，其原因主要是：认为美国在国际社会上的"超级大国"地位无人能撼动，与美国结怨只可能是引火上身。即使自身认识到该事件有其他的解决途径，也会在思考本国政策与其他国家政策中出现"囚徒困境"，而率先与美国达成合作，表示决心。基于这种考量国家作出的"盲目附和"政策，其实质就是对这种"霸权势力"的默许，也在一定程度上充当了霸权国家干涉他国主权的"帮凶"。

虽然，我现在只是一名普通的国际关系青年学子，面对国际社会中存在的这种"霸权干涉"，一介书生的确无力改变，但是陈寅恪先生的"独立之精神，自由之思想"却始终响于耳边。如果我们不将正义谨记心头，那读书意义何在，因为懂知识的人犯罪更让人心寒；如果我们不将精神独立刻于心间，那为学明理也只会成为空谈。在学习专业知识的过程中，要以探究"真相究竟如何"为根本前提，不应停留于传下来什么就是什么，这将不利于养成独立思辨的求学精神。

另外，不能盲目附和不仅是强调在学习实践中敢于表达自己的观点，更重要的是勇于打破那些存续下来的不合理"潜规则"。面对多种国际关系理论流派，要仔细审视其中的正当性，不是所有的理论都是政治学发展的经典，都具有内化价值的方法。在纷繁的国际关系理论中，有的是通过理论建构以隔断国家生存的内生性，或在知识架构上率先建立"先行意义"，为其国家霸权行为作正统性解释。

三、不能屁股坐歪，脊梁缺钙

随着中国市场经济地位的进一步深化，越来越多的新鲜事物融入我们日常生活中，让我们的生活多了几分便利，更多了几分"错误知觉"。这种"错误知觉"表现出来的就是一种崇洋媚外的价值观。羡慕西方的民主体制而无视我国存在的民主集中制，羡慕西方大学生有自由讨论学术的氛围却无视我国实现义务教育全覆盖所做的努力，羡慕西方学校住宿的自由化却无视我国每年对于高等教育学生的各种补助，等等，出现这些问题往往都是由于个人的"精神价值观"出现了偏差。

人活着必须有"精神"。这种"精神"不是一般意义上的精神状态而是内心的力量，内心的光明。内心有力量，精神才有定力。内心有光明，力量才有指引。回溯历史，近代以来的中国积贫积弱，从物质到精神莫不如此。我们的历史有太多的苦难，太多的挫折，太多的失败，太多的屈辱，太缺乏高昂、自信的"精神"对心灵的滋养和陶冶。中国革命和建设的成功为中华民族精神注入了新元素，成为提升民族精神的新平台。我们有理由自信，同样，我们更有理由坚信，坚信中国进行社会主义建设的大旗必将永续飘扬，坚信中国共产党必定能承载 14 亿人民的深切厚望，乘风破浪，勇往直前。

而就我所学的国际关系专业而言，这也是最接近世界局势发展的一门学科，有时往往容易在青年学子中出现一种"本末倒置"的现象，在进行相关学术交流中经常会对国家某类敏感问题进行热火朝天的"探讨"，但往往结果却变了味儿。不是对某一类现象进行实事陈述，而更多融合的是一种"知识分子的偏激"，不是就相关问题展开不同国家间的比较，也不是对纵向的国家历史背景追根溯源，只是进行主观意识的批判和毫无联系的生拉硬拽、牵强附会，而这些却被冠以"大讨论大争鸣大进步"的名目。片面模仿西方的"民主"，就是对于西方国家的一切都"奉为圭臬"，不论精华或糟粕，总认为"外国的月亮比中国的圆"，而对于本国的民族传统瑰宝却忘于脑后。其实，我们要有"苟利国家生死以，岂因祸福避趋之"的大义，亦要有"淡泊明志，宁静致远"的韬晦，更要有"人生自古谁无死，留取丹心照汗青"的气概，而不是面对"糖衣炮弹"就无从招架，动辄"改旗易帜"，随便就想"破旧立新"，根本不了解我们国家的浴血荣光和苦难辉煌。

作为一名中国人，我非常荣幸和自豪，也非常喜欢自己的研究领域。就是因为接触到了国际关系，更能了解到世界上其他国家的政体组织形式和执政方式，才更加深刻地反思：如何让我们国家更加美好？梁启超先生在《少年中国说》中说道："故今日之责任，不在他人，而全在我少年。少年智则国智，少年富则国富，少年强则国强；少年独立则国独立，少年自由则国自由，少年进步则国进步。少年胜于欧洲，则国胜于欧洲；少年雄于地球，则国雄于地球。"字字铿锵，告诫我辈重任在肩。同时，习近平总书记在十九大开幕式上发表的重要讲话中说，实现伟大梦想，必须推进伟大事业，我们的"伟大梦想"就是实现中华民族的伟大复兴，让中国人民生活得更加美好。"伟大事业"于我个人而言就是认认真真学好专业知识，踏踏实实做好理论研究，在不断学习中深化自身对社会主义核心价值观的实践。屁股坐正、脊梁挺直，践行"知识报国，兼济天下"的科研信念，完成新时代国家交付于我们的重任，不辜负、不气馁、不彷徨、不摇摆，以身体力行内化"知识就是力量""知识就是国防"的坚定信心！当我再次回望，追溯无数仁人志士为新中国甘洒热血的那一段峥嵘岁月时，我似乎听见了在红旗下那一声声铿锵有力的誓言："时刻准备着！时刻准备着！时刻准备着！……"

浅谈考博经验和读博感受

许亚男

（1.湖南师范大学；2.东华理工大学）

作者简介 许亚男，男，1982 年出生，湖南师范大学资源与环境科学学院，2017 级博士研究生；东华理工大学，讲师。联系电话：13340112820；电子邮箱：28006855@qq.com。

一、背景介绍

我是一名 80 后大学教师，自 2015 年起，在寻求自我提升和完善的动力推动下，开始走上考博之路。那时的我已参加工作七年之久，而且在学校一直从事管理岗位的工作，专业水平处于"停滞"状态。其实我清楚地认识到，在科技飞速发展的新时代，我的"原地踏步"就相当于"退后"。看到教学科研岗位的同龄人每年教学和科研硕果累累，我自愧不如，无地自容。唯一欣慰的，就是每学期还能登上三尺讲台为学生上一门专业课。但随着时间的推移，我渐渐意识到所掌握的专业技能已无法满足新时代大学生们的知识需求，更不能满足社会对专业人才的需求。所以，我开始捡起英语单词，"常驻"图书馆"潜心修炼"。人们常说拿出高考三分之一的精力就能考上研，我认为拿出考研三分之一的精力就应该能考上博。我坚定信念，勇往直前。

二、考博心得：考试并非考书

（一）勤于思考、善于总结

目前大部分高校和科研机构组织博士初试入学统考科目为英语和两门专业课，总分 300 分，均为单位自命题。英语考核注重综合运用，各单位题型不统一，难度不统一，分数线也不统一。个人认为，英语的复习在于坚持和积累，就湖南师范大学而言，应将复习重点放在阅读理解和英汉互译这两个分值较大的题型上，多看历年真题，多做阅读理解。此外，建议多层次、多类别做题。很多考博复习指导书中的阅读理解会分容易、中等、较难几个难度层次，复习时应该由易到难循序渐进；多类别是指阅读理解的题材可以由政治、经济、文化、历史、环境和社会热点等多方面构成，我们应该每一方面都要接触试做，无论能否提高阅读水平，至少此方面的词汇和短语是曾经见过的，这样阅读起来就不会陌生，速度可以加快。

在专业课复习中，招考单位只公布考试科目，但这并非是指考与此科目同名的书籍著作，而是考核考生对此科目研究领域的综合知识。比如湖南师范大学地图学与地理信息系统专业博士招生初试科目二为"地理信息系统"，并不是考哪一本《地理信息系统》教材，而是考核考生对有关地理信息系统原理、方法及应用等方面知识点的掌握，同时以最新的地理信息系统研究方向为考核重点，所以即使按照书本答全了1、2、3等要点，也并不一定能得高分，阅卷老师是通过答题看考生的专业基础和个人知识的深度和广度。专业课题量都不大，地图学与地理信息系统专业所考的两门科目每年均为5~7道题，题型为简答和论述两种。所以我们在全面复习专业科目后，要善于总结，对照以往真题多思考、多归纳，摸索考题的规律，掌握出题的初衷。

（二）勇于探索、敢于创新

在复习的过程中，切忌"死记硬背"，那样既浪费时间还可能没有效果，即使是英语单词，也不要花太多的时间去背诵，一方面是词汇题分值低，另一方面是通过阅读理解去记单词，结合更紧密，理解更彻底。在"互联网＋"时代，我从手机客户端下载了"天天背单词""知米背单词"App，它们是非常好用的学记单词工具，在题库里设置好记单词的范围、难度以及每天学记数量后，就可以随时随地记单词，而且单词不仅有解释、发音和词组，还有相关例句和图像，有助于记忆，效率较高。在专业科目复习时，既要阅览相关教材（其中详细介绍原理和方法），又要阅读近几年相关文献资料（一般是方法的深入研究或理论的实际应用，有助于理解专业知识），还要关注该专业或学科的前沿（与时俱进，掌握最新动态）。同时在复习过程中遇到的问题要勇于探索，积极创新，有时考生的一些创新点答在试卷上将会给阅卷老师留下深刻印象，当然也会获得适当加分。

（三）始于足下、忠于梦想

对于像我这样工作多年的考生来讲，看书复习无疑会面临诸多困难，但想到自己的读博梦，就必须从一点一滴做起。英语生疏了就从最简单的捡起来，学语法、记单词，从四级英语水平的试题做起，慢慢积累，坚持不懈，终有收获；对于专业课程，虽然自己是"科班出身"，但距离考试合格的要求还甚远，涉猎专业领域一切相关知识点，加强理解性记忆，注重实际应用、掌握学术前沿、理解研究热点、关注技术难题，把每次看到的知识点都当作饥渴中的一滴甘露、黑暗里的一盏明灯。由于复习时间比较紧张，看书的效率非常关键，所以务必要充分理解，不可完全死记硬背，要记只记关键词语，以此作为答题提纲。

三、读博感悟

（一）博士并非博学

1.认清角色、认识定位。2017年海归人数突破60万，2017年全国高校和科研机构招收7万多名博士生，人才济济同时显得人才"挤挤"。首先要充分认清一名博士研究生并没有什么了不起，况且目前仍然是一名学生，一名普普通通渴望追求科学知识和专业技能的学生；其次要认识博士生的定位与硕士生和本科生具有一定的区别，本科是素质教育，是从未成年到成人的教育，是让他们完成文明教育的过程；研究生教育是专业教育，研究生的学习带有研究性质。硕士研究生与博士研究生的区别在于专业水平，硕士生教育培养的是工作技能，而博士生教育培养的是学术技能。

2. 找准方向、找对方法。入学后与导师沟通确定了研究方向后，就要有针对性地去学习和研究。博士生在学习方法上同本科生和硕士研究生有不同之处。著名数学家华罗庚先生比喻导师和研究生的关系是：导师负责给研究生指出兔子在哪里，并指导学生学会打兔子的本领；反之，研究生则从导师那里了解到兔子的位置、大小、肥瘦，并采用从导师那里学到的打兔子本领擒获一只兔子（就是做完论文）。有人由此衍生出本科生、硕士生、博士生之"兔子理论"：

本科生：学习捡"死"兔子。本科及以前所学知识都是别人已经发现并经过了反复验证的知识，是固定、稳定的，属于"死兔子"。

硕士生：学习打一只在视野中奔跑的活兔子。这只兔子在哪里？需要导师指给你，或者需要导师和学生一起来确定其位置。导师在"指兔子"的同时还会告诉学生瞄准并射死兔子的方法。

博士生：学习打一只看不到的活兔子。此时的兔子也是活的，但可能不在你的视野里奔跑，而是在树林里跑——导师可以确认一定有这只兔子存在，可是，需要你先从树林里把这只兔子撵出来，判断是否值得去猎取，然后再用更高级的猎取技术去射击并沿用原有方法将兔子擒在手中。

3. 紧跟导师、紧随时代。到了博导资历的教师一般都是比较忙的，一般不会天天见面，个别比较忙的导师可能几个月才能见上一面，这时自己要多主动。读硕士的时候，导师每1~2周要组织一次会议，听每名研究生汇报自己近期的学习情况。到了博士阶段，导师给了你一个方向和初步的方法，大部分时间靠自己去领悟学习。但我不同，我时不时就会去主动"骚扰"老师，哪怕去见上两三分钟，把自己近期的疑惑简要地向导师汇报，总感觉每次导师都能给我一些灵感和启发，这样就不会在学术研究上"钻牛角尖"或"跑偏"。攻读博士学位，导师起着举足轻重的作用，当计划考某位导师的博士那天起，就要熟知导师的研究方向，熟悉他（她）近期的研究成果（如科研项目、学术论文等），然后熟读这些成果作品，紧紧围绕研究方向去学习和领悟，缺什么补什么，切忌什么都学，博士并非要博学，而是在某一确定的领域有针对性地开展研究。

同时博士生所研究的方向一定要紧扣时代主题，紧跟社会发展步伐。党的十九大刚刚胜利闭幕，各行各业都应该有所思有所想，因为在习近平新时代中国特色社会主义思想指导下，中国在过去仅仅五年里已经发生了极不平凡的改变，我们必须坚持党和国家的方针政策路线，不忘治学的初心，牢记科教兴国的使命，坚守学无止境的理念，一路奋勇前行。

（二）攻读理工科博士学习要素

读到这里可能不少读者在质疑我，一个刚刚入学的博一新生怎么这么放肆地"夸夸其谈"？"乳臭未干"却在这里"趾高气扬"？在此插两句话，一是我考了三年才考取，这三年里对攻读博士学位积累了一些见解。二是我参加工作十年里，其中有八年是在校研究生院工作，从事研究生管理、培养和思想政治教育工作，曾参与起草我校博士、硕士研究生的培养方案，所以对博士研究生的培养早知一二。入学后在导师的指导下、学长的帮助下，认为理工科博士生应该至少要从以下几个方面早做准备，科学规划好时间，早日完成各培养环节。

1.广泛阅读文献。博士研究生的论文题目一般不是一次性定稿的，导师开始先给出一个研究方向，自己要根据这个方向广泛阅读文献资料，从中发现规律，总结国内外研究现状，归纳前人的研究成果，罗列该领域研究的热点和难点，从而逐步形成自己的思想，挖掘创新点。写作博士论文需要阅读大量文献，本人在确定研究方向后搜集了120余篇文献资料。阅读时不可无序阅览，而是要分类进行学习，有以下几种文献分类法可供参考：一是按照时间排序。搜集到的文献资料按照时间由近到远排序，这样先看到的学术观点都是最新的，相对来说谈及到的观点是比较准确的。二是按照重要性排序。文献所属期刊有三六九等之分，我们将其按照重要性高低排序，如SCI、EI检索文章（理工科），核心期刊和普通期刊，先阅读高等级期刊文章，这样有助于吸收新知识新技术新理论。三是按照相关性排序。根据自己的研究方向，将搜集的文献按十分相关、比较相关、一般相关等排序，然后进行阅读学习。

2.充分调查研究。"理论联系实际"是马克思主义最基本的原则之一，我们从事科学研究也要坚持马克思主义。从事科研的同志们，大部分时间都浸泡在书籍里，头脑装满了科学知识，但是否符合客观规律，是否适合时代发展需求，这就要进行充分调研。例如我们专业拿到一幅遥感卫星影像，并不是我们认为图像上是什么地物就一定是，在图像解译和识别时一定要有实地考察验证的环节。所有调研的作用都是如此，就是要印证学术观点，切实保证理论和实际不要脱节，充分体现科学的严谨性。

3.加强实验证明。理工科的博士研究生基本都要做实验，只不过实验平台和实验环境不同而已，像化学、生物类专业博士生需要在实验室里进行各种实验，然后进行结果的分析。而我们地图学与地理信息系统专业博士生则需要在调研的基础上，在专业软件的支持下对空间数据进行处理、编辑、管理、表达以及分析，对实验的结果进行验证，看是否存在误差偏差，是否符合研究方案规范，是否符合研究需要。实验往往不是仅做一次就成功的，而要反复实验、反复验证，直到所有结果都满足论文撰写的需要，从而提出相关的辅助决策依据为止。不可"闭门造车"，想当然地书写一些想法。

（三）读博期间的学习习惯

1.看杂志。我读博所在资源与环境科学学院有个资料室，收藏了多种专业类期刊，全部都是最新的，我只要有空就来到资料室，阅览近期学术前沿，熟悉同行们都在做什么、为啥做、怎么做、为谁做，等等，不但从中学习了先进的专业知识，而且还启发了创新思维，有利于今后论文的撰写。看到有意义、新颖的内容，我会拿笔记下来。每天积累一些别人的成果和自己的想法，终究会派上用场。

2. 听讲座。我从读大学起就特别喜欢听学术讲座和专题报告，读博后更加关注，只要学院通知有学术讲座，就非常积极，每次都是前三排就座，即使是校外，也去蹭听。我曾坐地铁去旁听 7 公里之外的学术会议，骑单车到中南大学和湖南大学旁听相关讲座。我认为专家学者短短一两个小时的讲座，都是他们的知识精华和学术积淀，如此学习捷径我们为何不去争取，而且还是免费的；尤其是对院士级大家的讲座更是全神贯注，他们的"想法"就是学术领域的前沿，他们的"展望"就是后人努力的方向。

3. 多请教。博士的研究方向比较细，研究的问题具有针对性，要解决这些问题可能需要比较多的方法。对于理工科博士生来说，可能需要掌握很多的模型算法、软件应用及开发语言，但在此之前我并没有全部接触，没办法，只能一步一个脚印地自学，但自学的效率并不是很高，我就厚着脸皮到处请教。除了去旁听相关的课程之外，经常主动向任课教师、学长以及学弟请教，甚至向其他学院的师生请教，每次把问题梳理好，争取不耽误别人太多的时间，在最短的时间内把问题搞懂，回来自己再琢磨领悟。

四、结语

我坚信"有志者事竟成"，坚信有梦想就有动力。默默无闻、无忧无虑也是一生，但要想活得有意义、有存在感、有获得感，青年一代应该要上进。我没有为选择的路太崎岖而放弃脚步，从决定考博那一刻起，就做好了充分的思想准备，今年考不上明年再战，明年考不上后年继续；考取之后也并不觉得这就是成功的终点，恰恰相反，这是新征程的起点，未来的路上仍有坎坷，我也同样做好了充分的思想准备。此文章仅供考博的同学和读博的同志交流探讨，同时以此纪念我过去的拼搏、激励我未来的奋斗。

当谈及"谢"字时，我感慨万千，感觉要感谢的人太多了。首先要感谢我的博导秦建新教授。我们必须承认，一般博导都不喜欢带在职的博士生，因为工作难免会影响学习，能顺利毕业就不错了，更别说协助导师从事大型的科研项目了。但秦教授没有嫌弃我，没有将我拒之门外。也许我的执着和努力感动了他，经过三年奋战，今年我终于如愿以偿成为他的学生，分外高兴和备感荣幸。其次要感谢单位的领导和同事。在读书期间，他们替我分担了太多的工作却毫无怨言。感谢我的硕导周世健教授和同门师兄弟，一直以来他们都在激励我，不能荒废学业。最后要感谢我的家人。家中两个幼儿，但父母和妻子都坚决支持我继续深造。篇幅有限，只能言谢止步，但感恩之心永存。我定将加倍努力，不辜负所有关心和帮助我的人，待完成学业回到单位更好地传播知识、教书育人，助推大学生成长、成才、成功！

读万卷书，行万里路

李婧域

（湖南科技大学）

作者简介 李婧域，女，1994 年出生，湖南科技大学教育学院，硕士研究生。联系电话：15197297825；电子邮箱：164027791@qq.com。

研究生的学习生活已经开始两个多月了，和本科慢节奏的生活截然不同，紧张而充实。九月份紧锣密鼓地参加了全国教学指导委员会主办的教育硕士教学技能大赛后，十月份面试成功成为湘潭十二中第二课堂的老师，而在接下来的十一月份我进行了紧张的课程复习和大量的书籍阅读，为部分课程的考试和期末论文题目的拟定做准备。

虽然繁忙，然而我认为这种快节奏的生活是必要的。作为学科教学（语文）的研究生，只有两年的时间在学校里。除去第二年一整年的实习，我们真正的读书时间实际上只有一年。这就要求我们这个专业的学生要比一般的研究生更加勤奋刻苦，博览群书，以期在毕业之际更加自信地迎接挑战。

在过去的两个月里，我一边适应研究生的生活，一边总结学习和生活经验，为未来大半年的学习做准备。

首先，认真研究初、高中语文课本，对文本进行深入透彻的理解和分析。

在参加技能大赛的过程中，指导老师不断地重复一点：抓住文本，多积累关于文本的各种知识。老师说，也许有的知识暂时用不到，但你必须知道，如果能某一刻在和学生交流的过程中激发出来，那才是课堂中最精彩的部分。

在对文本深度挖掘的同时，对文本本身也要狠下功夫。在今年 2015 级毕业生的毕业论文答辩现场，答辩主席在评价一个学姐关于《背影》这篇课文的论文时，当场就背诵了课文当中老父亲爬月台的那段原文。而答辩的学姐只能尴尬地讲出文章的大意。由此可见，所谓优秀，首先要体现在态度上。无论是当老师还是从事其他的职业，没有端正认真严谨的态度是不能胜任这个职业的。再者，要耐得住寂寞，有坚持不懈的精神。"冰冻三尺非一日之寒"，对于走向前进之路的我们更是如此。答辩主席对课文如此熟悉，若是没有日复一日、年复一年的反复吟诵，怕是没有现在的俯拾地芥。

其次，要钻研与专业相关的理论书籍，用一丝不苟的学术语言取代粗制滥造的随口空谈。

在学长们的论文答辩结束之后，老师提出了一个普遍但很严峻的问题：论文核心概念的混乱、不完整、不准确。究其原因，老师帮助分析道：因为前期文献研究不够充分，没有足够的理论书籍来支撑自己论文内容的产生和发展，显得不够专业。

然而，在我初步接触专业理论书籍之后，发现教育和课程教学的理论书籍比我本科时所学的文学类的理论书籍更枯燥无味、艰涩难懂。而且，由于知识储备有限，对于其中的各种专业知识和理论逻辑不能熟练掌握也增加了阅读的难度。因此，在阅读过程中，做好提纲是必要的工作。在读第一遍时，先不要期望能完全弄懂书本，在做笔记的时候也不要事无巨细都摘抄在笔记本上，而要根据记忆规律先了解书本的框架，对书的基本内容有一个大致了解和把握。一来，可以减轻阅读的难度，提高阅读的速度。二来，这样更有利于后续阅读的进行。在完成第一遍书本通读之后，再根据之前列好的框架，对具体的重要内容进行丰富和完善，进行第二遍阅读。然后再扩充进行下一次的阅读，直到完全掌握书本知识为止。

而且当在阅读与此前阅读过的书本相关的书籍之时，可以适当回忆之前的知识，将两者相比较，进行对比阅读和学习。这样所有的知识才能形成一个完整的体系，而不是零散无序。

除此之外，日常对于散文诗歌小说戏剧等中学所涉及的文学书籍要常常翻阅，并要常常进行此方面题材的写作。

在阅读此类书籍时，不需要像阅读理论书籍和教材文本那样认真严苛，而是可以用一种消遣放松的态度快速浏览来获得愉快的阅读感受。虽然我们是操作性较强的专业，并不要求多么卓越的研究才能，但是仅仅依靠教材课本上所选定的文学作品来教导学生是远远不够的。作为一个语文老师，拥有渊博的知识是必不可少的。只有自己对文学作品有丰富的储备，对写作具有一定的经验才能完成语文课程的教学。空有教学理论没有良好的文学素养是远远不够的，只有教学技能而无丰富多彩的教学内容和形式也是远远不够的。

在研究生的学习生涯中，除了不断充电，在知识上充实自己外，还需要大量的实践教学经验。在接触了不同的学生，经历了真实的课堂教学的各种情况后，才能在一年以后的实习或者工作岗位上应对自如。

在书上看到，教师除了要有专业的技能、广博的知识和完善的道德外，还要有一颗悲悯的心。悲悯来自推己及人的换位思考。每当看到学生早出晚归完成紧凑的课堂学习外，还要完成大量的作业，他们幼小的肩膀上担着父母和老师沉甸甸的期望时，我就无比同情他们，因为我也有过这样一个青春年少、渴望被理解，甚至略带叛逆和对自我的哀怜的时期，需要老师和家长更多关心他们的内心世界。

上青少年心理健康教育这门课程的老师说，心理的问题不能等到发生了才去治疗，等到发生的时候，已经病入膏肓了，而是要在一开始就加强防范、进行疏导。我所教授的影视欣赏和电影文学作为主要以兴趣为中心，熏陶感染为基本教育形式的校本课程之一，通过给孩子们欣赏文质兼备的优秀经典影片，给学生心灵以强烈的冲击，让学生们在观看其他人的人生故事时，主动去探寻自己人生的意义和价值，为将来的成长做准备。好的电影作品既富有传统文学丰富深厚的内涵、耐人深思的哲理、出神入化的叙事技巧，又融合了现代电影技术摄影、剪辑、表演、配乐的技能。让学生在学得一些知识技巧以外，还通过丰富多彩的电影故事获得精神和心灵的启迪，在不知不觉中，形成一种健康积极、乐观向上的心态。

由此，在备课的过程中，需要尽量找一些人文思想丰厚的正能量电影，给学生们一个正确的导向。语文这个学科最大的特点就在于，除了给学生们教授一些基本的技能方面的知识，还教会他们许多人生的哲理，给他们以积极健康的心理引导。

除此之外，我也深刻地体会到：当一个老师在用心备课之后，将知识经验以及人生的智慧分享给学生并且得到学生回应和接受是一件多么快乐多么幸福的事情。当看着一张张稚嫩的脸庞燃起了对知识的渴望，一双双认真好奇的眼睛期待着我时，我的内心满是自豪和感动。原先我并不觉得教师是我的理想职业，但此时我却意外地收获了自己的价值和幸福。我想今后，教书于我来说，不再只是一份工作，拿取一点薪酬，而是我生命中所热爱的事业。

在今后的日子里，我定当更加认真地学习专业知识，提高文化素养，磨炼教学技能，用心备课，在课堂上给学生们呈现更多精彩内容。

勤能补拙是良训 一分耕耘一分才
——数字媒体设计专业研究生学习心得体会

安广朋

（吉首大学）

作者简介 安广朋，男，1992 年 8 月出生，吉首大学美术学院，硕士研究生。联系电话：17719109121；电子邮箱：759527960@qq.com。

引言

众所周知，研究生是国家认可的高学历人才，近几年国家对专业型硕士的不断扩招，使得教育行业走在所有行业的前列。在 20 世纪初越来越多的人把目光投向数字媒体行业人才的培养，一部分研究者认为数媒人才应该注重专业技能的培养，一部分研究者认为要注重科研能力的培养，还有一部分研究者认为既要注重专业技能的培养也要注重科研能力的培养。"纸上得来终觉浅，绝知此事要躬行。"研究生究竟应该如何学习，只有亲身实践才能得到真知。以下我将从专业技能、专业知识、科研三个方面，谈谈我的研究生学习心得体会。

一、专业型研究生在数字媒体设计中，专业技能要扎实

在数字媒体设计中，专业型研究生的专业技能是必不可少的。数字媒体包括 CG 造型、网络游戏、影视特效、影视广告、广播电视等。简而言之，运用了电脑技术的产品，绝大部分是属于该领域的。每个学校的专业如同百花齐放，每个专业下的研究方向如同百家争鸣。本科期间，专业内的各类软件我们都有所涉猎，这拓宽了专业技能学习的宽度；研究生阶段对专业技能的要求更高，这就需要我们深入钻研本方向的软件，挖掘专业技能学习的深度。具体建议有两条：（1）和导师一起制订培养计划或者学习目标；（2）考察在市场上本行业的运行情况，自己学习的专业软件、专业技能是否与其具有一致性，步入社会，能否学以致用。

大多数研究生只是注重科研能力和学校所教授的课本知识，对专业技能相对不够重视，没有将自己所学与社会接轨。例如：数字媒体设计专业中最热门的方向是影视制作，在学校学习了 Adobe After Effects、Premiere、Photoshop 等诸多软件，本科阶段对该领域已经有所认识、了解，读研之后便因此自满，停下追逐的脚步，毕业之后才发现在社会上无一席之地。作为觉悟相对较高的研究生，我们要勤于动手、动

脑，时刻留意、洞悉本行业的新发展。再拿影视制作来说，现在国内外用的 Nuke、PFTrack、Mocha 等软件，专业性更强，难度更低，画面感更真实，学会这些新软件，制作技术必定会达到一个新高度。技术瞬息万变，如果我们停滞不前，势必落后。我们应该不断学习更深层次的专业技能，只有这样，进入职场之后我们才能发挥高层次人才的作用。再次，要树立信心，认识到该领域有更强的专业技能、更光明的发展前景，自己在该领域能取得更大的成就。

就本人而言，研究生期间利用课余时间帮助当地制作文化馆网页、设计烟盒包装等，以此提高自己的实践能力；为了更贴近自己的专业，提升制作能力，我克服种种困难到湖南省湘西土家族苗族自治州吉首市茶寨村进行影视拍摄，并进行了后期制作；为了了解自己的水平，努力与行业接轨，我尽力参加竞赛，无数次的挑灯夜战。作品《古城一角》获得了 2017 年《中国创意设计年鉴》银奖，第八届中国高校美术作品学年展博硕组优秀奖。动画类作品《欢若众生，自在遥遥》、视频类作品《你拍的啥？》获得第十届全国大学生广告艺术大赛校级二等奖。

研究生专业技能的提高需要学习和实践。学习一种新的软件，然后把它运用到实践中，只有在实践中运用，才能知道自己的能力。另外，还要洞悉专业发展，与时俱进，靠近技术的前沿。

二、研究生在数字媒体设计中，专业知识要深入

各个领域都有各自的领头羊，甚至某些专业还会涉及其他专业的知识。数字媒体专业是一个庞大的专业，本科阶段对专业知识的理解有限，在研究生阶段对专业知识的理解更加透彻。掌握必要的专业知识是学好一个专业必备的素质，例如电影中出现的视觉语言、场景切换、画外音等，动画中出现的分镜头、原画制作或者在制作中用到的道具透视台，影视特效中制作的烟火、爆炸、大楼坍塌等各种场景，这些都需要扎实的基本功才能看懂、制作。我是一个基础不太好的学生，因此在专业知识的学习上比别人更努力，除了学习学校开设的专业课外，还认真阅读了专业书籍《世界电影史》《你的剧本逊毙了》《电影批评》《雾中风景》，文学性作品《边城》《红与黑》等各种书籍。当然，只阅读数字媒体专业类书籍是远远不够的，还要尽可能阅读相关书籍，只有不断阅读，才能使我们的专业知识更加丰富，才能博采众长，灵活地将其他专业知识运用到自己的专业领域，让思维的种子散播得更远。

三、研究生在数字媒体设计中，科学研究要专注

科研是每个研究生必备的技能，科学研究一般是指通过科研手段或者装备，为了认识客观事物的内在本质和运动规律，为创造发明新产品或者新技术提供充足的理论依据，而进行的调查研究、实验或者观察等一系列活动。科研看似高深莫测，其实它是我们研究人员一步步探索的过程。没有哪一项科学研究是一步完成的，尤其是数字

媒体行业，其研究成果是很多从业人员不断坚持、顽强拼搏才取得的。影视行业最初也只是从照相馆起步，不断进行探索、研究和实验才有今天的发展。中国近现代电影从默片到有声电影，到现在有剧情的电影，再到电影高技术合成三维、真人和科幻电影的成熟，几十年的艰辛发展，靠的是代代数字媒体从业人员执着的付出、执着的研究、持之以恒的专注。他们的贡献不仅有专业技能，还有无私奉献出的科研成果，为想认识、了解、研究数字媒体的人们打开了一扇扇窗。

"有一千个读者，就有一千个哈姆雷特。"我们在自己的专业领域也都有自己独特的想法。研究生阶段与本科不同，本科是归纳总结别人的研究成果，稍微有一些自己的看法就行，研究生就要弥补前人研究的缺陷，在此基础上进行创新，力求站在巨人的肩膀上看得更远。本着这一原则，我在研究生学习期间，精心搞科研，积极申报课题并参与导师课题，发表了题为《朱尔斯·谢雷特对电影海报设计的影响》的论文，作为国家社科基金艺术学项目"中国动画电影创作现状与传播方式研究"的阶段性研究成果。

结语

研究生期间对专业技能、专业知识、科学研究都要重视，必须有正确目标和整体规划，要培养查漏补缺的能力。专业技能的提高要以大量的专业知识作铺垫，专业知识的学习离不开科研成果，科学研究只有运用到专业技能实践中才能检验正确与否，三者相辅相成，缺一不可。因此，我们在研究生学习期间对专业知识、专业技能和科学研究要兼顾。我不聪明，基础也不好，但我一直相信"勤能补拙是良训，一分耕耘一分才"。一年的学习结束，我获得了一等学业奖学金。看似繁重的任务，其实只需要我们平时多流几滴汗、多看几眼书、多走几步路、多动几下手，只要勤于学习、勤于思考，就能学有所成。

搭上"大数据"这趟车

——浅谈我的研究生学习心得

李洋阔

（吉首大学）

作者简介 李洋阔，男，1991 年 10 月出生，吉首大学数学与统计学院硕士研究生。联系电话：15274317312；电子邮箱：823314790@qq.com。

有这样一个有趣的故事：世界著名的美国沃尔玛连锁超市做出一个特别的决定，将尿布与啤酒这两种风马牛不相及的商品摆在一起，这样荒唐摆放的结果却出乎意料地使尿布和啤酒的销量都大幅增加了。这并不是一个笑话，而是经过大数据分析技术得出的结果，后来调查才知道其中的原因：美国的妇女通常在家照顾孩子，所以她们经常会嘱咐丈夫在下班回家的路上为孩子买尿布，而丈夫在超市购买尿布的同时又会顺手买自己爱喝的啤酒。这个是早期大数据分析的一个商业应用。在如今这个科技迅速发展的时代，大数据（big data）变成 IT 行业中最热的一个名词。大数据的快速发展不仅可以改善传统的信息化管理，而且是人类社会发展智能化管理的核心技术驱动力。通过大数据应用，我们能够回顾过去，发现数据规律；面向未来，挖掘数据趋势，预测未知。不管是人工智能，还是智能城市、智能机器人，智能问答、智能推荐等相关技术和系统，其本质都是大数据的实际应用。同时，移动互联网和物联网技术所具备的全面数据采集能力，客观上也促进了大数据爆发。

转眼之间研究生阶段的学习就过去一年了，现在还能回想起一年前刚入学那时候茫然的我的情状。我在本科阶段学习了四年统计学。高考结束的时候我选择了报考统计学，对专业的不甚了解让我以为毕业后可能就会成为一个会计员，所以本科学习过程中考了会计证、证券从业资格证等各种职业证书，以备就业时所需。然而当我真正走近这个专业、理解了这个专业的内涵之后，我发现我产生了更深层次去挖掘、去学习的愿望，于是在即将大学毕业的去年，我选择了考本专业方向的研究生。经过一段时间的艰苦努力，我终于有机会继续攻读我热爱的统计学专业。在这一年的研究生学习过程中，我希望自己能够获得更多实践的机会，因此在导师的指导下我尝试着申请到了一个湖南省研究生创新科技课题。导师建议我的研究方向往大数据方面靠拢，因此从那时开始我就逐渐有意地了解大数据这方面的知识和大数据发展的方向。今年暑假我有幸参加了广州财经大学"大数据分析与建模"的暑期学校，在整个学习和交流的过程中，我了解到之前主攻计算机专业、数学专业的大多数老师都逐渐把研究的方向转到大数据分析与应用上面来，当时我就感觉数据和 AI 人工智能时代真的到来了。为了使我们进一步加深对 AI 技术的了解，暑期学校还组织我们去科大讯飞的广州分公司参观学习，在那个公司我又一次深刻地感受到人工智能的广泛应用。科大讯飞公司在语音识别、车联网、物联网、语音智能机器人这块做得非常好，已经开发出全球领先的语音交互引擎和语音识别系统，其中应用最广的是我们汽车的语音识别系统和国家普通话水平智能测试系统。在这个公司学习过程中，其公司员工的"团队协作、简单真诚、专业敬业、担当奋进"精神深深地震撼了我。科大讯飞发展如此之好，领导的决定固然重要，但是我认为更重要的是团队的创新、团结精神。当我看到科大讯飞的使命是"让机器能听会说，能理解会思考；用人工智能建设美好世界"时，我才真正理解人工智能对于现今世界是不可或缺的，因而我内心学习大数据知识的劲头更加大了。

过去一年学习中最让我激动的事情还是暑假结束接到学院派遣去长沙市的拓建信息公司和易观大数据公司学习的通知，这对于我而言是一个极其难得和宝贵的机会。易观公司凭借海量的数字用户数据、专业的大数据算法模型打造了大数据服务与分析师服务生态体系。可以说，易观公司在国内应该是专业做大数据分析的，主要是分析企业的历史数据来使企业产生价值。易观一直致力于利用大数据分析与挖掘技术，为企业提供数字用户画像及竞争分析等产品服务；帮助企业实现增收、节支、提效和避险。从易观的运行模式来看，目前的数据重要性是如此之大，通过分析收集到的数据就可以挖出其背后的商业价值。

在近距离接触大数据分析后，我认识到"大数据"就是数据科学的一个上升，平常我们作论文时的实证分析部分，选取的数据可能最多几千条，但是大数据却浩如烟海，容量大的达到 TB 级别。其实学习大数据的过程可以概括为如下几个方面：第一步，收集数据，收集的方式可以大致分为从一些特定的网站下载公开的数据，利用数据库 SQL 技术从公司的数据库里提取和编写网页爬虫代码从互联网收集数据三种；第二步可以概括为数据的预处理，收集到的原始数据首先要经过爬取、清洗、整理等预处理，然后被用来建立数学模型；第三步可以概括为数据的分析与建模，在这个过程中需要根据实际的场景和相应的问题，利用已经掌握的数据分析方法、数据挖掘算法，建立数学模型，有时建立一个优化的数学模型；最后一步是实现数据可视化和撰写报告，撰写的数据分析报告应是对相关情况的一个全面的认识。

经过在公司一段时间的学习，有了一些自己的学习心得。学习大数据分析技术应该掌握一些知识，在技术方面应该做到如下几方面：（1）掌握一些计算机方面的知识，比如搭建数据分析平台用到的 Hadoop 方面的知识，以及数据存储过程中用到的数据库如 SQL、MySQL 等，我们需要搭建这样的一个平台为后面的数据分析做准备；

（2）还应该掌握一些统计学、数学的理论知识，以及一些软件的使用，比如目前非常热门的 Python 语言，这个语言好像是专门为数据分析开发的一样，用起来相比其他语言要快，另外 Python 也有很丰富的与数据分析相关的科学库，所以做数据分析这块，Python 语言也是应该掌握的。有了以上知识储备，再结合项目分析，将很快成为一名合格的数据分析师。

其实大数据的战略意义不在于掌握庞大的数据信息，而在于对这些含有意义的数据进行处理后挖掘出其背后的价值，从而为企业的发展和决策作参考。并且，大数据进行的数据处理活动，可以提高企业的管理效率和增强经营业务能力。在不久的未来，大数据将会成为一个专门的学科，会被更多的人所熟知和了解。并且，大数据的普遍使用，也会催生出更多的行业和岗位。因此我们要加强自己的知识储备，为国家和社会贡献自己的微薄之力。

新入学研究生的一点学习感悟

崔喜凤

（湘潭大学）

作者简介 崔喜凤，女，1990 年生，湘潭大学外国语学院硕士研究生。

一、初步认识

步入研究生学习阶段已两个多月了，觉得进入了一个属于自己的新时代，无论是课程安排、老师讲授还是自己的感觉，在学习方式上、思维方式上还是读书方式、心态方面，与本科阶段的学习都有很大的不同。研究生阶段的学习要养成独立的精神、理性的思维、严谨的态度，要广泛地阅读，深入地实践，要有健康的体魄，阳光的心态。

二、改变思维方式

为什么要读研？怎样读研？从第一学期上的课程中就有启发。思辨与批判性思维、思想史与文明进程、学术论文写作、翻译概论、西方文学欣赏和大学精神，这些课程贯穿着强烈的思辨精神，高度的批判思维，深厚的人文精神。

思辨与批判性思维强调理性的声音，是个体正确地评价已有事实，并在此基础上合理地提出假设和验证假设的思维过程。课程理论性、逻辑性强，老师讲解深入浅出，大量的案例讲解加深了我们对辩证思维的理解。虽然高度的理性思维能力不是一朝一夕能具备的，但带领我们进入了理性思维的领域，在以后的学习研究中我们可以有意识地用这种方式观察世界、思考问题，最终将这种科学的思维方式内化为我们自己的思考方式，从有意识的行为上升到自觉的行为。就语言专业来说，学习也要求高度的理性思维。人们常说，语言是思维的工具，换个角度也可以说，语言是思维的外壳，思维是语言的内核，思维的发展能推动语言的发展。总之，无论从学术研究的要求还是从专业的角度看，理性思维都非常重要，研究生阶段学习要注重培养自己的理性思维能力。

人文精神是一种普遍的人类自我关怀，表现为对人的尊严、价值、命运的维护、追求和关切，对人类遗留下来的各种精神文化现象的高度珍视，对一种全面发展的理想人格的肯定和塑造。人文精神应该是学术研究所秉持的价值尺度。思想史与文明进程这门课让我认识到，一部浩瀚而无穷尽的人文史就是一部肯定人性和人的价值，追求人类个性解放和自由平等的历史，一部人类不断地认识自己心灵的历史。

在思想史与文明进程的课上，老师推荐了一些书目，比如福柯的《规训与惩罚》、马基雅维利的《君主论》、安东尼·帕戈登的《启蒙运动为什么依然重要》、奥卡莎的《科学哲学》、牛顿的《自然哲学的数学原理》、彼得·盖伊的《启蒙时代（上）：现代异教精神的兴起》和《启蒙时代（下）：自由的科学》，等等。一看书名就充溢着浓浓的人文精神。这些书看上去和我的本专业英语有很遥远的距离，其实息息相关。语言的目的是什么？不只是为了结绳记事传递信息，还要展现人性，歌颂真善美，肯定人的价值追求，更要传承和发扬这种人文精神。就像课堂上老师说的那样，不懂人文主义，不懂启蒙运动，怎能看懂西方教堂里面那些宏伟震撼的艺术品？怎能欣赏断臂维纳斯？通过这门课，懂得知识分子要有人文情怀，要有社会担当。另外，懂得要在科学研究中把人文精神与科学精神相融合，人文学科与社会科学、自然科学之间相互渗透，人文学科要有科学的态度，社会科学和自然科学要有人文的精神。我想这也是大学教育的追求，以及“双一流”大学建设的目标和方法吧。

三、多读书读好书

研究生阶段最重要的事情依然是学习和科研。大部分高校开设的课程并不多，这就给学生留下了许多空余时间方便自学。长期的传统灌输教育模式下，学生已经很适应跟着老师的进度学习，并不擅长独自规划安排时间。这是非常不好的现象。研究生阶段学生应该积极自主地多读书，读好书。读书，现实点说，能帮助学生在写论文、做作业的时候，引入新思想。比如读了好文章，学生就会学习文章的精妙之处，一个词、一种思想结构都能为学生提供高层次的逻辑性强的范式，这是读书比较浅层次的益处。“腹有诗书气自华”这句话广为人知也广为人们所接受。读书多了，人的一言一行里都透着诗书气，举手投足间就绽放出文化的色彩，这是读书带来的较高层次升华。

在这两个多月里，课上同学的发言总让我惭愧，身边的同学的确读了很多书，他们的观点总是特别新颖。这是令人羡慕的。想想，有这样深厚的底蕴，写出来的文章也差不了。对照自己平时读书的状态，一直以来，遇到带有学术思考性质的书一概不碰，觉得自己能力太浅不敢尝试，却想不到和自己一样的新生，竟读过这么多书，已经部分形成了自己的思考。同时，这些同学还读了许多与专业看似距离遥远的书，这样他们的见识就广博得多。

视野决定一个人的研究是否能广博、深刻，时刻闪耀智慧的光芒。不论是做学术还是其他工作，视野都十分重要。老师在课上推荐的书目、学院制定的必读书单，学生都应该在读研期间尽力去读、去体会，进而形成个人独特的思想和见识。除此之外，学生还应该注重自己的内心，找寻到喜欢什么，然后搜索相关读物或者进行相关研究，因为“兴趣是最好的老师”，做自己喜欢的事，才能擅长并做到极致。

还有一个办法可以帮助学生增长见识，迅速了解其他领域，那就是听讲座。

高校间的竞争除了生源、师资，还有各种外来资源。比如能请来哪里的教授做讲座。某领域专家往往带着他最新的研究成果开讲分享，从这些讲座中学生能直接快捷地接收到新领域的知识，可能会在不经意间解答思考了很久的难题。

在校期间，学生应该把握一切机会，让自己沉浸在各种新鲜的信息和知识中，这样才能真正充实个人思想和视野。所以，多读书、读好书和听讲座是研究生应该一直保持的学习习惯。

四、保持身心健康

前面两部分都在论述学习科研的事情，其实，做学问不仅要有文化，会写文章，更为基础的是保持身心健康。拥有健康的身体和一颗阳光乐观的心，遇到困难能够有精力坚持下去，并且不畏惧不胆怯，能够冷静客观地思考并进行研究，会让学术生涯走得更远更久更有成果。

入学时与导师见面，导师给我们分享了她的学生生涯，其中荣誉和艰辛固然并存，但最令我印象深刻的却是，老师在学生生涯时有体育特长，即便参加工作后，在与学生们的体育比赛中依然能够拿奖，这说明老师一直注重身体锻炼，保持健康的身体状况。诚然，做学术需要耗费大量的时间和精力查阅文献、思考创新，很多学生沉浸在知识的海洋中孜孜不倦，却忽视了身体需要锻炼，有时候一连好几天都不出门走动走动，这对身体是有害的。"身体是革命的本钱"这句话很有道理，没有好的身体，哪能有精力持续地从事研究学习？毛主席也曾说过"文明其精神，野蛮其体魄"，强调了运动的重要性，健康的身体是学生全身心投入研究学习的保障。

除了身体素质需要提高，还有心灵的阳光对于学术研究也是十分重要的。学术研究从来就不是一条容易走的路，有时候会有巨大的艰难摆在面前。在这种情况下，学生应该如何面对？是垂头丧气放弃，还是鼓起勇气继续向前？选择就依赖于是否有一颗乐观的心。保持乐观，说起来容易，做起来难。科研工作并不简单，需要学生保持乐观。明确了自己的研究目标，就把一切的小成果，一切的小挫折都当成研究过程的组成部分，平心静气一步步走，会发现任何问题都有解决办法，研究也能继续下去。拥有乐观的心态，就不会把时间浪费在哀叹自卑上面，就能生出敢于跨越困难的勇气。

在研究生期间，学生的身心都达到了一定的层次，对于身体和心灵的认识应该更进一步。如果决心致力于学术，首先要保证身体健康，培养积极乐观的心态，这两点非常重要。作为一个成年人，应当心胸宽广，遇到事情保持冷静乐观，这样才能保证研究生生涯顺利有效地度过。

五、结语

研究生阶段与本科不同之处就在于研究生阶段需要有独立自主的学习研究能力。这种能力不是一蹴而就的，需要持久地拓展思维、读书以增长见识才能成就。只有具备这种能力，研究生所读所看皆成为自己的知识，才能让自己的学术道路越走越宽广。

一起成长、一起进步，你我共同的七年

赵 丽

（吉首大学）

作者简介 赵丽，女，1993年10月出生，吉首大学马克思主义学院，2016级马克思主义理论硕士研究生。联系电话：15274308577；电子邮箱：1044299135@qq.com。

我是一个地地道道的山东妹子，但今年是我在吉大、在吉首、在湘西的第六个年头。俗话说七年之痒，我不知道再过一年我是否还会继续在这里陪你，但可以肯定的是有七年我们必定一起走过。从2012年9月到现在，从不敢吃辣到无辣不欢，从六人间到四人间，我在一步步前进，你在一点一滴改变着自己、改变着我、改变着大家。

我大一刚进来时还是一个"宅女"，天天在寝室抱着零食追剧，两耳不闻窗外事。而你开始置办你的大家，慢慢地修建实验大楼。大二时候的我开始走出寝室，加入学生会的大家庭，因缘巧合之下我加入了师范生工作室，当时我们的办公场地还在食堂五楼学生中心，在那里我认识了一个又一个的朋友——大boss、"干女儿"、佳爷，等等。而你的实验大楼也粗见模样，我们在上课的路上一度说起过毕业之前会有机会一睹你的风貌吗？事实上我们可以！大三的时候我从干事到了部长，你从构架到了内部装修。大四的时候我从部长到了主任，而你呢，你让我们搬家了，我们的新家就在九楼创新中心，是我们眼中的豪华"咖啡厅"。

从大一到大四，我从无名小卒成了学弟学妹眼里无所不能的学姐，从阿葫芦到朋友圈囊括各个学院，只是，学渣还是学渣。你建起了实验大楼，重新装修了食堂、宿舍，为我们创造了一个又一个新的环境，为我们带来了新的动力。谢谢你！四年的磨炼，让我学会了走出来，让我学会了走近大家，也让我进一步走进你的怀抱。谢谢你，谢谢我们一起走过的四年！我们研究生再见！

说好研究生再见的，所以2016年的6月我一手拿着你的毕业证书，一手拿着你的录取通知书，继续与你共同成长、共同进步。

研一的我其实算是你的老油条了。悄悄告诉你："我是2016级研究生新生，可你知道吗？我们院2016级研究生迎新竟然是我负责！"我和别人说起来时，人家都说："你比2015级老生都老，得了吧！乖乖迎新吧！"而你呢，又给我带来了"小鲜肉",又为我们翻修学习天地了。把我们的教室翻新了,把我们的图书馆翻新了,再也不用羡慕别人的大学了!研一的我不甘落后,加入学校研究生学生会,做起了院里的研究生助管,但是我没落下学习哟!研一的我成功立项了省级课题、德育课题、社科处课题、州社科联课题、暑期社会实践课题五个课题。说好的一起进步,我肯定不会拖你后腿的!

今年你成功申报了多个博士点,取得一大进步,为你喝彩打 call!我要努力准备我的毕业论文了,这学期要开题了,压力山大,我知道你也会为我加油的,对吧!

今年我们一起经历了本科国家审核评估,接下来我们一起继续打赢研究生的审核评估!让我们一起成长、一起进步,让我们一起打 call!

三个世界：培养研究生协同探究能力的新土壤
——读彭绍东教授新著《混合式协作学习的设计与分析》有感

王艳伟

（湖南师范大学）

作者简介　王艳伟，男，1992 年生，湖南师范大学教育科学学院，硕士研究生。联系电话：15111060516；电子邮箱：851992628@qq.com。

2016 年 12 月，我国首部混合式协作学习专著《混合式协作学习的设计与分析》的正式出版，标志着我国在协作学习、混合学习领域取得新的进展。该书是由湖南师范大学教育科学学院彭绍东教授基于自身十年的实证研究创作而成，创立了完整的混合式协作学习理论体系、实践体系与研究方法体系。所谓"近水楼台先得月"，笔者作为彭绍东教授的学生，亲身体验了基于混合式协作学习的"教育技术原理"研究生教改课程，并作为《混合式协作学习的设计与分析》一书的首批读者，认真拜读了全书。现就该书中的"三个世界"这一创新观点，具体探讨一下我国现阶段研究生协同探究能力培养的新思路。

一、概念界定

（一）三个世界

提及"三个世界"，我们更多的会想到 1952 年法国经济学家和人口统计学家阿尔弗雷德·索维（Alfred Sauvy）提出的"第三世界"和 1974 年 2 月 22 日毛泽东在会见赞比亚总统卡翁达时提出的"三个世界"思想。但《混合式协作学习的设计与分析》一书提出的"三个世界"与其同名却有着不同的内涵。这一观点是彭绍东教授基于多年的实证研究和不断创新所提出的，具体是指网络虚拟学习环境所构成的数字化世界、专业外语高水平文献所代表的热点领域世界、教育信息化当地环境所处的现实世界。

（二）协同探究

协同探究（collaborative inquiry，简称 CI）是研究生教育中一种很重要的学习形式，对学习者的知识建构有重要作用。这种学习形式具有以下特点：（1）探究性，学习开始于问题，学习过程中最主要的活动是高水平思维，学习的结果是习得深层整合的、可以灵活迁移的知识和高级思维技能。（2）事例性，以问题解决学习为主线，与其他学习途径互补，在问题的推动下，学习者会主动查阅有关资料，进行现场考察、观测分析或专家访问，而后将不同途径得来的信息综合运用到问题解决活动中。

（3）协作互动性，学习者分工协作，彼此交流分享成果经验，进行观点交锋和综合，共同贡献于探究任务。

二、"三个世界"的作用

（一）数字化世界的作用

数字化世界由网络虚拟学习环境构成，在这里，现实世界的几乎所有事物都有数字对应。它可以为学习者提供所需的网上学习工具、信息资源和学习资源共享的空间等，是当今我国教育信息化过程中不可或缺的重要资源。

（二）国外热点领域世界的作用

国外热点领域世界以专业外语高水平文献为代表，通过学习与本专业相关的高水平国外文献，学习者可以关注到更多对其研究有价值的前沿研究动态，活跃思维，创新思路。这无疑也是我国研究生教育中重要的一部分。

（三）现实世界的作用

教育信息化的过程中，数字化世界固然重要，但也不能忽略现实世界的重要性，尤其是教育信息化当地环境所处的现实世界。它可以让学习者对当地教育信息化的现状有一个更加清晰的了解，有助于学习者针对问题进行具体分析。

三、构建"三个世界"的三个需要

（一）实现研究生培养目标的需要

培养符合教育信息化时代要求和具有创新精神与实践能力的高层次人才，是我国研究生教育的培养目标。要实现这一目标，就必须提供良好的创新环境，以了解应用现状（"接地气"）、学科前沿和利用数字化工具提高协同创新效率。

（二）研究生课程教学的需要

研究生课程内容多，难度大，学习时间紧，而学习者的知识基础与专业背景差异大。为了促进自主知识建构与协同知识建构，拓展国际视野，开展专业创新，必须营造和利用"三个世界"。

（三）研究生协同探究的需要

协同探究是指多个创新（学习）主体围绕探究目标开展深度协作与交互，发挥创新资源的整体活力，使探究过程与结果优化的一种探究行为或创新模式。为了支持与促进研究生的协同探究，有必要利用好"三个世界"。

四、"三个世界"中开展研究生协同探究活动的实例

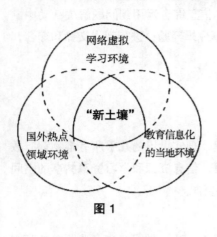

图1

"三个世界"为学习者提供了网络虚拟学习环境、国外热点领域环境与教育信息化的当地环境，支持师生之间、学生之间的多向互动，是一片培养研究生协同探究能力的"新土壤"，如图1所示。

作为彭绍东教授的学生，我亲身体验了基于混合式协作学习的"教育技术原理"研究生教改课程。现在就以该课程为例来对"三个世界"中的协同探究活动的开展作一简单介绍。"教育技术原理"课程中"三个世界"的协同探究活动主要有：在数字化世界的"同步与异步研讨"活动，在国外热点领域世界的"协同翻译"活动，在现实世界的"协同调研"活动。

（一）数字化世界中的"同步与异步研讨"活动

在本课程中，"同步与异步研讨"活动的基本过程如图2所示。

图2

其中，"研讨准备"包括起草导学报告、导学报告会；"主题资源学习"包括相关文献的检索、下载与学习；"同步研讨"包括在课堂、QQ群、微信群等进行的研讨；"异步研讨"包括在课程学习网站、学习论坛等网络平台的研讨；"学习总结"包括个人学习心得、单元总结报告会等。"同步研讨"和"异步研讨"根据实际情况可进行多次，以确保研讨活动取得较好效果。

（二）在国外热点领域世界的"协同翻译"活动

在本课程中，"协同翻译"活动的基本过程如图3所示。

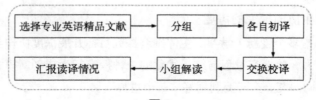

图3

（三）在现实世界的"协同调研"活动

在本课程中，"协同调研"活动的基本过程如图 4 所示。

图 4

其中，"调研设计"包括联系调研单位、明确调研任务、组建调研小组、准备调研方案；"调研实施"包括在现场利用录音、录像和请现场人员填写问卷等方式收集第一手资料，再对资料进行归类整理与分析，得出结论；"总结与汇报"包括撰写报告、展示与评议调研成果等。

在课程结束后，对所有参与该课程的研究生进行关于"对'三个世界'中开展协同探究活动的看法"的问卷调查与分析。调查结果表明，参与该课程的研究生在"三个世界"的学习中均取得了较满意的效果，"三个世界"中的学习对研究生协同探究能力的培养与提升均有较大帮助。

五、结语

"三个世界"是一个综合性的、开放性的信息环境，它比传统的教学环境更能支持灵活开放的探究活动，满足研究生创新性学习的需求，是培养研究生协同探究能力的一片"新土壤"。这为培养我国符合教育信息化时代要求和具有创新精神与实践能力的高层次人才提供了新的思路。